“互联网+”创新创业系列教材

U0854630

大学生
创新与创业教程

主　　编◎张海峰
副 主 编◎许　琳　战文彬　刘在青
编写成员◎（按姓氏笔画排序）
马　丽　王贺成　吕玲玲
朱丽波　李雨薇　沈晓倩
张　伟　范　磊　季建光
依红军　赵巍伟　修增楠
宫聚辉　娜米亚　郭　斐
博音太　智国威

DAXUESHENG
CHUANGXIN YU CHUANGYE
JIAOCHENG

扫码获取本书
配套教学资源

北京师范大学出版集团
BEIJING NORMAL UNIVERSITY PUBLISHING GROUP
北京师范大学出版社

图书在版编目(CIP)数据

大学生创新与创业教程/张海峰主编. —北京：北京师范大学出版社，2022.2(2025.8 重印)

(“互联网+”创新创业系列教材)

ISBN 978-7-303-27560-1

Ⅰ.①大… Ⅱ.①张… Ⅲ.①大学生—创业—高等学校—教材 Ⅳ.①G647.38

中国版本图书馆 CIP 数据核字(2021)第 260337 号

出版发行：北京师范大学出版社 https://www.bnupg.com
北京市西城区新街口外大街 12-3 号
邮政编码：100088

印　　刷：北京虎彩文化传播有限公司
经　　销：全国新华书店
开　　本：787 mm×1092 mm　1/16
印　　张：18.5
字　　数：404 千字
版　　次：2022 年 2 月第 1 版
印　　次：2025 年 8 月第 4 次印刷
定　　价：49.80 元

策划编辑：陈仕云　　责任编辑：陈仕云
美术编辑：李向昕　　装帧设计：李向昕
责任校对：陈　民　　责任印制：马　洁

前言

Preface

习近平总书记强调，青年是国家和民族的希望，创新是社会进步的灵魂，创业是推动经济社会发展、改善民生的重要途径。青年学生富有想象力和创造力，是创新创业的有生力量。加强创新创业教育，是推进高等教育综合改革、提高人才培养质量的重要举措。

当前，我国经济已由高速增长阶段转向高质量发展阶段，“大众创业、万众创新”持续向更大范围、更高层次和更深程度推进。《国务院办公厅关于深化高等学校创新创业教育改革的实施意见》(国办发〔2015〕36 号)、《国务院关于推动创新创业高质量发展打造“双创”升级版的意见》(国发〔2018〕32 号)、《国务院办公厅关于进一步支持大学生创新创业的指导意见》(国办发〔2021〕35 号)等文件，都对推动“大众创业、万众创新”提出了新的要求，鼓励将创新创业与经济社会发展深度融合，促进高等教育与科技、经济、社会紧密结合，加快培养规模宏大、富有创新精神、勇于投身实践的创新创业人才队伍，推动新旧动能转换和经济结构转型升级，扩大就业和改善民生。

大学生是最具创新精神、创业潜力的群体，我国每年有数百万高校毕业生走向社会，推动“大众创业、万众创新”，离不开这些最具活力的高校学生。在高校开展创新创业教育，对提高高等教育质量，促进大学生全面发展，推动大学毕业生创业就业、服务国家现代化建设具有重要意义。

为了指导大学生创新创业，本书编写团队结合当前大学生创新创业的现状，总结了多年从事大学生创新创业教学和指导工作的经验编写了本书。本书具有以下特点。

1. 系统性与针对性相结合

创新指导创业，创业实现创新。本书内容兼顾创新和创业，在创新方面，主要介绍了创新的理论知识、创新思维及创新方法；在创业方面，主要对创业实践的具体内容进行了讲述，既帮助大学生树立创新的意识，又实际指导大学生创业。

2. 体例科学，栏目丰富

本书设有知识结构、学习目标、经典案例、拓展阅读、思考与训练等栏目。通过知识结构和学习目标指出每章重点，通过经典案例、拓展阅读加深大学生对知识的理解，通过思考与训练指导大学生复习，从实践上加深大学生对各章知识的掌握。本书中配有大量数字资源，读者可打开手机微信扫描书中的二维码阅读。

3. 深入浅出，贴近实际

本书以通俗的语言介绍了创新创业的知识点，内容贴近大学生的生活和学习实际，有助于培养大学生独立思考问题、分析问题、解决问题的能力。

在本书的编写过程中，编者参考了许多专家、学者的研究成果，并引用了有关书籍和网站上的一些案例，在此对相关作者表示衷心的感谢！

由于编者水平有限，加之编写时间仓促，书中难免存在疏漏或不足之处，敬请广大读者批评、指正。

编　者

目录
Contents

第一章
关于创新

【知识结构】

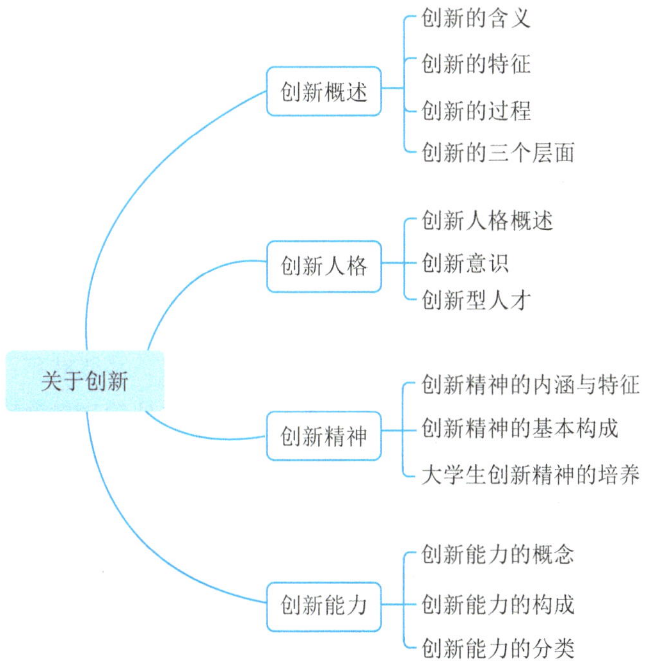

【学习目标】

* 了解创新的定义，熟悉创新的特征。
* 掌握创新型人才的特征与培养方法。
* 认识创新精神，了解创新精神的基本构成。
* 掌握创新能力的概念，熟悉创新能力的分类。

纵观世界发展史，人类的一切文明成果，都是创新思维的胜利果实，都是创新智慧的结晶。大到一个国家、一个民族、一个政党，小到一个团队甚至一个人，大创新大成就，小创新小成就，不创新没成就。要进一步提高对创新和创新思维的认识，增强创新的紧迫感，立足自身岗位，鼓励创新、支持创新、参与创新。

创新能力是当代大学生必须具备的能力之一，本章主要介绍创新的基础知识，有助于大学生树立创新意识、培养创新精神。

习语研读

创新是一个民族进步的灵魂，是一个国家兴旺发达的不竭动力，也是中华民族最深沉的民族禀赋。在激烈的国际竞争中，惟创新者进，惟创新者强，惟创新者胜。

——2013 年 10 月 21 日，习近平在欧美同学会成立 100 周年庆祝大会上的讲话

第一节　创新概述

一、创新的含义

创新的英文是“innovation”，意思是更新、变革、制造新事物。其汉语词义一指创立或创造新的；二指首先，出自《南史・后妃传上・宋世祖殷淑仪》：“据《春秋》，仲子非鲁惠公元嫡，尚得考别宫。今贵妃盖天秩之崇班，理应创新。”

现代社会中，创新是指以现有的思维模式提出有别于常规或常人思路的见解为导向，利用现有的知识和物质，在特定的环境中，本着理想化需要或为满足社会需求，而改进或创造新的事物、方法、元素、路径、环境，并能获得一定有益效果的行为。可以说，创新是以新思维、新发明和新描述为特征的一种概念化过程。创新包含三层含义：第一，更新；第二，创造新的东西；第三，改变。

创新是人类特有的认识能力和实践能力，是人类主观能动性的高级表现，是推动民族进步和社会发展的不竭动力。一个民族要想走在时代前列，就一刻也不能没有创新思维，一刻也不能停止各种创新。一般来说，可以从哲学、社会学和经济学三个角度来解释创新的含义。

(一)哲学角度的创新概念

创新从哲学角度来说是一种人的创造性实践行为，这种实践行为的目的是增加利益总量，需要对事物与发现的利用和再创造，特别是对物质世界矛盾的利用和再创造。人类通过对物质世界的利用和再创造，制造新的矛盾关系，形成新的物质形态。

创意是创新的特定思维形态，意识的新发展是人对于自我的创新。发现与创新构成人类对于物质世界的解放，是人类自我创造及发展的核心矛盾关系，代表两种不同的创造性行为。只有对于发现的否定性再创造才是人类创新发展的基点。实践是创新的根本所在。创新的无限性在于物质世界的无限性。

(二)社会学角度的创新概念

从社会学的角度来说，创新是指人们为了发展需要，运用已知的信息和条件，突破常规，发现或产生某种新颖独特、有价值的新事物或新思想的活动。

社会创新是社会人对于社会关系的创新性发展，其对于社会关系的内在本质及范畴的发现和创新是对人类自我解放的自觉实践的反映。只有人类自觉的自我解放行为才是真正的社会创新，才可以形成整体的社会革命性创新。社会的革命性创新路径依赖的是生产力的解放，是劳动人民内在自我解放能力的提升，是劳动科技中劳动者素质及工具的整体进步。创新最终表现为所有劳动者的社会化总体生产力的提升与劳动者自身的发展。

(三)经济学角度的创新概念

从经济学的角度说，创新是指以现有的知识和物质，在特定的环境中，改进或创造新的事物，包括但不限于各种方法、元素、路径、环境等，并能获得一定有益效果的行为。著名美籍经济学家熊彼特在其 1912 年出版的《经济发展理论》一书中提出：创新是指把一种新的生产要素和生产条件的“新结合”引入生产体系。它包括五种情况：引入一种新产品，引入一种新的生产方法，开辟一个新的市场，获得原材料或半成品的一种新的供应来源，新的组织形式。熊彼特的创新概念包含的范围很广，如涉及技术性变化的创新及非技术性变化的组织创新。

近代以来人类文明进步所取得的丰硕成果，主要得益于科学发现、技术创新和工程技术的不断进步，得益于科学技术应用于生产实践中形成的先进生产力，得益于近代启蒙运动所带来的人们思想观念的巨大解放。可以这样说，人类社会从低级到高级、从简单到复杂、从原始到现代的进化过程，就是一个不断创新的过程。不同民族发展的速度有快有慢，发展的阶段有先有后，发展的水平有高有低，究其根本，民族创新能力的高低是造成这种差异的主要因素之一。

二、创新的特征

创新具有以下几个基本特征。

(一)目的性

任何创新活动都有一定的目的，这个特性贯穿创新过程的始终。创新总是围绕解决某一问题而进行，总是与完成某一任务相联系。归根结底，创新的最终目的就是不断满足人类自身生存和发展的需要。

(二)变革性

创新是对已有事物的改革和革新，是一种深刻的变革。故步自封、安于现状、不想变革，就不会有创新。

(三)新颖性

创新是对现有的不合理事物的抛弃，是革除过时的内容、确立新事物的过程。在确立新事物的过程中所引入的新概念、新工艺或新产品等，与过去相比都具有新颖性。只有对现有的事物注入新的因素，才能使该事物得以更新、发展和突破。

(四)价值性

创新的成果必须具有明显的、具体的价值，必须能够满足人们的某种需要，能够对促进经济社会的发展产生一定的效益，否则，创新也就失去了意义。

(五)发展性

创新是一个不断发展的过程，是创造新知识、应用新知识并不断发展知识的过程。对知识创造、应用、再创造、再应用的循环往复是人类创新永无止境、无限发展的客观规律。在知识经济时代，创造知识和应用知识的能力与效率将成为影响一个国家综合国力和国际竞争力的重要因素。

三、创新的过程

创新的“四阶段理论”是一种影响大、传播广，而且具有较强实用性的过程理论，由英国心理学家沃勒斯提出。该理论认为创新的发展分为四个阶段：准备期、酝酿期、明朗期和验证期。

(一)准备期

准备期是准备和提出问题的阶段。创新是从发现问题、提出问题开始的。问题出现的本质是现有状况与理想状况的差距。爱因斯坦指出，提出一个问题往往比解决一个问题更重要，因为解决问题也许仅是一个数学上或实验上的技能而已。而提出新的问题、新的可能性，从新的角度去看旧的问题，都需要具有创新性的想象力，而且标志着科学的真正进步。他还认为，对问题的感受是人的重要的资质。其准备工作可分为以下三步：①对知识和经验进行积累和整理；②收集必要的事实和资料；③了解自己提出问题的社会价值，即能满足社会的何种需要及价值前景。

(二)酝酿期

酝酿期也称为沉思和多方思维发散阶段。在酝酿期，对收集的资料、信息要进行加工处理，探索解决问题的关键，因此常常需要耗费很长的时间，花费巨大的精力。酝酿期是大脑高强度活动的时期。这一时期，要从纵横、正反等各个方面进行思维发散，让各种设想在头脑中反复组合、交叉、撞击、渗透，按照新的方式进行加工。加工时应主动地使用创造方法，不断选择，力求形成新的创意。法国科学家庞加莱认为：“任何科学的创造都发端于选择。”“所谓发明，实际上就是鉴别，简单说来，也就是选择。”这里的选择，是指充分地思索，让各方面的问题都充分地暴露出来，从而把思维过程中那些不必要的部分舍弃。创新思维的酝酿期特别强调有意识地选择。一般来说，富有创造性的人更注重选择。

(三)明朗期

明朗期又称为顿悟期或突破期，即参与创新的人寻找到了解决办法。明朗期很短促、很突然，呈猛烈爆发状态。也就是说，久盼的创造性突破在瞬间实现，人们通常所说的“脱颖而出”“豁然开朗”“众里寻他千百度，蓦然回首，那人却在，灯火阑珊处”等都是描述这种状态的。如果说“踏破铁鞋无觅处”描绘的是酝酿期，“得来全不费功夫”则是对明朗期的形象刻画。在明朗期，灵感思维往往起决定作用。

(四)验证期

验证期是评价的阶段，是完善和充分论证的阶段。突然获得突破，飞跃出现在瞬间，结果难免稚嫩、粗糙甚至存在若干缺陷。验证期是把明朗期获得的结果加以整理、完善和论证，并且进一步充实。创新思维所取得的突破，假如不经过这个阶段，就不可能取得创新成果。论证，一是进行理论验证，二是放到实践中检验。

参与创新的人在验证期的心理状态一般较为波动，这时候更需要保持耐心，周密思考，慎重决策，不急于求成，不急功近利。

四、创新的三个层面

创新有各种不同的程度，如渐进式的创新、革命性的创新。渐进式的创新如生产成本的削减、产品性能的改进、企业运作效率的提高，革命性的创新如微软的 Windows 操作系统和 Internet 的发明。

创新可以在三个层面上开展，即个人层面、企业层面和社会层面。

(一)个人层面的创新

个人层面的创新始于孩子，孩子天生具有创新能力。社会对孩子的创造力通常会有不同反应形式，可能在孩子的创新基础上继续发展，也可能因各种原因抑制创新。因此，个人层面的创新需要整个社会的支持，包括对创造环境的支持，给一些创新的机会，使个体有机会在这个环境中进行创新。

(二)企业层面的创新

在团队基础上的创新，其威力远远超过个人层面的创新。企业不仅可以把一群非常有创造力的人组合在一起，还可以提供很多创新的条件或环境。首先，要在企业中形成一种创新文化；其次，让有创新意识的人充分挖掘客户的需求。企业还可以建立一个创新通道，提供创新的各种资源，建立创新的奖励机制，并通过专利等形式保护创新。

(三)社会层面的创新

社会层面的创新通常会经过四个阶段：反对现存的社会力量，指利益组织对于新的发明创造持反对态度，不愿意接受；有几个人发现创新的社会力量，愿意尝试一下；通过几个先锋人物使用这种新技术，以传教的方式使知识扩展开来，让整个社会开始接受创新的产品和思想；变成公众维持状态，人们再也不认为那是创新的思想，反而认为那是理所当然的。之后，创新思想才能渐渐扎根。

案例 1-1

华为的核心竞争力是怎样炼成的

华为技术有限公司(以下简称“华为”)从 2 万元起家，从一家名不见经传的民营科技企业，发展成为世界 500 强和全球最大的通信设备制造商，创造了中国乃至世界企业发展史上的奇迹。

华为成功的秘密就是创新。创新是提升企业竞争力的法宝，也是一条充满风险和挑战的成长之路。尤其在高新技术产业领域，创新被称为一个企业的生存之本和一个品牌的价值核心。

华为虽然和许多民营企业一样从做贸易起步，但却没有像其他企业那样继续沿着贸易的路线发展，而是踏踏实实地搞起了自主研发。华为把每年销售收入的10%投入研发，十年如一日，近十年投入的研发费超过1 000亿元人民币。华为15万名员工中，有近一半的人在搞技术研发。为了保持技术领先优势，华为在招揽人才时提供的薪资常常比很多外资企业还高。

华为的创新体现在企业的方方面面和各个细节之中，但是华为不是为创新而创新，它打造的是一种相机而动、有的放矢的创新力，是以客户需求、市场趋势为导向，紧紧沿着技术市场化路线行进的创新，这是一种可以不断自我完善与超越的创新力，这样的创新能力才是企业可持续发展的基石。

在国际化战略中，与大多数科技公司只盯着眼前利益的“技术机会主义”态度不同，华为对技术投资具有长远战略眼光。如在“小灵通”火热时期，UT斯达康、中兴等企业因为抓住了机会，赚了不少钱。相比之下，华为在“小灵通”上反应迟钝，却把巨资投入当时还看不到“钱景”的3G技术研发，也因此被外界扣上“战略失误”的帽子。在任正非看来，“小灵通”是个落后技术，没有前景，而3G才代表未来主流技术的发展趋势。事实证明，任正非的判断是正确的。华为从1996年开始进行海外布局，在国内市场遭遇3G建设瓶颈的时候，华为在海外市场开始有所斩获。一路走来，华为如今已成为全球主流电信运营商的最佳合作伙伴。

技术创新对于一个企业的国际化非常重要，但不等于只有在完成技术创新之后才进行国际化。完全掌握了核心技术再进行国际化，这是一种过于理想化的模式。国际化的过程本身就是提高企业技术能力的过程，在“战争中学习战争”也是一种相机而动的思维。所以，华为在1996年就尝试走出国门，让国际竞争来促进和提升自身的技术创新。

实际上，华为的技术创新，更多表现在技术引进、吸收与再创新层面上，主要是在国际企业的技术成果上进行一些功能、特性上的改进和集成能力的提升。对于所缺少的核心技术，华为通过购买或支付专利许可费的方式，实现产品的国际市场准入，再根据市场需求进行创新和融合，从而实现知识产权价值的最大化。

目前，中国制造企业正面临着人力成本居高不下、产能过剩、高消耗等“内忧”，以及人民币升值、海外市场低迷、贸易摩擦案件增加等“外患”。对于普遍缺少品牌和技术的中国制造企业，转型和升级已经迫在眉睫。但是如何转型？怎么升级？显然不是喊几句口号和出台几项政策就能实现的。这时，华为的榜样价值再次凸显。

必须指出的是，产业升级仅有技术升级是不够的，还需要管理同步升级。与其他国内企业一样，华为在创业之初也有过一段粗放式管理的时期，但是华为及时认识到管理创新的重要性，并不惜血本进行脱胎换骨式的变革和提升。经过十多年的不断改进，华为的管理实现了与国际接轨，不仅经受了公司业务持续高速增长的考验，而且赢得了海内外客户及全球合作伙伴的普遍认可，有效支撑了公司的全球化战略。

华为还探索出了一套独特的商业模式，建立了一套行之有效的人力资源管理体系，强调尊重和爱护人才，聚集了一大批技术精英，为华为的可持续发展提供了人力保障。在培养接班人方面，任正非打破家族式继承，推行轮值CEO(首席执行官)制度，让没有血缘关系的优秀后继者担任轮值CEO，首开中国民营企业“代际传承”之先河。

现代管理学之父彼得·德鲁克说过：“一家企业的崛起远比一个国家的崛起值得我们夸耀。”华为的成功，激起了无数人的想象，为中国企业国际化树立了标杆，建立了信心。华为让我们欣喜地看到了那些优秀的世界级企业的影子，我们更希望看到更多像华为一样的优秀企业成长起来。

(资料来源：余胜海：《华为还能走多远》，北京，中国友谊出版公司，2013)

第二节 创新人格

一、创新人格概述

创新不但曲折复杂，而且充满不确定性。古今中外的创新成功者告诉我们，要想从事这种艰苦的劳动，不但需要具有创新意识、创新思维和创新能力，而且需要具有创新人格。创新人格是创新者特有的个性特征和个性倾向，也是创新者创新成功的有力支撑。

(一)创新人格的特征

人格(personality)是指个体由先天遗传素质与后天环境相互作用而形成的心理特征，它由需要、动机、兴趣、态度、价值观、气质、性格和能力等要素构成，能代表一个人整体的心理面貌和精神特征。关于创新者人格特征的研究很多，其中以马斯洛、罗杰斯和斯滕伯格的研究最具代表性。

1. 马斯洛的创新人格研究

美国社会心理学家马斯洛通过对贝多芬、爱因斯坦、罗斯福、林肯和弗洛伊德等 48 位最能充分发挥自己的创新才能，把工作做得最出色的人的长期研究，提出了自我实现者应该具备的 14 个特征。

(1)良好的现实知觉。
(2)对人、对己、对大自然表现出最大的认可。
(3)自发、单纯和自然。
(4)以问题为中心，不是以自我为中心。
(5)有独处和自立的需要。
(6)不受环境和文化的支配。
(7)对生活经验有永不衰退的欣赏力。
(8)神秘或高峰体验。
(9)良好的人际关系。
(10)深厚的民主性格。
(11)明确的伦理道德标准。
(12)富有哲理性。
(13)富有创造性。
(14)不受现存文化规范的束缚。

2. 罗杰斯的创新人格研究

美国人本主义心理学家罗杰斯的研究表明，卓越的创新者至少具有下列特征。
(1)能接受一切经验。
(2)自我与经验和谐一致。
(3)个性因素都发挥了作用。
(4)有自由感。
(5)具有高创造性。
(6)能与他人和睦相处。

3. 斯滕伯格的创新人格研究

美国心理学家斯滕伯格在一项关于创造力的研究中调查普通民众时问道："你认为有创意的人最主要的特质是什么?"下面是一些大家公认的主要特质。
(1)能去做别人认为做不到的事情。
(2)不顺从别人。
(3)不按常理出牌。
(4)质疑社会规范、道德和假设。
(5)愿意表明立场。

从上述三位心理学家的研究中可以看到，强烈的成就动机，能接受一切经验的开阔胸怀，勇于去做别人认为做不到的事情的自信心，积极乐观的生活态度，大胆坚持自己主张、不受现存文化规范的束缚、不随波逐流和不按常理出牌的独立个性，良好的现实知觉和问题意识，百折不挠的意志品质等，都是大家公认的创新者的人格特征。

(二)创新人格的作用

在人的学习和事业发展过程中，虽然智力因素看似具有更直接的作用，但是相关研究表明，兴趣、性格和价值观等非智力因素起着更大和更加决定性的作用。所谓“性格决定命运”说的就是这个道理。对创新活动而言，创新人格往往具有导向作用、调节作用和激励作用。

1. 创新人格的导向作用

任何创新活动都是目标导向的行动，而目标又有长远目标（长期目标）和近期目标（短期目标）之分。长远目标是人的终身追求，表现为雄心壮志和远大理想等，它可以引导和推动人为之坚持不懈地奋斗。近期目标是人在短期内所追求的东西或要解决的问题，如升职、加薪、表扬和奖励等，它能对人近期的工作、学习产生强大的推动力。

对于创新活动，无论是长期目标还是短期目标，都与个体的需要、兴趣和价值观等人格因素有关。例如，个体探索大自然奥秘的愿望，可以让人长期废寝忘食，甚至克服巨大困难进行科学研究。再如，个体追求卓越的成就动机，可以让人在工作中遇到困难时，能够充分发挥自己的聪明才智，创造性地解决问题。

2. 创新人格的调节作用

创新是极为艰难的高智力、高强度的劳动，它需要凝聚全部力量，集中到一点上去突破。因此，能否最大限度地集中注意力，保持思索问题的最佳状态，也是决定创新成败的关键因素。要做到这一点，需要通过自我调节系统，抑制头脑中的各种杂乱活动，并将全部注意力都投入所从事的创新活动之中。

越是有新意的想法，往往越不容易被大家接受。因为它们通常有别于传统，与主流相悖。因此，一个人要想取得创新性成绩，必须能承受孤独寂寞，甚至冷嘲热讽和众叛亲离。要做到这一点，不仅需要自信和毅力，而且要能调节自己的理智和情感，让自己在“合乎潮流者”的嘲笑和打击面前，保持冷静的头脑和乐观的情绪。

3. 创新人格的激励作用

创新过程充满艰难险阻，只有不断地自我激励，才能够坚持到底。因此，对大多数创新活动而言，创新过程实际上是一个不间断的自我激励过程。在这个过程中，创新者人格特征中强烈的成就动机、强大的自信心、积极乐观的生活态度和百折不挠的意志品质等，将对创新者不断产生自我激励作用。

在人类历史上，许多伟大的创新成果，都经历了漫长的研究和创作过程。例如，马克思的《资本论》，仅写作就用了 40 年时间；哥白尼的《天体运行论》，从写作到发表也用了 30 年时间；李时珍的《本草纲目》，从考察、采集、验证到撰文、绘图、刻书，更是耗尽了他毕生的精力。类似这样的创新成果，没有人格的激励作用是不可能完成的。

二、创新意识

在现实生活中，创新往往带有偶然性，给人一种可遇而不可求的感觉。其实创新并不是偶然的，尽管它在很大程度上存在着机遇问题，但是为什么有些人能够抓住机遇，而有些人却只能看着机遇从眼前溜走？其中起关键作用的因素就是创新意识。

（一）创新意识的内涵

创新意识是创新活动的起点和前提，离开了创新意识，很多创新活动将无从谈起。所谓创新意识，是人们对创新与创新的价值性、重要性的一种认识水平、认识程度及由此形成的对待创新的态度，并以这种态度来规范和调整自己的活动方向的一种稳定的精神态势。创新意识代表着一定社会主体奋斗的明确目标和价值指向性，成为一定主体产生稳定而持久的创新需要、价值追求、思维定式及理性自觉的推动力量，成为唤醒、激励和发挥人所蕴含的潜在本质力量的重要精神力量。

创新意识是人类意识活动的一种积极的、富有成果性的表现形式，是人们进行创造活动的出发点和内在动力，是创造性思维和创造力的前提。

案例 1-2

蜜雪冰城年营收 65 亿元背后的创新战略

当代年轻人对奶茶的热衷与高度需求，让茶饮行业在近几年风头愈盛。喜茶、奈雪、茶颜悦色等新品牌如雨后春笋般涌现，CoCo、一点点、益禾堂等老品牌也在奶茶市场中加速扩张。而在纷争不断的茶饮江湖中，有一个从刨冰摊起家的茶饮品牌，在品牌创立至今的二十多年里，看似默默无闻，实则一直努力扩大自己的商业版图，并悄悄坐上了茶饮界“规模 No. 1”的宝座，它就是蜜雪冰城。

2020 年 6 月 22 日，蜜雪冰城官方微博宣布“蜜雪冰城全球门店数量首次突破一万家”。自此，蜜雪冰城成为继正新鸡排、华莱士后的又一“千城万店”品牌，也是首个门店破万的茶饮品牌。得益于“万店”霸主地位的确立，以及品牌产品一贯秉持的低价，在一二线城市少有露脸的蜜雪冰城，不仅一时收获关注无数，还因价格美丽被公众冠以“奶茶界拼多多”的称号。话题与热度之外，在业绩方面，蜜雪冰城也拥有一份漂亮的成绩单：2019 年，蜜雪冰城一年卖出 65 亿元(2018 年营收 35 亿元)，比喜茶、奈雪的营收更高。

在喜茶、奈雪等网红茶饮品牌的高声量与高热度之外，隐形巨头蜜雪冰城，是如何走出自己的“花路”，又是凭借什么发展逻辑实现品牌的快速扩张呢?

1. 奶茶界“拼多多”是如何炼成的?

(1)始于刨冰，红于冰淇淋。

截至 2020 年，茶饮品牌蜜雪冰城成立已有 23 年，相比之下，两大头部新中式茶饮品牌的创立时间仅仅为：喜茶 8 年、奈雪 5 年。时间倒回 1997 年，年仅 20 岁的创始人张红超，想到在商丘上学期间，看到过一款市面上还不多见的“新式饮品”——刨冰，而去省会城市郑州上学后，张红超并未再见过这种饮品。嗅到商机的他，决定将刨冰带入郑州。那一年的暑假，挂着“寒流刨冰”招牌的刨冰摊正式出摊，这便是蜜雪冰城的原型。2000 年左右，张红超用奶奶资助的 3 000 元，把刨冰摊升级成店铺，增设了奶昔、冰淇淋球、香蕉船等系列产品，并将店名更改为“蜜雪冰城”。由于冰饮系列产品的生意受制于季节，一年中仅夏季的三四个月好卖。没有收入的空闲时间里，张红超便寻求其他的开源途径，陆续增设了汉堡、薯条以及中餐等多条产品线，开起了“蜜雪冰城家常菜馆”。后来，张红超把餐厅一角改为“蜜雪冰城超级冰堡”，售卖刨冰、雪花冰、新品冰粥、咖啡等冰饮。历经将近10年的波折，张红超与蜜雪冰城的命运轨迹迎来了重要的转折。2006年，“彩虹帽”冰淇淋成为郑州饮品市场的流行单品，当年20元的昂贵售价，并没有挡住人们排队购买的脚步。看到这一现象的张红超，受到启发，依照“彩虹帽”的配料成分，自己购买原料、机器，研制出口感与品质相近的冰淇淋产品，并将初始售价定为2元/支。该款冰淇淋一经推出，就在市场上大受欢迎。

冰淇淋大卖以后，张红超决定开设二店用来引流，在店铺招牌仅留下“蜜雪冰城”四个大字，专卖以冰淇淋为主的冰饮产品。并且，经过成本优化后，原本标价2元的冰淇淋，在新店降为1元。回忆起1元冰淇淋推出的场景时，蜜雪冰城CEO、张红超弟弟张红甫在其创业故事中写道：“店门口岂止是排队，已经围了个里三层外三层。”

1元冰淇淋，不仅让蜜雪冰城借助爆品的力量打开了市场，还成功地实现了为店面引流，加固“价格便宜”在消费者心中的印象，进而提升品牌知名度的目的。因此，在那个冰饮品类相对匮乏、香飘飘每年都要多绕地球一圈的年代，与1元冰淇淋一起风靡市场、博得目标消费者青睐的，还有蜜雪冰城。

(2)继续制造爆款，坚持低价。

2012年，蜜雪冰城推出继冰淇淋之后的第二款爆品——柠檬水(700mL)，定价为3元/杯。这一次，张红超抓住了从“瓶装饮料到现制饮料”的消费升级需求。与瓶装水相比，蜜雪冰城现制的柠檬水具有明显优势，且售价相对实惠，因而成功“击穿”了用户的心智，成为销量仅次于冰淇淋的另一款单品。

在两大爆品的加持下，2013年蜜雪冰城的开店速度与经营规模达到2012年的3倍，营收等于2007—2012年的总和。比起喜茶、奈雪等“后起之秀”，蜜雪冰城在消费升级的浪潮抵达之前，便已经靠爆品与低价在饮品市场占据了一席之地。

为了获得更多消费者的喜欢，在对产品定价时，蜜雪冰城遵循自己的一套商业原则：通过对产品成本的精准核算与控制，加上微薄的毛利润，倒推出产品的定价，并不赚取更多的品牌溢价。比如，通过对鸡蛋、牛奶和白糖等原料成本的核算与控制，即便在当年将冰淇淋的售价降为1元/支时，依然有低利润存在。这种主打“高性价比”的定价原则，成为蜜雪冰城重要的品牌基因之一。

在此后的发展中，蜜雪冰城还将“高品质平价产品”作为产品定位，融入品牌文化。时至今日，蜜雪冰城早已入驻一二线城市，其系列产品依然保持着低价。过去1元的冰淇淋，如今售价3元；3元/杯的超大杯柠檬水，如今售价4元；奶茶、果茶等茶饮系列产品，售价基本维持在6～8元。2021年4月，受疫情与原材料价格上涨的影响，当头部茶饮品牌喜茶、奈雪将部分单品的价格上调1～2元，加速了奶茶迈入“30元时代”的进程时，蜜雪冰城依然坚持“不涨价”，成为当时一众茶饮品牌中的一股清流。

相比于喜茶、奈雪等均价20～30元一杯茶饮的价格，蜜雪冰城的产品满足了多数消费能力并不高的学生和年轻白领们的口腹之欲，以至于许多网友戏称其为“贫民窟男孩、女孩的奶茶救星”。

(3)定位明晰，主攻下沉市场。

除了低价策略，多年以来，总部位于郑州的蜜雪冰城，一直将品牌的开店重心放在消费潜力更大的下沉市场。蜜雪冰城的门店主要遍布河南、河北、山东、四川等多个省份的三四线及以下城市，基本达到了“承包”的程度。这些地方的学生、初入社会的年轻群体成为品牌的目标消费者。

三四线及以下城市的人工和房租成本相对较低，且主要依靠“熟人营销”，在很大程度上节省了开店成本，这与创始人张红超所遵循的商业原则是相符的。除此之外，比起“格调”“品位”等产品的附加价值，下沉市场的消费者更关注价格。蜜雪冰城在选址时，往往会把门店开在学校周边、商业步行街、城中村、车站等客流量较大的区域，这些地方不仅利于品牌曝光，而且有大量学生、年轻人等目标消费群体聚集，易形成稳定的复购率。

单价不超过8元的奶茶，3元一支的冰淇淋，再配合店内的优惠促销活动，让消费需求高、但消费能力弱的主要消费群体，在一定程度上“忽视”了价格，能消费得起但不会太“肉疼”。因此，往下沉市场走，主打高性价比的蜜雪冰城要比其他茶饮品牌更有优势。这也是过去几年少有人在一二线城市看到蜜雪冰城的身影，对这个品牌依然抱有陌生感的原因。

蜜雪冰城所采取的“农村包围城市”路线，在避开了网红茶饮品牌在一二线城市激烈厮杀的同时，还让品牌的经营规模如滚雪球般不断扩大。与拼多多不谋而合的商业模式，也是大众称其为奶茶界“拼多多”的主要原因。在一二线城市的开店选址上，蜜雪冰城依然坚持自己的商业策略，仍以学校周边、步行街旁、城中村等地为重心，避开了地价贵、成本高的中心商业区，不断地扩大自己的门店版图。

2. 自建供应链体系

那么，坚持低价、定位下沉市场的蜜雪冰城是如何做到年营收65亿元的呢？自从早期的冰淇淋走红后，张红超拉着亲戚朋友一起开店，到2007年年底，蜜雪冰城已经开了27家门店。2010年，蜜雪冰城通过商务部特许经营备案，开启“直营＋加盟”的市场经营模式。

对于大多数茶饮品牌来说，加盟的营收主要来自加盟费、原料费、管理费、收入分成等。但是，蜜雪冰城这样体量的品牌，加盟费所占营收比重并不高。此外，蜜雪冰城也不参与加盟商的分成。在蜜雪冰城的营收中，逐渐占据最大份额的是原料费。随着企业规模的扩大和门店数量的增多，原料成本和运营成本都在不断攀升。为了控制成本，蜜雪冰城开始自建供应链体系。

2012 年，蜜雪冰城建立独立研发中心和中央工厂，实现核心原料自产，从源头控制了原料的成本，掌握了议价权。而终端门店越多，议价的空间就越大。据业内人士介绍，蜜雪冰城某品类的原料拿货成本，比同类型非规模化的品牌要低 20%。除了控制上游成本，蜜雪冰城还搭建了高效的物流配送体系。2014 年，蜜雪冰城占地 100 亩(约 6.67 公顷)的河南焦作仓储物流中心投入使用，成为全国饮品行业第一家实行物料免费运送的品牌。

除了总仓设立在河南外，蜜雪冰城在东西南北区域设立了四大分仓，五仓联动，辐射全国，原料和物料可以直达门店，没有中间商赚差价。而密集开店的策略使门店之间的距离很短，也降低了门店的配送成本，提高了配送效率。此外，在门店管理上，蜜雪冰城建立了标准化的工作流程，提供系统经营培训、店面设计装修、开业指导、营销活动方案策划等服务，进一步降低隐性的运营管理成本。随后的 2017 年、2018 年，蜜雪冰城的上海研发中心、深圳研究院相继成立。

从研发生产到仓储物流，再到运营管理，蜜雪冰城已拥有完整的产业链闭环。伴随着成熟商业模式的建立，接下来要做的，就是由点到面地持续扩张。门店越多，规模效应越明显，对原料的需求量也就越大，蜜雪冰城的盈利能力就越强。自此以后，蜜雪冰城的门店版图扩张速度更快，开店数量突破 1 万家之前，甚至还将门店开到了国外。2018 年，蜜雪冰城在越南河内市开设了海外市场的首店，截至目前，品牌在海外市场已拥有超过 70 家门店。

规模化降低了成本，低成本支撑了低价，蜜雪冰城高质平价的基因得以延续，给加盟商也留出了利润空间。

(资料来源：https://zhuanlan.zhihu.com/p/388092807，2021-07-09)

(二)创新意识的基本构成

创新意识主要由创新兴趣、创新动机、创新情感和创新意志四个方面构成。

1. 创新兴趣

兴趣是人们力求探究某种事物和从事某项活动的意识倾向。创新兴趣则是对挑战陈规、创造新事物、提出新方法等感兴趣，热衷于从事创新活动。创新兴趣往往与好奇心、求知欲联系在一起，这是人的天性，有的人将这种天性抑制和闲置，而有的人将这种天性保持和发扬。

创新兴趣引导着创新目标的确立、创新能力的开发，人们总是优先根据自己的兴趣来选择合适的创新内容和方向。对创新的强烈兴趣是人们进行创新活动最重要的心理条件之一。

2. 创新动机

动机是激发和维持个体的活动，并使这种活动朝着一定目标努力的内部心理倾向。创新动机是指引起和维持个体进行创新活动的内在驱动力，是创新行为的动力基础。

创新动机在创新活动中主要有以下三个方面的功能。

(1)激活功能。创新动机激发、推动个体产生创新行为。

(2)指向功能。创新动机总是使创新活动指向一定的目标或对象。

(3)维持与调节功能。创新动机一旦引起创新实践，会使人表现出极大的积极性，从而维持创新过程。

3. 创新情感

情感是人对事物的态度的体验，如对创新的态度是认可的，那么相应会产生热爱、崇尚的情感体验。创新情感是指创新主体对创新的主观情感体验，包括对创新及创新过程涉及的各方面内容的情感体验。它是主体进行创新活动的情感力量，对创新活动的维持和调节起着很大的作用。

(1)智力和创新情感相互作用。在任何一种活动中，认知活动与情感活动都是相互交织的，健康积极的情感对认知活动起着促进作用，反之则带来消极影响。同样，人的创新过程不仅仅是激烈的智力活动过程，也是强烈的情感活动过程，在智力和情感双重因素的积极作用下，人们的创新才能有持续的力量和思想火花。

(2)创新情感作用于创新活动的全过程。从创新动机的产生到创新过程的持续，再到创新结果的验证，各个环节无不蕴含着创新者的情感因素。创新过程需要以创新情感为动力，如求实精神、坚强的信念及道德感等。

4. 创新意志

创新是一种意志行为，创新的特征就是要克服困难，做前人和别人没有做的事。可以说，意志就是力量，意志是创新的支柱。创新意志是有意识、有目的、有计划地调节和支配创新活动的心理现象。创新意志是在创新情感的基础上产生的，没有情感就不可能产生任何意志。创新意志又使创新情感具有了目的性，使创新情感能够按照人的价值需要发展。

(三)创新意识的作用

具体而言，创新意识的作用有以下三个方面。

1. 创新意识是决定一个国家、民族创新能力最直接的精神力量

创新意识推动社会生产力的发展。科学的本质就是创新，科学技术的每一次进步都是通过创新实现的。科学技术的迅猛发展对人类社会各个方面都产生了深刻而广泛的影响。创新更新了人们的生产工具和生产技术，提高了劳动者的素质，开辟了更广阔的劳动对象，推动了社会生产力的发展。

2. 创新意识促成社会多种因素的变化，推动社会全面进步

创新意识根源于社会生产方式，它的形成和发展必然进一步推动社会生产方式的进步，从而带动经济的飞速发展，促成上层建筑的进步。创新意识进一步推动人的思想解放，有利于人们形成开拓意识、领先意识等先进观念。创新意识会促进社会政治向更加民主、宽容的方向发展，这是创新发展需要的基本社会条件。这些条件反过来又促进创新意识的扩展，更有利于创新活动的进行。

3. 创新意识促成人才素质结构的变化，提升人的本质力量

创新实质上确定了一种新的人才标准，它代表人才素质变化的性质和方向，它输出一个重要的信息：社会需要充满生机和活力的人、有开拓精神的人、有道德素质和现代科学文化素质的人。而创新意识能够促成人才素质结构的变化。因为创新意识使人有追求新异事物和真知灼见的强烈欲望，不满足于现状，敢于大胆质疑、标新立异。正是因为有了创新意识，才会有发现创新可能的慧眼，并为创新做好充分的前期知识准备，从而开展创新活动。另外，创新意识是个体进行相关创新活动的内在指导力量，如创新过程中面临的路线选择、信息收集、价值判断等，而且由于创新过程中会遇到很多困难，产生一些不良情绪，创新意识会通过动机、情感和意志等对创新实践进行调控，让创新向着目标前进。因此，创新意识客观上引导人们朝着这个目标提高自己的素质，使人的本质力量在更高的层次上得以确证。它激发人的主观性、能动性、创造性的进一步发挥，从而使人自身的内涵获得极大丰富和扩展。

(四)创新意识和实践能力的关系

创新意识和实践能力是人的精神发展的有机组成部分。它们都是人的本质属性的表现，是不可分割的。创新意识是在实践基础上产生的、在人的思想内的实践预演，既是过去实践的精神结果，又是即将开展的实践活动的准备。这种观念性的东西是否正确、是否符合实际需要，必须在实践中进行验证。

实践能力是实践主体在实践过程中逐渐形成的将目的、计划、方案等思想意识付诸行动的执行力，会对创新意识产生促进作用。

创新意识和实践能力都来自实践，同时对即将进行的实践具有促进作用。当代大学生只有具备创新意识和实践能力，才能适应快速发展的社会需要。

案例 1-3

一个普通市民的普通发明

“既能扫地、刮水，又能湿拖，一个拖把一举三得。”60 多岁的张景才一说到自己发明的刮板拖把，就有一种停不下来的激情。

1. 擦窗户时突发奇想

2014 年春节前，张景才在家中大扫除。擦窗户时，他拿出了从市面上买到的双面玻璃清洁器，工作效率因此提高了不少。而以往擦玻璃时，还需要准备湿布、干布和报纸。“这种清洁器集三种工具于一体，方便了不少，那么这种原理能否应用在拖把上呢?”

为了验证自己的想法，他拿着清洁器立即在自家的瓷砖上做起了实验。几个来回后，清洁器上的刮板刮走了残留的污水，刮过的地板整洁如新，完全没有水渍。说干就干，从那天开始，张景才把自己所有的精力都投入刮板拖把的发明中，希望能实现“一拖顶三拖”的目标。

2. 几番波折终见曙光

刚开始，张景才试着做拖把的平托板，却怎么做都不满意。后来他找设计公司帮忙设计外观、模型，经过半年时间，共花费近5万元做出了第一个样品。

此时，时间已到了10月，他顺利地拿到了实用新型专利证书。就在这时，他和一个叫金益平的小伙子成了好朋友。金益平收集了大量的资料后告诉张景才，他的发明是第一个，不管是实体店还是网店，目前还未出现刮板拖把。

不久后，样品寄来了，新的问题也出现了。由于设计公司在广州，双方的沟通不是很理想。这款集“扫地、湿拖、刮水”为一体的三合一拖把，主要突出能够刮水的特点，因此刮条的材质、厚度自然是关键所在，而厂家先后两次寄来的刮条都不尽如人意。得知这一情况，金益平熬夜到凌晨4点，最后为张景才找来一根刮条。装好后做完试验，两人都很满意。

3. 现在最愁的是起名字、找厂家

张景才向记者演示了三合一拖把的操作过程，将浸湿后的拖把向自身方向拉时，抹布擦亮地板，刮条随后刮走残留的水渍。如果要单纯清扫，只要用脚踩踏板，使刮板翘起即可。

产品有了雏形，为它起名也让两人发愁。两人虽然想了不少名字，但仍觉得不满意。“希望集大家的智慧想出个好名字，如果被采用，我们决定让对方终身免费使用这款拖把。”张景才说。

除了为拖把起名字，找生产厂家也比较困难。之前的厂家在广州，每次沟通完产品细节后，对方做出的产品和他脑海中的总有差距；再者，厂家太远，来回一次也不方便，“如果本地有厂商愿意与我合作，那是再好不过了。”张景才说。

（资料来源：兰州晚报，2015-06-15）

三、创新型人才

党的二十大报告指出：“必须坚持科技是第一生产力、人才是第一资源、创新是第一动力，深入实施科教兴国战略、人才强国战略、创新驱动发展战略。”要求“着力造就拔尖创新人才，聚天下英才而用之”。在全球化背景下，高素质拔尖创新型人才培养是提升我国综合实力与国际竞争力的关键因素。

习语研读

要加强人才投入，优化人才政策，营造有利于创新创业的政策环境，构建有效的引才用才机制，形成天下英才聚神州、万类霜天竞自由的创新局面！

——2018年5月28日，习近平在两院院士大会上的讲话

(一)什么是创新型人才

所谓创新型人才，就是具有创新精神和创新能力的人才，通常表现出灵活、开放、好奇的个性，具有精力充沛、坚持不懈、注意力集中、想象力丰富以及富于冒险精神等特征。

创新型人才一般具有以下几个特征。

(1)有很强的好奇心和求知欲。

(2)学识广博，有很强的自我学习与探索的能力。

(3)在某一领域或某一方面拥有扎实的专业知识，有较高的专业水平。

(4)具有良好的道德修养，能够与他人合作共处。

(5)有健康的体魄和良好的心理素质，能承担艰苦的工作。

(二)如何培养创新型人才

我国著名科学家钱学森曾向温家宝同志进言："现在中国没有完全发展起来，一个重要原因是没有一所大学能够按照培养科学技术发明创造人才的模式去办学，没有自己独特的创新的东西，老是冒不出杰出人才。这是个很大的问题。"培养创新型人才，是当代中国高等教育最重要的历史使命。

传授知识是教师的神圣职责和根本任务。然而，还有四个方面比传授知识更重要：一是教会学生学习的方法比传授知识更重要，今天的教是为了明天不需要教；二是激发学生学习的兴趣比强制学生学习更重要，要重在提高学生学习的内驱力；三是培养学生的科学精神比传播科学知识更重要，要努力培养学生严谨、求实、探索、创新的学术品格；四是引导学生学会应用知识比单纯传授知识更重要，学习的目的是更好地应用知识。

因此，为了培养创新型人才，高校在教学方法上应注重以下几方面的改革。

(1)实行以问题为主线的教学。注重在教学中引导学生思考问题、提出问题、研究问题和解决问题。在一个班集体、一个学习小组或一个宿舍集体内，形成研究问题、讨论问题的风气，这是引发思考、启迪智慧、激发灵感的重要渠道，是创新性学习的有效方式。

(2)注重培养兴趣。学习中有了兴趣，可以提高学习的内驱力，就能做到忙而不累，乐而忘忧，就能够产生灵感，提高学习效率。现在我国高等教育中比较普遍的问题是学生学习的内驱力不足，学习的兴趣和求知的欲望不足，因此如何培养学生的学习兴趣、提高学生学习的内驱力成为高校要研究和解决的一个重要问题。

(3)注重引导学生综合应用知识。要引导学生把学到的多门课程乃至多个门类的知识综合在一起，去解决实际问题。科学是内在的统一体，它被分解为单独的部分，不是取决于事物的本质，而是取决于人类认知能力的局限性。当代科学技术不断分化与综合，而以综合化、整体化为主。

(4)指导学生注重转化，学会将知识转化为能力与素质。知识必须转化成能力与素质才能体现其价值。知识可能会过时或被遗忘，而能力和素质则更稳定、更长久。德国物理学家劳厄曾说过："教育无非是一切已学过的东西都遗忘掉的时候所剩下的东西。"

(5)鼓励学生勇于突破，有意识地突破前人、突破书本、突破自己的老师。如果一个老师把学生教得超过了自己，那就是这个老师很了不起的成就。科学的发展、社会的进步，既是以继承前人成果为基础，又是以怀疑和否定前人成果为突破的。

案例 1-4

曹德旺的福耀玻璃：探索中国制造业的崛起与创新

曹德旺，一位在中国制造业领域有着传奇色彩的企业家，他的福耀玻璃成为中国制造业的代表之一。曹德旺出生于 1946 年，是一个普通农民家庭的孩子。他从小就是一个喜欢动手的孩子，喜欢修理各种东西。1962 年，他高中毕业后进入一家国有企业工作，开始了他的职业生涯。

在企业工作期间，曹德旺逐渐发现自己对玻璃行业非常感兴趣。他认为，玻璃行业是一个非常有前途的行业，而且中国的玻璃市场还有很大的发展空间。1975 年，他决定离开国有企业，开启创业之路。

1. 创业历程

1976 年，曹德旺创立了福耀玻璃厂。当时，福耀玻璃厂只是一个只有几个人的小厂，但是曹德旺却有着超凡的商业眼光和执着的追求。他不断学习，研究市场，改进产品，扩大规模。在他的带领下，福耀玻璃厂逐渐成为中国最大的玻璃生产商之一。

随着企业的发展，曹德旺意识到，传统的管理理念已经不足以满足企业的发展需要。他决定引入新的管理理念，改革企业制度，提高企业的效率和竞争力。他推行了目标管理、绩效考核、科学管理等新的管理理念，使企业重新焕发生机。

曹德旺非常注重品牌建设。他认为，企业要发展，必须有自己的品牌。于是，他开始在产品品质、售后服务等方面下功夫，不断改进产品，提升品质。福耀玻璃的产品质量和服务逐渐得到了客户的认可和信赖，企业品牌形象也日益树立。

曹德旺有着很敏锐的商业嗅觉，他认为，中国是一个巨大的市场，企业必须开拓市场，才能发展壮大。于是，他开始拓展市场，开发新的产品，并加强了营销网络的建设。福耀玻璃的产品逐渐走向国际市场，成为国际市场上的佼佼者。

2. 成功经验

曹德旺非常注重技术创新，他认为，只有不断引进新技术，才能提高企业的竞争力。他经常到国外学习，研究最先进的技术，并将其应用到企业中。福耀玻璃在引进新的生产设备和技术方面做了很多工作，使得企业的技术水平不断提高。曹德旺一直坚持“质量第一”的理念，他认为，产品质量是企业的生命线。

福耀玻璃在发展过程中始终坚持以技术创新为核心驱动力。为了满足汽车市场对安全、舒适和节能环保的需求，福耀玻璃投入巨资在研发领域进行创新。通过与国内外知名汽车制造商的合作，福耀玻璃开发出了一系列具有高科技含量的汽车玻璃产品，如太阳能隔热玻璃、隔音玻璃等。这些产品的不断创新和提升，使得福耀玻璃在全球市场上获得了良好的声誉和竞争优势。

与此同时，福耀玻璃还十分注重企业文化的建设。曹德旺将“诚信、合作、创新、责任”作为企业的核心价值观，并倡导“精益求精、追求卓越”的工作态度。福耀玻璃鼓励员工积极学习、不断进取，并提供完善的培训机制和晋升通道，激发员工的创造力和潜力。企业还注重与员工之间的良好沟通和合作，营造了一个和谐、积极向上的工作氛围。

福耀玻璃的家族企业模式也是其成功的关键之一。曹德旺通过家族企业的管理模式，有效控制了企业的运营和决策权，从而更加迅速和灵活地适应市场变化，使得企业能够更加高效地决策和行动。此外，家族企业还能更好地传承家族的文化和价值观，促进企业的长远发展。福耀玻璃通过不断提高企业治理水平和家族企业的专业化管理，确保了企业能够持续稳定地发展。

总结起来，福耀玻璃作为一家家族企业，在全球市场上取得了较大的成功。其坚持以技术创新为核心驱动力，注重企业文化和家族企业模式的建设，使得企业能够快速发展并保持竞争优势。福耀玻璃的成功经验值得其他家族企业借鉴和学习。只有不断创新和调整，家族企业才能在竞争激烈的市场中立足并取得长期的成功。

第三节　创新精神

一、创新精神的内涵与特征

创新精神作为一种奋发向上、积极进取、追求进步的精神状态，充分体现着一个民族自强不息的坚定意志，展现着一个社会蓬勃发展的强劲势头。了解创新精神的内涵和特征，有助于我们科学地理解和培养创新精神。

(一)创新精神的内涵

创新精神是指能够综合运用已有的知识、信息、技能和方法，提出新方法、新观点的思维能力和进行发明创造、改革、革新的意志、信心、勇气和智慧。

创新精神是一个国家和民族发展的不竭动力，也是一个现代人应该具备的素质。

创新精神属于科学精神和科学思想范畴，是进行创新活动必须具备的心理特征，包括创新意识、创新兴趣、创新胆量、创新决心以及相关的思维活动。

创新精神是一种勇于抛弃旧思想、旧事物，创立新思想、新事物的精神。例如，不满足已有认识(掌握的事实、建立的理论、总结的方法)，不断追求新知；不满足现有的生活和生产方式、方法、工具、材料、物品，根据实际需要或新的情况不断进行改革和革新；不墨守成规(规则、方法、理论、说法、习惯)，敢于打破原有框框，探索新的规律、新的方法；不迷信书本、权威，敢于根据事实和自己的思考质疑权威；不盲目效仿别人的想法、说法、做法，不人云亦云，也不唯书唯上，坚持独立思考，说自己的话，走自己的路；不喜欢一般化，追求新颖、独特、异想天开、与众不同，不僵化、呆板，能灵活地运用已有知识和能力解决问题……都是创新精神的具体表现。

创新精神是科学精神的一个方面，与其他方面的科学精神不是矛盾的，而是统一的。例如：创新精神以敢于摒弃旧事物、旧思想，创立新事物、新思想为特征，同时创新精神又必须以遵循客观规律为前提，只有当创新精神符合客观需要和客观规律时，才能顺利地转化为创新成果，成为促进自然和社会发展的动力；创新精神提倡新颖、独特，同时又要受到一定的道德观、价值观、审美观的制约。

创新精神提倡独立思考、不人云亦云，并不等于不倾听别人的意见、固执己见、狂妄自大，而是要团结合作、相互交流，这是当代创新活动不可缺少的方式；创新精神提倡胆大、不怕犯错误，并不是鼓励犯错误，因为出现错误认知是科学探究过程中不可避免的；创新精神提倡不迷信书本和权威，并不反对学习前人经验，因为任何创新都是在前人成就的基础上进行的；创新精神提倡大胆质疑，而质疑要有事实和思考的根据，并不是虚无主义地怀疑一切……总之，要用全面、辩证的观点看待创新精神。

只有具有创新精神，我们才能在未来的发展中不断开辟新的天地。

(二)创新精神的特征

具体来说，创新精神具有以下几个特征。

1. 综合性

综合性反映了创新精神内涵的丰富性和结构构成的多重性。创新精神不是单一的某种创新因素，而是因素集合，是一个完整的结构。这种综合性表明了它作为素质教育重点的适切性。

2. 关联性

所谓关联性，包含两层意思：一是外部关联性，指的是创新精神的构成因素是与创新活动、成果、创新主体最直接相关的因素。这种关联性提供了一种限定，也给研究和实践提供了一种便利。二是内部关联性，是指创新精神内部构成因素之间具有密切的相互依存、影响、促进的关系，在相辅相成的关系中统一于一体，构成一个整体。

3. 发展性

创新精神并非与生俱来的，虽然它与生理遗传密切相关，特别是特殊领域的创新，如音乐、美术、运动等，但其实质上是在后天环境的作用下逐步形成的。所以，创新精神具有发展性。

案例 1-5

拼多多社交电商创新案例

近年来，随着移动互联网和社交媒体的兴起，电商行业迎来了革命性的变革。拼多多作为一家以社交电商为核心的创新企业，成功地利用社交媒体和社群团购模式，打破了传统电商的壁垒，成为中国最大的农村市场和价格敏感消费者市场。

1. 社交电商模式的运作方式

拼多多的社交电商模式通过社交媒体平台，如微信和 QQ 群，借助用户的社交网络进行商品销售和推广。拼多多通过与用户的深度互动，通过分享商品、邀请好友参与拼团等方式，实现了用户的裂变式增长。其核心概念是"拼购"，即通过拼团的模式，以更低的价格购买商品。

拼多多与传统电商的最大不同之处在于，它将购物从个体消费行为转变为社交化的团购行为。用户可以通过发起和参与拼团活动，获得更低的价格和更大的优惠。而这种社交化的购物方式，不仅加强了用户之间的互动和社区感，还激发了用户的购买欲望和分享欲望。

2. 拼多多的创新案例分析

(1)借助社交媒体平台实现裂变式增长。作为一家社交电商企业，拼多多巧妙地利用了社交媒体平台的裂变效应。通过用户之间的分享和邀请，将商品的推广范围扩大到更多的潜在用户。在购买商品时，拼多多鼓励用户邀请好友参与拼团，从而实现更低的团购价格。这种裂变式增长的方式，有效地加快了拼多多用户的增长速度，带来了更多的销售额。

(2)提供丰富的优惠活动。拼多多致力于为用户提供高性价比的商品。通过提高采购数量，拼多多能够以更低的价格采购商品，并通过团购的方式将这些优惠给到用户。此外，拼多多还与电商平台、品牌商和供应链进行合作，提供更多的限时折扣和礼品活动，吸引用户参与购物。这种丰富的优惠活动不仅吸引了用户的眼球，也为拼多多带来了更高的转化率。

(3)构建用户社区，增强用户黏性。拼多多注重用户之间的互动和社区感。通过社交媒体平台和拼团活动，用户之间可以交流购物心得、分享商品评价等。这种用户之间的互动不仅增强了用户的黏性，还让用户感受到了来自社区的支持和认同。此外，拼多多还提供"买家秀"功能，让用户可以上传购物照片和评论，增加用户参与互动的机会。

(4)数据驱动决策。作为一家智能社交电商平台，拼多多深知数据的重要性。通过大数据分析，拼多多能够了解用户的购物偏好、消费习惯等信息，从而提供更加个性化的推荐和服务。此外，拼多多还将数据应用于营销策略和供应链管理，实现了更高效的运营和更精准的商品推荐。

结语

拼多多作为一家成功的社交电商创新企业，通过与传统电商的巧妙差异化，成功地吸引了中国最大的农村市场和价格敏感消费者市场。其社交电商模式的运作方式和创新案例，为其他电商企业提供了很多启示和借鉴。未来，随着社交媒体和移动互联网的不断发展，社交电商模式有望在更多领域得到应用，并带来更多商机和创新。

二、创新精神的基本构成

创新精神是一个综合体，它由多个要素构成，这些要素相辅相成、互相依存、缺一不可。创新精神主要由勇于探索的精神、艰苦奋斗的精神和乐于献身的精神三部分构成。其中，勇于探索的精神是创新精神的核心，艰苦奋斗的精神是创新精神的保障，乐于献身的精神是创新精神的依托。

(一)勇于探索的精神

勇于探索的精神可以从以下三个方面来诠释。

1. 强烈的好奇心

好奇心是对客体的选择性态度。具有好奇心，就会很自然地受到未知世界的吸引，乐于施展才智以寻求答案。具有创新精神的人，往往有强烈的好奇心、旺盛的求知欲，酷爱探索和钻研。对客观世界有好奇心，才会产生观察事物、解决问题的兴趣，才能有志于探索和思考创新事物。

2. 稳定的兴趣

兴趣是成功的内在起点。当我们对客观世界的某些现象或问题产生浓厚的兴趣时，就喜欢观察和思考它们，从而产生旺盛的求知欲望，很想进行深入了解，追究原因，并做出解答。兴趣还能诱发、增强勇气和决心，从而使我们千方百计地去克服困难、排除障碍。

3. 旺盛的求知欲

求知欲是指追求某些现象发生的原因、探究客观事物变化的规律和寻求解决问题的办法的内心欲望。只有具备强烈的求知欲，才能有不畏困难、坚持探索、不达目的誓不罢休的雄心和勇气，而最终取得成功。求知欲是个体进行创新活动的开端，是影响个体创新能力的主要因素，也是创新型人才的基本特质。

案例 1-6

航海史上的壮举

在人类历史上，15 世纪末，葡萄牙航海家达·伽马首次完成从西欧绕过非洲南端直达印度的航行。他的这次航行开辟了东西方向的海上通道，对世界历史的发展产生了重大的影响。1488 年，葡萄牙航海家迪亚士首航发现好望角。

1497 年 7 月，达·伽马率船队开始了惊天地、泣鬼神的航行壮举。达·伽马的舰队在途经莫桑比克后，不久即抵达肯尼亚的马林迪港。据史载，早在 1417 年，我国明朝著名的航海家郑和曾率船队抵达此港，并在此地留有永久性的纪念标志。达·伽马在马林迪港内发现了印度来的商船后，乘西南季风，历经 23 天的连续航行，到达印度重镇卡里库特，完成了这次史无前例的远航壮举。

（二）艰苦奋斗的精神

艰苦奋斗是一种不怕艰难困苦而勇敢战胜困难的精神。艰苦奋斗的精神需要具有足够的自信心和顽强的意志力。

艰苦奋斗是中华民族的传统美德，是中国共产党人的传家宝。

习语研读

今天，我们的生活条件好了，但奋斗精神一点都不能少，中国青年永久奋斗的好传统一点都不能丢。在实现中华民族伟大复兴的新征程上，必然会有艰巨繁重的任务，必然会有艰难险阻甚至惊涛骇浪，特别需要我们发扬艰苦奋斗精神。奋斗不只是响亮的口号，而是要在做好每一件小事、完成每一项任务、履行每一项职责中见精神。奋斗的道路不会一帆风顺，往往荆棘丛生、充满坎坷。强者，总是从挫折中不断奋起、永不气馁。

——2019 年 4 月 30 日，习近平在纪念五四运动 100 周年大会上的讲话

1. 足够的自信心

具备创新精神的人往往相信自己是更有创造力的。没有足够的自信，是很难大胆创新的。信心是胜利的起点，是产生勇气和实现雄心壮志的保证。

2. 顽强的意志力

意志是人自觉地确定目标，并支配行动去克服困难以实现预定目标的心理过程。顽强的意志是不可或缺的创新素质之一。

案例 1-7

杂交水稻之父——袁隆平

1960 年，袁隆平成为湖南省安江农校的一名普通教师，除了教好课，他还有一个任务，就是在农业科研上做出些成绩来，为老乡们培育出高产量的好种子。

袁隆平教过遗传育种、作物栽培等学科。在他看来，杂种优势是自然界中存在的普遍现象。然而，按照传统经典理论，水稻恰恰没有杂种优势，它是一种自花授粉作物，一株水稻只要开花，雄花自然就会给同株上同时开放的雌蕊柱头授粉。

难道水稻真的不能杂交？袁隆平有些不服气。1960年7月，袁隆平在安江农校实习农场早稻试验田里，偶然发现一株水稻植株与众不同。怀着好奇的心理，第二年春天，他把收获的种子播到试验田里，结果表明这是一株地地道道的天然杂交稻。这令袁隆平欣喜若狂，他当即决定跳出无性杂交学说的束缚，开始进行水稻的有性杂交试验。

然而，要找到天然雄性不育株却不是一件容易的事。袁隆平有恒心，一边教学，一边继续试验。1964年7月，袁隆平在稻田里惊喜地寻找到一株天然雄性不育株，经人工授粉，结出了数百粒第一代雄性不育株种子。1966年2月，袁隆平的第一篇论文《水稻的雄性不孕性》在《科学通报》杂志上发表，首次提出了通过培育雄性不育系、保持系和恢复系的“三系法”培育杂交稻，以大幅度提高水稻产量。

这一发现震动了整个农业界和科技界。袁隆平不仅思想开明，而且意识超前，他主张建立起分子育种室，并不遗余力地加强对人才的引进和培养，先后输送多名年轻科技人员到我国香港地区或国外深造。

在袁隆平的培养和影响下，不论是在他的研究中心，还是在全国杂交水稻技术攻关协作单位，已经形成了一支梯队结合、协同作战的杂交水稻技术队伍，肩负起将杂交水稻向纵深发展的重任。

（资料来源：http://www.moa.gov.cn/ztzl/xzgcllsnsnmfrwbz/snmfrwfc/200909/t20090927_1359252.htm，2021-09-25）

（三）乐于献身的精神

创新探索的道路上充满了矛盾和斗争。新理论、新观点、新产品的出现常常会遭到质疑、反对。拥有创新精神的人往往坚持真理，甚至献出了自己的生命。从心理学的角度来看，为真理而献身，是完善性格品质的最高表现。献身精神是智力因素与非智力因素的完美结合，反映了对科学的正确认识，对真理的追求，对科学无限的热爱，坚韧不拔的毅力，大无畏的勇敢精神和高度的牺牲精神。在创新的过程中，如同战斗一样，总会有人“负伤”，甚至“牺牲”。只有勇敢地坚持真理，勇于献身，才能为科学创新做出重大贡献。

案例 1-8

滴滴出行共享经济引领出行革命案例分析

滴滴出行是知名的打车软件，也是一个典型的共享经济平台。它的出现不仅改变了人们的出行方式，还引领了出行行业的革命。本文将通过对滴滴出行的案例分析来探讨共享经济对出行行业的影响和作用。

1. 滴滴出行的诞生与发展

滴滴出行创始人程维在2012年创建了一个小型的打车软件，旨在解决人们在出行过程中遇到的问题，比如难以叫到车、不方便支付等。之后，滴滴出行逐渐扩大了业务范围，成为一家颇具规模的共享出行平台。

2. 共享经济对出行行业的影响

(1)提高出行效率。共享经济的出现使得人们可以方便地找到空闲的车辆进行共乘，从而减少了车辆闲置时间，缓解了路面拥堵，提高了出行效率。滴滴出行通过优化算法，使得乘客和司机的匹配更加高效，减少了乘客等车的时间，让出行更加便捷。

(2)降低出行成本。共享经济平台的出现降低了人们的出行成本。以滴滴出行为例，通过与司机共享车辆的方式，乘客可以减少出行开支。此外，滴滴出行还提供了各种优惠活动和代金券等，进一步降低了用户的出行成本。

(3)促进就业和增加收入。共享经济模式为广大司机提供了一个灵活的工作机会，鼓励更多人加入出行行业。由于滴滴出行等平台的需求不断增加，司机们可以通过提供打车服务来赚取额外的收入。同时，滴滴出行还提供了一些司机培训和技能提升的机会，促进了就业和人才培养。

3. 滴滴出行在行业中的地位和影响

(1)垄断地位的形成。由于滴滴出行在中国出行市场占据优势地位，竞争对手难以与其匹敌。滴滴出行通过低价优惠、广告宣传以及运营服务等策略，吸引了大量的用户和司机使用平台，逐渐占据了行业垄断地位。

(2)引领行业革新和变革。滴滴出行的成功案例吸引了无数企业和创业者的关注，并推动了出行行业的革新和变革。越来越多的企业开始尝试共享经济模式，通过打破传统行业壁垒，提供更便捷、高效、低成本的出行服务。

(3)社会安全和服务质量的改善。传统出租车行业存在司机态度恶劣、服务质量参差不齐等问题，给乘客的出行体验带来了很大的负面影响。滴滴出行通过对司机进行认证、评级以及用户反馈等方式，促使司机提供更专业、优质的服务，提高出行的安全性和满意度。

结论

滴滴出行作为共享经济的代表之一，通过引领出行革命，改变了人们的出行方式，提高了出行效率，降低了出行成本。同时，滴滴出行对整个出行行业产生了深远的影响，变革了传统行业模式，推动了社会安全和服务质量的提升。共享经济模式在滴滴出行的引领下，将会在更多领域发挥作用，为人们的生活带来更多便利和可能性。

三、大学生创新精神的培养

中国梦归根结底是人民的梦，为了实现中国梦，广大青年要贡献智慧和力量，让青春在时代进步中焕发出绚丽的光彩。改革创新精神已融入时代精神的核心，成为社会主义核心价值体系的组成部分。培养大学生的创新精神既是其自身发展进步的客观需求，也是国家重大战略的核心要求。

（一）更新观念与优化内容

思想是行为的先导，正确的意识能够促进客观事物的发展。1919 年，我国著名教育家陶行知先生第一次把“创造”引入教育领域。他在《第一流的教育家》一文中提出，要培养具有“创造精神”和“开辟精神”的人才，培养学生的创新能力对国家富强和民族兴亡具有重要意义。观念进步是行为改进的前提和基础，要想培养具有创新能力的创新型人才，就必须引入创新观念，培养创新精神。

新时期的创新观念要牢固树立并充分体现以改革创新为核心的时代精神，紧紧围绕实现中华民族伟大复兴的中国梦，有效利用思想政治理论课提供的理论支撑和动力之源，要充分认识到创新精神是以改革创新为核心的时代精神的重要内容，时代精神是社会主义核心价值体系的重要元素，改革创新是实现中华民族伟大复兴的唯一途径。

高校在构建现代课程体系时，首先要改进课程教材。大学的思想政治课程教材要在与时俱进中不断丰富和完善社会主义核心价值体系的内容、以改革创新为核心的时代精神的内容和中国梦的内容，使之既高屋建瓴，又很接地气，融思想性、趣味性、实践性于一体，切实加强基础学科建设、综合学科建设，开辟多学科协调发展之路。其次要拓宽专业口径。大学生的年龄和实践经验差异很大，所处环境也不尽相同，他们在高考选择专业时的盲目性也逐渐加深。因此高校要弱化具体的专业方向，按专业大类、学科门类设置课程体系，实施综合化的人才培养模式，这既有利于大学生创造性潜能的开发，又有利于大学生充分展示个性，发挥个性优势，进而培养自己的创新才能。

（二）深化教学改革

构建开放式的教学模式，合理、科学地引进、借鉴国内外一切积极的教学因素，从内容到形式、从方式到方法都要有所开发。在教学上，要引用创新精神的事例，潜移默化地培养学生的创新意识，增强课程内容的实践性，让学生独立解决问题，进而引领其创新精神的培养。在课程教育的研究上，要继续加大投入力度，明确发展改革目标，使学生由善学变成乐学。

（三）创新管理机制

管理机制创新以构建共享平台来保障实时进行，以持续开发来保证长远发展，以合理授权来激发创新才智，以优化激励来兑现价值，以开放兼容来实现才智融通，从而最大限度地激发人才的创新精神和创造活力。

第一，保障人才自由流动、自由发挥、自由创造。强化服务意识，推进简政放权，减少行政干预，打破简单依靠行政手段解决人才问题的惯性，构建新型人才人事管理制度。坚持事业为重、务实为要，根据人才所需所盼创新管理和服务，加强与人才的思想联系、工作联系和感情联系，建立帮扶人才成长成才和解决实际问题的长效机制，鼓励人才潜心研究，包容人才创新失败，让各类人才的创造激情和创新活力竞相迸发。

第二，在人才培养过程中，强调教育的适用性和实用性。根据社会和市场的实际需要，适时、适度调整学科专业设置，加强产学合作，实行开门办学，建立与企业和行业之间的密切联系，在教学的各个环节倾听和反映产业的需求，聘请有实践经验和理论功底的产业工程师任教，实行灵活多样的培养模式，培养学生的实践能力和工作技能。切实开展好非学历的大学后续教育，改变传统的高校成人教育以学历教育为主的情况，通过有效的继续教育满足大学后人员知识更新、职业流动和科技创新的需要，全面构建起终身学习的新体制。

(四)提升综合素质

树立均衡发展的观念，注重文理渗透，人文素质教育要传授文学、历史、哲学等知识，以培养学生的历史感。在专业领域内增强创造力，使文科与理科相互指导，用哲学指导数学的大方向，用数学的思维促进对哲学的领会。文科与理科本身并没有优劣之分，它们都对社会发展和人类进步产生作用，只是理论侧重点不同。大学生创新精神的培养既需要理科的逻辑思维，更需要文科的敏捷意识；既需要系统性地构建，又要善于捕捉瞬间的灵感。文科与理科的交融和均衡发展为创新精神的培养提供了学科建设的前提。

(五)开发教育资源

促进创新资源高效配置，建设一批具有先进水平、对我国经济社会发展具有显著作用的科技基础设施、重要科研机构、重大创新能力建设项目和重点实验室等区域创新支撑平台。建设科研技术创新合作基地和高校产学研合作基地，促进深度合作与融合。加快一流开放大学的建设步伐，积极开展多边和双边科技合作，开发并有效利用全社会的优质教育资源，形成资源共享的教育体制、和谐互济的运行机制，让社会资源的广阔平台承载、催生、铸造大学生的创新精神。

(六)有效利用新媒体

新媒体传播具有便捷性和直观性。为此，学校要充分利用自身全方位覆盖、全过程渗透的网络教育体系，主动适应网络快速发展的新形势，充分发挥新媒体的积极作用，搭建好大学生教育、管理和服务的新平台，实现网络新媒体与学生教育和管理的紧密结合；充分利用网络教育资源，建立融趣味性、理论性、服务性于一体的主题教育网站，打造创新教育网络平台。

第四节　创新能力

一、创新能力的概念

创新是指以现有的思维模式提出有别于常规或常人思路的见解为导向，利用现有的知识和物质，在特定的环境中，本着理想化需要或为满足社会需求而改进或创造新的事物(包括产品、方法、元素、路径、环境)，并能获得一定有益效果的行为。

创新能力是人类特有的一种综合性本领，是人人皆有的潜在的自然属性，即人人都有创造力，人人都具有可以被开发的创造潜力。此外，创新能力可以通过科学的教育和训练而不断地被激发出来，转化为显性的创造能力，并且得到不断提高。

一个人创新能力的强弱，是一流人才和一般人才的分水岭。创新能力是知识、智力、能力及优良的个性品质等因素综合优化构成的。创新能力是产生新思想、发现和创造新事物的能力，它是成功完成某种创造性活动所必需的心理品质。

创新能力具有综合独特性和结构优化性等特征。遗传素质是形成人类创新能力的生理基础和必要的物质前提，它潜在决定着个体创新能力未来发展的类型、速度和水平；环境是人的创新能力提高的重要条件，环境优劣影响着个体创新能力发展的速度和水平；实践是创新能力形成的唯一途径。实践也是检验创新能力水平和创新活动成果的标准。

创新的能力有一部分是来自不断发问的能力和坚持不懈的精神；创新能力在一定知识积累的基础上，可以训练、启发出来，甚至可以“逼出来”；创新最关键的条件是要解放自己。因为一切创造力都根源于人的潜在能力的发挥。

二、创新能力的构成

创新能力由多种能力构成，这些能力受多种因素的影响，这些因素由一定的因子所决定。事实表明，创新能力并不等于这些因素的简单相加，它呈现出一定的非加和形式，其形成过程受一定的内外环境的影响。

其中，内部环境包括一个人的智力因素和非智力因素；外部环境包括国家的教育制度(其中高考制度是影响创新能力培养的一个重要因素，高考制度不断改革的目的之一就是要与素质教育同步)，教育管理模式(学校在执行国家教育制度过程中的实际操作，学校为学生创造的学习氛围，学校倡导的学习结果)，以及教育者(包括管理人员)的素质(影响、决定大学生创新能力的内在因素，即大学生自身的因素，也就是内部环境)。

大量研究表明，创新能力是一个由一定的智力和非智力因素构成的系统所表现出的特殊功能。创新能力由基础能力和专业业务能力组合而成，是通过认知、情感、技能三方面的整合与有效应用，并经过长时间的思考之后，在已掌握知识的基础上发展出前所未有的、与众不同的、实用多样的且具有一定价值的新产物。其中基础能力包括自学能力、表达能力、审美能力、动手能力、观察能力、推理能力、类比能力、判断能力、归纳能力和相关的思维能力等；专业业务能力包括信息的获取、加工和综合能力，可行性研究和技术开发能力，社会适应和把握机遇能力，合作和协调能力，系统分析和综合能力，以及决策能力等。基础能力是在一定的智力水平的支持下，获取知识，转化知识，对发现和获取的外部显性知识进行内化，并用广义化原则扩展，以便广泛应用。从知识发现到知识获取，然后进行知识转化，进而实现知识创造是一个整体的过程，也是一个螺旋上升的过程，最终内显为一定的智力水平，外显为一定的能力水平。所有这些能力都需要一定的文化知识基础，从一定意义上来说，文化功底越深厚越有利于创新能力的发挥。创新能力不仅与知识储备密切相关，更是个人综合素质(包括性格特征和精神状态)的整体体现。

总之，创新能力取决于一定的智力因素和非智力因素，其中智力因素受制于一定的智力水平(IQ)和后天获取的知识，外显为一定的实践能力。研究表明，取得创造性成果的人，其成就大小与IQ有一定的关系，但IQ值达到一定水平后相关性就会显著减弱。有研究指出，当人的智商达到120时，人的创新能力与智商的正相关性就会明显降低。非智力因素则更多地受性格特征、思维习惯的影响。

三、创新能力的分类

(一)学习能力

学习能力即获取、掌握知识、方法和经验的能力，包括阅读、写作、理解、表达、记忆、收集资料、使用工具、对话和讨论等。学习能力还包括态度和习惯(比如活到老、学到老的终身学习的态度和信念)。个人具有学习能力，组织也具有学习能力，人们把学习型组织理解为“通过大量的个人学习特别是团队学习，形成的一种能够认识环境、适应环境，进而能动地作用于环境的有效组织”。也可以说是通过培养弥漫于整个组织的学习气氛，充分发挥员工的创造性思维能力而建立起来的一种有机的、高度柔性的、扁平的、符合人性的、能持续发展的组织。在如今这个竞争激烈的时代，个人或组织的竞争力往往取决于其学习能力，因此，无论对于个人还是组织而言，其竞争优势就是有能力比竞争对手学习得更多更快。管理学大师德鲁克说过：“真正持久的优势就是怎样去学习，就是怎样使得自己的企业能够学习得比对手更快。”

(二)分析能力

分析能力是指把事物的整体分解为若干部分进行研究的技能和本领。事物是由不同要素、不同层次、不同规定性组成的统一整体。认识事物的有效方式之一就是把它的每个要素、层次、规定性在思维中暂时分割开来进行考察和研究，弄清楚每个局部的性质、局部之间的相互关系及局部与整体的联系。做到由表及里、由浅入深、由易到难地认识事物和问题。

分析能力的高低与三个因素有关：一是个人的知识、经验和禀赋；二是分析工具和方法的水平；三是共同讨论与合作研究的品质。随着科学技术的发展，高性能计算机和各种科学仪器及新的分析方法的出现和应用，有效地提高了人们的分析能力。当然，分析能力也有局限性和片面性，容易使人“只见树木，不见森林”，忽视从整体上把握事物，因此，通常把分析能力与综合能力结合起来运用，取长补短，相辅相成。

(三)综合能力

综合能力是强调把研究对象的各个部分结合成一个有机整体进行考察和认识的技能和本领。综合是用一定线索把事物的各个要素、层次和规定性联系起来，从中发现它们之间的本质关系和发展规律。具体来讲，综合能力包括三项内容：一是思维统摄与整合，就是把大量分散的概念、知识点及观察和掌握的事实材料综合在一起，进行思考加工整理，由感性到理性、由现象到本质、由偶然到必然、由特殊到一般，对事物进行整体把握；二是积极吸收新知识，综合能力需要多方面的知识和方法，不断吸收新知识，不断更新知识都是必要的，特别是要学会跨学科交叉，把不同学科的知识、不同领域的研究经验融会贯通，才能更好地综合；三是与分析能力紧密配合，只有与分析能力相互配合，才能正确认识事物，实现有价值的创新。

（四）想象能力

想象能力是指以一定的知识和经验为基础，通过直觉、形象思维或组合思维，不受已有结论、观点、框架和理论的限制，提出新设想、新创见的能力。想象力往往是发现问题和解决问题的突破口，在创新活动中扮演突击队和急先锋的角色，缺乏想象力的人很难从事创新工作。

（五）批判能力

批判能力表现在两个方面：第一，在学习、吸收已有知识和经验时，批判能力保证人们不盲从，批判性地、选择性地吸收和接受，去粗取精、去伪存真；第二，在研究和创新方面，质疑和批判是创新的起点，没有质疑和批判就只能跟在权威和定论后面亦步亦趋，不可能做出突破性贡献。科学技术史表明，重大创新成果通常都是在对权威理论进行质疑和批判的前提下产生的。

（六）创造能力

创造能力是创新能力的核心，它是指首次提出新的概念、方法、理论、工具、解决方案、实施方案等的能力，是创新人才禀赋、知识、经验、动力和毅力的综合体现。

（七）解决问题的能力

解决问题的能力包括提出问题和凝练问题，针对问题选择和调动已有的经验、知识和方法，设计和实施解决问题的方案，对于难题，能够创造性地组合已有的方法或提出新方法予以解决。解决问题分狭义和广义，狭义的是指人们通常认为的各种问题的解决，如物理问题、数学问题、技术问题等；广义的则包括各种思维活动，在这种情况下，创新能力就等同于创造性解决问题的能力。

（八）实践能力

实践能力特指社会实践能力。提出创造发明成果，只是创新活动的第一阶段，要使成果得到承认、传播、应用，实现其学术价值、经济价值和社会价值，必须和社会打交道，实践能力就是为实现这一目标而进行的各种社会实践活动的能力。

（九）组织协调能力

组织协调能力的实质是通过合理调配系统内的各种要素，发挥系统的整体功能，以实现目标。对于创新人才来说，要完成创新活动，就要协调各方，当拥有一定资源时，就可通过沟通、说服、资源分配和荣誉分配等手段来组织协调各方以最终实现创新目标。

（十）整合多种能力的能力

创新人才的宝贵之处不仅在于拥有多种才能，更重要的是能够把多种才能有效地整合在一起发挥作用。整合多种能力的能力是个人能力增长和人格发展的结果，这需要通过学习、实践和人生历练才能达到。

【拓展阅读】

扫码阅读
万物互联，改变生活

【思考与训练】

培养创新兴趣

1. 实训目的

通过收集、整理、分析经典案例、名言警句来明确自己的创新兴趣，以便进一步培养自己的创新兴趣，为创新意识的产生奠定基础。

2. 实训内容

(1)分析案例。阅读下面的案例并回答问题。

两次荣获诺贝尔化学奖的英国生物化学家弗雷德里克·桑格说："我很幸运获得了两次诺贝尔奖。我的工作能得到认可是令人激动的，但真正的乐趣在于工作本身。科学研究就像发现新大陆，需要你不断地尝试以前没有尝试过的新事物。这些尝试有很多是没有效果的，但我在计划遭受挫折时从来不着急，我会开始设计下一次实验，整个探索的过程都充满了快乐。"

问题：

①试分析弗雷德里克·桑格所说的话中蕴含的道理，并简单说明兴趣的作用。

②你身边是否有相似的案例？试举例说明。

(2)收集名言警句。通过网络、书籍、报刊等收集有关创新的名言警句及任务，并简单谈谈你对这些名言警句的理解。

(3)发现自己的创新兴趣。仔细分析自己的情况，找出自己的创新兴趣点，并试着说明这些兴趣点的价值。

第二章
创新思维开发

【知识结构】

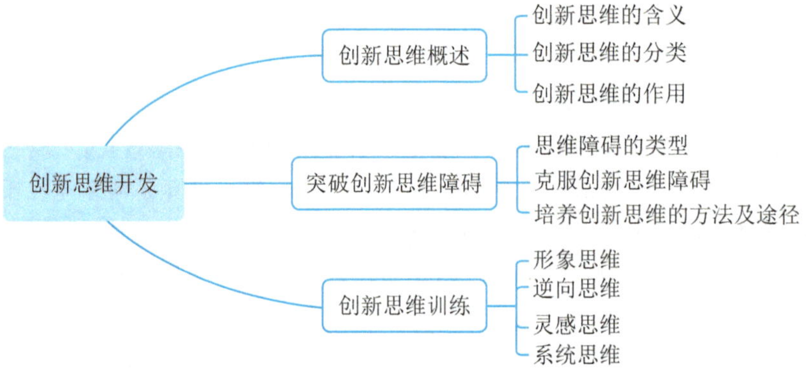

【学习目标】

*了解创新思维的含义、分类与作用。

*了解突破创新思维障碍的方法。

*掌握培育创新思维的方法及途径。

*掌握几种主要的创新思维方式，学会如何正确培养创新思维，能利用创新思维的方法进行创新活动。

习近平总书记把创新“摆在国家发展全局的核心位置”，总是从国家前途、民族命运和完成党肩负的历史使命的高度，来阐述创新和创新思维的重要性、必要性和紧迫性。

基于历史，习近平总书记把创新作为推动文明进步的重要力量，强调“创新始终是一个国家、一个民族发展的重要力量，也始终是推动人类社会进步的重要力量”。纵观世界发展史，人类的一切文明成果，都是创新思维的胜利果实，都是创新智慧的结晶。世界经济中心的几度迁移，很重要的因素是创新特别是科技创新这个主轴在旋转、在发力，支撑着经济发展，引导着社会走向；相反，一些传统大国、强国的衰落，很重要的原因与失去或缺乏进取和创新精神有关。习近平总书记关于“惟创新者进，惟创新者强，惟创新者胜”的重要论述，既是对中华民族五千年文明史的深刻总结，也体现了对人类社会发展客观规律的深刻认识。

创新思维是创新能力的核心因素，习近平总书记十分重视创新和创新思维，关于创新和创新思维的重要论述成为习近平新时代中国特色社会主义思想的重要组成部分，为我们学习和掌握马克思主义科学方法论、推动“创新中国”建设提供了重要遵循。

习语研读

新时代中国青年要树立对马克思主义的信仰、对中国特色社会主义的信念、对中华民族伟大复兴中国梦的信心，到人民群众中去，到新时代新天地中去，让理想信念在创业奋斗中升华，让青春在创新创造中闪光！

——2019 年 4 月 30 日，习近平在纪念五四运动 100 周年大会上的讲话

第一节 创新思维概述

一、创新思维的含义

（一）定义

创新思维是指以新颖独创的方法解决问题的过程，这种思维能突破常规的界限，以超常规甚至反常规的方法、视角去思考问题，提出与众不同的解决方案，从而产生新颖的、独到的、有社会意义的思维成果。

（二）特点

（1）实践性。思维是实践的先导，创新思维是创新实践的先导。

（2）求新性。创新思维追求的是新成果，目的在于找出解决问题的新方法。

（3）价值性。创新思维的目的是获得新价值，在市场经济条件下，解决多元主体利益的矛盾需要运用创新思维达到共赢。

（4）高效性。创新思维能带来高效率。

二、创新思维的分类

（一）发散思维

发散思维又称辐射思维、放射思维、扩散思维或求异思维，是指大脑在思考过程中呈现的扩散状态，它表现为思维广阔，如“一题多解”“一事多用”“一物多用”，最终产生多种可能的答案而不是唯一解，因此容易产生新颖的观念。在有尽可能多的有价值的解题方案的前提下，紧随其后的收敛思维才能发挥作用。在创新思维的技巧性方法中，有许多都与发散思维密切相关。不少心理学家认为，发散思维是创造性思维的最主要特点，是拥有创造力的主要标志之一。

发散思维具有以下几方面的特征。

1. 流畅性

流畅性是指人们能在尽可能短的时间内生成且表达出尽可能多的思维观念，并

较快地适应、消化新的思想观念。

2. 变通性

变通性就是跳出人们头脑中某种僵化的思维框架，朝某一新方向进行思索的过程。

3. 独特性

独特性指人们具有异于他人的新奇反应的能力，是发散思维的最高目标。

4. 多感官性

发散思维不仅要运用视觉和听觉，而且要充分利用其他感官接收信息并进行加工。

(二)收敛思维

收敛思维又称聚合思维、求同思维等，是指在解决问题的过程中，利用已有的知识和经验，把众多的信息和可能性引导到条理化的逻辑序列中去，最终得出一个合乎逻辑的结论。收敛思维的特点是各种思维一个方向，使各种思维条理化、简明化、逻辑化、规律化。收敛思维与发散思维就像硬币的两面，是对立统一的关系。

收敛思维具有以下几方面的特征。

1. 封闭性

如果说发散思维的思考方向是以问题为原点指向四面八方，具有开放性，那么收敛思维则是把许多发散思维的结果由四面八方聚合起来，选择一个合理的答案，具有封闭性。

2. 连续性

发散思维的过程，是从一个设想跳到另一个设想时，设想之间可以没有任何联系，是一种跳跃式的思维方式，具有间断性。收敛思维的进行过程则相反，设想之间是一环扣一环的，具有较强的连续性。

3. 求实性

发散思维所产生的众多设想，多数都是不成熟的或不实际的。对发散思维的结果必须进行筛选，收敛思维就可以起到这种筛选作用。被选择出来的设想是按照实用的标准来确定的，应当是切实可行的。可见，收敛思维具有很强的求实性。

(三)联想思维

联想思维是指在人脑内记忆表象系统中由于某种诱因使不同表象发生联系的一种思维活动。联想思维和想象思维可以说是一对孪生姐妹，在人们的思维活动中起着基础作用。

联想思维有以下几种类型。

1. 相似联想

相似联想是指把形式、性质或原理等方面相似的事物联系起来。

2. 相反联想

相反联想是指由某一事物联想到与其相反的事物。相反联想可以利用事物相反的特点创造新事物。

3. 因果联想

因果联想是指由两个事物存在因果关系而引起的联想。这种联想往往是双向的，既可以由起因想到结果，也可以由结果想到起因。

4. 组合联想

组合联想是指把几种事物联系起来，组合成新的事物。

(四)想象思维

想象思维是指人的大脑通过形象化的概括，对大脑内已有的记忆表象进行加工、改造和重组的思维活动。想象思维是形象思维的具体化，是人脑借助表象加工操作的最主要形式。

想象思维有以下几个类型。

1. 无意想象

无意想象是不受意识主体支配的想象。思维主体没有特定的目的性，可以让思维达到自由的状态。

2. 有意想象

有意想象是受意识主体支配的想象。在这种状态下，思维活动总是在创新者需要的支配下进行。有意想象又可分为再造型想象、创造型想象和幻想型想象。

(1)再造型想象：是根据他人的描述而在自己的头脑中产生形象的心理过程。

(2)创造型想象：是创造主体有目的地对自己已有的记忆进行加工、改造和重组而产生新形象的思维过程。

(3)幻想型想象：可以看作创造型想象的一种极端形式，其特点是以现实世界为出发点，但其范围不受拘束，其结果往往超出现实，有的一时难以实现。

(五)互联网思维

互联网思维，就是在“互联网＋”、大数据、云计算等科技不断发展的背景下，对市场、用户、产品、企业价值链乃至整个商业生态进行重新审视的思考方式。互联网思维有六大特征：大数据、零距离、趋透明、慧分享、便操作、惠众生。

1. 用户思维

互联网思维中最重要的就是用户思维。用户思维是指在价值链各个环节都要以用户为中心去考虑问题。作为厂商，必须在整个价值链的各个环节建立起以用户为中心的企业文化，只有深度理解用户才能生存。没有认同，就没有合同。

这里面有几个法则。

法则1：得“草根”者得天下

成功的互联网产品多抓住了“草根群体”“草根一族”的需求。如果产品不能让用户成为自身的一部分，不能和用户连接在一起，必然是失败的。

法则2：用户参与感

一种情况是按需定制，厂商提供满足用户个性化需求的产品即可，如海尔的定制化冰箱。另一种情况是在用户的参与中优化产品，如“七格格”，每次有新品上市，都会先把设计的款式放到其管理的粉丝群组里，让粉丝投票。这些粉丝决定了最终的款式，自然也会为这些产品买单。

法则 3：体验至上

好的用户体验应该从细节开始并贯穿于每一个细节，能够让用户有所感知，并且这种感知要超出用户预期，给用户带来惊喜，贯穿品牌与消费者沟通的整个链条。微信新版本小程序的应用，就是很典型的用户体验至上的选择。

用户思维体系涵盖了最经典的品牌营销的 Who-What-How 模型：Who 是目标消费者——“草根”；What 是消费者需求——用户参与感；How 是如何实现——全程用户体验至上。

2. 简约思维

互联网时代信息爆炸，人们的耐心越来越不足，所以必须在短时间内抓住用户。

法则 4：专注

雷军总结大学时期创业失败的原因是“不专注”，当时什么都干，装机、软件开发、倒手电子元器件，甚至连打印的活儿也接。对一家公司的生存与发展而言，没有“专注”，就没有一切。从商业角度看，专注就是要“把鸡蛋尽量放在一个篮子里”。在任何时候，任何商业实体的资源都是有限的，将有限的资源投入聚焦的业务线中，才可能形成最大化的竞争力，拿出足够好的产品与服务。小米公司成立于 2010 年 3 月，2012 年实现营业收入 100 亿元，2017 年实现营业收入 1 000 亿元，“小米速度”在互联网企业里刮起了一股狂风。

案例 2-1

品牌营销案例

深圳某珠宝公司倡导“用一生爱一人”的价值观，希望能见证美好纯粹的爱情，陪伴爱情成长的每个阶段：让爱的承诺更坚定、爱的宣告更神圣、爱的守护更真挚。为此，公司制定了全球统一的浪漫规则：男士一生仅能定制一枚求婚钻戒，定制记录终身不可修改及删除。公司所有珠宝，均一生只能送一人，延续“用一生爱一人”的真爱承诺。现如今，该公司的钻戒已经成为全球知名的求婚钻戒品牌。

点评：专注才有力量，才能做到极致。尤其在创业时期，做不到专注，就不可能生存下去。

法则 5：简约即是美

在产品设计方面，要做减法。外观要简洁，内在的操作流程要简化。谷歌首页永远都是清爽的界面，苹果产品的外观、特斯拉汽车的外观，都是这样的简约设计。

3. 极致思维

极致思维，就是把产品、服务和用户体验做到极致，超越用户预期。

法则 6：打造让用户尖叫的产品

用极致思维打造极致的产品，方法有三：第一，“需求要抓得准”(痛点、痒点或兴奋点)；第二，“自己要逼得狠”(做到自己能力的极限)；第三，“管理要盯得紧”(得产品经理者得天下)。在社交媒体时代，口碑传播变得更加迅速、广泛且互动性强，为好产品创造了天然的扩散优势。

法则 7：服务即营销

前面提到，极致就是超越预期。那么，极致的服务自然也是超越用户预期的服务。

4. 迭代思维

“敏捷开发”是互联网产品开发的典型方法，是一种以人为核心、循序渐进的开发方法，允许有所不足、不断试错，在持续迭代中完善产品。这里面有两个点，一个是“微”，一个是“快”。

法则 8：小处着眼，微创新

要从细微的用户需求入手，贴近用户心理，在用户参与和反馈中逐步改进。看似不起眼的一个点，用户可能觉得很重要。

法则 9：精益创业，快速迭代

“天下武功，唯快不破。”只有快速地对消费者需求做出反应，产品才更容易贴近消费者。小米 MIUI 系统坚持每周迭代，微信平均半个月就有新的升级版本发布，就连雕爷牛腩的菜单也是每月更新。对传统企业而言，更应注重迭代的意识，这意味着企业必须及时把握消费者需求的变化。

5. 流量思维

流量意味着体量，体量意味着分量。

法则 10：免费是为了更好地收费

互联网产品大多用免费策略争取用户、锁定用户。当年 360 安全卫士用免费杀毒进入杀毒市场，结果收费杀毒软件卡巴斯基、瑞星等纷纷被用户卸载。“免费是最昂贵的”，不是所有的企业都能选择免费策略，要根据产品、资源、时机而定。

法则 11：坚持到质变的“临界点”

任何一个互联网产品，只要达到一定用户活跃度，就会产生质变，从而带来价值。互联网经济时代，先把流量做上去，才能更好地思考今后的发展。

6. 社会化思维

社会化商业的核心是网，公司面对的客户以网的形式存在，这将改变企业的生产、销售、营销等整个形态。

法则 12：利用好社交媒体

某智能手表品牌，通过 10 个微信号、近 100 个微信营销群、3 000 多人转发，11 小时预售出 18 698 部智能手表，订单总额 900 多万元。这就是微信朋友圈社会化营销的魅力。口碑营销不是自说自话，而是站在用户的角度，以用户的方式与其沟通。

法则 13：众包协作

众包是以“蜂群思维”和层级架构为核心的互联网协作模式，高德地图就是典型的众包产品。传统企业要思考如何利用外脑，使“天下英雄入吾彀中”。

高德软件有限公司成立于 2002 年 8 月，是中国领先的数字地图内容、导航和位置服务解决方案提供商。该公司拥有导航电子地图甲级测绘资质和互联网地图服务甲级测绘资质，其优质的电子地图数据库成为公司的核心竞争力。2021 年 4 月，高德地图实现了全月平均日活跃用户数超过 1 亿的重要里程碑。另据第三方数据机构 QuestMobile 发布的报告显示，截至 2021 年 3 月，高德地图手机端月活跃用户数超过 5.99 亿，稳居地图导航行业第一。2023 年 9 月 12 日，高德正式发布高德地图 v13 版，并公布了驱动该旗舰版本的新一代导航引擎“奇境”。11 月 30 日，高德启动鸿蒙原生应用开发。

小米手机在研发中让用户深度参与，实际上也是一种众包模式。

7. 大数据思维

大数据思维，是指对大数据的认识，对企业资产、关键竞争要素的理解。

法则 14：小企业也要有大数据

用户在网络上一般会产生信息、行为、关系三个层面的数据，这些数据的沉淀有助于企业进行预测和决策。一切皆可被数据化，企业必须构建自己的大数据平台，小企业也要有大数据。

法则 15：你的用户是每个人

在互联网和大数据时代，企业的营销策略应该针对个性化用户做精准营销。

8. 平台思维

互联网的平台思维是绿色、开放、共享、共赢的思维。平台模式最有可能成就产业巨头。全球最大的 100 家企业里，有 60 家企业的主要收入来自平台模式，包括苹果、谷歌等。

法则 16：打造多方共赢的生态圈

平台模式的精髓，在于打造一个多主体共赢互利的生态圈。

将来的平台之争，一定是生态圈之间的竞争。百度、阿里、腾讯三大互联网巨头围绕搜索、电商、社交各自构筑了强大的产业生态，后来者其实是很难撼动它们的。

法则 17：善用现有平台

当你不具备构建生态型平台的实力的时候，那就要思考怎样利用现有的平台。

法则 18：让企业成为员工的平台

互联网巨头的组织变革，都是围绕如何打造内部“平台型组织”展开的。

阿里巴巴 25 个事业部的分拆、腾讯 6 大事业群的调整，都旨在发挥内部组织的平台化作用。海尔将 8 万多员工分为 2 000 个自主经营体，让员工成为真正的“创业者”，让每个人成为自己的 CEO。

内部平台化就是要变成自组织而不是他组织。他组织永远听命于别人，自组织是自己来创新。

法则 19：挟“用户”以令“诸侯”

这些互联网企业为什么能够参与并赢得跨界竞争？答案就是：用户！

它们一方面掌握用户数据，另一方面又具备用户思维。阿里巴巴、腾讯相继申办银行，小米公司生产智能手机和智能电视，都是这样的道理。

法则 20：用互联网思维，大胆进行颠覆式创新

一个真正厉害的人，一定是跨界人才，能够在科技和人文的交汇点上找到自己的坐标。一个真正厉害的企业，一定是手握用户和数据资源、敢于跨界创新的组织。

三、创新思维的作用

首先，创新思维可以不断地增加人类知识的总量，不断提升人类认识世界的水平。其次，创新思维可以不断地提高人类的认识能力。创新思维的特征表明，创新思维是一种高超的艺术，创新思维活动及过程中的内在的东西是无法被模仿的。这内在的东西即创新思维能力，这种能力的获得依赖人们对历史和现状的深刻了解、敏锐的观察能力和分析问题能力、平时知识的积累和知识面的拓展。而每一次创新思维活动就是一次锻炼思维能力的过程，因为要想获得对未知世界的认识，人们就要不断地使用新的思维方法、思考角度去思考，就要独创性地寻求没有先例的办法和途径去正确、有效地观察、分析和解决问题，从而提高人类认识未知事物的能力。所以，认识能力的提高离不开创新思维。最后，创新思维可以为实践开辟新的局面。创新思维的独创性与风险性特征赋予了它敢于探索和创新的精神，在这种精神的支配下，人们不满于现状，不满于已有的知识和经验，总是力图探索客观世界中还未被认识的本质和规律，并以此为指导进行开拓性的实践，开辟人类实践活动的新领域。

第二节　突破创新思维障碍

创新思维的实质是对原有思维模式的超越，是对创新主体头脑中原有知识、经验、观念、方法等进行新的组合。这种新的组合必然会突破原有知识、经验、观念、方法的限制。在这种情况下，创新主体头脑中原有的知识、经验、观念、方法内部及互相间的组合方式或结合模式就会本能地阻挠这种突破，成为创新思维的障碍。不突破这些障碍，既无法进行创新思维，又无法提高创新能力。

一、思维障碍的类型

（一）习惯型思维

习惯型思维即惯性思维，也叫惯常思维、经验思维，即人们习惯用原有的经验处理已经变化了的问题的一种思维定式。习惯，即由于重复或练习而巩固下来并变成需要的行为方式，这种行为方式既包含本能的兴趣驱动，也体现内在规律与反复实践的相互作用。经常按这种行为方式思考问题，就会逐渐形成牢固的思维定式，深入到潜意识中并反过来支配自己的言行。习惯型思维一般与个人的世界观的形成存在着内在的必然联系。由于它具有社会性、阶段性以及知识经验的局限性，在一定的历史时期成为指导人们个人行为方式的固有模式，而当时代需要变更创新、新旧交替时又成为其发展的主要障碍。

习惯型思维有以下几个特点。

一是思维模式，即通过各种思维内容体现出来的思维程序、模式，与具体内容有联系，却又不是具体内容，而是许多具体的思维活动所具有的逐渐定型化的一般路线、方式、程序、模式。

二是强大的惯性或顽固性，习惯型思维有时会深入潜意识，成为不自觉的、类似于本能的反应。

习惯型思维是思维最大的敌人。世界观、生活环境和知识背景都会影响人们对事物的态度和思维方式，不过最重要的影响因素是经验。生活中有很多经验，它们会时刻影响人们的思维。

习惯型思维对于人们解决问题有益处也有害处，它的益处体现在人们处理一般问题时。在处理日常事务时，经验能够帮助我们迅速地解决问题，提高效率。因此单位招人时，往往需要应聘者具备工作经验。人们在解决新问题、遇到新挑战的时候，生搬硬套的惯常思维模式和做法必然影响创新能力的发挥，不利于问题的解决。

案例 2-2

跳蚤实验

研究人员将跳蚤放进了一米高的玻璃瓶，它很轻易地就跳出了瓶子。

研究人员再次把这只跳蚤放进了同一个玻璃瓶，但在瓶口上放置了一块玻璃板。跳蚤每次跳起都会撞在瓶口的玻璃板上。跳蚤经过多次尝试，就降低了跳跃的高度，之后再也没有撞到玻璃板。

接着研究人员拿走了玻璃板，跳蚤虽然一直在孜孜不倦地跳着，但再也没有跳出过玻璃瓶。

点评：这就是典型的惯性思维。经验和教训的积累，固然避免了跳蚤一次次地头破血流，但也把跳蚤限制在了玻璃瓶里。

(二)权威型思维

权威型思维是指在思维过程中盲目迷信权威，以权威的判断为标准，缺乏独立思考能力。权威型思维表现为说话时喜欢引用权威的语言，行动中遵照权威的指示。迷信权威人物，这是权威型思维的集中体现。受此心理的影响，人们对待知识多采取不敢怀疑的尊重式学习态度；至于学习知识，则多采取接受与吸收的方式。一些“小人物”在著书时，明明是自己写的，却硬要托名是“大人物”写的，仿佛不用此法，其著作或思想就难以为别人承认，别人也不会予以接受、采纳。

权威型思维有积极意义，尊重权威能帮助人们节省时间和精力。但是其也有局限性，如果一切行为都不敢逾越权威半步，就会成为创新思维的障碍。

(三)从众型思维

从众型思维是指个人受到外界人群行为的影响，而在自己的知觉、判断、认识上表现出符合公众舆论或多数人的思维方式。只有很少的人保持了独立性，没有从众，所以从众型思维是大部分个体普遍所有的思维定式，是一种一切都跟随大众的固定思维模式。

从众型思维最大的特征是人云亦云，没有独立思考的能力。有这种思维定式的人，有的是为了不被指责为标新立异、哗众取宠而跟大家保持一致，有的是懒得思考、随波逐流。实际生活中大多数人都可能因从众型思维而陷入盲目，明明独立思考就能作出正确决策，却由于从众型思维而走弯路。不同类型的人，从众型思维的程度也不一样。一般来说，女性高于男性，性格内向、自卑的人高于性格外向、自信的人，文化程度低的人高于文化程度高的人，年龄小的人高于年龄大的人，社会阅历不足的人高于社会阅历丰富的人。

事实上，从众型思维具有两重性：消极方面是抑制个性发展、束缚思维、扼杀创造力，使人变得没有主见；积极方面是有助于学习他人的智慧经验、扩大视野，克服固执己见、盲目自信，修正自己的思维方式等。

案例 2-3

会逆向思维的商人

有一个边陲小镇，处于一条交通要道上，来往这个小镇的车辆很多，就有商人利用这个商机，在小镇上开了一个加油站，加油的车辆络绎不绝。但兴隆的生意很快就被别的商家发现，于是，第二家、第三家、第四家、第五家加油站很快都投入了运营。由于它们的加入，竞争更加激烈，每家的份额也不断被摊薄，各个加油站的日子都变得很艰难。

其实，早在第一家加油站生意火爆的时候，小明就发现了。但他没像别人一样，也开加油站，而是在小镇上开了一家便利店和一家快餐店，这让原本只停留片刻加油的司乘人员，在小镇上停留的时间更久了。小明看到人气变旺，又开了一家土特产店。随着人气的不断聚拢，小明在小镇上购买了不少门面房。最后，小镇越来越繁华，小明也越来越富有。

点评：创业者在思维上不要随大流，要有一定的远见，要比大多数人有更深入的思考。“别人恐惧时你贪婪，别人贪婪时你恐惧”，想要打破惯性思维，需要我们勤思考、深思考，学会逆向思维。

(四)书本型思维

书本型思维是指在思考问题的时候不顾实际情况，不假思索地运用书本知识，一切从书本出发，以书本为纲，对书本知识完全认同和盲从的思维模式。这种思维认为书本知识是完全正确的，不能有任何改动。这是一种把书本知识夸大化、绝对化的错误观点。

书本知识的作用确实是巨大的，但是许多书本知识是有时效性、滞后性的。随着社会的发展，有些书本知识会过时。知识是需要更新的，只有不断更新才能成为有效行动的信息，推动事业的进步和发展。当书本知识与客观事实之间出现差异时，如果受书本知识的束缚，抱着书本知识不放，就会成为思想障碍，失去取得重大新成果的机会。

案例 2-4

纸上谈兵

赵括从小熟读兵书，对用兵之道说得有条有理，因而让很多人误以为他是一个合格的将才。但是，他的父亲却始终不承认儿子精通兵法，善于用兵。

秦昭王四十六年(前 261 年)，秦王派大将王龁攻打赵国的上党。赵国大将廉颇奉赵王之命率兵救援上党，他采取固守策略，坚守长平，和秦军相持了四个多月，秦军没能攻下长平。于是，秦王采用宰相范雎的离间计，到赵国去传布谣言说："秦兵所惧怕的，只有赵括一个人。廉颇是个无能之辈，再过些日子，他就要投降了。"

赵王听信了谣言，便派赵括代替廉颇领兵。赵括接掌兵权后，立即改变固守策略，不久就被秦军围困。赵军四十余万人马被俘后全被活埋，而"纸上谈兵"的赵括也在突围时中箭身亡。

点评：尽信书不如无书，只有把书本上学到的知识与实践结合起来，活学活用，才能体现书本真正的价值。

二、克服创新思维障碍

创新思维障碍的根源是人们的心智模式，并受到人们的知识、经验和素质的影响。因此，排除创新思维障碍既要注重反思和探寻人们的心智模式，又要加强对创新思维原理的学习和训练。要排除创新思维障碍，主要有以下几个对策。

(一)要有怀疑批判精神

要敢于怀疑批判一切，不仅要有怀疑批判别人的精神，而且要有怀疑批判自己的胆量和勇气。由于传统观念、固定观念和思维定式都存在于潜意识之中，人们不知不觉地受到它们的支配，要想克服这些因素，就要求创新主体必须有反思传统、习惯的自觉意识。

怀疑批判精神不等于否定一切，不等于事事唱反调，而是指接受别人的理论、思想或言论时要善于起疑、存疑和质疑，以自己独立的理性思考将其一一过滤，然后决定取舍。不迷信权威和名人，只相信自己的理性思考，把一切都纳入质疑对象，但绝不是为了质疑而质疑，而是通过质疑过程辨明是非、优劣和真伪，然后决定是认同还是不认同，是部分认同还是全部认同。"批判"在这里表现为一种方式和手段，而绝不是目的。批判精神所体现的不是一个人拥有多少知识，而是一个人潜在的素质和能力，是一个人的关键素质和实际能力。

(二)要克服胆怯心理

破除传统习惯、克服“唯上”“唯书”的倾向，是需要勇气的。因为传统的、权威的东西同时也是为多数人所承认和接受的东西，突破它们就意味着向多数人支持的东西挑战，而这种挑战又不可能次次成功，经常伴随着挫折和失败。这就特别需要正确对待创新过程中的错误和曲折，需要丰富自己的阅历，多经历一些事情、多历练，不管是工作中的还是生活中的，需要自己面对、自己去处理，成功了吸取经验，失败了总结教训，当经验积累到一定程度，就不再胆怯了。如果处处担心犯错误、害怕失败，就会陷于保守，不敢突破原有的界限，也就谈不上开拓创新了。

(三)要学会运用创新思维的原理和方法

人们在考虑问题时，都会寻找一条正确的思路，有利于发现、分析、解决问题，除了常规的逻辑思维外，还有一些特殊的思维方式，也就是创新思维。创新思维的出现能帮助人们突破传统、习惯和思维定式，克服各种思维障碍。

值得一提的是，创新思维并非少数天才人物才具有的素质，而是每个正常人都具备的一种思维方式。如创新的逆向思维方法就是把人们通常思考问题的习惯思路反过来，从相反的方向进行思考；侧向思维是指换一个角度去思考，主动求异；类比思维是指通过类比已有事物创造未知事物，触类旁通；发散思维则是指沿着不同的方向去思考、探索，寻求解决问题的途径。如果创新主体能够善于运用这些方法，就可以屏蔽一些传统观念、固定观念及思维定式的干扰，不断创新。

案例 2-5

身边的组合思维创新

孙女见爷爷用的圆珠笔笔杆像小刀子，便问爷爷：“为什么做成这样呢?”爷爷没回答她，而是扯过一张废纸，对折，然后调转笔杆，把纸裁成两半。孙女明白了：“噢，原来是当小刀用的。”爷爷说：“是啊，你说制造这种笔的人聪不聪明?”“聪明。”爷爷又拿出一支头上带橡皮的铅笔，对孙女说：“原先没有这种铅笔，字写错了要擦时，总是要四处找橡皮，后来有人把它们连在一起，用起来方便多了。你再想想，还有什么东西是几样东西合起来的?”孙女找来找去，终于找到了，她高兴地对爷爷说：“多用插座，可以插许多插头；收录两用机，既可收音又可录音；还有可视电话、电子秤、电动自行车等。”

点评：组合想象思考法也是创新思维的一种，是指从头脑中某些客观存在的事物形象中，分别抽取它们的一些组成部分，根据需要加以一定改变后，再将这些抽取的部分重新构成具有自己的结构、性质、功能与特征的能独立存在的特定事物形象。

三、培养创新思维的方法及途径

创新是人脑的机能，因此人人都有创新的天赋。“人的潜力”或“人的潜在的天赋能力”是很大的。要把“人的潜力”开发为人的创新能力，科学的思维方法具有巨大作用。因此，培养创新思维是一切有志于创新者的基本功，没有创新思维就谈不上创新。人们的创新思维一旦形成，就会成为其自觉进行创新的力量源泉。

(一)积累丰富知识

创新与知识密切相关，不存在超越知识的创新能力。知识固然不等于能力，但知识却是能力的基础，一个人没有某方面的知识，也就很难有某方面的能力。一个人的知识、经验越丰富，产生创新设想的可能性也就越大。尤其在知识经济时代，知识就是财富，谁掌握了知识，谁就掌握了创新的重要源泉。不学无术或知识浅薄可以偶然取得成功，但不可能持久取得成功。成功与财富永远属于掌握知识、勇于创新的人。

在“知识爆炸”的今天，多数人只能掌握一个知识体系内的亚体系或更低层次的次亚体系。因此，在进行知识积累的过程中，我们要根据主观和客观条件建立合理的知识结构，即要有一个主导专业和几个辅助专业，主导专业决定着知识结构的性质与功能，辅助专业对主导专业具有扶持、支撑的作用。不仅如此，知识面还应当尽可能广博，做到兼收并蓄。这样，才能使创新主体的思维处于一种比较理想的状态，能够专注地进行创新思考。

案例 2-6

劝学(节选)《荀子》

君子曰：学不可以已。青，取之于蓝，而青于蓝；冰，水为之，而寒于水。木直中绳，輮以为轮，其曲中规。虽有槁暴，不复挺者，輮使之然也。故木受绳则直，金就砺则利，君子博学而日参省乎己，则知明而行无过矣。

吾尝终日而思矣，不如须臾之所学也；吾尝跂而望矣，不如登高之博见也。登高而招，臂非加长也，而见者远；顺风而呼，声非加疾也，而闻者彰。假舆马者，非利足也，而致千里；假舟楫者，非能水也，而绝江河。君子生非异也，善假于物也。

积土成山，风雨兴焉；积水成渊，蛟龙生焉；积善成德，而神明自得，圣心备焉。故不积跬步，无以至千里；不积小流，无以成江海。骐骥一跃，不能十步；驽马十驾，功在不舍。锲而舍之，朽木不折；锲而不舍，金石可镂。蚓无爪牙之利，筋骨之强，上食埃土，下饮黄泉，用心一也。蟹六跪而二螯，非蛇鳝之穴无可寄托者，用心躁也。

点评：人类社会几乎所有的创新都是站在巨人肩膀上的眺望。没有积累，没有对过往一切的诚挚尊重和深入了解，创新几乎都是随风飘散的浮云。

(二)形成批判思维

质疑是创新的基础和前提，质疑孕育着创新和突破，没有质疑就没有创造。由于人们认识的局限性，在创新过程中总不免会犯错误。从某种意义上讲，人类社会发展的历史就是一部对错误进行批判和否定的历史，可以说没有否定就不会有创新。而批判和怀疑的关键在于独立思考，它是克服创新障碍、提高创新能力的基本途径。

质疑具有一定的思维技巧：一是找原因。一般来说，事物发展变化总是有因果关系的，找到了原因，就为解决问题找到了前提。二是想结果。思考问题的时候，不要受旧事物结果的束缚，要敢于提出新的看法，并养成思考“这样做会产生什么样的新结果”的习惯。三是找规律。事物的因果联系是由事物的发展规律决定的，找到了联系，就找到了事物的发展规律。四是看发展。事物总是向前发展的，在思考问题的时候要大胆假设，当某一种情况发生后，其发展趋势会是怎样的。

(三)摆脱惯性思维

如果长时间处于一种相对稳定的认知或环境下，很容易产生惯性思维。为什么要克服惯性思维？因为有时候惯性思维会带来意想不到的麻烦。比如，惯性思维经常让我们把灭火和水自然地联系到一起。可当家里的油锅着火时，很多人会端起水往上浇，结果越浇越旺，甚至造成火灾。有的人想问题、办事情总是喜欢按照一个固定的思路，套用一个固定的框框。那如何克服惯性思维呢？惯性思维的形成基于两个方面的原因，一方面是长期没有更新自己的认知，另一方面是重复某一行为的次数过多。想要改变习惯性思维，可以从这两方面下手：首先，不要拒绝一些新的信息与知识，而且要有意识地去看书、看新闻，更新自己的认知，有时候有意识地改变对自己来说并非一件坏事。其次，遇到任何问题先冷静，不要着急去回答或解决，给自己一两秒的时间思考一下，有可能就是这短短的一两秒让最终的结果发生巨大的变化。

只有打破思维模式，才会有“惊奇”的发现，如果这个发现反作用于思维，便会产生内在的创新渴望，进而转化为创新的动力。

(四)培养联想思维

联想思维是创新的驱动力，创新主体的联想思维能力越强，就越能把自己有限的知识和经验充分调动起来加以利用，越能把与某种事物相关联的众多事物联系起来，越能获得别人得不到的东西。

然而，在创新实践中，由于受到过分“务实”的影响，人们的联想思维常常会在不知不觉中退化。这就要求人们必须不断提高联想能力，大胆设想，大胆理解，尽管有时可能不切实际，但是，在人们大胆的设想中，总会有创新的观点，或许能产生惊人的发现。

培养联想思维的方法，首先是增加知识和经验，知识贫乏、经验不足，难以具有丰富的联想能力；其次是采用合理的联想方法，避免杂乱无章、支离破碎的胡思乱想；最后是养成观察事物的良好习惯，善于发现事物与事物之间的联系。尤其重要的是，对某一事物的观察，不仅要觉察其自身的特性，而且要注意这一事物与其他事物之间的相互联系，不但要注意同时和同地事物之间的联系，还要注意当前事物与以往事物之间的联系，以及所遇到的事物与自己的经验之间的联系。

案例 2-7

锯子的发明

相传有一次鲁班进深山伐木时，一不小心，脚下一滑，手被一种野草的叶子划破了，渗出血来。他摘下叶片轻轻一摸，原来叶片两边长着锋利的小齿，他的手就是被这些小齿划破的。他还看到在一棵野草上有只大蝗虫，它的两个大板牙上也排列着许多小齿，所以能很快地磨碎叶片。鲁班从中得到了启发。他想，如果有这样齿状的工具，是不是就能很快地锯断树木呢？于是，他经过多次试验，终于发明了锋利的锯子，大大提高了工效。

点评：大胆假设，小心求证，充分利用自己的知识和经验，把众多事物进行联系和综合，就能有不一样的收获。

(五)把握直觉思维

直觉思维是指对一个问题未经逐步分析，仅依据内因的感知迅速地对问题的答案做出判断，或者在对疑难问题百思不得其解之时，突然有“灵感”和“顿悟”。在创新思维的道路上，直觉思维是一种非常奇妙的思维方式。直觉思维的本质在于人们能够越过有意识的思考层次而直接得出结论，因为人们大脑的深层活动能够觉察到令人信服的模式或有说服力的见识，最终使人们学会发现并信任自己敏锐的直觉，并把它们与无根据的预感区分开来。

人们捕捉和把握直觉，有赖于自身知识和经验的积累及智力水平的提高，有赖于良好的精神状态与和谐的外部环境。其具体方法：一是要自觉地拓宽知识面，尽量多掌握有效信息，信息越是及时、强烈、异常，就越能产生新的思维结构；二是要做有心人，随时记录思想火花，并进行深入思考；三是对思考对象要深入解剖，达到熟能生巧的境界，以激活潜意识；四是不要对直觉采取忽视的态度，而要以积极的心态鼓励它自由发展，对它进行完善和验证。

第三节　创新思维训练

一、形象思维

(一)形象思维的概念

形象思维主要是指人们在认识世界的过程中，对事物表象进行取舍时形成的只运用直观形象的表象来解决问题的思维方法。形象思维是在对形象信息传递的客观形象体系进行感受、储存的基础上，结合主观的认识和情感进行识别(包括审美判断和科学判断等)，并用一定的形式、手段和工具(包括文学语言、绘画线条色彩、音响节奏旋律及操作工具等)创造和描述形象(包括艺术形象和科学形象)的一种基本的思维方式。

(二)形象思维的特点

1. 形象性

形象性是形象思维最基本的特点。形象思维所反映的对象是事物的形象,思维方式是直感、想象等,其表达的工具和手段是能为感官所感知的图形、图像和形象性的符号。形象思维的形象性使它具有生动性、直观性和整体性的优点。

2. 非逻辑性

形象思维不像抽象(逻辑)思维那样一步一步、首尾相接地对信息进行线性加工。形象思维调用许多形象性材料合成新的形象,或由一个形象跳跃到另一个形象。它对信息的加工过程不是系列加工,而是平行加工,是平面的或立体的。它可以使思维主体迅速从整体上把握问题。形象思维是或然性思维,思维的结果有待逻辑的证明或实践的检验。

3. 粗略性

形象思维对问题的反映是粗线条的,对问题的把握是大体上的,对问题的分析是定性的。所以,形象思维通常用于问题的定性分析。抽象思维可以给出精确的数量关系,所以,在实际的思维活动中,往往需要将抽象思维与形象思维巧妙结合。

4. 想象性

想象是思维主体运用已有的形象形成新形象的过程。形象思维并不满足于对已有形象的再现,它更致力于加工已有形象而获得新形象。所以,想象性使形象思维具有创造性。这也说明了一个道理:富有创造力的人通常都具有极强的想象力。

(三)应用形象思维的方法

1. 模仿法

模仿法指的是以某种模仿原型为参照,在此基础上加以变化产生新事物的方法。人类的很多发明创造都建立在对前人或自然界的模仿的基础上,如模仿鸟发明了飞机、模仿鱼发明了潜水艇。

案例 2-8

苍蝇与航天事业

苍蝇的嗅觉特别灵敏,远在几千米外的气味也能嗅到。但是苍蝇并没有“鼻子”,它用什么来充当嗅觉器官呢?原来,苍蝇的“鼻子”——嗅觉感受器分布在头部的一对触角上,内含上百个嗅觉神经细胞。若有气味进入“鼻孔”,这些神经立即把气味刺激转变成神经电脉冲,送往大脑。大脑根据不同气味物质所产生的神经电脉冲的不同,就可区别出不同气味的物质。因此,苍蝇的触角就像一台灵敏的气体分析仪。仿生学家由此得到启发,根据苍蝇嗅觉器官的结构和功能,仿制成一种十分奇特的小型气体分析仪。这种仪器已经被安装在宇宙飞船的座舱里,用来检测舱内气体的成分。这种小型气体分析仪,也可测量潜水艇和矿井里的有害气体的含量。利用这种原理，还可改进计算机的输入装置和有关气体色层分析仪的结构。

点评：令人讨厌的苍蝇，与宏伟的航天事业似乎风马牛不相及，但仿生学却把它们紧密地联系起来了。

2. 想象法

想象法指的是在脑海中抛开某事物的实际情况而构成直接反映该事物本质的简单化、理想化的形象。直接想象是现代科学研究中广泛运用的进行思想实验的方法。

3. 组合法

组合法指的是从两种或两种以上事物或产品中提取合适的要素重新组合，构成新的事物或产品的创造技法。常见的组合技法一般有同物组合、异物组合、主体附加组合、重组组合四种。

4. 移植法

移植法指的是将一个领域中的原理、方法、结构、材料、用途等移植到另一个领域中去，从而产生新事物的方法。移植法主要有原理移植、方法移植、功能移植、结构移植等类型。

案例 2-9

深圳民俗村

中国改革开放初期，深圳作为经济特区，是中外游人集中的地方，中国人到这里学习改革开放，外国人到这里看一看中国。中国当时的旅游市场环境与欧洲类似。有人发现荷兰“小人国”旅游项目很好，它的市场是国界分割严重的欧洲，时间紧张的游客可以在这里一眼看遍欧洲的风土人情。于是深圳旅游公司就把荷兰的“小人国”项目原理移植到了深圳，结合深圳的实际情况，建成了“中华民俗村”“锦绣中华”大型旅游项目，项目效益可观。中国的主题公园旅游开发就是从深圳的这两个项目开始的。

点评：“深圳民俗村”“锦绣中华”项目与荷兰“小人国”项目的市场环境具有结构相似性，都具有广阔的、分隔着的、差异化的腹地，这是有效移植的基础。同时，在给游客带来的利益方面也具有相似性，都是节约旅行时间的文化窗口型项目。

二、逆向思维

（一）逆向思维的概念

逆向思维也叫求异思维，它是对司空见惯的似乎已成定论的事物或观点反过来思考的一种思维方式，敢于“反其道而思之”，让思维向对立面发展，从问题的反面深入地进行探索，树立新思想，创立新形象。

当大家都朝着一个固定的思维方向思考问题时，你却独自朝相反的方向思索，这样的思维方式就叫逆向思维。人们习惯于沿着事物发展的正方向去思考问题并寻求解决办法，其实，对于某些问题，尤其是一些特殊问题，从结论往回推，从求解推导已知条件，或许会更简单。

（二）逆向思维的特点

1. 普遍性

逆向思维在各个领域、各种活动中都适用。由于对立统一规律是普遍适用的，而对立统一的形式又是多种多样的，有一种对立统一的形式，相应就有一种逆向思维的角度，所以逆向思维也有多种多样的形式，如性质上的转换：软与硬、高与低等；结构、位置上的互换、颠倒：上与下、左与右等；过程上的逆转：气态变液态与液态变气态等。

2. 批判性

正向与逆向是相对而言的。正向思维是指常规的、公认的或习惯的想法与做法。

逆向思维则恰恰相反，是对传统、惯例、常识的反叛，是对常规的挑战。它能够克服思维定式，破除由经验和习惯造成的僵化认识。

3. 新颖性

循规蹈矩的思维和按传统方式解决问题虽然简单，但容易使思路僵化、刻板，摆脱不掉习惯的束缚，得到的往往是一些司空见惯的答案。其实，任何事物都具有多面性，由于受过去经验的影响，人们容易看到熟悉的一面，而忽视不熟悉的一面。逆向思维能克服这一障碍，给人以耳目一新的感觉。

（三）应用逆向思维的方法

1. 结构逆向思维

结构逆向思维是指从原有事物的逆向结构形式去设想，寻求解决问题的新途径的思维方法。

2. 功能逆向思维

功能逆向思维是指从原有事物的相反功能方面去设想，寻求解决问题的新途径的思维方法。

3. 状态逆向思维

状态逆向思维是指人们根据事物某一状态的逆向来认识事物，引导创造发明的思维方法。

案例 2-10

吸尘器的发明

20 世纪初，在一个贸易展上出现了一种吹尘器，它的除尘方式是用压缩空气将灰尘吹入容器内。吹尘器利用强大的气流将尘土吹走，从而达到除尘的效果，但是效果有限，没有从根本上解决灰尘问题。英国工程师布斯通过逆向思维得到了设计灵感，他做了一个简单的试验：将一块手帕搭在椅子扶手上，用口对着手帕吸气，结果手帕上附了一层灰尘。基于这种原理，他用强力电泵把空气吸入软管，通过布袋将灰尘过滤，制成了真空吸尘器。吸尘器也可以达到除尘的效果，不会出现尘土飞扬的问题，反而更利于人们使用。

点评：从吹尘器到吸尘器，都是为了清洁，但是却把惯性思维和逆向思维的巨大差异表现得恰如其分。

4. 因果逆向思维

因果逆向思维是指人们对原有事物之间因果关系的认识进行交换性思考。人们对事物因果关系的认识可以由因到果，也可以由果溯因。

三、灵感思维

(一)灵感思维的概念

灵感思维也称作顿悟，是人们借助直觉所迸发出的一种领悟或理解的思维形式。

文学家的“神来之笔”、军事指挥家的“出奇制胜”、思想战略家的“豁然贯通”和科学家、发明家的“茅塞顿开”等，都说明了灵感思维的这一特点。一般情形是在经过长时间的思索，问题没有得到解决之时，突然思维受到某一事物的启发，使问题得到解决。灵感来自信息的诱导、经验的积累、联想的升华、事业心的催化。科学史上许多重大难题往往就是靠这种灵感的顿悟，奇迹般地得到解决的。所谓“众里寻他千百度，蓦然回首，那人却在灯火阑珊处”，就是这样一种意境。

(二)灵感思维的特点

1. 突发性和模糊性

由于没有在显意识领域遵循常规逻辑过程形成，所以灵感思维产生的程序、规则以及要素与过程等通常都不能被自我意识清晰地意识到，具有突发性和模糊性。

2. 独创性

独创性是灵感思维的必要特征。缺乏独创性的思维活动不能被称为灵感思维。

3. 非自觉性

其他的思维活动都是自觉的思维活动，灵感思维的突发性必然带来它的非自觉性。

4. 意象性

出现灵感思维时，潜意识领域或显意识领域总伴有意象思维活动，没有意象的启迪就没有思维的顿悟。

5. 互补综合性

互补综合性是灵感思维的重要特点，如潜意识与显意识的互补综合、逻辑与非逻辑的互补综合、抽象与形象的互补综合等。

(三)应用灵感思维的方法

1. 观察分析

在进行科技创新活动时，自始至终都离不开观察与分析。观察不是普通的观看，而是有目的、有计划、有选择地去观察所要了解的事物。通过深入观察，可以从平常的现象中发现不平常的东西，可以从表面上无关的东西中发现相关性。在观察的同时必须进行分析，只有在观察的基础上进行分析，才能形成创造性的认识。

2. 启发联想

新认识是在已有认识的基础上发展起来的，旧与新或已知与未知的联系是产生新认识的关键。因此，要创新就需要联想，以便从联想中受到启发、引发灵感，形成创造性的认识。

3. 实践激发

实践是创造的阵地，是灵感产生的源泉。在实践激发中，既包括现实实践的激发，又包括过去实践体会的升华。各项科技成果的获得都离不开实践需要的推动，在实践的过程中，解决问题的迫切需要促使人们去积极地思考问题、废寝忘食地钻研探索，科学探索的逻辑起点是问题。因此，在实践中思考问题、提出问题、解决问题，是引发灵感的一种好方法。

4. 激情冲动

激情能够调动身心去创造性地解决问题。在激情冲动的情况下，可以增强注意力、丰富想象力、提高记忆力、加深理解力，使人产生一股强烈的、无法抑制的创造冲动。

5. 判断推理

判断与推理有着密切的联系，这种联系表现为推理由判断组成，而判断的形成又依赖于推理。推理是从现有判断中获得新判断的过程，因此在科技创新的活动中，对于新发现的判断也是引发灵感、形成创造性认识的过程。所以，判断推理也是引发灵感的一种方法。

上述几种方法是相互联系、相互影响的。在引发灵感的过程中，有时以一种方法为主，有时则是各种方法交叉运用。

四、系统思维

(一)系统思维的概念

系统思维就是把认识对象作为系统，从系统和要素、要素和要素、系统和环境的相互联系、相互作用中综合地考察认识对象的一种思维方法。系统思维是以系统论为基本模式的思维形态。系统思维能极大地简化人们对事物的认知，给我们带来整体观。

(二)系统思维的特点

系统思维方式的客观依据是物质存在的普遍属性，思维的系统性与客体的系统性是一致的。现代思维方式特别是系统思维方式，主要有整体性、结构性、立体性、动态性、综合性等特点。

1. 整体性

系统思维方式的整体性由客观事物的整体性所决定。整体性是系统思维方式的基本特征，它存在于系统思维运动的始终，也体现在系统思维的成果之中。整体性是建立在整体与部分之辩证关系的基础上的，整体与部分密不可分，整体的属性和功能是部分按一定方式相互作用、相互联系所造成的，而整体也正是依靠这种相互作用、相互联系的方式实现对部分的支配。

2. 结构性

系统思维方式的结构性，就是把系统科学的结构理论作为思维方式的指导，强调从系统的结构去认识系统的整体功能，并从中寻找系统最优结构，进而获得最佳系统功能。系统结构与系统功能紧密相连。系统结构是系统功能的内部表征，系统功能是系统结构的外部表现。系统中结构和功能的关系主要表现为：系统结构决定系统功能。在一定要素的前提下，有什么样的结构就有什么样的功能，表现为优化结构和非优化结构与功能的关系。优化结构能产生最佳功能，非优化结构不能产生最佳功能，这是结构决定功能的一个具有方法论意义的观点。

3. 立体性

系统思维方式是一种开放的立体思维，它以纵横交错的现代科学知识为思维参照系，使思维对象处于纵横交错的交叉点上。在思维过程中，系统思维方式把思维客体作为系统整体来思考，既注意进行纵向比较，又注意进行横向比较；既注意了解思维对象与其他客体的横向联系，又注意认识思维对象的纵向发展，从而可以全面准确地把握思维对象。

4. 动态性

系统的稳定是相对的，任何系统都有自己生成、发展和灭亡的过程。因此，系统内部诸要素之间的联系及系统与外部环境之间的联系都不是静态的，都与时间密切相关，并会随时间不断地变化。这种变化主要表现在两个方面：一是系统内部诸要素的结构及其分布位置不是固定不变的，而是随时间不断变化的；二是系统都具有开放的性质，总是与周围环境进行物质、能量、信息的交换。因此，系统处于稳定状态，并不是说系统没有什么变化，而是说系统始终处于动态之中、处在不断演化之中。

5. 综合性

系统思维方式的综合性并不等同于思维过程中的综合方面，它是比“机械的综合”“线性的综合”更为高级的综合。它有两方面的含义：一是任何系统整体都是以这些或那些要素为特定目的而构成的综合体；二是对任何系统整体的研究都必须对它的成分、层次、结构、功能、内外联系方式的立体网络进行全面的综合考察，才能从多侧面、多因果、多功能、多效益上把握系统整体。系统思维方式的综合是非线性的综合，是从“部分之和等于整体”上升到“整体大于部分之和”的综合，它对于分析多因素、多变量、多输入、多输出的复杂系统是行之有效的。

(三)应用系统思维的方法

1. 整体法

整体法是指在分析和处理问题的过程中，始终从整体来考虑，把整体放在第一位，不让任何部分凌驾于整体之上。

整体法要求把思考问题的方向对准全局和整体，从全局和整体出发。如果在应该运用整体法进行思维的时候不用整体法，可能会对宏观或微观方面造成不利影响。

2. 结构法

进行系统思维时，注意系统内部结构的合理性。系统由部分组成，部分与部分之间组合是否合理对系统有很大影响，这就是系统中的结构问题。好的结构，是指组成系统的各部分之间组织合理、有机联系。

3. 要素法

每一个系统都由各种各样的因素构成，其中相对具有重要意义的因素被称为构成要素。要使整个系统正常运转并发挥最好的作用或处于最佳状态，必须对各要素考察周全，充分发挥各要素的作用。

4. 功能法

功能法是指为了使一个系统呈现出最佳态势，从大局出发来调整或改变系统内部各部分的功能与作用的方法。在此过程中，可能是使所有部分都向更好的方向改变，从而使系统状态更佳，也可能为了系统的全局利益，以降低系统某部分的功能为代价。

【拓展阅读】

扫码阅读

华为式创新

【思考与训练】

快餐店设计方案

【主题】使用创新思维

【目标】运用创新思维方法，完成快餐店的设计方案

【建议时间】20 分钟

【准备材料】A4 纸、笔

【活动步骤】

(1)采用随机的方式进行分组，每组 4～6 人为宜。

(2)教师讲述活动背景，假设要在学校附近新开一家快餐店，请运用创新思维方法完成快餐店的设计方案。

(3)教师挑选 1～2 名同学分享有代表性的方案。

(4)教师进行点评总结。

第三章
创新方法

【知识结构】

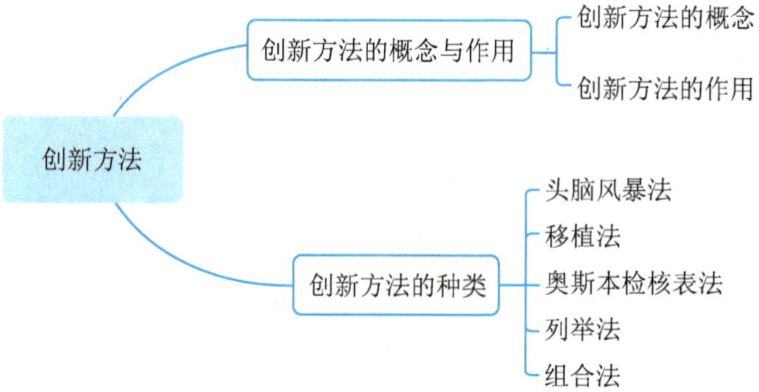

【学习目标】

* 了解创新方法的概念和作用。
* 掌握头脑风暴法、奥斯本检核表法、列举法、组合法的内容。
* 能够灵活运用创新的方法。

崇尚创新，国家才有光明前景，社会才能充满活力。就像生命成长需要充分的阳光、水和空气一样，创新尤其需要良好的社会氛围持续滋养和“给力”。习近平总书记指出：“要在全社会积极营造鼓励大胆创新、勇于创新、包容创新的良好氛围，既要重视成功，更要宽容失败”，真正“让创新在全社会蔚然成风”。

习语研读

我们推进理论创新是实践基础上的理论创新，而不是坐在象牙塔内的空想，必须坚持在实践中发现真理、发展真理，用实践来实现真理、检验真理。

——2023年6月30日，习近平在二十届中共中央政治局第六次集体学习时的讲话

第一节 创新方法的概念与作用

创新也需要掌握一定的方法，只有掌握了正确、合适的创新方法，创新活动才能顺利进行，创新效果才能凸显。

一、创新方法的概念

创新方法是创造学家收集大量成功的创造和创新的实例后，研究其获得成功的思路和过程，经过归纳、分析、总结而找出的一些带有普遍规律性的原理、方法和技巧。它们可以供人们学习、借鉴和效仿。

创新方法一直为世界各国所重视，在美国被称为创造力工程，在日本被称为发明技法，在俄罗斯被称为创造力技术或专家技术。我国学者认为，创新方法是科学思维、科学方法和科学工具的总称。其中，科学思维是一切科学研究和技术发展的起点，始终贯穿科学研究和技术发展的全过程，是科学技术取得突破性、革命性进展的先决条件；科学方法是人们进行创新活动的创新思维、创新规律和创新机理，是实现科学技术跨越式发展和提高自主创新能力的重要基础；科学工具是开展科学研究和实现创新的必要手段和媒介，是最重要的科技资源。由此可见，创新方法既可应用于实现技术创新，也可应用于实现管理创新。

二、创新方法的作用

具体来说，创新方法的作用有以下几个。

(一)促进高效解决问题

人类在征服自然、改造自然的过程中遵循着一定的客观规律，创新方法就是对人类解决问题、实现创新的共性方法的高度总结和概括，运用创新方法可以使解决问题的方案更科学，可以少走弯路，更高效地解决问题。

(二)推动培养创新思维

思维惯性是决定创新能力的关键因素，思维模式不同带来的结果也就大相径庭。每个人都有一种思维惯性，习惯将思维方式局限在已知的、常规的解决方案上，从而阻碍新方案的产生。通过学习创新方法，可以掌握各种创新思维的特征和规律，打破固有的思维模式，学会用“新的眼光”去发现问题和解决问题，敢于否定、质疑和超越常规地去思考、实践，养成创新思维的习惯，形成变通性思维。

(三)科学指导创新实践

在不同时期、不同领域出现的创新问题及为了解决这些问题所使用的创新原理与方法是有规律的。通过学习创新方法，可以根据实践活动的具体情况，科学地运用创新方法中实用与适用的创新原理，在实际工作中实现创新，少走弯路，尽快、尽早地剔除那些复杂而效率不高的解决方案，找出更高效的解决方案，使实践活动的方案更具方向性、有序性和可操作性。

案例 3-1

定价策略

有一家商店，由于老板不善于经营，店里售卖的商品并不是很多，销售情况也一直不温不火。一直以来，商店老板都按照常规的市场价格为商品定价。有一天他突然发现，其中一件商品的标价是 100 元，看着很不舒服。他觉得如果把定价改为 98 元，会让消费者感到便宜了很多，于是他把整个商店的商品都在原价的基础上降价 0.1 元到 10 元不等，结果销售开始好转。

点评：本案例中商品定价策略的改变，只是凭着商店老板的个人感觉，他在想到这个定价的时候，也只是感觉 98 元这个价格给人感觉很舒服，没有压力，于是就做出了调价决策。其实这就是数字心理学里面说到的数字压力。只要掌握了正确的方法，很少的让利就能为商家吸引更多顾客。

第二节　创新方法的种类

创新的核心是创新思维，而创新思维最重要的工具就是创新方法。人们在进行具体的创新活动时，为克服各种思维障碍、增加信息刺激、提高思维效率而采用创新方法，可达到创造性解决问题的目的。

一、头脑风暴法

头脑风暴法是指以小组的形式无限制地自由联想和讨论，产生新观念或激发创新思想的方法。头脑风暴法的英文全称为 Brain-storming，又称智力激励法。这种方法是由美国创造学家亚历克斯·奥斯本于 1939 年首次提出的。

(一)头脑风暴法的分类

头脑风暴法一经提出便在世界各国引起强烈反响，后经创造学研究者的实践和发展，最终形成了一个相对完善的发明技法群，如三菱式智力激励法、默写式智力激励法、卡片式智力激励法等。

(1)三菱式智力激励法。三菱式智力激励法是由日本三菱树脂公司改进而成的，其优点是修正了奥斯本智力激励法严禁批评的原则，有利于对设想进行评价和集中。

(2)默写式智力激励法。默写式智力激励法是无参照扩散法的一种，由德国创造学家荷立创造，其特点是用书面阐述来激励智力。

(3)卡片式智力激励法。卡片式智力激励法又称卡片法，包括 CBS 法和 NBS 法两种。CBS 法由日本创造开发研究所所长高桥诚改进而成，其特点是可以对每个人提出的设想进行质询和评价；NBS 法是日本广播电台开发的一种智力激励法。

(二)头脑风暴法必须遵守的原则

为了使与会者畅所欲言，互相启发和激励，达到较高的效率，头脑风暴法必须严格遵守以下规则。

(1)推迟判断，禁止批评。对别人提出的任何想法都不能批判，不得阻拦。只有这样，与会者才可能在充分放松的心境下，集中全部精力开拓自己的思路，做到尽力多提设想，且越多越好。

(2)提倡自由发言、畅所欲言、任意思考、任意想象、尽量发挥，主意越新、越怪越好，因为其能启发人们产生新的想法。

(3)综合改善。鼓励巧妙地利用和改善他人的设想，这是激励的关键所在。每个与会者都要从他人的设想中激励自己，从中得到启示，或补充他人的设想，或将他人的若干设想综合起来提出新的设想等。

(三)运用头脑风暴法的条件

运用头脑风暴法需要遵循以下条件。

(1)防止出现一些“扼杀性语句”和“自我扼杀语句”，如“这根本行不通”“你这想法太陈旧了”“这是不可能的”等。

(2)与会人员一律平等，将各种设想全部记录下来。

(3)鼓励巧妙地利用和改善他人的设想。

(4)独立思考，不允许私下交谈，以免干扰别人的思维。

(5)随便思考，任意想象，尽情发挥。

(6)不强调个人成绩，应以小组的整体利益为重。

(四)头脑风暴法的实施步骤

实施头脑风暴法时可按照下面的步骤进行。

(1)确定要讨论的问题，然后组建小组，并通知会议内容、时间、地点。

(2)准备会场，可以准备一些智力游戏道具、简单的发散思维练习布置等，以活跃气氛。

(3)根据实际情况组织人员，通常以 10～15 人为宜。

(4)向参会者宣布讨论的主题。

(5)坚持头脑风暴法的原则。

(6)会后收集、整理设想、提案。

(7)综合评价，选出最佳设想、方案。

二、移植法

移植的原意是指将植物移动到其他地点种植，后引申为将某一领域内的原理、技术、方法转移到其他领域应用。

(一)移植法的概念

移植法是指将某个领域的原理、技术、方法引用或渗透到其他领域，用以变革和创新，即把某一事物的原理、结构、方法、材料转到当前研究对象中，从而产生新成果的方法。在通常情况下，移植法是将已成熟的成果转移到新的领域，用来解决新问题，因此它是现有成果在新情境下的延伸、扩展和再创造。

(二)常见移植法的类型

(1)原理型移植法。原理型移植是指将某种行之有效的技术原理，由它最初运用的技术领域移植到其他技术对象上，以创造新的技术产物。

(2)结构型移植法。结构型移植是指将某事物的结构形式特征转用到另一事物上，以产生新的事物。

(3)方法型移植法。方法型移植是指将新的方法转用到新的情境中，以产生新的成果，即将某一学科领域中的方法应用于解决其他学科领域中的问题。

(4)材料型移植法。材料型移植是指将材料转用到新的载体上，以产生新的成果。

(三)移植法的实施思路

在运用移植法创新时，可以采用以下两种思路。

(1)成果推广型移植。成果推广型移植就是将现有科技成果向其他领域铺展延伸的移植方法，其关键是在弄清现有成果的原理、功能及适用范围的基础上，利用发散思维方法寻找新载体。

(2)解决问题型移植。解决问题型移植就是从研究的问题出发，通过发散思维找到现有成果，经移植后使问题得到解决。

(四)运用移植法的条件

运用移植法时，首先要弄清楚移植什么及为什么要移植的问题。理论和实践经验表明，要有效地运用移植法，应注意以下三个基本条件。

(1)用传统方法难以找到理想的设计方案或解题思路，或者利用本专业领域的知识根本无法找到出路。

(2)其他技术领域存在解决相似或相近问题的方式。

(3)对移植结果能否保证系统整体的新颖性、先进性和实用性有定性判断。

在创造活动中只有同时具备这三个条件，才有实施移植法的必要性和可能性。

(五)移植法的实施步骤

实施移植法时，可按照以下步骤进行。

(1)明确决策问题。

(2)组织人员形成评价小组，人员包括项目组成员、相关领域的专家等。

(3)根据评价准则制定评价方法，包括确定评价项目、制定评价表格。

(4)针对决策课题选择不同的实现方法来模拟原型。

(5)小组成员对不同的模拟原型进行评价并打分，选择得分最高的方案作为决策方案。

三、奥斯本检核表法

奥斯本检核表法又称分项检查法，是由美国的亚历克斯·奥斯本提出的。它以提问的方式，根据创新或解决问题的需要列出有关问题，形成检核表，然后对问题逐个进行核对与讨论，从而发掘出解决问题的大量设想。

(一)奥斯本检核表法的内容

奥斯本检核表法是通过引导主体在创造过程中对照 9 个方面的问题进行思考，

以便启迪思路、开拓思维想象空间，促进人们产生新设想、新方案的方法，见表 3-1。

表 3-1 奥斯本检核表法

检核项目	含义	创造性说明示例
能否他用	现有事物有无其他用途？保持不变能否扩大用途？稍加改变有无别的用途？	电吹风、拉链等生活中常用的产品除了其本来用途之外还可以有什么用途？可以把电吹风用来吹被子、衣服、鞋子吗？随着此想法的产生，被褥烘干机、烘鞋器等产品应运而生。除此之外，电吹风还可用于止血；水泥可制作弹簧；纸张可做锅或家具。
能否借用	能否引用其他的创造新设想？能否从其他领域、产品、方案中引入新的元素、材料、造型、原理、工艺、思路等？	泌尿科医生引入微爆破技术来消除肾结石，就是借用了其他领域的发明。
能否改变	现有的事物能否做某些改变，如颜色、声音、味道、式样、花色、音响、品种、意义、制造方法？改变后效果如何？	一般漏斗的下端都是圆形的，用来向同样是圆形的瓶口里灌装液体，但是因瓶内空气阻碍，液体不易流下。把漏斗的下端改成方形，插入瓶口时便留出间隙，使瓶内的空气在灌装液体时能顺利排出。
能否扩大	现有的事物能否扩大使用范围？能否增加使用功能？能否增加零部件以延长使用寿命？能否增加长度、厚度、强度、频率、速度、数量、价值？	在两块玻璃中间加入某些材料，可制成一种防震、防碎、防弹的新型玻璃。在牙膏中掺入某种药物，可以使牙膏有治疗口腔疾病的功效。
能否缩小	现有事物能否体积变小、长度变短、重量变轻、厚度变薄及拆分或省略某些部分(简单化)？能否浓缩化、省力化、方便化、短路化？	最初发明的收音机、电视机、电子计算机、收录机等的体积都很庞大，结构也非常复杂，经过多年的发展，现在它们的体积都比当初大大缩小，结构也相对简单多了，并出现了许多小型和超小型的机器。
能否代用	现有事物能否用其他材料、元件、结构、设备、方法、符号、声音等替代？	人们非常喜欢镀金手表，但黄金是一种贵金属，价值昂贵、数量有限，于是人们就用其他金属来代替黄金制作镀金手表。
能否调整	现有事物能否交换排列顺序、位置、时间、速度、计划、型号？内部元件可否交换？	过去我国曾用“市尺”作为鞋号长度，表示方法不一，鞋号杂乱。后来根据中国人的脚型，参考法国等欧洲国家的鞋号标准，制作了统一的中国鞋号，生产的鞋子更适合中国人的脚型。

续表

检核项目	含义	创造性说明示例
能否颠倒	现有事物能否从里外、上下、左右、前后、横竖、主次、正负、因果等相反的角度颠倒过来用?	火箭是向空中发射的，人们为了了解地底下的情况，将火箭改为向地下发射，由此发明了一种探地火箭。
能否组合	能否进行原理组合、材料组合、部件组合、形状组合、功能组合、目的组合?	以风扇为例：带灯电扇、带负离子发生器的电扇、转叶风扇；以卷尺为例：多功能卷尺配备了圆珠笔、便笺、计算器和 LED 灯。

(二)奥斯本检核表法的实施步骤

奥斯本检核表法的具体实施步骤如下。

(1)根据创新对象明确需要解决的问题。

(2)参照奥斯本检核表法列出的 9 个问题，运用丰富的想象力，强制性地逐个核对与讨论，写出尽可能多的新设想。

(3)对提出的新设想进行筛选，将最有价值和创新性的设想筛选出来，根据实际需要提出改进方案。

四、列举法

列举法是最常用、最基本的一种创新思维方法。它是一种将研究对象的某方面属性(如特点、缺点或希望点)一一罗列出来，对其进行分析研究，从中探求各种改进方法的创新思维方法。

根据研究对象的不同，列举法可分为特性列举法、缺点列举法、希望点列举法等。

1. 特性列举法

特性列举法是将创新对象的名词特性、形容词特性和动词特性等特征一一列举出来，然后分析、探讨能否以更好的特性来替代，并提出革新方案的一种创新思维方法。特性列举法的具体实施步骤如下。

(1)选择一个目标比较明确的分析对象，对象宜小不宜大。如果是一个比较大的分析对象，最好把它分成若干个小对象。

(2)从名词特性、形容词特性和动词特性三个方面对对象的特性进行列举。如果觉得按名词特性、形容词特性、动词特性进行列举不好操作，就按数量特性、物理特性、化学特性、结构特性、形态特性、经济特性等进行列举。分析对象的特性应尽可能详细地列出，并且要尽量从各个角度提出问题。

(3)分析各个特性，通过提问激发出新的创造性设想和方案。分析各个特性时，可采用智力激励法来激发创意。在上述列举的特性下尽量尝试各种可替代的属性进行置换，易产生新的设想和方案。

(4)提出新的方案，进行讨论、检核、评价，挑选出行之有效的设想并结合实际需要对创新对象进行改进。

2. 缺点列举法

缺点列举法是美国通用电气公司提出的一种创新思维方法。它是运用“吹毛求疵”的精神，尽力发掘事物的缺点，将其一一列举出来，然后对这些缺点进行归类、分析，以找出改进方案的方法。在这个过程中，缺点列举得越多越好，以便把问题彻底暴露出来。缺点列举法的具体实施步骤如下。

(1)列举缺点阶段。通过会议、访谈、电话调查、问卷调查、对照比较等方式，广泛调查和征集意见，尽可能多地列举事物的缺点。

(2)探讨改进方案阶段。对收集到的缺点进行归类和整理，并对每类进行分析，在此基础上提出改进方案。

3. 希望点列举法

希望点列举法是与缺点列举法相对应的一种创新思维方法。如果说缺点列举法是通过寻找事物的缺点进行创新的话，那么希望点列举法就是根据人们对事物的愿望要求来进行创新的思维方法。希望点列举法与缺点列举法的一个重要差异在于：缺点列举法一般来说是一种被动型的创新思维方法，因为缺点列举法不可能离开事物的原型来分析，但是希望点列举法却有很大的主动性，它完全可以不受事物原型的约束，只从创新者或用户的希望与追求的出发点为创新构思的基点。因此，希望点列举法是一种积极主动的创新思维方法。希望点列举法的具体实施步骤如下。

(1)通过会议、访谈、问卷等方式，激发和收集人们的希望。

(2)对大家提出的各种希望进行整理和研究，形成各种希望点。

(3)在各种希望点中选出目前可能实现的希望点进行研究，制定革新方案，创造新产品，以满足人们的希望。

五、组合法

组合法是指按照一定的技术原理，通过重组合并两个或多个功能元素，开发出具有全新功能的新材料、新工艺、新产品的创新方法。这种创新方法不同于突破性创新中完全采用新技术、新原理的方法，是对已有发明的再开发利用。

根据组合方式的不同，组合法可分为主体附加法、异物组合法、同类组合法、重组组合法、信息交合法等。

1. 主体附加法

主体附加法又称为内插式组合法，是在原有的技术思想中补充新内容，在原有的物质产品上增加新附件，从而使新得到的物品性能更好、功能更强的组合方法。它常被用于对已有的产品进行不断完善和改进。主体附加法的实施步骤如下。

(1)有目的地选定一个主体。

(2)运用缺点列举法全面分析主体的缺点。

(3)运用希望点列举法，对主体提出种种希望。

(4)考虑能否在不变或略微改变主体的前提下，通过增加附属物以克服或弥补主体的缺陷。

(5)考虑能否通过增加附属物，实现对主体寄托的希望。

(6)考虑能否利用或借助主体的某种功能，附加一种别的东西使其发挥作用。

2. 异物组合法

异物组合法是将两种或两种以上的技术思想或具有不同功能的物质产品进行组合。组合的结果是产生新的思想、新的概念、新的技术或新的产品。例如，索尼公司把耳机和一台收音机组合起来，就发明了随身听。由于不相似或不相同的事物是没有穷尽的，所以，相对主体附加法和同类组合法来说，异物组合法的思维广度和深度更大，其创造性也更强。异物组合法的具体形式主要有以下几种。

(1)功能组合。功能组合就是把不同物品的不同功能、不同用途组合到一个新的物品上，使之具有多种功能和用途。在生产实际和日常生活中，功能组合的机会很多，组合的环节简单，成功率较高。

(2)原理组合。原理组合是指将某一事物的原理同别的事物的原理相互渗透、融会贯通，从而得出一种新方法或新理论。在事物的组合关系中，原理的组合是一种高层次的组合，具有组合对象难找、组合过程复杂的特点，但这种组合的创造性较强，可能会产生突破性的成果。

(3)意义组合。意义组合功能不变，但组合之后赋予事物新的意义。例如，一件普通的 T 恤衫可能并没有人会去买，但如果印上所在学校的名称，就会给学生带来一种归属感、自豪感，成为有纪念意义的衣服，不仅会受到学生的欢迎，甚至会得到他们的收藏。

(4)构造组合。构造组合是指将两种东西组合在一起，它便有了新的结构并带来新的实用功能。例如，房车就是房屋和汽车的组合，它不仅可以作为交通工具，还可以作为居住的场所。

(5)成分组合。成分组合是指两种成分不相同的物品，组合在一起后就构成了一种新的产品。成分是指构成事物的各种不同的物质或因素，它直接关系着创造的原理与结构。成分组合是利用已知的物质进行组合而产生新产品或新价值的一种创造技法。

(6)材料组合。材料是人们用来制作有用物件的物质，是构成创造成果的物质基础。人们在进行创造时，总是先利用现有的材料，当现有的材料不能满足创造要求时，就需要对材料进行创造。其中，把两种或两种以上现有的材料组合起来解决问题的方法就是材料组合方法。不同材料组合在一起，不仅可以改善原物品的功能，还能带来新的经济效益。

3. 同类组合法

同类组合法是两种或两种以上的相同或相近事物的组合。其特点是参与组合的对象与组合前相比，其基本性质和结构没有根本变化，是在保持事物原有功能或意义的前提下，通过数量的变化来弥补功能上的不足或得到新的功能。

同类组合的目的是在保持事物原有功能或原有意义的基础上增加新功能或新意义，而这种新功能或新意义是单个事物所不具有的。同类组合的条件是根据需要决定的。简单、复杂的事物都可以组合，关键是看其有没有必要组合，究竟需不需要组合，是否具备组合的条件。

同类组合时，要考虑以下两个方面。

(1)单独事物组合后，其功能是否更好？是否有新意？

(2)两个以上相同事物组合后，能否有新的功能和新的意义？能否赋予新的特征？

同类组合法进一步利用了已有的事物，并使组合过程变得比较简单。同类组合往往具有事物的对称性或一致性。

4. 重组组合法

重组组合法是改变原有事物的内部结构组合方式，使原有元素在不增加数量的情况下，改变原有事物性质的组合方法。重组组合是在事物的不同层次上分解原来的组合形式，然后再以新的思想重新组合起来，其特点是改变了事物各部分之间的相互关系。因为它是在同一事物上实施的，所以一般不增加新的内容。

重组组合法的构思方式一般有以下几种。

(1)变位重组。变位重组即通过改变组成要素的相对位置进行重组构思。例如，早期的双门电冰箱都是上部为冷冻室，下部为冷藏室，这种结构的冰箱存在一些不足，如空气流通的规律是热空气向上流通，而上部正好是冷冻室，造成冰箱比较费电；再如，通常情况下使用比较多的是冷藏室，而冷藏室却在下部，造成取东西不太方便。通过变位重组把冰箱改成上“热”下“冷”式结构，可以克服早期冰箱的不足。

(2)变形重组。变形重组即先对组成部分进行适当的变形，然后进行重组。

(3)模块重组。模块重组即把组成事物的各要素按模块化设计，使用时，根据需要进行模块化组合。模块化结构有利于产品的标准化、通用化、系列化，有利于缩短设计时间和试制时间。

5. 信息交合法

信息交合法是由我国创造学研究者许国泰发明的，是指将思考对象的所有信息要素按照不同类别分类，每一类作为一条坐标轴，然后根据需要把各种坐标点有机地结合起来，并从各种信息的交合点入手进行创造的一种思维方法。信息交合法有利于人们打破传统思维定式，为创新思维提供丰富的信息资源，提高创新思维的质量和水平。

信息交合法的交合方式主要有以下几种。

(1)成对列举交合。成对列举交合是创新主体将任意的两个事项组合起来，成对列举，或把某一范围内的事物一一列举，依次成对组合，从中获得独创性设计方案的方法。成对列举交合法既具有特性列举法务求全面的特点，又汲取了强制联想法易于产生新颖设想的优点，是启发思维效果比较好的创新思维方法。

(2)平面坐标交合。平面坐标交合是从 X 坐标和 Y 坐标两个方向列出信息元素后进行成对交合思考的方法。这种方法利用坐标系促使人们从意义上缩小不同事物之间的差距，使原来无关的事物建立起联系，并演变为新事物。

(3)立体交合。立体交合是在确立一个问题点后，以此为中心，分解列出不同变量的坐标，而每一变量坐标又可以不断分解设置下去，然后用线线相交或面面相交的办法，寻找新的创意的方法。

【拓展阅读】

扫码阅读

“三只松鼠”快跑的秘密

【思考与训练】

头脑风暴

假设现在发生海难，一艘游艇上有 8 名游客等待救援，可是直升机每次只能够救助 1 个人。游艇已经损坏，不停地漏水。寒冷的冬天，刺骨的海水。游客的情况如下：

(1)将军，男，69 岁，身经百战。

(2)外科医生，女，41 岁，医术高明，医德高尚。

(3)大学生，男，19 岁，家境贫寒，参加国际数学奥林匹克竞赛获奖。

(4)大学教授，50 岁，男，正主持一项科学领域的项目研究。

(5)运动员，女，23 岁，奥运会金牌获得者。

(6)经理人，35 岁，男，擅长管理，曾将一大型企业扭亏为盈。

(7)小学校长，男，53 岁，全国劳动模范，五一劳动奖章获得者。

(8)中学教师，女，47 岁，桃李满天下，教学经验丰富。

请将这 8 名游客按照营救的先后顺序进行排序。各小组内使用头脑风暴法进行讨论，限时 15 分钟。每位小组成员的发言都应尽可能地富有创新性和创造力，对任何提议都不能加以批评。每个小组分别指定一名成员把所提出的各种方案写下来。用 10～15 分钟讨论各个方案的优点与不足，每个小组最终选择一个使所有成员意见保持基本一致的最合理的方案。

第四章 创业知识与创业环境

【知识结构】

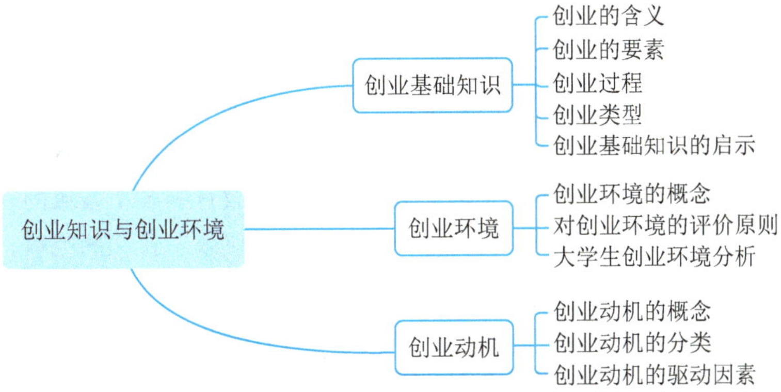

【学习目标】

* 了解创业的基本概念和实质。
* 掌握创业的要素。
* 掌握创业的过程。
* 了解大学生创业的环境。
* 了解创业动机的内涵。

创新创业创造是经济社会发展的重要驱动力。当前，世界百年未有之大变局加速演进，新一轮科技革命和产业变革深入发展。这是一个颠覆传统、敞开胸怀、拥抱新科技革命和产业变革的时代，一个加快转变发展方式、促进转型升级、实现跨越提升的时代，为创新创业创造带来了千载难逢的机遇，提供了更加广阔的舞台。创新创业创造的种子只有扎根于优质的发展环境，才能成长为引领高质量发展的新引擎。我们要顺应发展大势，积极抢抓机遇，不断激发创新创业创造活力，最大限度释放全社会创新创业创造动能，为推动经济社会高质量发展注入强劲动力。优化创新创业创造的发展环境，为善创新、愿创业、肯创造的人提供更多机会、更大支持、更广舞台。

习语研读

青年人是全社会最富有活力、最具有创造性的群体，也是推动创科发展的生力军。要为青年铺路搭桥，提供更大发展空间，支持青年在创新创业的奋斗人生中出彩圆梦。

——2022 年 6 月 30 日，习近平考察香港科学园时的讲话

第一节　创业基础知识

一、创业的含义

说到创业，每个人都有不同的理解。一般来说，创业有广义和狭义之分。广义的创业是指创造一番事业。这个事业可以是营利性的，也可以是非营利性的；可以是经济领域的，也可以是政治、军事、文化、科学、教育等各个领域的。狭义的创业是指创办一个企业。在这里，我们讨论的创业定义仅限于狭义的范畴。本书根据创业教育的研究与思考，给出了创业的定义。

创业，是为了满足社会的某种需求，通过整合各种资源，设计制造一类专业的产品或服务，运用商业的方式，去满足需求、解决问题、创造价值，最后成就一番事业的过程。那么，如何理解创业的定义呢？

(1)从整体上来理解，它肯定了创业的实质是以成就事业为目的的社会实践活动。要追求事业的成功，就离不开团队，它强调了创业过程中团队的作用和重要性。

(2)它强调创业的初衷和目的是满足社会的某种需求。

(3)它强调资源整合的重要性。并不是我们身边所有的社会需求都能被满足，创业者需要根据满足需求的各种条件对资源进行客观分析，思考哪些是已具备的，哪些是通过某种努力可以获取的。创业不能光凭激情，更需要理性。

(4)创业中包含着创新，创新是创业过程中重要的推动元素。创业的产品(或服务)往往是创新的成果。

(5)创业活动的方式是商业化。创业选择了商业行为，利用的是市场规律，从而决定了企业的营利性。所以营利性是企业的属性之一，但不是全部属性。

(6)创业实践过程的起点是需求，解决是过程，创造价值是结果，这是创业活动的逻辑过程。创业之所以具有价值，是因为其通过创新性的产品或服务满足了人们的需求，创造了社会效用。价值创造的根本在于满足需求，而创业成功的关键在于创业者对市场需求的精准把握和高效满足。

案例 4-1

华为的发展史：从小团队到全球领先的科技巨头

1987 年，华为公司成立于深圳市。创始人任正非先生是一位退役军人，他带领一个小团队开始研发电信设备，并在当时艰苦的条件下取得了一些成果。在随后的几年里，华为不断扩大规模，开始生产并销售自己研发的电信设备。

20 世纪 90 年代初，中国的电信市场开始迅速发展。随着移动通信的兴起，华为的业务得到了快速增长。华为抓住了机遇，继续加大研发和生产投入，并开始进军国际市场。1997 年，华为在海外市场首次获得了重要订单，打开了国际业务的新局面。

2000 年以后，随着 3G 时代的到来，华为开始加强在无线通信领域的研发。华为在 3G 标准制定过程中发挥了重要作用，并且获得了一些重要的合作伙伴，如 Vodafone、T-Mobile 等。同时，华为也在亚洲、欧洲和非洲等地建立了多个研发中心和生产基地。

2010 年之后，华为开始积极拓展自己的业务范围。华为在智能手机领域的市场份额不断增加，成为全球第三大智能手机厂商。同时，华为也加强了在云计算、人工智能、5G 等领域的研发和投资，并成为这些领域的领先企业之一。

随着 5G 时代的到来，华为开始面临一些挑战。华为在海外市场面临一些政治和经济压力，导致其在一些国家的业务受到限制。然而，华为仍然继续提升自己的研发和创新能力，致力于成为一个更加全球化和多元化的科技公司。

总的来说，华为的发展史是一部充满坎坷和挑战的历史。华为从一个小团队发展成为全球领先的科技公司，成为中国科技行业的杰出代表，其成功得益于不断创新和自我完善的精神，以及强大的技术实力和优秀的管理团队。华为不断拓展自己的业务领域，不仅在电信设备领域有着卓越的表现，而且在智能手机、云计算、人工智能等领域也有着优秀的发展。

未来，华为可能面临更多机遇和挑战。华为将继续加强自己的技术实力和创新能力，推动 5G 技术的发展和应用，不断开拓新的业务领域，努力成为一个更加全球化、多元化和可持续发展的科技公司，推动科技行业的发展和进步。

二、创业的要素

关于创业的要素，国内外专家们众说纷纭，其中以“创业教育之父”蒂蒙斯提出的创业过程模型最为典型。如图 4-1 所示，该模型提炼出了创业活动的三大关键要素，即创业机会、创业者与创业团队、创业资源，认为这三个要素是创业活动中不可或缺的。

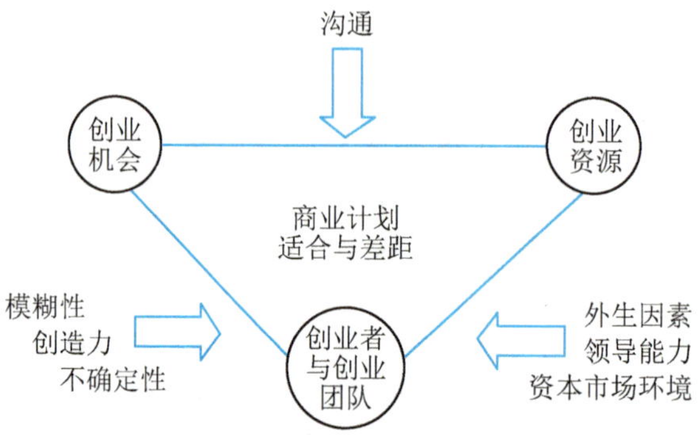

图 4-1　蒂蒙斯提出的创业过程模型

(一)创业机会

创业机会，是指有利于创业的一组条件的形成情况，包括客户对某产品持续性的需求、满足某种需求的创意、实施创意的能力或资源，以及能够开发创意的资金或团队等。在这一模型下，创业机会是创业过程的核心，也是创业过程的起点。特别是在创业初期，有了创业机会的驱动，创业过程才能够运转。对于创业者来说，不仅要分析创业机会，更要学会评估创业机会的商业价值。

(二)创业者与创业团队

创业者的素质与能力是创业成功的关键要素。同时，创业过程中选择合适的合作伙伴，组建创业团队也至关重要。创业团队是指在创业初期(包括企业成立前和成立早期)，由一群才能互补、责任共担、愿意为共同的创业目标奋斗的人所组成的特殊群体。这个团队应包含以下四个方面的要素。

(1)团队中要有具备高超领导艺术的人，能用正确的方法激励所有人共同实现目标。

(2)有专业化的管理水平，一个企业光有理想，没有管理水平就无法控制成本。

(3)有强大的拓展能力，包括产品的销售、融资等方面的拓展能力。

(4)有战略思考的能力，对企业要往哪个方面发展、每一步怎么走等进行战略思考。

因此，创业的时候，不仅要找资金，更重要的是还要找到跟你有共同点且有互补性的人。只有这样，团队长期的团结、协作才是可以预期的，否则就是乌合之众。

(三)创业资源

资源的可获得性是实施创业的关键组织特征。大多数人在初次创业的时候，都面临着资源不足的状况，因而降低了创业成功的概率，但要拥有完全充足的资源也是不可能的。在创业资源方面，一般来说要符合两个条件：一是要有进入一个行业的起码的资源；二是具备差异性资源。如果这两个条件都不具备，创业成功的可能性将会很小。

创业的资源条件主要包括以下 8 个方面。

(1)业务资源：赚钱的模式是什么？

(2)客户资源：谁来购买？

(3)技术资源：凭什么赢得客户的信任？

(4)经营管理资源：经营管理能力如何？

(5)财务资源：是否有足够的启动资金？

(6)行业经验资源：对该行业资讯与常识的积累。

(7)行业准入资源：某些行业受到一些政策保护与限制，需要具备进入的资格条件。

(8)人力资源：是否有合适的专业人才？

以上资源创业者不需要全部具备，但至少应具备其中一些重要条件，其他条件可以通过市场化方式来获取，比如，创业者如有足够的财力资源，其他资源欠缺也可以弥补；如果有足够的客户资源，在创业过程中将起到克服障碍的作用。

三、创业过程

创业的过程就是建立一个新企业的过程。创业就像所有的有机体一样，要经历从筹建到建立、起步、发展、成熟、衰退乃至消亡的过程。每个创业者都希望自己创建的企业基业长青，但更多的企业却在成长的过程中夭折，能够称得上"老字号"的企业更是凤毛麟角。所以，在创业的过程中，要注重企业成长的内在规律，根据各成长阶段的特点实施有效的管理。

(一)创业过程具有发展性

创业过程是一种生产活动，它以提供产品或服务作为活动的直接结果。创业有别于一般的生产活动，就在于其发展特性。创业既可以是从无到有的创造，也可以是在现有基础上的革新，但不论是创造还是革新，创业的内涵都是一个从无到有、从弱到强、从幼稚到成熟的过程。发展是创业过程最重要的特性，成功的创业都有快速稳健的发展过程，维持创业企业的健康发展是创业重要而基本的任务。

创业过程的发展性还在于它的增值效果，增值是生产活动的必然属性。没有增值，生产活动就没有意义。利润是市场法则，没有利润，企业就不能生存。在市场环境下，利润和增值是事物的现象和本质，是形式和内容的关系，但又往往不一致。利润必须以增值为基础，才有可能长久存在和发展，增值必须通过利润来体现才能生存。创业需要相关资源，资源是创业的基础。创业的直接结果是产出，产出可以是产品，也可以是服务，但必须是有用的，或者说是有使用价值的。作为市场行为，创业必须获取利润，创业的直接目的是增值，没有增值，创业过程就没有意义。

(二)创业过程是一个系统工程

创业的实现是一个复杂的过程，创业者创立的企业是一个投入产出系统，即投入资源，产出产品与服务。创业的过程就是不断地投入资源，以连续地提供产品与服务的过程。能否以更少的资源获得更高的产出，使得企业具有竞争力并实现盈利，是衡量创业活动成效的标准之一。

创业过程一般包括以下步骤：第一，识别和评价创业机会；第二，拟订创业计划；第三，确定和获取创业资源；第四，管理和发展企业以收获创业价值。创业过程的每一阶段可能同时蕴含着其他阶段的内容，各阶段相辅相成、不可分割，有机集成的创业过程才是有效和成功的创业过程。

创业是一个系统工程，它是由多个创业要素组成的复杂系统。其中，商机驱动、创业团队和创业资源是三个核心要素。创业过程始于商机，而不是资金、战略网络、创业团队或商业计划。在创业启动阶段，真正的商机要比创业团队的才干和能力或适宜的资源更重要。创业团队的作用就是利用自己的创造力，在模糊、不确切的环境中发现商机或者创造商机，并利用资本市场、环境、外生因素等组织资源，领导企业实现商机的价值。在这个过程中，资源与商机是"适合—存在差距—适合"的动态过程。商业计划的作用是提供沟通这三个要素质量及其相互匹配和平衡状态的语言和规则。

(三)创业过程是一个不断学习的过程

创业活动的模糊性、不确定性和风险性，使得工作团队一开始就要注重学习，学习掌握市场规律，学习组织协调创业资源，学习生产经营管理，学习塑造企业文化，等等。学习的目的在于提高创业团队的素质，使他们不仅有能力对机会和挑战做出反应，而且能根据这种反应的结果来调整和修正未来的思路。

成功的创业过程必然是一种不断地向社会和他人学习的过程，有作为的、与时俱进的创业团队必然是一个学习型组织。

四、创业类型

人们的创业活动多种多样，对创业进行分类是较为复杂的。

(一)根据创业目标分类

根据创业目标的不同，创业可以分为生存型创业、机会型创业和创新型创业三种类型。

1. 自主创业

自主创业又称独立创业，是指创业者个人或创业团队白手起家进行创业。自主创业可能基于各种原因，如自己有了发明创造成果，并发现它的商业价值；不愿为别人打工；有条件创业又抓住了创业机会；受其他人自主创业成功的影响等。自主创业获得成功的例子不胜枚举，一些赫赫有名的企业家都是白手起家发展起来的。在创业过程中，创业者的智商、情商和财商可以得到最大限度的发挥。创业者可以接触各类人物，从事各类工作，经历各种感受，而不是日复一日地从事单调乏味的工作。一旦创业成功，创业者可以获得大量的财富，实现更高的需求，而不是在就业和择业的循环中消磨人生。独立创业的魅力，使许多人跃跃欲试。

但是，对创业者来说，自主创业的道路也是充满挑战的。自主创业的难度和风险较大，因为创业者往往缺乏足够的资源、经验和支持。资源需要费尽周折地筹集，经验需要在实践中积累，各方面的支持也十分有限。在自主创业的企业中，有一部分成功了，创业者因此收获了成功的喜悦和成就感；而另一部分却夭折了或发展缓慢，给创业者带来沮丧和挫折感。

2. 脱胎创业

脱胎创业是公司内部的管理者从公司中脱离出来，新成立一个独立企业的创业活动。脱胎创业又称母体脱离创业，这种创业者拥有创业所需的专业知识、经验和关系网络，生产同原公司相近的产品或提供类似的服务。

脱胎创业的频繁程度与产品所处的生命周期和行业类型有关，脱胎创业更多地发生在产品生命周期的早期阶段和新兴行业中，因为这时产品供不应求，竞争还不激烈，市场空间很大，预示着巨大的商业机会，北京中关村和美国硅谷有很多脱胎创业的例子。脱胎创业的成功与否与创业者筹集资金和组建团队的能力密切相关，寻求资金支持是脱胎创业的创业者面临的最大挑战之一，因为脱离母体的创业者，往往只是某一个方面的专家，最常见的是技术专家或营销高手，他们欠缺其他方面的管理技能，这就需要组建一个高效的创业团队来各尽其职、各显其能地进行创业活动。

3. 二次创业

二次创业是指企业内的创业。现在的大企业已经不是创业热潮中的旁观者和被动的应对者，甚至一些知名的大公司，也在积极地寻找和追逐新的有利可图的创意和商业机会，在这种情况下，就会出现所谓的二次创业。

(二)根据创业方向分类

根据创业方向的不同，美国哈佛大学 MBA 课程将创业分为复制型创业、模仿型创业、安定型创业、冒险型创业四种类型。

1. 复制型创业

复制型创业是指复制原有公司的经营模式，延续创业者在原公司的流程。虽然这类复制型创业在社会中出现的频率较高，但其科技创新贡献率较低，缺乏创业精神的内涵，不是创业管理主要研究的对象。这种类型只能称为“如何开办新公司”，因而很少被列入创业管理课程中。

2. 模仿型创业

模仿型创业指的是创业者看到他人创业成功后，通过模仿和学习进行的创业活动。模仿型创业的创新成分虽然很低，但它与复制型创业的不同之处在于，创业过程具有一定的不确定性，学习过程长，犯错机会多，创业成本较高。创业者能否成功，取决于他是否具有适合的人格特性，是否经过系统的创业管理培训，能否掌握正确的市场进入时机。

3. 安定型创业

企业内部创业即属于安定型创业。这种类型的创业，虽然具有一定的创造价值，但对创业者而言，本身并没有面临太大风险和改变，做的也是比较熟悉的工作。这种创业类型强调的是创新意识和创业精神，而不是新组织的创造。

4. 冒险型创业

冒险型创业是一种难度很高的创业类型，典型的就是高科技创新创业，对社会而言，它具有很高的科技创新贡献，给创业者本身也带来极大改变，同时个人前途命运的不确定性也很高，创业之路将面临很高的失败风险，可一旦成功，所得到的回报也很惊人。这种类型的创业者要想获得成功，必须在创业能力、创业时机、创业精神、创业管理、创业模式和策略等方面具备良好的素质和潜质。

(三)根据创新内容分类

根据创新内容的不同，创业可分为基于产品创新的创业、基于营销模式创新的创业和基于组织管理体系创新的创业三种类型。

1. 基于产品创新的创业

基于产品创新的创业是指基于技术创新或工艺创新等产生了新的消费群体，从而导致创业行为的发生。例如，将原来的玻璃杯做成紫砂杯，甚至紫砂保温杯，可以使一批品茶爱好者买到中意的茶杯。

2. 基于营销模式创新的创业

基于营销模式创新的创业是指采取有别于其他厂商的市场营销模式，因而有可能给消费者带来更高的满意度。零售店的开架销售模式就是典型的例子，从中进一步开发出的连锁超市，更是几乎形成了日用商品零售端的革命性变革，超大规模的购物中心在一定程度上改变了人们的购物习惯。

3. 基于组织管理体系创新的创业

基于组织管理体系创新的创业是指采取有别于其他厂商的企业组织管理体系，因而能够更高效地实现产品的商业化和产业化。例如，采用事业部制组织结构既保留了直线职能制组织结构的优点，又使得组织的管理和控制规模得到较大的扩展，在一定程度上抵消了“大企业病”对组织的危害。

五、创业基础知识的启示

(一)培养大学生形成正确创业价值观

高校创新创业教育在我国起步较晚，导致我国经济社会中出现了一个现象：老板太多，而企业家太少。这种现象对国家经济发展和社会稳定是不利的。要改变这种现象，需要对大学生进行企业家精神教育，培养大学生树立正确的创业价值观。创业一定要基于解决社会需求或问题，要强化创业初心和使命感。企业的营利性和创业者的初心分别是企业主体和创业主体的不同目的，虽然这两个主体的目的不同，但它们并不是对立的。创业者只要不忘初心，专注解决好需求问题，创业企业自然可以实现盈利。

(二)充分认识创新在创业中的重要作用

创新是创业过程中不可缺少的重要元素。在创办企业的过程中，是否有产品研发团队，是否有产品研发投入，是区别生意人和创业者的标准之一，缺乏创新的企业往往难以形成持续竞争力。企业通过创新，可以使产品更具专业性和市场竞争力，从而更好地满足社会需求。大学生应充分认识创新在创业中的重要作用，在国家“创新驱动发展战略”中发挥主力军作用。

(三)创业能力素质是在创业实践中历练的

创业是一个具有许多不确定性和风险性的社会工程。要取得创业的成功，不仅需要很多资源和条件，更需要创业者具备较高的能力与素质。要把控创业过程中的诸多风险，靠的是创业者自身的能力与素质。这些能力与素质包括创业者的创业特质、领袖素质、商业素质，对创业行业的深度认知和经验积累，以及对创业项目和产品的把控能力。这些能力与素质是创业者在创业实践中不断历练、不断提升的。大学生要勇于投身创业实践，在成长中创业，在创业中成长。

第二节　创业环境

一、创业环境的概念

创业环境是指影响潜在创业者创新思想形成以及创业活动开展的各种因素的总和。简单来说，就是与创业活动相关的因素的集合，包括行政环境、教育与培训环境、融资环境和社会文化环境。

（一）行政环境

行政环境是指政府对新企业创立和初创企业成长的支持力度，主要包括政府在初创企业设立、税收、资金、规范市场行为、知识产权保护等方面的政策法规与规章制度，以及政府的行政服务质量等方面。

（二）教育与培训环境

教育与培训环境主要包括高校和社会中介机构为大学生创业开展的创业教育和商业技能培训、创业指导与创业实践等方面。

（三）融资环境

融资环境主要包括信贷担保、风险投资、金融机构贷款等创业专项扶持基金获得的难易程度以及各种融资渠道的多样性等方面。

（四）社会文化环境

社会文化环境主要包括当地文化氛围对创新和冒险精神的鼓励、社会公众对创业失败的宽容、家人和亲朋好友对创业的支持态度等方面。

二、对创业环境的评价原则

对于创业者来说，学会客观公正地分析和评价当地的创业环境，可以了解自身的创业方向，从而更好地制定创业策略，获得创业成功。以下是对创业环境进行评价的几点原则。

（一）全面性原则

影响创业环境的因素有很多，既有内部因素，也有外部因素；既有宏观因素，也有微观因素；既有社会因素，也有自然因素。这些因素涉及市场、行业、经济、环境、政治、社会等各方面，因此，在评价创业环境时要全面考虑、综合评价。

（二）科学性原则

创业环境评价的科学性体现在评价指标的科学性和评价方法的科学性上。对于评价而言，科学性表现在两个方面：第一，指标是在实证的基础上确定的；第二，在参考评价指标体系的基础上，结合当地实际情况确定评价结果。评价方法的科学性体现在对关键指标采取定性分析方法，并结合定量分析方法进行评价。

（三）重要性原则

在坚持全面性原则的基础上，我们对影响创业环境的指标进行分类，对影响创业机会的关键指标采用定性的方法，这也是创业环境评价的第一步；同时，考虑不同地区、不同省份、不同历史阶段的差异性，对创业环境指标体系进行调整，保留那些影响创业环境的关键要素，去掉对创业环境影响不大的因素。

三、大学生创业环境分析

当今世界，经济全球化、政治多极化、文化多元化、社会信息化等飞速发展，正在日益深刻地改变着人类的生产、生活方式。新的科学技术把人类带入了一个新的时代，即知识经济时代。知识经济时代不仅意味着知识成为发展经济的主要要素，而且意味着经济全球化和社会的各种变革。这些都为大学生创业带来了契机。改革开放以来，我国经济环境发生了翻天覆地的变化，创新创业环境得到极大改善。特别是在国家和政府的政策支持下，中国迎来了规模空前的创业热潮，“大众创业、万众创新”是培育和催生经济发展新动力的必然选择。

推进大众创业、万众创新，是发展的动力之源，也是富民之道、公平之计、强国之策，对于推动经济结构调整、打造发展新引擎、增强发展新动力、走创新驱动发展道路具有重要意义，是稳增长、扩就业、激发亿万群众智慧和创造力，促进社会纵向流动、公平正义的重大举措。

（一）大众创业、万众创新

1.“大众创业、万众创新”的时代背景

党中央、国务院高度重视大学生创新创业工作。习近平总书记指出，创新是社会进步的灵魂，创业是推动经济社会发展、改善民生的重要途径。青年学生富有想象力和创造力，是创新创业的有生力量，希望广大青年学生在创新创业中展示才华、服务社会。

为进一步支持大学生创新创业，2015 年 6 月，国务院印发了《关于大力推进大众创业万众创新若干政策措施的意见》（国发〔2015〕32 号），这是推进“大众创业、万众创新”的一个系统性、普惠性政策文件，是迎接“新时代”、推进“双创”工作的顶层设计。2015 年以来，教育部会同中央有关部门推动大学生创新创业，举办了七届中国“互联网＋”大学生创新创业大赛，累计吸引 603 万个团队的 2 533 万名大学生参赛，培养了一大批有理想、有本领、有担当的青春力量，成功孵化了一批高质量创新创业项目，以赛促创效果明显。

纵深推进大众创业万众创新是深入实施创新驱动发展战略的重要支撑，大学生是大众创业万众创新的生力军，支持大学生创新创业具有重要意义。近年来，越来越多的大学生投身创新创业实践，但也面临融资难、经验少、服务不到位等问题。为进一步促进创新创业的蓬勃发展，更大程度激发市场活力和社会创造力，2020

年 7 月，国务院办公厅印发《关于提升大众创业万众创新示范基地带动作用 进一步促改革稳就业强动能的实施意见》（国办发〔2020〕26 号），扫描右侧二维码可了解政策详情。为提升大学生创新创业能力、增强创新活力，进一步支持大学生创新创业，2021 年 10 月，国务院办公厅印发了《国务院办公厅关于进一步支持大学生创新创业的指导意见》（国办发〔2021〕35 号）。意见从提升大学生创新创业能力、优化大学生创新创业环境、加强大学生创新创业服务平台建设、推动落实大学生创新创业财税扶持政策、加强对大学生创新创业的金融政策支持、促进大学生创新创业成果转化、办好中国国际“互联网＋”大学生创新创业大赛、加强大学生创新创业信息服务 8 个方面、18 条政策措施给出了具体指导意见。

创业政策指引

2. 重要推动措施

《关于提升大众创业万众创新示范基地带动作用 进一步促改革稳就业强动能的实施意见》从创新体制机制，实现创业便利化；优化财税政策，强化创业扶持；搞活金融市场，实现便捷融资；扩大创业投资，支持创业起步成长；发展创业服务，构建创业生态；建设创业创新平台，增强支撑作用；激发创造活力，发展创新型创业；拓展城乡创业渠道，实现创业带动就业；加强统筹协调，完善协同机制等领域提出了 30 个方面、93 条具体政策措施，可概括如下。

（1）在“创新体制机制，实现创业便利化”方面，提出了完善公平竞争市场环境、深化商事制度改革、加强创业知识产权保护、健全创业人才培养与流动机制 4 个方面的措施。这些措施优化了创新创业市场环境，从破除制约创新创业的制度障碍入手，努力营造适应创新创业的体制机制，促进创业便利化。

（2）在“优化财税政策，强化创业扶持”方面，提出了加大财政资金支持和统筹力度、完善普惠性税收措施、发挥政府采购支持作用 3 个方面的措施，意在通过各级财政资金的支持、普惠性税收政策环境的鼓励和引导，强化创业政策扶持。

（3）在“搞活金融市场，实现便捷融资”方面，提出了优化资本市场、创新银行支持方式、丰富创业融资新模式 3 个方面的措施，以加快便捷融资的实现。

（4）在“扩大创业投资，支持创业起步成长”方面，提出了建立和完善创业投资引导机制、拓宽创业投资资金供给渠道、发展国有资本创业投资、实施创业投资“引进来”与“走出去”4 个方面的措施，助力创业起步与成长。

（5）在“发展创业服务，构建创业生态”方面，提出了加快发展创业孵化服务、大力发展第三方专业服务、发展“互联网＋”创业服务、研究探索创业券和创新券等公共服务新模式 4 个方面的措施，以提升创业服务能力。

（6）在“建设创业创新平台，增强支撑作用”方面，提出了通过打造创业创新公共平台、用好创业创新技术平台和发展创业创新区域平台 3 个方面的措施，为创业创新增强支撑和保障作用。

（7）在“激发创造活力，发展创新型创业”方面，提出了支持科研人员创业、支持大学生创业、支持境外人才来华创业 3 个方面的措施，支持高端人才创业。

(8)在“拓展城乡创业渠道，实现创业带动就业”方面，提出了支持电子商务向基层延伸、支持返乡创业集聚发展和完善基层创业支撑服务3个方面的措施，支持基层和返乡务工人员创业。

(9)在“加强统筹协调，完善协同机制”方面，提出了加强组织领导、加强政策协调联动、加强政策落实情况督查3个方面的措施，确保各项政策措施落地生根。

《国务院办公厅关于进一步支持大学生创新创业的指导意见》主要包括以下内容。

(1)提升大学生创新创业能力。一是将创新创业教育贯穿人才培养全过程。深化高校创新创业教育改革，健全课堂教学、自主学习、结合实践、指导帮扶、文化引领融为一体的高校创新创业教育体系，增强大学生的创新精神、创业意识和创新创业能力。二是提升教师创新创业教育教学能力。强化高校教师创新创业教育教学能力和素养培训，改革教学方法和考核方式，推动教师把国际学术前沿发展、最新研究成果和实践经验融入课堂教学。三是加强大学生创新创业培训。打造一批高校创新创业培训活动品牌，创新培训模式，面向大学生开展高质量、有针对性的创新创业培训，提升大学生的创新创业能力。

(2)优化大学生创新创业环境。一是降低大学生创新创业门槛。持续提升企业开办服务能力，为大学生创业提供高效便捷的登记服务。推动众创空间、孵化器、加速器、产业园全链条发展，鼓励各类孵化器面向大学生创新创业团队开放一定比例的免费孵化空间，并将开放情况纳入国家级科技企业孵化器考核评价，降低大学生创新创业团队入驻门槛。二是便利化服务大学生创新创业。完善科技创新资源开放共享平台，强化对大学生的技术创新服务。各地区、各高校和科研院所的实验室以及科研仪器、设施等科技创新资源可以面向大学生开放共享，提供低价、优质的专业服务，支持大学生创新创业。三是落实大学生创新创业保障政策。落实大学生创业帮扶政策，加大对创业失败大学生的扶持力度，按规定提供就业服务、就业援助和社会救助。

(3)加强大学生创新创业服务平台建设。一是建强高校创新创业实践平台。充分发挥大学科技园、大学生创业园、大学生创客空间等校内创新创业实践平台作用，面向在校大学生免费开放，开展专业化孵化服务。二是提升大众创业万众创新示范基地带动作用。加强双创示范基地建设，深入实施创业就业“校企行”专项行动，推动企业示范基地和高校示范基地结对共建、建立稳定合作关系。

(4)推动落实大学生创新创业财税扶持政策。一是继续加大对高校创新创业教育的支持力度。在现有基础上，加大教育部中央彩票公益金大学生创新创业教育发展资金支持力度。二是落实落细减税降费政策。高校毕业生在毕业年度内从事个体经营，符合规定条件的，在3年内按每年一定限额依次扣减其当年实际应缴纳的增值税、城市维护建设税、教育费附加、地方教育附加和个人所得税。

(5)加强对大学生创新创业的金融政策支持。一是落实普惠金融政策。鼓励金融机构按照市场化、商业可持续原则对大学生创业项目提供金融服务，解决大学生创业融资难题。二是引导社会资本支持大学生创新创业。充分发挥社会资本作用，以市场化机制促进社会资源与大学生创新创业需求更好对接，引导创新创业平台投资基金和社会资本参与大学生创业项目的早期投资与投智，助力大学生创新创业项目健康成长。

(6)促进大学生创新创业成果转化。一是完善成果转化机制。研究设立大学生创新创业成果转化服务机构，建立相关成果与行业产业对接的长效机制，促进大学生创新创业成果在有关行业企业推广应用。二是强化成果转化服务。推动地方、企业和大学生创新创业团队加强合作对接，拓宽成果转化渠道，为创新成果转化和创业项目落地提供帮助。

(7)办好中国国际“互联网＋”大学生创新创业大赛。一是完善大赛可持续发展机制。鼓励省级人民政府积极承办大赛，压实主办职责，进一步加强组织领导和综合协调，落实配套支持政策和条件保障。二是打造创新创业大赛品牌。强化大赛创新创业教育实践平台作用，鼓励各学段学生积极参赛。坚持以赛促教、以赛促学、以赛促创，丰富竞赛形式和内容。

(8)加强大学生创新创业信息服务。一是建立大学生创新创业信息服务平台。汇集创新创业帮扶政策、产业激励政策和全国创新创业教育优质资源，加强信息资源整合，做好国家和地方的政策发布、解读等工作。二是加强宣传引导。大力宣传加强高校创新创业教育、促进大学生创新创业的必要性、重要性。及时总结推广各地区、各高校的好经验好做法，选树大学生创新创业成功典型，丰富宣传形式，培育创客文化，营造敢为人先、宽容失败的环境，形成支持大学生创新创业的社会氛围。

3.“大众创业、万众创新”的意义

推进“大众创业、万众创新”是党中央和国务院在经济新常态下做出的重要战略部署，将其提升到中国经济转型和保增长的“双引擎”之一的高度，显示出政府对创业和创新的重视。“大众创业、万众创新”是推动中国经济结构调整、打造发展新引擎、增强发展新动力、走创新驱动发展道路的动力之源，是中国实现稳增长、保公平、促民生目标的根本所在。

“大众创业、万众创新”的提出为创新创业理论和实践研究开辟了崭新的天地，把创业创新与人、企业这几个关键要素紧密结合在一起，不仅要打造经济增长的引擎，而且要打造就业和社会发展的引擎：不仅要突出精英创业，更要突出草根创业、实用性创新。

大众创新创业能够提供满足多样化消费需求的产品与服务，培育新的经济增长点；新技术、新产品、新业态会催生出一大批中小企业；依靠技术创新、管理创新、生产组织模式创新等，可加快实现要素投入和生产环节的发展动力转换，提升企业质量效益和竞争力，是推动我国经济迈向中高端水平的新动力。

推进大众创新创业有利于打破“玻璃天花板”的体制性障碍，有利于拓展就业渠道，有利于促进社会资源和社会财富的自由分配，让有能力、想创业的人员充分释放活力，让社会底层群众和年轻人有更多发展的上升通道。大众创新创业既能培育更多市场主体，又能为社会提供就业岗位，促进社会和谐稳定。

大众创新创业有利于创新产业组织。互联网、开源技术平台等对大众创业者的普及，开放社交网络的发展，以及“众筹、众包、众创”的融资模式和生产方式的出现，促进了智力资源、产业资源、社会资本的自由流动，推动了产业资源优化配置，使传统大规模生产逐渐向柔性化、智能化、专业化、个性化的方向发展，去中心化的按需生产、规模定制的新业态和新商业模式不断涌现。

完善法治环境和加大简政放权，有利于政府不断加强自身建设，提高现代治理能力，增强执行力和公信力，扫除制约人民群众创新创造的政策制度障碍，促进人才红利释放与个人价值实现，促进社会公平、正义。

(二)大学生创业的优势和劣势

大学生创业既是新生事物，也是大势所趋，正迎来前所未有的大好时机。尽管我国大学生创业成功率不高，出现了不少问题，但是，从整体形势和趋势来看，我国大学生创业的优势还是很明显的。

1. 大学生创业的优势

(1)对于外部环境来说：

①国家鼓励大学生创业并给予各项政策支持。高校毕业生是我国宝贵的人力资源。从《国务院办公厅关于进一步支持大学生创新创业的指导意见》中可以看出，国家鼓励高校毕业生到城乡基层、到中西部地区和中小企业就业，鼓励自主创业，提供创业培训，并推出贷款优惠政策、税费减免政策、金融扶持政策等，切实为大学生创业提供各方面的支持。

宽松的政策环境给想要创业的大学生带来了积极的心理暗示。此外，《国务院办公厅关于深化高等学校创新创业教育改革的实施意见》也明确指出，要强化创新创业实践，促进实验教学平台共享，利用各种资源建设大学科技园、大学生创业园、创业孵化基地和小微企业创业基地。建好一批大学生校外创新创业实践基地，举办全国大学生创新创业大赛。

②民营企业地位上升。改革开放以来，民营经济得到了大力发展，已经成为社会主义市场经济的重要组成部分，在国民经济发展中发挥着越来越重要的作用。这给创业者带来了福音，也给二次创业者带来了机会。成功的民营企业虽然得到了较好的发展，有了一定的规模，但在市场竞争日益激烈的当下，企业管理落后等问题层出不穷，需要解决更多深层次的问题。对拥有丰富理论知识的大学生而言，二次创业具有一定的优势。

(2)对于大学生自身来说：

①大学生对未来充满希望。大学生有着年轻的血液、蓬勃的朝气以及初生牛犊不怕虎的精神，而这些都是一个创业者应该具备的素质。

②大学生具有学科专业优势。大学生在校期间学到了很多专业理论知识，有着较高层次的技术优势，很多大学生会选择高科技领域创业，用智力换取资本。一些风险投资者就是因为看中了大学生所掌握的先进技术才愿意对其进行投资的。除此之外，大学期间开设的课程大都有一定的内在关联性，大学生从中学到的是一种理念和思维方法，这对创业会有许多帮助。

③大学生有创新精神。高校给大学生提供了许多培养创新能力的平台，如大学生社团，学生在活动过程中能够锻炼沟通能力、组织能力和事务处理能力。此外，全国各高校还为广大大学生组织了各种创新创业比赛，培养大学生的创新创业意识。拥有创新精神的大学生往往对传统观念和传统行业有挑战的信心和欲望，这是大学生创业的动力源泉。

④大学生概念性技能强。随着市场经济的规范化、企业管理及决策的科学化，创业并不是头脑一热、毫无准备就能付诸行动的。创业者要拥有足够的知识，对规划分析、注册选择、品牌经营等流程有充分的了解。大学生在这些概念性很强的理论方面较社会上其他创业者来说，有着较强的优势。

⑤大学生具有团队组合优势。大学生创业团队大多为年轻人，且往往是团队组织者利用自己的关系网组建的，成员间彼此熟悉，因此比较容易互相融合，也更容易达成共同的意愿，有利于增强团队的凝聚力，减少部分风险。每个成员都有自身的优势，在团队中担任不同的角色，资源互补，协同共振，具有良好的互补性。

2. 大学生创业的劣势

大学生自主创业本身具有积极的意义，但也存在一定的问题。

(1)社会经验不足。大学生由于对创业没有充足的心理准备，常常盲目乐观，面对创业过程中的挫折和失败，会感到痛苦、茫然，甚至一蹶不振。他们心中的创业更多的是成功的例子，是理想主义的心态。看得到成功，也要看到失败，这才是真正的市场，这才是理智的创业者。

(2)缺乏管理经验。大学生虽然有知识方面的优势，但一部分人喜欢纸上谈兵，容易眼高手低、好高骛远，看不起蝇头小利。同时，大学生缺乏必要的实践能力和经营管理经验，他们不知道怎样制定公司战略，怎样提高管理效率，怎样进行市场推广。

(3)缺乏真正有前景的创业项目。大学生的许多创业点子禁不起市场的考验。他们对于市场的预测普遍过于乐观，许多人试图用一个自认为新奇的创业观点来吸引投资，但现在的投资人看重的是创业计划中真正的技术含量和市场盈利水平。对于这些，大学生创业者必须有一套细致周密的可行性论证与实施计划。

(4)市场观念淡薄。很多大学生创业项目往往只有一个点子或是几个人的突发奇想，但如何将这些想法转化为商业计划常常被忽略。大学生创业者乐于向投资人大谈自己的技术如何独特，却很少涉及这些技术的市场空间，忽略了产品本身的市场价值。

(5)综合素质不足。不少大学生创业项目拥有核心的技术、独特的创意，但在创业第一阶段企业正常运行后，随着业务量的增多、团队的扩大，可能会在人力资源和财务管理等方面出现问题，由于没有足够的应对经验，不少团队因此跌倒在创业的路上。因此，大学生创业者需进一步提高综合素质，提升组织领导能力、协调合作能力、沟通创造能力。

(三)大学生创业的注意事项

众所周知，大学生创业已屡见不鲜，但创业成功率普遍偏低，那么对于这样一个特殊的群体，在创业的过程中有哪些注意事项呢？

1. 多学多问，虚心请教

学习能力是成功人士必备的素质。尤其对于缺乏社会经验的大学生创业群体，学习不可放下，而且应该是多方面并且有实效的。做事不能一意孤行，要向他人多多请教，可以是成功的创业前辈，也可以是你的目标消费者，他们也是你的创业导师。

2. 耐住性子，不可冲动

冲动是很多年轻人的共性，而作为创业者，应该耐住性子，行事不能冲动。要多思多虑，年轻人创业本身就是有风险的事，所以经营过程中更应该深思熟虑，做有把握的事。

3. 勇于承担，负责到底

一个成功的领导者必不可少的品质就是勇于承担，不论成功与否，都不能一味责怪别人或怨天尤人，要多从自己身上找原因。

4. 要认识并接受人的本性

大学生沉浸在校园简单的人际交往中，步入社会后经验不足，所以在前期人际交往中一旦受挫，情绪和思想波动会很大。大学生创业群体一定要认清社会，学会正确接受人的本性。

5. 要有大局意识，不能只顾眼前

“做长久之事，行事须看到五步之外，所谓深谋远虑也。”大学生在创业的过程中不能只看一时得失，行事考量等都须往长远看。

6. 向竞争者学习

竞争者虽然会在短期内给创业者造成压力，但无论成功或失败的竞争者的创业故事都可以成为创业者的现成教材，而且两者之间通常具有一定的相似性，通过对比可以让创业者更加清楚地看到自身经营的优劣势。

7. 做事前要仔细分析，审慎思考

投资是一项需要勇气、智慧和社会经验的事业，而社会经验是大学生的“硬伤”，所以要多向前辈请教，借鉴前辈的经验，让自己少走弯路。在自己的思维范围内，做事前一定要充分思考，拿出切实可行的决策依据。

8. 合理规划资金，不任意挥霍

部分大学生习惯了衣来伸手、饭来张口的生活，对花销往往没有概念，而创业通常需要投入大量的资金，尤其是在初创阶段，所以一定要做好资金规划，力争“把钱花在刀刃上”。

9. 要有从屡次挫败中爬起的勇气

大学生创业的成功率低和其自身的局限以及性格特征有密切关系。虽然创业失败的可能性很大，但是面临失败时，不能灰心丧气，依然要保持热情，就算创业不成功，也可转向求职，在工作中磨炼自我，争取重回创业的舞台，成就一番事业。

案例 4-2

淄博爆火：淄博市政府到底做了什么？

2023 年 3 月以来，在短视频流量助推下，山东淄博晋身“顶流”网红城市，“组团到淄博吃烧烤”频登微博热搜榜、抖音同城榜，淄博烧烤一时成为城市美食新 IP，吸引各地食客前来打卡。

烧烤之外，淄博走红近两个月的时间里，政府的一系列政策“组合拳”持续引发关注，网民纷纷表示“这操作太圈粉了”“看得目瞪口呆”，淄博市的“顺势而上、主动作为”成为不亚于特色烧烤的另一道城市风景，引发舆论聚焦。

淄博市政府到底做了什么？自 2 月末 3 月初流量骤增，淄博市相关部门持续推出的各类举措频频引发舆论关注，部分举措一度登上微博热搜。

其一，规范市场秩序，优化公共服务，于细微处提升消费体验。

针对消费隐患，全市市场监管部门开展食品快检进“烧烤网红店”活动，督导烧烤门店诚信经营、明码标价。针对往返交通，随着高铁来淄人数创出新高，国铁济南局加开了济南西至淄博的周末往返“烧烤专列”。针对游客住宿，淄博市 38 处青年驿站全部向青年学生开放。针对治安与消防，公安人员强化对重点场所的巡逻防控、防范宣传和交通疏导；消防部门加大消防安全监管抽查力度，为烧烤场所、宾馆等提供消防安全管理、火灾隐患整改等技术指导和咨询服务。针对城市配套和管理细节，改造道路，新建烧烤城，增设休息座椅、垃圾桶、停车场等。针对游客需求，上线了“智慧淄博烧烤服务”小程序，内含出行地图、文旅专线信息、烧烤店指南、住宿指南和景区等一系列旅游服务信息，还有“码上说马上办”入口，游客遇到问题可以点击填写相关诉求。

其二，做强烧烤经济，推广文旅品牌，全方位打造城市名片。

3 月 10 日，爆火没多久，淄博市政府就组织召开了新闻发布会，推出了一系列政策，包括设立淄博烧烤名店“金炉奖”、成立烧烤协会、发布淄博烧烤团体标准等，意在引领行业高质量发展。同时宣布举办淄博烧烤节，拟定 3—11 月为“淄博烧烤季”；发放 25 万元烧烤消费券，打造“淄博烧烤＋”特色文旅主题产品，设计推出一日游、两日游线路，实施景区门票减免优惠政策，举办景区“免费开放日”活动。淄博文旅局工作人员表示，仅 3 月，淄博便接待游客 480 多万人次，同比增长 134%，旅游收入增长 60%。

其三，促进就业创业，吸引青年人才，着眼民生与城市升级。

烧烤经济促进了就业和创业。当地政务大厅开设“烧烤办证专属窗口”，烧烤销售类食品经营许可可通过专窗加速办理。淄博市公共就业和人才服务中心专门开展烧烤行业招聘活动以缓解缺工压力。当地人力资源和社会保障局频频推介个人创业扶持政策、大学生就业体验日等。淄博市 2023 年政府工作报告提出，聚力实施创新驱动发展战略，加强人才引进培育，推进“五年二十万名大学生来淄创新创业计划”。

其四，研判流量动态，动员市民喊话游客，沟通传递真诚与善意。

政府的努力激活了市民热情。商家充满自豪地拿出“最好的状态”，一方面是为了生意，另一方面也是为了城市的荣誉。4 月 19 日，淄博市精神文明建设委员会办公室发布《致全市人民的一封信》，喊话“最美淄博人”，表示“最是一城好风景，半缘烟火半缘君”，倡议让利于客、让路于客、让景于客。

（资料来源：《金台论策：淄博爆火的四点启示与三点提示》，人民网研究院，2023-04-28）

第三节　创业动机

每个人都有可能成为创业者，但是对于大多数人来说，只有在创业外部环境的刺激和内部动力结合起来时才会真正采取创业行动。个体必须具备价值创造性、创业主动性及自身想法的独特性，才能真正算得上是一个创业者。不同创业者的创业动机各不相同，因此所产生的创业行为与创业结果也会有很大的差异。

一、创业动机的概念

创业行为作为一种具有主动性、创造性的社会行动，是由创业动机所推动的。德国社会学家韦伯（Weber）在《经济与社会》一书中明确指出社会行动必须具备两个条件：一是行动者个人赋予其行动以意义，即行动者个人采取行动的动机；二是行动者所采取的行动包含以他人的行为为目标，即行动者主观意识到与他人的联系。可见，动机是直接推动个体活动以达到一定目的的内部动力。

要分析成功创业者的创业行为，就必须分析他们的创业动机。人的动机是由需要激发的。当需要得不到满足时，人们会呈现出焦虑的状态，由此产生动机，指导自身行动以达到一定目的来满足需要。

创业知识链接

1943 年，马斯洛提出需求层次理论，将人的需求从低到高分为五个层次，扫描右侧二维码可了解该理论详情。对于创业者而言，某方面的需要激发了其创业动机，而创业动机的形成引发了创业行为。熊彼特对创业者的创业动机在精神层面进行了剖析，将创业动机归结为“建设私人王国，对胜利的热情，创造的喜悦”。具体来说，创业动机主要包括以下几个方面。

（一）充分发挥才干

许多“上班族”之所以感到厌倦，对工作的积极性不高，其重要原因之一就是觉得自己是在为别人打工，个人的创意、想法往往得不到肯定，才能无法充分发挥，愿望得不到实现，缺乏成就感，行事有诸多约束。而创业则可以使“上班族”完全摆脱原有的种种烦恼，摆脱在行为上受制于人的局面，充分施展自己的才华，发挥最大潜能，使自己的人生价值得到更好的体现。

(二)积累财富

工薪阶层的收入有高有低，但都是有限的，没有大的提升空间，而摆脱个人收入不高的烦恼的最佳途径就是开创一份完全属于自己的事业。根据美国权威财经杂志《福布斯》公布的2020全球亿万富豪榜，全球共有2 095位亿万富豪上榜，其中大约70%的人是第一代创业者。在中国富豪榜中，以创业起家的人也不在少数。

(三)回馈社会，获得成就感

创业者创办的企业一方面为社会提供了产品或服务，另一方面也为个人和社会创造了财富。企业应融入社会再生产的大循环之中，从多个环节为国家和社会做出贡献，而从这种贡献中创业者能够收获巨大的成就感。

(四)创业使个人能够从事自己喜欢的事业并从中获得乐趣

创业者在选择创业项目时，通常都会从个人感兴趣的领域入手，将其与自己的知识技能、专业特长等结合起来。从另一个角度讲，创业者从事自己喜欢的事业，可以使创业成为一种乐趣。

(五)创业可以使个人从挑战和风险中得到别样的享受

创业的过程充满挑战和风险，同时也充满克服种种挑战的无穷乐趣。创业者可以通过克服创业过程中的重重困难来丰富自己的人生体验，获得精神上的享受。

总之，创业是实现人生理想和价值、获得自身全面发展的有效途径，而创业动机有效地推动了创业行为的进行。

二、创业动机的分类

创业动机主要分为生存型动机、机会型动机和混合型动机。

(一)生存型动机

生存型动机是指因追求财务绩效和个人财富的增加而产生的创业动机，创业者关注的是如何用最小的成本获取最大的利润。这一类创业者在企业的经营上相对保守，并倾向于规避风险，注重良好的经营环境保障，通常把“金钱”和“利润”作为首先考虑的问题。

生存型动机的创业者最初并不倾向于创业，而是倾向于就业，其初始的希望是找到满意的工作来实现自己的理想，而不是谋求独立、自主创业。由于就业不如意，他们才被迫由寻找满意的工作转向创业。生存型动机的创业者往往缺乏创业的信心，对创业的成功把握不大。

(二)机会型动机

机会型动机是以实现个人理想、体现个人价值为目的的创业动机。这类创业者总能抓住市场机会进行创业。他们的思想开放，自我意识更强，创业动机不再仅仅是填饱肚子，而是将创业作为自己的理想和追求。在决定创业之前，他们已经做好了独立自主、自主创业的准备。

机会型创业者更倾向于利用市场机会，对创业充满信心，主动将创业作为最佳的职业选择。他们积极进取，努力树立良好的企业形象，以获得社会的认可；与政府保持良好的合作关系，对政策和信息高度重视，优惠政策对于他们来说就是最有价值的机会。

(三)混合型动机

混合型动机是由生存型动机和机会型动机交织形成的。个体的动机是复杂的，往往是由多种基本需要共同决定，而不是由单一的需要决定的，因此混合型动机更具普遍性。现实中的大学生，其需要是多样的，既有生存的需要，又有发展的需要，这构成了大学生创业的混合型动机。

三、创业动机的驱动因素

创业者选择创业的动机受到诸多因素的影响，如成就需要、个人性格、冒险意识、政策法规、创业能力、创业教育等。这些因素可以分为直接驱动因素和间接驱动因素两大类。

(一)直接驱动因素

产生创业动机的直接驱动因素主要是指创业者内心对创业的内在需求，它直接影响着创业动机的形成。这种对创业的内在驱动力与不同个体的性格特征及价值观念有着密切的联系。直接驱动因素包括自我实现的需要、成就的需要和履行社会责任的需要。

1. 自我实现的需要

大学生有着强烈的自我控制和独立自主的渴望，已逐步树立起自己的人生追求，有很多的梦想和计划，总希望寻找机会去实现。大学生对创业有着浓厚的兴趣，愿意冒险，希望通过创业的方式实现自己的理想、发挥自己的才能、体现自己的价值。在这种自我实现的期望的驱动下，大学生认为自己有能力创业，从而产生创业的动机。

2. 成就的需要

创业成功会带给创业者掌握控命运的成就感、强烈的幸福感和愉悦感，会让创业者觉得创业的过程是有价值的。

创业成就的需要影响着创业者的创业动机、行为方式和管理模式，能够激励创业者在创业实践中发挥最大的潜能，积极应对创业过程中的困难。成就需要强烈的人对工作和学习都非常积极主动，能够约束自己的行为，充分把握时间，效率非常高，容易取得优异的绩效和较高的社会价值。大学生的成就需要一旦被激发，就会产生为实现目标而克服困难、执着追求的高度热情和强劲动力，从而激发他们对成功和成就的追求动机，并为此积极地努力。因此，成就需要是产生创业动机的必备条件，它能够激励人们积极向上、勇往直前。

3. 履行社会责任的需要

大学生作为社会公民，有履行社会责任的义务。大学生属于高级知识分子，受过多年的正规教育，肩负着社会寄予的厚望，应当为社会做出应有的贡献。有的大学生懂得承担社会责任，认识到创业不只是为了赚钱，更要为社会多做贡献。此外，履行企业的社会责任，践行个人价值观，以实现企业经济、社会综合价值最大化为目标，用爱心关怀需要帮助的弱者，在服务社会、助人为乐中履行社会责任，能够体现个人的自我价值。因此，履行社会责任是一种高层次的创业动机驱动因素。

社会责任远非一项成本，它是企业孕育机会、竞争和成长的源泉与动力。履行社会责任是推动企业高速、健康、持续发展的重要因素。

(二)间接驱动因素

产生创业动机的间接驱动因素主要是推动创业者实施创业的外在环境因素，包括创业政策、实例激励、就业压力和职业现状等。

1. 创业政策

政府对大学生创业的鼓励和扶持政策能够对大学生的创业意愿产生积极的影响。我国教育部、各地方政府、各高校自1998年起开始大力倡导大学生创业，陆续出台了许多支持政策。现在的大学生创业者获得政府帮助的机会大大增加，因此越来越多的大学生愿意选择创业。

2. 实例激励

创业成功的典型实例能够从外部间接地激发大学生的创业动机。创业成功的实例会给大学生提供创业的良好示范，能够激励大学生像他们一样成就自己的一番事业。

3. 就业压力

当前，大学生就业形势逐年严峻，随着大量的大学毕业生涌向人才市场，必然有一些人暂时找不到工作或短时间内找不到合适的工作。在这种就业困难的情况下，有些大学生便会改变就业观念，选择自主创业。

4. 职业现状

对职业现状的不满也会促使从业人员选择自主创业。一些自我意识很强的毕业生，初到单位会因制度的约束无法按照自己的想法做事而选择自主创业，使自己获得一个发挥能力的空间，实现自我价值，得到社会的认可。

值得注意的是，创业者在自我内在需要的能动作用下，会将其与外在影响因素结合起来，对创业的可能性做出分析，形成切实可行的目标，进而产生创业的动机。现代动机形成理论认为，只有个体将内在动力与外在诱因有机结合，动机才能形成和维持。大学生创业动机的形成往往是内在需要(如自我实现的需要、成就需要等)和外在诱因(如创业政策、实例激励等)有机结合的结果。

【拓展阅读】

扫码阅读

“95后”牛牛的创业之路

【思考与训练】

1. 创业成功案例分享

分组调查大学生创业成功的案例，从创业要素、创业过程、创业环境等方面讨论分析其创业成功的关键因素并进行分享。

2. 创业计划头脑风暴

通过分组讨论，以头脑风暴的形式提出一个简单的创业计划，并就创业动机、创业环境的优势与劣势、创业过程等方面在全班进行分享交流。

第五章
创业者与创业团队

【知识结构】

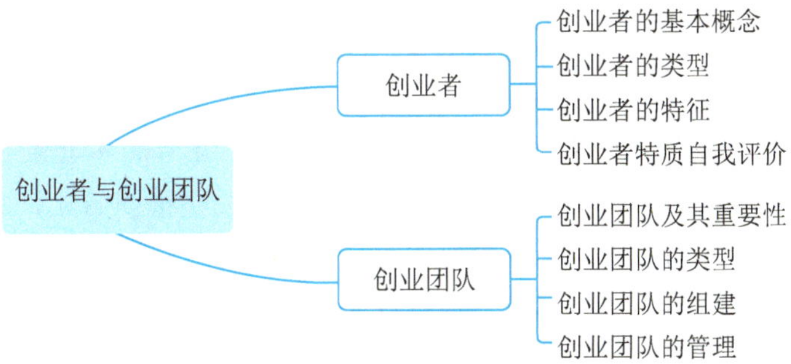

【学习目标】

* 了解创业者的含义，熟悉创业者的特征。
* 了解创业者应具备的素质和能力。
* 熟知组建创业团队的基本要素。
* 熟悉创业团队的组建类型，掌握创业团队的组建过程。
* 掌握创业团队管理的策略与技巧。

创业者是创业活动的推动者，其能力和素质在一定程度上决定了企业的发展空间。创业团队则是整个企业的栋梁，团队的好坏决定了企业的兴衰成败，没有绝对优秀的个人，只有绝对优秀的团队。创业、创业者、创业团队三者互相联系、相互作用，是实现创业目标的重要组成部分。

习语研读

广大青年一定要勇于创新创造。创新是民族进步的灵魂，是一个国家兴旺发达的不竭源泉，也是中华民族最深沉的民族禀赋，正所谓“苟日新，日日新，又日新”。生活从不眷顾因循守旧、满足现状者，从不等待不思进取、坐享其成者，而是将更多机遇留给善于和勇于创新的人们。青年是社会上最富活力、最具创造性的群体，理应走在创新创造前列。

——2013 年 5 月 4 日，习近平在同各界优秀青年代表座谈时的讲话

第一节 创业者

一、创业者的基本概念

(一)创业者的含义

创业者，顾名思义，就是发起创业活动的人，是创新创业活动的推动者，或者是活跃在企业创立和初创企业成长阶段的企业经营者。只要具备创业素质、创业动机和创业能力，人人皆可成为创业者，但创业者并不等于企业家，因为多数创业者并不完全具备企业家必备的个人品格。创业者只有不断完善个人素质，带领企业获得商业上的成功，才有可能逐步转变为真正的企业家。

在欧美学术界和企业界，创业者被定义为组织、管理一门生意或一家企业并承担其风险的人。创业者的英文单词是“entrepreneur”，其有两个基本含义：一是指企业家，即在现有企业中负责经营和决策的领导人；二是指创始人，通常理解为即将创办新企业或者是刚刚创办了新企业的领导人。

政治经济学家熊彼特和管理学大师德鲁克认为，创业者必须具备创新精神。熊彼特认为，创业者必须以与现在不同的方式运用现有的生产方法，实现新的生产要素分配结合方式；德鲁克认为，只有通过运用管理观念和技术，创立全新的市场氛围和新消费者群体，才能体现创业者的创业精神。

从中外学者对创业者的定义可以看出，他们强调的是创业精神、素质和创业行为，以及活动、能力及执行力。但是，创业并不是造神，创业者只是充分挖掘自身的潜在素质，不断突破自我，在正确的时间做正确的事情，并将它坚持下去。

(二)创业者与管理者的区别

管理者和创业者的区别是什么？管理者的行为是推理式的，更多取决于客观的分析与研究，而创业者所从事的活动更多的是一种创造性行为，多少有些武断和冒险的选择，因此人们形成了共识：专业化管理和企业家精神分别是管理者和创业者的关键特征。

美国的调查研究发现：教育对创业者的显著性没有教育对管理者显著。创业者平均受教育年限为 13.57 年，而管理者为 15.74 年。对于创业者来讲，先天的素质是第一位的，后天的知识是第二位的；但是对于管理者来讲，后天的知识才是第一位的。由于对财富的追逐、对现状的不满、缺乏获得想要工作的机会，有的是自我实现的需要、有的是生存的需要，创业者会选择创建自己的企业，管理者由于受教育程度更高而容易获得令他们满意的工作。

创业是一个多维度的复杂过程，创业者则是这一过程的发起者、执行者和参与者。尤其是在初创企业中，创业者既是企业创始人、所有者，又是管理者，在企业中承担多种角色。因此，创业者和管理者有着密切联系，很难将两者分离。德鲁克曾指出，管理和创业是一体两面：企业缺乏懂管理的创业者，不能存活很久；企业没有善于创新的管理者，同样不会存活很久；一个企业如果将管理和创新对立起来，则必然会被淘汰。扫描右侧二维码可以了解创业者必须具备的创业精神。

创业知识链接

二、创业者的类型

(一)根据创业的背景和动机分类

根据创业的背景和动机分类，可以将创业者分为生产型创业者、管理型创业者、市场型创业者、科技型创业者、金融型创业者五种类型。

1. 生产型创业者

生产型创业者是指通过创办企业推出产品的创业者，以生产技术为主体，通常产品科技含量较高。

2. 管理型创业者

管理型创业者是指那些综合能力较强的创业者，他们对专业知识十分精通，而且对企业管理、运作、市场、财务等十分熟悉，能够通过各种有效的企业管理手段带动企业前进。

3. 市场型创业者

市场型创业者的一个重要特点是注重市场，善于把握市场机会。在中国从计划经济向市场经济转轨的过程中，涌现出大批的市场型创业者。海尔集团总裁张瑞敏就有一句名言："三只眼睛看世界。"意思就是计划经济时期的企业只要一只眼，即盯住政府就可以了；市场经济条件下的企业则需要有两只眼，一只眼盯住市场，另一只眼盯住员工；转型期的企业则需要具备第三只眼，也就是说，除盯住市场和员工之外，还要盯住政府出台的政策。

4. 科技型创业者

科技型创业者多与高校和科研机构相关联，以高科技为依托创办企业。20 世纪 80 年代之后，为了鼓励科技成果转化为生产力，中国推出了一系列鼓励高校和科研机构创办企业的措施。许多知名科技企业的前身就是原来的校办企业和科研机构创办的，如北大方正、清华同方及联想集团等。

5. 金融型创业者

金融型创业者利用金融工具和资源进行创业，他们向企业提供的不仅仅是资金，更重要的是专业特长和管理经验。金融型创业者不仅参与企业的经营方针和规划的制定，还参与企业的营销战略制定、资本运营及人力资源管理。

(二)根据创业的角色及其发挥的作用分类

根据创业的角色及其发挥的作用分类，可以将创业者分为独立创业者、团队创业者等。

1. 独立创业者

独立创业者是指自己出资、自己管理的创业者。其创业动机和实践受很多因素影响，如发现很好的商业机会，对目前的工作缺乏兴趣，受他人创业成功的影响等。独立创业充满挑战和机遇，可以自由发挥创业者的想象力、创造力，充分发挥主观能动性、聪明才智和创新能力；可以主宰自己的工作和生活，按照个人意愿追求自身价值，实现创业的理想和抱负。

但是，大学生独立创业的难度和风险较大，如缺乏管理经验，缺少资金、技术资源、社会资源、客户资源等，生存压力较大。

2. 团队创业者

相对于独立创业而言，团队创业是指由一群才能互补、责任共担、愿为共同的创业目标奋斗的人组成的团队进行的创业活动。团队创业者包括主导创业者与跟随创业者。在一个创业团队中，带领大家创业的人就是团队的领导者，即主导创业者，其他成员就是跟随创业者，也叫参与创业者。

美国一项针对104家高科技企业的研究报告指出，在年销售额超过500万美元的企业中，有83.3%是以团队形式建立的。

由于知识互补、资源共享，团队创业的后期成长空间比个人创业更宽广。但是，团队创业也存在思想意识难以统一、发展过程中存在分歧以致难以为继的现象，因此，创业模式主要依据创业目标的类型来选择。创业是一个包含众多人的组织形成过程，在这个过程中需要多元个体合作完成复杂的创业任务，共同实现目标。

案例 5-1

青年企业家演绎“奋斗的青春最美丽”

多年的创业拼搏让他品尝到了同龄人无法体会的酸甜苦辣，求学和创业路上那些师者的谆谆教诲和走过的奋斗路程，都让他倍感珍惜与感恩。

他是小王，男，汉族，中共党员，在校期间曾任团总支组织委员，荣获省级优秀学生干部称号。2010年本科毕业后就职于某软件（中国）有限公司*省公司，2015年创立一家科技发展有限公司，现任该公司总经理，*省青年企业家协会理事，*省信息产业协会常务理事、党支部书记。

难忘大学时光，求真力行

2006年9月，小王怀揣着青春梦想走进了大学校园。从进入大学起，他坚持“今日事今日毕”的态度，认真钻研各门基础课和专业课的学习与实践，积极加入班级、学院学生工作干部队伍，积极参加校园文化活动，表现突出，多次荣获学院和学校的表彰奖励。作为共产党员的他，始终坚持“全心全意为人民服务”的宗旨，认真完成班级和学院的各项工作，跻身于服务老师、同学的第一线。丰富的大学经历，让他从恩师和同学处学到了求真务实、不畏艰难、积极努力、协作向上的精神。

在整个大学生涯中，小王给师生留下的最深刻印象是他的阳光、自信、热情、务实。从大一入学开始，他先后担任班团支部书记、学生会部长、团总支组织委员等，积极发挥专业特长和文艺特长，多次参加科技文化活动，多次组织并主持全院大型文艺晚会，数次参与“三下乡”志愿服务、探访敬老院孤寡老人等活动。2009年，他组队“梦想4＋1”参加了营销创意大赛并荣获省级高校决赛季军，获得800元的创业种子基金。正是这样的历练，为他后续的创业建立了自信，打下了企业管理运营的初步基础。

父母在不远游，就业家乡

毕业后留在哪里发展是大学毕业生面临的重大选择，居住的城市可能就决定着未来发展的空间，小王也深知这个道理。但是父母年事已高，强烈的责任感促使他做出了回到老家就业的选择。他选择了家乡这片距离适中且有发展空间的热土作为奋斗的起点。在就业的选择上，结合所学专业，他敏锐地看到了软件行业的广阔前景。毕业之时他拿着简历积极面试，一路过关斩将进入了一家国内知名的软件公司。在这家企业工作的5年中，小王凭着勤奋好学的精神和踏实肯干的工作作风，塑造了专业的职业形象，提升了职业能力，为后来的创业打下了坚实的基础。

从技术岗位到营销岗位，每一次转型，小王都是同事中的佼佼者，是大家公认的业务多面手。虽然在工作中取得了不错的成绩，但是随着对软件行业不断深入的探索，他发现了一个严峻的问题，某些软件在应用深度上还是与经济发达地区有着不小的差距，由于企业管理水平和软件实施顾问的能力问题，不能将其作用最大化地发挥出来，不能最大限度地助力当地企业的发展。这种危机意识让他萌生了创业的念头。打造一个管理咨询与软件应用并重的公司，帮助更多的企业实现管理提升，成为他创业的根本动力。

筚路蓝缕数载，艰苦创业

俗话说：万事开头难。2015年，他创建了一家以自己名字命名的科技公司。创业的第一件事情就是招聘员工，软件行业的人才筛选门槛很高，对应聘者的知识储备和行业经验有一定的要求。出于对创业初心的坚持，他在选择员工这件事上极其苛刻，而且对业务精益求精，坚持要把最优秀的人才打磨出的最卓越的方案传递给企业。为此他熬夜写PPT，独自同时并行三个异地交付项目，陪着程序员探讨客户需求。在创业初期，行业内领先的高薪资催生了公司运营的高成本，加上客户对刚刚成立的科技公司还没有建立起信任，公司的运转一度很艰难，有一年甚至靠刷信用卡来给员工发工资。

尽管坚持的过程很痛苦，但是他始终不忘初心，从未放弃努力。创业的第三年，公司研发了以小王名字命名的软件产品。随着公司强大的技术团队成功打造一个又一个样板客户，越来越多的当地企业选择相信他的软件产品，愿意同公司一起来优化管理流程，增强管理内控。截至2019年年底，公司作为某软件省属地区最高级别营销合作伙伴、省属地区唯一实施外包合作伙伴，已成功为当地超过2 000家客户实施了信息化系统，并提供了相关服务，实现年营业收入700余万元，为地方经济发展做出了贡献。

惟进取也故日新，砥砺前行

企业要发展，要壮大，就要具备核心竞争力，没有核心竞争力作保证，企业就没有希望。为了保持整个咨询和软件落地团队的先进性，公司全面推行先进的“阿米巴”管理制度，划小组织精细化经营，同时制定了严格的考核制度和方案迭代制度，在实际业务中不断学习进步，在商业模式的不断优化中谋求发展。小王不放弃任何一个学习和培训的机会，参加了哈尔滨工业大学科技型企业家 EMBA 培训班并顺利毕业，获得了全国工业和信息化领域急需紧缺人才培养工程证书。

为了弥补大平台产品无法满足客户个性化需求的问题，小王下大决心、花大力气打造了一支既懂业务又懂技术的专业研发队伍，消除了整个软件落地过程中的短板，形成了业务闭环。在开发能力模型逐步成熟的同时，技术创新也带来了丰厚的回报，更为公司赢得了国有企业、民营企业等各类市场主体的青睐。作为企业发展的带头人，小王把科技创新作为一种新的动力推动着公司的发展壮大，力争打造一个独立、创新、持续、卓越的信息化服务品牌，为助力地区企业成功实现数字化转型而不懈努力。

奋斗的青春最美丽，追梦不止

奋斗精神是中华民族最深沉的民族禀赋，唯有奋斗才能生生不息。经过多年的努力，虽然公司有了一点基础和知名度，但是小王仍不敢有一丝懈怠。他把有限的资金用到了团队的提升上，用到了需要帮助的人身上。小王是当地市级“十方缘公益组织”的一员，多次跟随义工团队为老人送去爱心和关怀，为贫困家庭捐款捐物。疫情防控期间，他第一时间到社区当起志愿者，通过省青企协、区政府等渠道捐赠防疫物资，用行动传递他的爱心和社会责任感。

习近平总书记指出，青年是社会上最富活力、最具创造性的群体，理应走在创新创造前列。要勇于创业、敢闯敢干，努力在改革开放中闯新路、创新业，不断开辟事业发展新天地。中华民族伟大复兴终将在广大青年的接力奋斗中变为现实。“创业有起点，事业无终点”，作为非公企业协会党支部书记，小王深知，只有不忘初心、牢记使命，依法经营，照章纳税，履行应承担的社会义务，才能为社会经济发展做出更大贡献；只有不断拼搏努力，才能成就精彩的人生；创业很艰苦，但付出很值得，奋斗的青春才是无悔的青春！

（资料来源：校友故事）

三、创业者的特征

创业者是创业活动的核心和创业成功的关键因素，因此对创业者所具备的素质特征和能力特征进行研究，探索什么样的人适合做创业者是很有必要的。尽管每位成功的创业者走过的道路、所从事的行业及所做的项目都不同，所创建的企业规模也有差异，但我们也能够从他们身上发现许多相同的特征。

（一）心理素质

概括起来，作为创业者，他的自我意识特征应该是自信、自主；他的情感特征应该是理性、执着；他的性格特征应该是坚强、果断、勇敢。成功的创业者大多胸中丘壑万千，不以物喜，不以己悲，为了实现理想，不为一点成绩而沾沾自喜、忘乎所以，也不会因为任何困难而萎靡不振、裹足不前。具体而言，创业者必备的心理素质主要表现为以下几点。

1. 热爱所从事的行业

苹果公司创始人史蒂夫·乔布斯在回忆自己的成功之路时有过这样一段阐述——“很多人问：‘我想开一家公司，我该做什么?’对我提出的第一个问题：‘你所热爱的是什么？你开的公司想要做什么?’他们大都笑道：‘不知道。’我给他们的建议是：‘去找份工作让自己忙碌起来，直到你找到答案为止。你必须对你自己的想法充满热情，强烈感受到愿意为它冒险的心情，如果你只想拥有一家小公司的话，那就算了吧。’”

俗语有“女怕嫁错郎，男怕入错行”的说法，由此可以推及，如果创业者对自己选择的事业缺乏足够的兴趣，而仅仅是为创业而创业，那么其中的痛苦当然不言而喻。兴趣和爱好是从事一项事业的基础，对于创业者来说，只有对自己的事业具有浓厚的兴趣，才能在创业的过程中保持长久的工作热情和创业激情，才会树立起不达目标永不放弃的坚强决心和克服困难一往无前的无畏勇气，而这些，往往是创业成功的先决条件。

2. 与众不同的创新精神

习近平总书记强调，实施创新驱动发展战略决定着中华民族的前途命运。对于企业而言，创新是企业发展的灵魂，是企业兴旺的不竭动力。

当被问道是什么使微软从一家小公司一跃而起时，比尔·盖茨的解释是：“我们拥有当时巨人没想到的点子，我们总是在思考，曾经遗漏过什么可以使我们保持胜利的东西？如何才能成为一个成功的创业者?”

创业是一项创新活动，在创业过程中存在很多未知的、不可预料的不确定性因素，虽然有成功的经验可以借鉴，也有失败的教训能够吸取，但戴尔公司创始人迈克尔·戴尔告诉我们：“创业没有准则。”创业没有放之四海而皆准的黄金准则，更不存在可简单复制的成功模板。每个成功的创业故事都是独特的环境、时机与人格交织而成的偶然。创业者必须认识到：在瞬息万变的商业丛林中，唯有创新精神才是永恒的路标——它要求创业者以破局思维重构行业逻辑，用差异化价值打破同质化竞争。

3. 敢于冒险的精神与搏击风浪的勇气

英国作家乔治·艾略特曾说过：“世上没有一个伟大的业绩是由事事都求稳操胜券的犹豫不决者创造的。”

创业是最需要强大心理承受能力的一项活动。古语有“破釜沉舟”“背水一战”的典故，《孙子兵法》有“投之亡地然后存，陷之死地然后生”的策略。因为很多时候机遇总是与风险并存的。无限风光在险峰，险峰之上，自有一番“会当凌绝顶，一览众山小”的壮志豪情。

4. 切合实际的理性精神

创业需要冒险精神，但冒险不等于冒进，更不等于蛮干，创业也需要理性，需要对市场进行冷静观察和深入分析，对形势有清醒全面的认识。大学生创业充满了未知和变数，所谓创业理性，最基本的要求是准确地进行自我了解、自我定位及合理预期。一个期待创业的大学生必须还原自己，而不是拔高或贬损自己，必须清醒地知道自己是否有强烈的挑战精神，是否有足够的应变能力、动手能力、耐受能力，是否意志坚定、做事果断，以及是否具备必要的亲和力和领导能力。除此之外，还要有对于创业点、创业途径、创业方式的准确选择和对于创业前景的科学预测。

不少大学生具有创业的激情，但仅有激情是远远不够的，创业是一项复杂而艰苦的工程。在这个过程中，创业者事先要有充分的准备，在观察分析的基础上得出一个清晰的创业思路，选择一种可行的创业模式和一个合适的创业项目，踏踏实实做事，认认真真工作，才更有可能取得成功。如果仅凭一时激情，好高骛远，不切实际，那么最终只能以失败告终。

5. 坚定的毅力和百折不回的执着信念

李嘉诚曾说过一段成功感言："成功实际上是相对的。创业的过程，实际上就是恒心和毅力坚持不懈的发展过程，其中并没有什么秘密，但要真正做到中国古老的格言所说的勤和俭也不太容易。而且，从创业之初开始，还要不断地学习，把握时间。我自己从创业开始到 1963 年这一二十年来，平均每天工作 16 小时，而且每星期至少有一天是通宵达旦的。"

可见，创业也是一项极端艰苦的活动，不要期望得到命运的垂青而一帆风顺、马到成功。我们往往看到的是成功创业者的无限风光，而看不到的是成功的背后，他们在痛苦与磨难的深渊中苦苦挣扎、坚持不懈。

6. 善于分享的性格特质

作为创业者，不一定自己的能力有多强，只要懂信任、懂放权、懂珍惜，就能团结比自己更强的力量，从而提升自己的身价。相反，许多能力非常强的人却因为过于完美主义，事必躬亲，觉得什么人都不如自己，最后只能做最好的公关人员、销售代表，而成不了优秀的创业者。

创业活动往往不是个人的英雄行为，而是创业者带领一个团队或者作为团队一员共同努力的过程。在这个过程中，创业者需要和团队其他成员分享目标、愿景、理念及利益，只有这样，才能在团队中建立一种支持性的机制，从而齐心协力克服困难，以达成目标。

(二)身体素质

所谓身体素质，是指身体健康、体力充沛、精力旺盛。现代小企业的创业与经营是艰苦而复杂的，创业者工作繁忙、时间长、压力大，如果身体不好，必然力不从心，难以承受创业重任。

考察所有成功的创业者，在创业的道路上无不充满艰辛，付出常人难以想象的劳动和汗水，超负荷的工作背后，必须有一个健康的身体作为支撑。

微软公司刚起步的时候，冲劲十足、精力充沛的盖茨和保罗根本就不知道什么是疲倦和劳累，他们在一间灰尘弥漫的汽车旅馆中租用了一间办公室，开始了艰苦的创业旅程。他们挤在那个杂乱无章、噪声纷扰的小空间中，没日没夜地编写程序，饿了就吃个比萨饼充饥，实在累得受不了就出去看场电影或开车兜兜风解乏。其实，盖茨一直是一个以工作狂著称的人物，即使到了 39 岁结婚的时候，他还经常加班工作到晚上 10 点以后，对于以前任何一个亿万富翁来说，这都是不可想象的事。尽管微软公司一向以员工习惯性加班拼命工作而闻名，但那些工作得天昏地暗的员工还是心悦诚服地说，他们之中几乎没有谁比盖茨更辛苦。

对于创业者来说，健康的身体无疑是取得创业成功的重要基础。拥有健康的身体，有助于创业者承受巨大的工作压力，保持持久的创业激情，做出斐然的工作成绩，到达创业成功的顶峰。

(三)知识素质

创业者的知识素质对创业起着举足轻重的作用。在知识大爆炸、竞争日益激烈的今天，单凭热情、勇气、经验或单一的专业知识，要想成功创业是很困难的。创业者需要有创造性思维，要做出正确决策，还必须掌握广博的知识，具有一专多能的知识结构。具体来说，创业者应该具备以下几方面的知识。

1. 国家法律法规和创业政策方面的知识

创业活动总是处在宏观的社会背景之下，政府对于创业的态度、政策及法律直接影响创业者的创业环境。当前，我国法律法规体系不断完善，《中华人民共和国公司法》《中华人民共和国合伙企业法》《中华人民共和国个人独资企业法》等相关法律的出台为大学生创业提供了法律保障。为鼓励大学生创业，我国政府出台了一系列优惠政策，为大学生创造了一个良好的创业环境。例如，在注册登记、金融贷款、税费减免、员工待遇等方面都为大学生创业提供了方便。大学生在创业准备期，一定要熟悉相关法律法规和优惠政策的内容。

创业者在了解相关创业政策时应该注意以下几点。

(1)理性看待创业政策。创业政策是个人创业的助推剂，但不是个人创业的“万能药”，创业者不能仅仅依靠政策来创业，也不应单纯为了享受政策而创业，这是用好创业政策必须树立的理念。

(2)对症下药，选择合适的政策。每个人的创业方向、创业特点各不相同，每项创业政策的适用范围和对象也不相同，个人在利用创业政策时，要选择适合自己的政策，即该创业政策要适合自身的创业条件、创业行业、创业类型和创业过程。

(3)发挥政策的实际效应。在选择适合自身的创业政策后，要切实发挥好政策的实际效应，使政策的运用能真正降低经营成本，改善经营状况，提升经营能力，对实现企业的发展壮大有实际作用，使企业走上长期发展的道路。

2. 创业所在领域的专门知识

我们说创业要选择自己擅长的行业，因为在这个行业，创业者往往具有丰富的专业知识。创业者一旦决定进入一个行业，就必须尽可能多地掌握这个行业的专门知识。只有对本行业的供需状况、市场前景及从事本行业的专业知识和技能了然于胸，才能避免盲目性和投机性，争取最大的成功概率。在一个自己缺乏足够了解的行业创业或者不具备所从事行业的必要专业知识的创业者，要想获得成功是极为困难的。

3. 相关的商业知识

创业在某种程度上也是一种商业活动，所以相关的商业知识也是创业者必不可少的知识储备。主要包括以下几个方面。

(1)合法的开业知识。例如，有关私营及合伙企业、有限公司的法律法规，怎样进行验资，怎样申请开业登记，哪些行业不允许私营，哪些行业的经营须办理有关行业管理手续，怎样办理税务登记，纳税申报有哪些规定和程序，如何领购和使用发票，银行开户程序和有关结算规定，成为一般纳税人有哪些条件，如何纳税，怎样获得税收减征免征待遇，怎样进行账务票证管理，国家对偷漏税等违法行为有哪些制裁措施，增值税率及计征方法，工商管理部门怎样进行经济检查，行业管理部门如何进行行业管理和检查等。

(2)营销知识。例如，市场预测与调查、消费者心理特点和行为特征、定价策略、产品促销策略、销售渠道和方式、营销管理等。

(3)资金及财务知识。例如，货币金融知识，信用及资金筹措知识，资金核算及记账知识，证券、信托及投资知识，财务会计基本知识，外汇知识等。

4. 社会知识及其他知识

创业也是一种社会性的活动，与整个社会有着千丝万缕的联系。创业者同时也是一个社会人，需要在社会上同各种人交往，获取资源，求得发展。对创业者而言，无论是融资、销售，还是宣传、合作，都离不开整个社会，甚至很多时候，创业者自身拥有的社会资源和人际关系对创业活动形成关键性的影响，所以创业者还应具备公共关系、人际交往等社会知识。所谓“世事洞明皆学问，人情练达即文章”。一个深谙世事的创业者在社会中可能如鱼得水、游刃有余；而一个不食人间烟火的创业者在复杂的社会中注定要遭遇人际壁垒甚至铩羽而归。

(四)能力素质

创业者的能力素质是决定其创业前途的重要因素。总体来说，创业者应具备的能力素质可以概括为以下几个方面。

1. 专业能力是创业的必备能力

专业能力是指企业中与经营方向密切相关的主要岗位或岗位群所要求的能力。创业者在创办自己的第一家企业时，应该从自己熟悉的行业中选择项目。当然，创业者也可借助他人特别是雇员的知识与技能来办好自己的企业，但如果能从自己熟知的领域入手，就能避免许多“外行领导内行”的尴尬局面，可以大大提高创业的成功率。创业者应具备的专业能力主要体现在以下 3 个方面。

(1)创办企业中核心岗位的必备从业能力。

(2)接受和理解与所办企业经营方向有关的新技术的能力。

(3)把环保、能源、质量、安全、经济、劳动等知识和法律及法规运用于本行业实际的能力。

2. 方法能力是创业的基础能力

方法能力是指创业者在创业过程中所需要的工作方法。创业者应具备的方法能力主要体现在以下9个方面。

(1)信息的收集和处理能力。收集信息、加工信息、运用信息的能力是创业者不可或缺的能力。创业者不但应该具备从一般媒体中收集信息的能力，随着科技进步和网络技术的普及，还应该具备从网络中获取信息的能力。

(2)捕捉市场机遇的能力。发现机会、把握机会、利用机会、创造机会，是成功企业家的主要特征。

(3)分析与决策能力。通过消费者需求分析、市场定位分析、自我实力分析等过程，根据自己的财力、关系网、业务范围，依据“最适合自己的市场机会是最好的市场机会”的原则，做出正确决策，才能实现自己的创业目标。

(4)联想、迁移和创造能力。从别人的企业中得到启发，通过联想、迁移和创造使自己的企业别具特色，并通过这种特色使自己的企业在同业市场中占有理想的份额。

(5)创办企业的能力。创办一个企业，需要做好哪些物质准备，需要提供什么证明材料，到哪些部门办哪些手续，怎样办等，均为创业者应具备的能力。

(6)确定企业布局的能力。怎样选择企业的地理位置，怎样安排企业内部布局，如何确定企业性质等，都是创业者不可回避的问题。

(7)识人用人的能力。一个成功的创业者，通常是一位善识人、会用人的企业家，具备精准的识人眼光和灵活的用人智慧，善于打造高绩效团队，而且能运用群体目标建立群体规范和价值观，形成群体的内聚力。

(8)理财能力。这不仅包括创业实践中的奖金筹措、分配、使用、流动、增值等环节，还涉及采购和推销等能力。

(9)控制和调节能力。成功的创业者，要对规划、决策、实施、管理、评估、反馈所组成的企业管理的全过程，具有控制能力和运筹能力。

3. 社会能力是创业的核心能力

社会能力是指创业过程中所需要的行为能力，与情商的内涵有许多共同之处，是创业成功的主要保证。创业者需要具备的社会能力主要体现在以下6个方面。

(1)人际交往能力。创业者不但要与消费者、本企业雇员打交道，还要与供应商、金融和保险机构、本行业同人打交道，更要与各种管理部门打交道，因此创业者必须具有较强的人际交往能力。

(2)谈判能力。一个成功的企业，必然有繁忙的商务谈判，谈判内容可能涉及供、产、销和售后服务等多个环节，创业者必须善于抓住谈判对手的心理和实质需求，运用出色的谈判技巧，争取实现双赢。

(3)企业形象策划能力。面对激烈的市场竞争，在公众心目中树立良好的企业形象是创业成功的重要条件。创业者应善于借助各种新闻媒体和社交渠道，宣传自己的企业，提高企业知名度。

(4)合作能力。创业者不但要与自己的合作者、雇员合作，也要与各种和企业发展有关的机构合作，还要与竞争者合作。创业者要善于站在对方的角度理解对方、体谅对方，要善于与他人合作共事、和睦相处。

(5)自我约束能力。创业者要善于根据本行业的行为规范，来判断、控制和评价自己和别人的行为；要善于根据自己的创业目标，约束和控制自己与目标相悖的行为和冲动。

(6)适应变化和承受挫折的能力。一个企业要想在竞争激烈、变化多端的市场中立足并发展，企业家就必须具有适应变化、利用变化、驾驭变化的能力。在经营过程中，有赔有赚、有成有败，企业家必须具有承受失败和挫折的能力，具有能忍受局部、暂时的损失，而获取全局、长期收益的战略胸怀。

以上是创业者成功创业所应具备的各种素质。当然，这并不是要求创业者必须完全具备这些素质才能创业，现实生活中要求创业者全部具备这些素质显然也是不切实际的，但创业者本人要有不断提高自身素质的自觉性和实际行动。通过持续学习，促进自身素质的不断提高。哈佛大学拉克教授讲过这样一段话："创业对大多数人而言是一件极具诱惑的事情，同时也是一件极具挑战的事。创业不是人人都能成功，也并非想象中那么困难。对于任何一个梦想成功的人，倘若他知道创业需要策划、技术及创意的观念，那么成功就离他不远了。"

案例 5-2

一个"85 后"大学毕业生成功创业的故事

"不管你从事哪种创业项目，只要敢于尝试，勇于坚持，一定会换来成功的青睐。"这是一名"85 后"大学毕业生成功创业的故事。出生于农村的他，没资源没背景，更没有本钱，有的只是一颗敢打敢拼、永不服输的心。他一路走来的人生就像过山车一样起起伏伏，也许就像他自己说的那样，他享受这个过程，不管是成功还是失败，只要经历过、拼搏过就无怨无悔。

他叫小王，广西人，2009 年大学本科毕业后积极投身创业，经过自己的不懈努力和拼搏，现任*省*实业有限公司董事长、驻*市商会会长，目前他的企业涉足房地产、工程建设、智能化系统、智慧城市、稀土永磁电机等领域。

从小埋下创业的"种子"

小王出生在*省一个资源匮乏的偏远小山村，一年的稻谷收成只够全家人吃半年的，父母靠着东拼西凑硬是把他们四个兄弟姐妹全部培养到大学毕业。他小时候过得像大多数家庭一样苦，甚至更苦，他最怕的就是开学，每次开学听着老师一个个点名领新课本，他的脸像火烧一样"烫"，每次都是因为没钱交学费领不到新课本而发愁。看着同学们都开开心心地领新课本，而他没有，他感觉自己的自尊心像皮球一样被踩在地上。也就是从那时开始，他告诉自己，长大后一定要替父母分担压力，一定要努力学习考上大学，用自己的双手创业挣钱，改变全家的命运！

大学“创业”初尝“甜头”

2005年9月，小王顺利开启了他的大学生活。“刚入校我遇到一生中最感谢的两位导师，一位是学工办的老师，一位是班主任老师。两位老师关心我的生活，关心我的思想，让我明白，物质贫穷不可怕，可怕的是知识贫乏、思想贫乏，他们给予我积极向上的思想引导，给予我异地求学的温暖，也给予了我改变困境的信心与勇气。”他回忆说。大学期间，他积极参加学校、学院的各种校园文化活动，担任过班级宣传委员、院学生会宣传部部长、校学生会宣传部副部长。他清楚地知道自己以后需要什么，该怎么样实现自己的理想。除平时学习专业知识之外，他还疯狂地学习销售技巧、谈判技巧以及心理学应用，希望自己毕业之后能够更快地适应社会。“大二的时候，因为一次偶然的机会，我在学校宣传栏上找到了‘创业’机会，做起了‘包租公’。我在学校附近租了几套房子，然后分间转租给需要校外住宿的学生，一来一回，让我第一次因为做生意尝到了‘甜头’。”“这给我带来了信心，自此之后，我平时除了学习就是寻找各种‘创业’的路子，如给培训机构写海报、为初高中生做家教、给广告公司写方案……我的大学生活过得很充实。”小王说。

初入社会险陷“传销”

小王的创业梦想一直没有停止。但是，初入社会的他差一点就落入传销陷阱，回想起那“惊心动魄”的一幕，他仍感觉后怕。“毕业那年，我积极参加各类招聘会，并顺利通过*省某企业的简历关、笔试关、视频面试关和复试关，成功应聘采购助理岗位。我以为我将开启新的人生，甚至规划了自己将用几年时间做到采购主管，但是我错了，在我哼着小曲来到工作地之后，发现这就是一个“美丽陷阱”。为了不掉进传销窝点，我连夜坐车逃回了老家。”“高兴似乎来得太快也去得太快，确实没有想到，传销会真实地发生在我身上。初入社会的我们，阅历少，辨别力差，考虑问题往往简单化、表面化、理想化，很容易掉入居心不良的用人单位设下的圈套，陷入不法分子设下的招聘骗局。”小王讲述了他险些陷入传销组织的惊险经历。

初次创业“血本无归”

之后他找了一份药业销售工作，凭着自己对梦想的执着和不怕苦不怕累的精神，两个月下来销量惊人，别人销售不好的产品，他却卖得很好，因而深受市场销售总经理器重。直到有一天，市场经理对他说：“我有货源，有经验，你有销售技巧，我们出来单干吧。”说干就干，拉起灶炉就开火，初次创业之旅就这样开启了。可是好景不长，公司业务刚有点起色，市场经理“跑路”，公司发生变故。他变卖了所有资产后，还欠一个员工500元工资，怎么办？他厚着脸皮跟别人借了500元给员工结清工资，让其回家过年。之后的那一个多月让他记忆深刻，身上没有钱，窝在自己的小房间里，每天吃清水挂面和泡面度日。正如他所说，挫折才能让人更快地成长。

创办公司持续创业

初次创业失败了，但梦想还要坚持。小王开始重新思考自己擅长做什么、能做什么。刚好看到一家管理软件公司因为业绩不佳急需营销总监，他也清楚自己的劣势：一是工作时间不长，二是没有行业经验。但他相信，只要敢想，就没有做不到的事。通过人力资源部门的初选后，小王跟老板直接对话，面试时他说的两句话让老板无法拒绝。他说：第一，不要工资，要高提成；第二，先出方案，觉得满意再开始。最终，小王被录用了。经过半年强有力的执行，公司业绩直线上升，老板很开心，也遵守约定兑现了奖金。拿到这笔奖金后，小王拒绝了老板的挽留，和创业伙伴积极组建创业团队，创办了*市*文化传播有限公司，这是当时全国第一家专业性的话术公司，主营招商引资、营销策划、危机公关处理以及简历包装、面试话术设计，为各大、中、小型企业和个人量身定做全方位、高效的专业话术服务，按效果收费。

为梦想"窒息"的创业者

"这种模式在当时开创了行业先例，公司业务一直不错，地产、奢侈品、电子商务、移动App、高端矿泉水、旅游等行业都留下了我的足迹，我的团队为地方政府完成了50亿元的招商引资，也为大型企业实现了年度业绩翻倍的营销策划。从这时候开始，我深入接触了更多的行业，积累了大量的宝贵经验和优质资源。"他回忆道。那时，他频繁受邀到企业、大学进行实战讲学，可就在业务最顶峰的时期，他觉得服务行业的竞争压力只会越来越大，于是他逐步放弃营销业务，选择了转型，初步以合作的方式投资地产、工程施工、智能化等相关业务。他的观念是，在不确定哪一项业务能盈利时，就分散投资；确定了盈利的业务后，再收缩投资。几年里，公司业务有盈利的，也有亏损的。在他的努力下，2018年成立了一家实业公司，主营智能化系统；2019年成立了一家实业有限公司，主营地产开发、工程建设、不良资产收购，2020年该公司承接的工程施工项目已突破1亿元人民币，在建楼盘一期已完成50%。作为一个为梦想"窒息"的创业者，一个创业梦想的追逐者，他也有自己的目标。

心怀感恩回报社会

2020年7月21日，习近平总书记在企业家座谈会上的讲话指出，弘扬企业家精神，要增强爱国情怀，勇于创新，诚信守法，承担社会责任，拓展国际视野。多年来，小王时刻铭记"为国担当，为国分忧，弘扬企业家精神"。2017年，小王个人出资为*省*市*镇修了一条5千米长的乡村道路；2020年年初，小王个人及公司积极捐款捐物支持抗击疫情，他也积极加入疫情防控志愿者队伍；2022年，作为优秀校友、青年企业家的他，于母校校庆之际在母校教育发展基金会设立教育发展基金，捐赠了价值50万元的款项和实物，有力地支持了母校教育事业的发展。在大众创业、万众创新的时代浪潮下，一代代有志青年愿意做弄潮儿，追逐自己的梦想，通过不懈努力来实现自身价值和社会价值。最后，小王要对有着创业梦想的大学生说："失败的成本很低，后悔的成本才大。一技之长为生活，一生奋斗为梦想！当你没能含着金钥匙出生时，那么你越努力机会就越大。用大脑去思考，用心灵去感受，用尽全力去为梦想拼搏，社会总有一席之地属于你。"

（资料来源：校友故事）

四、创业者特质自我评价

在创业准备期，创业者必须对自己有一个全面的了解，才能做到"知己知彼，百战不殆"。为了清楚地了解自己的创业潜能，创业测试是一种较为常见的方法。

做这些测试的目的是更好地认识自己，从创业的角度来看，自我认识是促进"有价值的想法产生"，而不是给自己贴一个标签，可以利用自我认知模型来更好地进行自我判断，从而帮助创业。

(一)创业测试

1. 创业基本素质

(1)你认为自己很勇敢吗？

答"是"，加 1 分，否则，减 1 分。

(2)你做学生时很出色吗？

答"是"，减 4 分，否则，加 4 分。

(3)在学校时你热衷于集体活动(如俱乐部活动、运动队活动甚至两人约会)吗？

答"是"，减 1 分，否则，加 1 分。

(4)年轻时，你宁愿经常独处吗？

答"是"，加 1 分，否则，减 1 分。

(5)孩提时，你送过报纸、卖过柠檬水或从事过其他小型经营活动吗？

答"是"，加 2 分，否则，减 2 分。

(6)你曾是一个执着的孩子吗？

答"是"，加 1 分，否则，减 1 分。

(7)你年轻时十分谨慎吗？

答"是"，减 4 分，否则，加 4 分(如果你很爱冒险的话，另加 4 分)。

(8)你担心别人怎么看你吗？

答"否"，加 1 分，否则，减 1 分。

(9)你是否厌烦日复一日、如出一辙的单调生活？

答"是"，加 2 分，否则，减 2 分。

(10)你会动用你所有的积蓄去涉足新的领域吗？它可能让你的投资成为泡影，你仍会投资吗？

答"是"，加 2 分，否则，减 2 分。

(11)如果你刚投资的事业失败了，你会立刻着手另一项吗？

答“是”，加 4 分，否则，减 4 分。

(12)你是乐观主义者吗？

答“是”，加 2 分，否则，减 2 分。

请计算你的总得分。

评分标准：如果你的总得分在 20 分及以上，表明你具备较好的创业素质；总得分为 0～19 分，说明虽不理想，仍可努力；总得分为－10～0 分，你以不独创自己的事业为宜；如果总得分为－11 分或以下，则表明你的才能可能在其他方面。

2. 创业专业素质

(1)你知道哪些因素在影响着市场景气吗？具体地说，你对经济指标有哪些了解？

(2)你做计划和预算的能力怎样？

(3)你对财务管理及控制有何了解？

(4)你对进货和存货控制的了解程度如何？

(5)你对市场分析、预测是否在行？

(6)你认为自己对市场需要哪些产品(或服务)有没有敏锐的感觉？

(7)你对促销术、广告巡视的了解程度如何？

(8)你对定价有多少把握？(这需要对客户需求、进料价格、竞争状况有较全面的考虑)

请计算你的总得分。

评分标准：如果完全不懂则计 1 分，非常清楚地了解则计 5 分，根据你对题目的了解程度，分值可以是 1、2、3、4、5 中的任一数字。总得分越高，说明你的创业专业素质越高。

3. 定性分析

本部分的测试类似于性格测试，从软件方面看被测者是否具有创业潜质，没有具体的分数，但从性质上可以给被测者一个直观的感受，共设计了 25 道题。

(1)失望时，你能够处理问题，并回到积极的状态中吗？

(2)你喜欢引人注目，推销自己和你的公司吗？

(3)你比较擅长组织工作吗？

(4)你知道如何控制自己的生活，如何做到自律吗？

(5)你愿意承担风险吗？

(6)你的想象力丰富吗？知道如何表达自己的想法吗？

(7)你能够把不利的事情转化为机会吗？

(8)你有勇气、有耐心吗？

(9)当你开始创业时，你的家人能够理解你的不自由状态吗？

(10)你知道如何为自己的信念而战吗？

(11)你喜欢和人打交道吗？

(12)你有过管理经验吗？

(13)你害怕日常工作吗？

(14)你可靠吗，对自己有信心吗?

(15)当你真正相信某人某事时，你能够不在乎别人的判断吗?

(16)你具有影响他人的能力吗?

(17)别人认为你是一个充满活力、积极向上的人吗?

(18)你喜欢绝大多数时间单独工作吗?

(19)你喜欢在电话中和陌生人交谈吗?

(20)每天早晨你都是怀着积极的态度醒来吗?

(21)你的财务状况稳定吗?(在创业前，你应该有足够支撑未来一年生活的储蓄)

(22)你做完案头准备工作(研究与所要创建的公司相关的一切资料)了吗?

(23)你知道如何自嘲吗?

(24)你能轻易地控制自己的脾气吗?

(25)你很容易就会感到厌倦吗?

评分标准：如果你对上述25个问题有较多肯定的回答，说明你具有较大的创业潜质。

4. 创业倾向

(1)你的父母、近亲、好朋友中间有没有创业成功的人?

(2)在你成长的过程中，你家里有没有做买卖的经历或经验?

(3)你幼时有没有自食其力的经历(比如靠打工、摆摊赚钱)?

(4)你在学校的成绩是不是不太出色?

(5)你在学校里是不是不太合群?

(6)你在学校是否常因行为不合规范而挨批评?

(7)你是否会对长期做同一工作感到乏味?

(8)你是否认为如果有机会你会比你的上司干得好?

(9)你是否宁愿自己打球胜过看球?

(10)你是否对看非小说类的书比看小说更感兴趣?

(11)你有没有被解雇或被迫辞职的经历?

(12)你是否倾向于说干就干，而不是再三盘算、计划后再做?

(13)你有没有常为工作或个人问题而失眠?

(14)你是否认为自己是个有决断、较实际的人?

(15)你对集体活动是否积极参加?

评分标准：以上15个问题，答“是”的给1分，答“否”的给0分。

假如你的总得分是12分及以上，而且你现在还没有创业的话，说明你的创业倾向还不明显；假如你的总得分低于12分，而且你已经创立了自己的事业的话，说明你的创业倾向非常明显。

以上测试只是为了帮助创业者更加清楚地了解自己，它并不能决定一个人是否应该创业，更不能决定哪类人创业一定可以成功或者哪类人创业注定失败，评分标准仅供参考。就创业者而言，最关键的是在了解自己的基础上，从自身实际情况出发，通过不断学习和锻炼，积累创业经验，提高创业能力，在实践中促进创业活动的成功。

(二)自我认知——深刻了解自己

深刻的自我认知，是基于当下的情境，对“你所拥有的资源”的一种系统反思，自我认知的目的是“促进有价值想法的产生”，是从“我能做什么”，反思到“我有什么”之后对“我还能做什么”的深刻思考。而这种“新想法”与“我还能做什么”的思考，将引导我们把关注点从个人的资源转向为自己或他人创造新价值。

简而言之，新想法的产生应该是围绕新价值的创造展开的，它的基本逻辑如下。

(1)我有哪些资源。我所拥有的资源，包括我是谁、我知道什么以及我认识谁。

(2)我能帮助谁。我能帮助的对象，可以是自己，也可以是他人。需要对他们的属性进行详细描述，包括身份、职业、性别、年龄、所在区域等。

(3)解决什么问题。我能解决什么问题，满足什么需要，带来什么利益等。

第二节　创业团队

一、创业团队及其重要性

(一)创业团队的含义

创业不是单打独斗的个人秀，而是团队协作的价值共创。没有团队的创业不一定会失败，但一个没有团队的企业要获得高成长性却是极其困难的。团队成员之间的技能互补可以提高驾驭环境不确定性的能力，降低初创企业的经营失败风险；团队创业具有更强的资源整合能力，能从多个融资渠道获取创业资金等资源，为创业成功构建更稳固的支撑体系。风险投资者非常重视对创业团队的评估，一旦发现创业团队有问题，绝大多数风险投资者会拒绝投资。

团队由认同一个共同目标的少数技能互补的人所组成，他们在相互信任的责任框架下协同共进，共同为创造卓越价值而努力。团队以达到一个既定结果为最终目标，共同目标是团队区别于群体的重要特征。创业团队是由两个或两个以上具有一定利益关系，彼此间通过分享认知和合作行动以共同承担创建新企业的责任，且处在初创企业高层主管位置的人共同组建所形成的高效工作团队。

创业团队需要具备五个关键要素(即5P)：目标、人、定位、权限、计划。

1. 目标(Purpose)

创业团队应该有一个既定的共同目标，为团队成员导航，知道要向何处去。没有目标，这个团队就没有存在的价值。目标在创业企业的管理中以创业企业的愿景、战略的形式体现，缺乏共同的目标会使团队没有凝聚力和持续发展力。

2. 人(People)

人是创业团队最核心的力量。三个及以上的人就形成一个群体，群体有了共同奋斗的目标就形成团队。在初创企业中，人力资源是所有创业资源中最活跃、最重要的资源。

创业的共同目标是通过人员来实现的，不同的人通过分工来共同完成创业团队的目标，所以人员的选择是创业团队建设中非常重要的一个部分，创业者应该充分考虑团队成员的能力、性格、经验等方面的因素。

3. 定位(Place)

创业团队的定位包含以下两层意思。

(1)创业团队的定位。这是说创业团队在企业中处于什么位置，由谁选择和决定团队的成员，创业团队最终应对谁负责，创业团队采取什么方式激励下属。

(2)个体(创业者)的定位。这是说作为成员在创业活动中应扮演什么角色，是制订计划还是具体实施或评估，即创业团队的角色分工问题。

定位问题关系到每一个成员是否对自身的优劣势有清醒的认识。创业活动的成功推进，不仅需要寻找到合适的商机，也需要构建职责清晰、协同共进的创业团队，使战略眼光与团队执行合力产生乘数效应。

4. 权限(Power)

为了实现创业团队成员的良好合作，赋予每个成员一定的权限是必要的，他们要在这一权限内发挥作用。赋予团队成员适当的权力，主要是基于：团队成员对于控制力的追求往往是他们参与创业的一个重要动因；创业活动的动态复杂性，决定了其必须依赖团队成员拥有较多的权力来实现目标。

5. 计划(Plan)

计划是创业团队未来的发展规划，也是目标和定位的具体体现。在计划的帮助之下，企业能够有效制定创业团队的短期目标和长期目标，能够提出目标的有效实施方案，以及加强实施过程的控制和调整措施。这里所讨论的计划可能尚未达到商业计划书那种复杂程度，但是，从团队的组建和发展过程来看，计划的指导作用自始至终都是存在的。

(二)创业团队的重要性

创业团队对创业成功的重要意义不言而喻。对创业者来说，团队在其创业的道路上起着至关重要的作用，具体表现在以下 4 个方面。

1. 团队是创业者的创业基石

人才是企业发展最重要的资源。创业初期团队未必坚不可摧，但因为多人多能、各尽所能的配比与互补，哪怕每个人仅仅在所在领域拥有点滴经验，也可以让团队整体的力量很强大。所以团队对于创业者，就如同水之于鱼，是必不可少的。

2. 团队如同镜子，让创业者可以看清自我

一个优秀的团队，最核心的特质莫过于肯担当、愿成全。从最开始大家一起成全创业者，到最后创业者成全团队，这种互动与互进，让创业者在创业途中总能看清自己。无论身处风光顺境，还是遭遇失意低谷，都不至于过度地喜与悲。

3. 团队是一个企业真正的资本

在创业资源构成中，除了实物资本、货币资金，企业还有最重要的一项资本，即人力资本。尤其是创始团队的价值创造能力，是企业最具潜力的核心资产。优秀的创业者，应当秉持“人才即资本”的管理理念，在资源约束条件下，通过精准的人才识别与配置，最大化团队资本效能。

4. 团队扶持，让创业之路不孤单

正所谓，德不孤，必有邻。创业者应该比谁都清楚，人与人在一起叫聚会，心与心在一起才叫团队。作为团队领军人物，创业者应具备“化异为同”的领导艺术，通过愿景使命的感召、分配机制的设计和文化氛围的营造，将团队成员团结在一起，在相互扶持中实现个人与组织的共同成长。

总之，团队是企业发展的核心动能。正如卡内基所说：“把我的厂房拿走，把我的人才留下，一年后，我将建起新的厂房。”可见，由优质人力资本构成的团队，才是企业可持续的竞争优势。

二、创业团队的类型

根据不同的角度、层次和结构可以将创业团队划分为不同的类型，而依据创业团队的组成者来划分，创业团队有星状创业团队、网状创业团队和虚拟星状创业团队。

(一)星状创业团队

一般在星状创业团队中会有一个核心人物充当领导的角色。这种团队在形成之前，一般是核心人物有了创业的想法，然后根据自己的设想进行创业团队的组织。因此，在团队形成之前，核心人物已经就团队的组成进行过仔细思考，根据自己的想法选择相应人员加入团队。这些加入创业团队的成员也许是核心人物以前熟悉的人，也有可能是不熟悉的人，但这些团队成员在企业中更多时候扮演的是支持者的角色。

这种创业团队有以下几个明显的特点。

(1)组织结构紧密，向心力强，核心人物在组织中的行为对其他个体影响巨大。

(2)决策程序相对简单，组织效率较高。

(3)容易形成权力过分集中的局面，从而使决策失误的风险加大。

(4)当其他团队成员和核心人物发生冲突时，因为核心人物的特殊权威，使其他团队成员在冲突发生时往往处于被动地位，在冲突较严重时，一般都会选择离开团队，因而对组织的影响较大。

太阳微系统公司是这种组织的典型代表。公司创始人维诺德·科斯拉在创业之初就确立了多用途开放工作站的概念，接着他找到了两位分别在软件和硬件领域有一定影响力的专家，以及一位具有实际制造经验且擅长人际交往的专家。于是，他们组成了太阳微系统公司的创业团队。

(二)网状创业团队

网状创业团队的成员一般在创业之前都有密切的关系，比如同学、亲友、同事、朋友等。他们一般是因为在交往过程中都认可某一创业想法，并在达成共识以后共同进行创业。在创业团队组建时，没有明确的核心人物，大家根据各自的特点自发进行组织中的角色定位。因此，在企业初创时期，各位成员基本上扮演的是协作者或者伙伴角色(partner)。这种创业团队的特点如下。

(1)团队没有明显的核心，整体结构较为松散。

(2)组织决策时，一般采取集体决策的方式，通过大量的沟通和讨论达成一致意见，因此组织的决策效率相对较低。

(3)由于团队成员在团队中的地位相似，因此容易在组织中形成多头领导的局面。

(4)当团队成员之间发生冲突时，一般都采取平等协商、积极解决的态度消除冲突，团队成员不会轻易离开。一旦团队成员间的冲突升级而使某些团队成员退出团队，就容易导致整个团队涣散。

这种创业团队的典型例子是微软的比尔·盖茨和其童年玩伴保罗·艾伦，惠普的戴维·帕卡德和他在斯坦福大学的同学比尔·休利特等。

(三)虚拟星状创业团队

虚拟星状创业团队是由网状创业团队演化而来的，基本上是前两种创业团队的中间形态。在团队中，有一个核心人物，但是该核心人物地位的确立是团队成员协商的结果，因此核心人物从某种意义上说是整个团队的代言人，而不是主导型人物，其在团队中的行为必须充分考虑其他团队成员的意见，不如星状创业团队中的核心主导人物那样有权威。

三、创业团队的组建

创业团队的组建经常是一个反复和不断调整的过程，不同类型的项目不仅团队要求不一样，组建步骤也不一样，团队成员之间的磨合和相互适应都会经历一个过程才能完成。总体而言，创业团队的组建过程包括以下环节。

(一)创业团队的组建策略分析

1. 创业者

创业者的能力和思想意识从根本上决定了是否要组建创业团队，决定了团队组建的时间表以及由哪些人组成团队。创业者只有意识到组建团队可以弥补自身能力与创业目标之间存在的差距，才有可能考虑组建创业团队，并对什么时候需要引进什么样的人员才能和自己形成互补做出准确判断。

2. 商机

不同类型的商机需要不同类型的创业团队。创业者应根据自身与商机间的匹配程度，决定是否要组建团队，以及何时、如何组建团队。

3. 团队目标与价值观

共同的价值观、统一的目标是组建创业团队的前提，团队成员若不认可团队目标，就不可能全心全意地为实现此目标而与其他团队成员相互合作、共同奋斗。而不同的价值观将直接导致团队成员在创业过程中脱离团队，进而削弱创业团队作用的发挥。没有一致的目标和共同的价值观，创业团队即使组建起来，也无法有效发挥协同作用，缺乏战斗力。

4. 团队成员

团队成员能力的总和决定了创业团队的整体能力和发展潜力。创业团队成员才能互补是组建创业团队的必要条件。而团队成员间的互信是形成团队的基础。互信的缺乏将直接导致团队成员间协作障碍的出现。

5. 外部环境

创业团队的生存和发展直接受到制度性环境、基础设施服务、经济环境、社会环境、市场环境、资源环境等多种外部因素的影响。这些外部要素从宏观上间接地影响着对创业团队组建类型的需求。

案例 5-3

逐光而行 这支“00 后”团队了不起

这段时间，金华职业技术学院机电工程学院实训室，总有一盏灯亮到后半夜。在实训室里，一群“00 后”学生在鼓捣自己的新发明，不断地验证猜想，不停地完善方案，就连彼此互不相让的“争吵”都显得意气风发。

一年前，这群“00 后”学生组成了创新创业团队。目前，他们正在全力推进“逐光而行——分布式视日光伏技术行业首选服务商”项目。“我们要努力成为追光者，用新时代青年的力量为社会发展做些改变。”

该项目的团队负责人是该校机电工程学院机电一体化专业大三学生童启硕，团队成员涵盖机电一体化、机械自动化、电气自动化、市场营销、应用电子技术等多个专业。童启硕说，希望他们的发明项目未来能在光伏领域得到广泛应用。

“既然有想法，那就趁年轻果断干”

作为团队主心骨，童启硕是大伙儿眼中的“超人”。“无论是学习还是其他方面，启硕都是非常优秀的学生。更重要的是，他能把一群有理想的年轻人聚在一起。”这是项目指导老师苏哲对他的评价。童启硕出身于一个普通工人家庭，从小便跟父亲穿梭在工厂车间。儿时，他常坐在数控机床边，看着父亲紧盯着旋转的零件。高考后，童启硕毅然选择机电一体化专业，希望继续追寻父亲的梦。

从小在车间里耳濡目染的“天然优势”，让他迅速在专业上脱颖而出，而后加入汪卫华院士工作站和章跃洪浙江省技能大师工作室。“大一下学期，我在老师的鼓励下参加全国职业院校技能大赛(高职组)‘光伏电子工程的设计与实施’大赛，那是我第一次接触光伏产业。”童启硕说，虽然在比赛中被淘汰，但深耕光伏产业的目标牢牢刻在了他的心里。

在一次实训课中，童启硕了解到当前光伏视日跟踪支架铺设成本高等痛点，于是他以负责人身份组建了团队，同班同学张俊丰、机械自动化专业大二学生王致远率先加入，三人成为项目核心成员。“既然有想法，那就趁年轻果断干。”定下方向和目标后，他们暑期留校，一起完成创新创业项目计划书的撰写。

"既然要创新，那就力争行业领先"

为了解市场痛点、完善创新创业项目计划书，童启硕和团队成员曾进行过两三个月的市场调研。"金华地区的光伏产业链企业，我们基本上都去学习过，还与部分光伏企业的高管、高技能人才进行过深入交流。"在童启硕随身携带的一本笔记本上，密密麻麻地记录着参观学习的心得体会。

"我们发现普通太阳能板不仅占地面积大，还存在就地消纳能力低等不足，团队根据这些问题研发了'灵智'光伏。"童启硕介绍，其核心技术是通过软硬件相结合，低能耗、高精度地追踪太阳轨迹，加强环境适应性控制。同时，优化高散射辐照天气场景，根据不同日照时间、光照仰角等，实现太阳能板主动追着太阳跑，达到最优跟踪角度，从而获取最大发电量。该团队研发的产品与固定安装的光伏系统相比，发电能力可提高10%～25%，回本周期可缩短1～2年。

其间，童启硕及其团队也遇到过很多难题，如今研发的产品已迭代升级3次。"既然要创新，那就力争行业领先。"这是他为自己和团队定下的目标。不久前，童启硕及其团队经过3 000余组的数据测量、1 295次对比分析、9个月的数据积累，最终使产品实现效率和合格率的双突破，并一举获得第九届浙江省国际"互联网＋"大学生创新创业大赛金奖(小组排名第一)。

目前，童启硕及其团队正在积极备战中国国际"互联网＋"大学生创新创业大赛。面对备赛时间紧、任务重的情况，团队成员把"书桌"搬到机床边，把"寝室"搬到车间，一起反复分析图纸、制定工艺、编写程序……值得一提的是，该团队在研发"逐光而行——分布式视日光伏技术行业首选服务商"项目时不断创新，成功申请了9项专利(包括发明专利和实用新型专利)。

对于未来，童启硕已有明确规划。"我会带着团队继续把产品做下去，不断探索新技术，不断进行产品迭代，不断了解行业发展新动向，希望为行业和地方发展贡献一份力量。"目前，该团队已注册公司，并且与一家公司签订了合作意向书。他们还在积极寻找投资机构，希望尽快实现成果转化。

(资料来源：季俊磊：《逐光而行 这支00后团队了不起》，载《浙江工人日报》，2023-11-16)

(二)组建创业团队的关键步骤

1. 选择合理的团队成员

建立优势互补的创业团队是保持创业团队稳定性的关键，也是规避和降低团队组建模式风险的有效手段。在团队创建初期，人数不宜过多，能满足基本需求即可。在成员选择上，要综合考虑成员在能力和技术上的互补性，基本保证具备理想团队所需的九种角色，成员的能力和技术应该处于同一等级，不宜差异过大。如果团队成员在对项目的理解能力、表达能力、执行能力、社会资源能力、思维创新能力等方面存在较大的差异性，就会产生严重的沟通和执行障碍。

此外，在选择成员时还要考察其创业激情。在企业初创期，所有成员几乎每天都需要超负荷工作，如果缺乏创业激情或信心不足，不管其专业水平多高，都可能成为团队中的消极因素，对其他成员产生负面影响。

2. 确定清晰的创业目标

创业团队在实践中要不断总结和吸取教训，形成一致的创业思路，勾画出共同的目标，以此作为团队努力的目标和方向，鼓励团队成员积极掌握工作内容和职责，竭诚与他人合作，交流贡献个人能力。创业团队的目标必须清晰明确，能够集中体现团队成员的利益，与团队成员的价值取向一致，并保证所有团队成员都能正确理解，这样才能发挥鼓励和激励团队成员的作用。此外，创业团队的目标还必须切实可行，既不应太高也不应太低，又能够随着环境和组织的变化及时更新和调整。

3. 制定有效的激励机制

正确判断团队成员的利益需求是有效激励的前提。实际上，不同类型的人员对于利益的需求并不完全一样，有些成员将物质追求放在第一位，而有些成员则希望能够获得荣誉、发展机会、能力提高等其他利益。因此，创业团队的领导者必须加强与团队成员的交流，针对各成员的情况采取合理的激励措施。

创业团队的利润分配体系必须体现出个人贡献价值的差异，而且要以团队成员在整个创业过程中的表现为依据，而不仅是某一阶段的业绩。其具体分配方式要具有灵活性，既包括诸如股权、工资、奖金等物质利益，也包括个人成长机会和相关技能培训等内容，并且能够根据团队成员的期望进行适时调整。

案例 5-4

为团队设定一个共同的目标

小李刚刚开办公司的时候只有 4 个人，随着业务量的逐渐扩大，公司打算招聘几个人才，提升创业团队各方面的能力，其中最紧要的就是招聘一个替自己处理琐碎杂事的秘书。于是，他到人才市场招聘，结果收到了一大堆简历。小李用几个简单的指标筛选了简历，最后剩下十多个本科生和一个研究生。面试时，他以在校成绩为标准选人，按照成绩最优者优先录取的原则，留下了研究生。没想到的是，研究生嫌工作太累，认为自己在这里是不明智的选择，做了不到三天就辞职了，小李只好再次到人才市场另找新人。

后来，小李又招聘了几个年轻的高学历设计师。这几个设计师都比老职员时尚，也都很有个性，竟然都有在家里办公的想法。起初，小李以为自己是老板，可以让这些设计师按时上下班，没想到的是没有人听他的，该请假的还是请假。小李对于怎么让心高气傲的员工听从安排很是苦恼，于是心生一计，第二天就规定，只要在规定的时间内交上自己的作品，就可以不来上班，如果爽约就立刻离职。这个规定实行后，几个年轻人有的来，有的不来，但是每到交作品的时候大家都会来公司，下班之后有时还会一起聚餐，日子过得快活而充实。让小李不解的是，这个政策也就执行了 3 个月，基本上全公司员工都恢复正常出勤了。后来他问了秘书才知道，可能是因为在家里工作虽然自由，但是缺乏工作氛围，当然也没有可商量的人和有趣的话题，大家觉得还是时不时地在一起工作比较好，于是公司里就又开始正常地上下班了。虽然小李之后没有强迫员工们加班工作，但每个人都竭尽全力保证在规定时间内按规定标准完成自己的工作。

过了几个月，小李发现员工工作积极性不高，行为懒散的情况时有发生，上班迟到、下班早退的现象更是常见。到底是什么原因让大家都提不起精神呢？小李最后决定给公司设定一个共同的目标，然后通过各部门主管把这些目标分派到各部门、各成员身上，同时，也建立奖惩制度，让大家知道自己的任务和团队的目标。渐渐地，大家开始行动起来，公司的运营也就顺畅了。

（资料来源：赵景会：《创业团队组建与发展研究》，25 页，哈尔滨，哈尔滨工程大学出版社，2018）

四、创业团队的管理

创业团队对于创业成功具有重要的意义，但并非所有的团队都能获得成功。团队管理非常重要。由于创业团队本身的动态性特征，团队管理贯穿创业团队整个生命周期。团队管理是一门艺术，要针对具体的情况来灵活进行，但是也有一些普遍性的原则可以利用。

（一）创业团队的管理策略

1. 树立正确的团队理念

拥有正确团队理念的成员相信他们处在一个命运共同体中，共享收益，共担风险。因此团队组建之初应该明确树立成员间团结协作、诚实正直、为长远着想并能承诺价值创造的理念。

2. 明确团队发展的目标

目标在团队组建过程中具有特殊的价值。首先，目标是一种有效的激励因素，共同的目标是创业团队克服困难、取得胜利的动力。其次，目标是一种有效的协调因素，团队中各角色的个性、能力有所不同，但是“步调一致才能得胜利”。《孙子兵法》曰：“上下同欲者胜”。

3. 建立责、权、利统一的团队管理机制

创业者需要妥善处理创业团队内部的各种权利和利益关系。要确定谁适合从事何种关键任务，谁对关键任务承担责任。报酬体系对于初创企业十分重要，它不仅包括股权、工资、奖金、福利等金钱报酬，而且包括个人成长机会和相关技能提升等方面的因素，要确保能够按贡献付酬且不因人员增加而降低报酬水平。

另外，要制定合理的管理规则，解决企业管理指挥权问题、价值认同问题，建立进入和退出机制。

创业团队的分裂最容易发生在企业从创业阶段向集体化阶段过渡的时期。创业阶段的特征是组织的创立者将所有的精力都投入技术生产和市场活动，以求得在市场中的生存，企业的组织是非规范化和非官僚制的，工作时间较长，大家为了生存而奋斗，不太计较个人的得失。集体化阶段的特征是企业已经度过了生存期，组织获得有力的领导并提出明确的目标和方向，部门也随着权力层级、工作分配及劳动分工而建立。

因此，创业团队一定要尽早建立团队治理和管理规则，解决好管理指挥权问题。在治理层面，主要解决剩余索取权和剩余控制权问题；在管理层面，最基本的有三条原则：一是平等原则，制度面前人人平等，不能有例外；二是服从原则，下级服从上级，行动要听指挥；三是等级原则，不能随意越级指挥，也不能随意越级请示。这三条原则是秩序的源泉，而秩序是效率的源泉。

4. 建立业绩评估体系

业绩考核体系在创业团队创业初期的必要性不是特别突出，但往往会影响其后的进一步发展。业绩考核必须与个人能力、团队发展、团队成员扮演的角色和取得的成绩结合起来。成功的公司在绩效管理方面已经不再局限于只注重个人绩效，而是进行了改进——强调实时交流，更加注重整体表现。这样的交流能让员工了解团队合作的重要性，对个人需要进行调整，以适应不断变化的环境和业务需求。

创业团队绩效评估包括团队成员的创业思维、商业计划准备、敬业精神和风貌、工作技能和关系、岗位职责的完成情况五个重点内容。

创业团队绩效管理有两种错误的倾向。一是将绩效管理重点针对创业团队的工作过程和团队成员的具体工作行为，建立严格、频繁的工作汇报制度与详细的工作行为规范，这种独断专行的管理方式会降低团队的效率，使创业团队丧失活力。二是过分强调创业团队的自我管理，完全让团队成员对各项事情自行决策，这种过分放权的管理方式常常会给团队造成更大的损害。一般来说，创业团队绩效可通过团队内部成员互相评议，也可由管理层或用户评估。

(二)创业团队的管理技巧

1. 选择

选择团队成员要解决两个关键问题：该聘用什么样的人？怎样聘用？第一个问题根据企业的具体需求来决定，遵循的原则在创业团队组建的内容里已经提到。考察人员的智力、经验和人际交往能力，不仅要考察其表现出来的能力，还要考察其潜在能力。具体考察策略可以通过正式招聘程序来进行专业评估，也可通过非正式渠道进行了解。第二个问题可以通过多种渠道来解决，如招聘、通过猎头公司物色人才等。招聘程序应尽量做到严格、正规，有一套完整的招聘流程，最终目的是找到与业务需求相匹配的合适人选。

2. 沟通

良好的沟通就是最有效的管理。没有沟通，团队就无法运转。第一，沟通使信息保持畅通，实现信息共享，避免因为信息缺失而出现错误的决策与行为。第二，沟通可以化解矛盾，增强团队成员彼此之间的信任。在长期合作共事的过程中，成员之间难免会有矛盾，缺少沟通可能导致成员相互猜疑、相互埋怨，如不进行有效的沟通，矛盾会随着时间的推移越来越大，甚至最后可能导致团队的分裂。第三，沟通可以有效解决认知性冲突，提高团队决策的质量，促进决策方案的执行。在企业经营管理过程中，团队成员对有关问题会形成不一致的意见、观点和看法，这种论事不论人的分歧称为认知性冲突。优秀的团队不应回避不同的意见，而是要进行充分的沟通和交流，鼓励创造性的思维，提高团队决策质量，这也有助于推动团队成员对决策方案的理解和执行，提高组织绩效。

3. 联络感情

团队成员定期或不定期地联络感情可以保持团队士气和热情，控制情感性冲突，从而提高团队绩效。没有人喜欢在冷漠、生硬、敌对的氛围中工作。管理者在管理团队时，应注意以下三点：第一，是要尊重每个人，相互了解并体谅他人的难处。第二，要抽时间共处，这可以通过组织团队活动来实现。通过组织活动来联络团队成员的感情一定要注意适度，太多的联络活动可能会让人疲于应付，让团队不堪重负。组织联络活动还要讲究策略，尽可能让更多的人积极参与，获得大家的满意和认可，这样才能起到提高团队绩效的作用。第三，要有丰厚的回报，包括物质和精神两个方面。

4. 个人发展

构建一支优秀的、稳定的团队的关键之一是给个人提供广阔的发展空间。因此，在团队管理方面，最重要的一项职责就是要尽可能保证团队的每一名成员都得到发展，这样才能使成员对工作满意，满怀工作热情，从而创造更多的价值。个人的发展，不仅仅依靠经验的积累，还要借助目标设定、绩效评估及反馈程序等来实现。通过这三个程序，可以激发团队成员的潜力，使成员清醒地认识到自己的优点和不足，从而不断改善和提高自己，以获得更大的发展空间。

(三)团队领导者的角色和行为策略

创业团队的领导者是创业团队的灵魂。在企业管理和市场营销中，我们经常谈论领导者的核心竞争力。每个团队都必须有一个领导者或者说灵魂人物，领导者是创业团队力量的协调者和整合者，其能力和行为对于创业团队高效运转乃至创业项目的实施，有着至关重要的作用。团队领导者的协调和整合能力可从以下几个方面进行提升。

1. 项目策划

团队领导者是团队项目策划的召集人和组织者。项目策划包括策略思考与计划编制等。根据外部环境和掌握的创业机会，进行富有创意的策划，对创建企业是极其重要的。领导者组织项目策划必须注意以下几方面的问题：一是必须弄清楚策划项目的价值所在、涉及的范围和限制因素，拟创建企业的市场定位；二是确定由谁负责该项目的策划；三是必须考虑策划的时机。选定了创业目标，且资金、人脉、市场等各方面条件都已考虑清楚后，领导者就要带领团队准备一份完整的创业计划。

2. 组织实施

制订行动计划后，领导者要组织团队成员最大限度地整合资源去实施。计划的执行程度和领导者的组织实施能力呈正相关。领导者在组织团队实施计划的过程中必须注意以下几方面的问题：一是团队行动必须随着企业创业环境的变化而变化，必须与创业企业的发展目标相适应；二是设计组织变革方案时要集思广益，要根据企业变革和发展的需要，拟出组织变革的基本框架，并发挥团队智慧进行修改完善；三是要创造一个有利于组织变革的氛围。领导者要充分发挥自己的组织领导能力，树立组织变革创新的理念，以减少在变革中遇到的成员阻扰，使组织能够沿着健康的方向运行。

3. 提高领导力

领导力是领导者把握组织使命并激励员工围绕组织使命奋斗的一种能力。领导者是一个指挥员，要精明果断，根据具体情况设计出最佳的组织结构形式。领导者必须善于用人、量才使用、用人所长、避其所短，最大限度地发挥团队成员的主观能动性，做到统筹兼顾、合理安排、指挥调度得当；同时，要善于抓住决策时机，及时下达正确的指令，使下属步调一致。

4. 加强控制

控制是指根据既定目标不断进行跟踪和修正，使之朝着既定的目标方向前进，以实现预定的目标。控制的主要目的是使正确的行动得到长期保持，错误的行动得到及时纠正。为此，领导者必须重视两个具体措施，即考核与激励。对执行计划的团体和个人加以考核和督促，可以激励员工提高工作兴趣和工作效率。

【拓展阅读】

扫码阅读
一位家庭教育指导师
的成长之路

【思考与训练】

阅读以下案例，试分析“泥鳅四兄弟”创业团队的特点，谈一谈案例带给你的启示。

扫码阅读
“泥鳅四兄弟”：
创业不走寻常路

第六章
创业机会与创业风险

【知识结构】

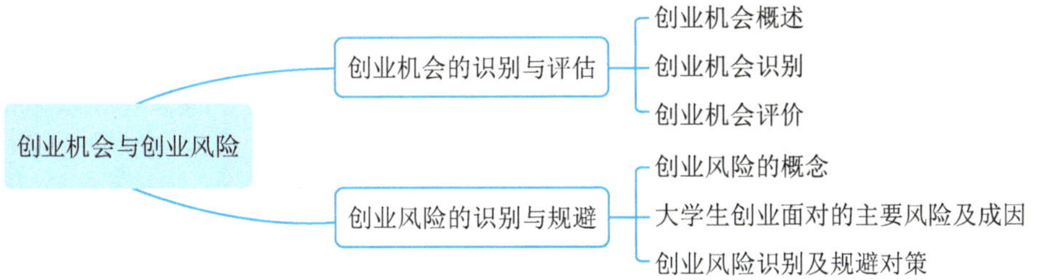

【学习目标】

* 认识创业机会，掌握创业机会的含义与特征。
* 了解创业机会的来源与分类，掌握创业机会的识别方法。
* 了解创业风险的含义和来源，掌握创业风险的分类。
* 掌握创业风险的识别方法，能够有效防范创业风险。

大多数创业者都是把握了商业机会从而成功创业的。例如，牛根生看到了乳业市场的商机，创建了蒙牛集团；罗红看到了蛋糕市场的商机，创办了好利来。在现实生活中，这样的例子不胜枚举，但是仅有少数创业者能够把握创业机会而成功创业。创业机会的识别，实际上是创业者利用各种渠道掌握的信息，与外部环境互动从而发现商机的过程。而创业风险与创业机会永远是并存的，创业者必须学会识别并应对创业过程中的各种风险。

习语研读

广大青年要保持初生牛犊不怕虎的劲头，不懂就学，不会就练，没有条件就努力创造条件。“志之所趋，无远弗届，穷山距海，不能限也。”对想做爱做的事要敢试敢为，努力从无到有、从小到大，把理想变为现实。要敢于做先锋，而不做过客、当看客，让创新成为青春远航的动力，让创业成为青春搏击的能量，让青春年华在为国家、为人民的奉献中焕发出绚丽光彩。

——2016 年 4 月 26 日，习近平在知识分子、劳动模范、青年代表座谈会上的讲话

第一节　创业机会的识别与评估

一、创业机会概述

(一)创业机会的概念与特征

1. 创业机会内涵

纽约大学教授柯兹纳指出，创业机会是未明确市场需求或未充分使用的资源或能力，它不同于有利可图的商业机会，其特点是发现甚至创造新的手段—目的。手段—目的理论认为，顾客在购买产品和服务时，其出发点是实现一定的价值，为了实现这一价值需要获取一定的利益，为了获取这一利益需要购买一定的产品和服务，从而形成一个手段—目的链，即产品属性—产品利益—个人价值关系，以此来实现创业收益，促进“产品、服务、原材料或组织方式”有极大的革新和效率的提高，且具有持续创造超额经济利润或者价值的潜力。

2. 创业机会的定义

创业机会的几种常见定义：创业机会是可以为购买者或使用者创造或者增加价值的产品和服务。创业机会是一种新的“目的—手段”关系，它能为经济活动引入新服务、新原材料、新市场或新组织方式。

目前，广为学术界接受的定义是：创业机会是未明确的市场需求或未充分使用的资源或能力，它不同于有利可图的商业机会，其特点是发现甚至创造新的“目的—手段”关系来实现创业，对于“产品、服务、原材料或组织方式”有极大的革新和效率的提高。

大多数创业者都是把握了商业机会从而成功创业的，例如，牛根生看到了乳业市场的商机，创建了蒙牛集团；罗红看到了蛋糕市场的商机，创办了好利来。在现实生活中，这样的例子不胜枚举，但是仅有少数创业者能够把握创业机会成功创业。

3. 创业机会的特征

(1)普遍性。凡是有市场、有经营的地方，客观上就存在着创业机会。创业机会普遍存在于各种经营活动过程中。

(2)偶然性。对于一家企业来说，创业机会的发现和捕捉带有很大的不确定性，任何创业机会的产生都有“意外”因素。

(3)消逝性。创业机会存在于一定的时空范围之内，如果产生创业机会的客观条件发生变化，创业机会就会相应地消逝和流失。

(二)创业机会的分类

1. 按创业机会的来源划分

创业机会按来源可以分为问题型机会、趋势型机会和组合型机会三种类型。

(1)问题型机会，指的是由现实中存在的未被解决的问题所引发的一类机会。问题型机会在人们的日常生活中和企业实践中大量存在，比如顾客的抱怨、大量的退货、无法买到称心如意的商品、服务质量差等，在这些问题的解决中都存在创业机会。

(2)趋势型机会，是在变化中看到未来的发展方向，预测到将来市场潜力的一类机会。趋势型机会一般出现在经济变革、政治变革、人口变化、社会制度变革、文化习俗变革等多个方面，一旦被人们认可，它产生的影响将是持久的，带来的利益也是巨大的。

(3)组合型机会，是将现有的两项或两项以上的技术、产品、服务等因素组合起来，实现新的用途和价值而获得的创业机会。

2. 按“目的—手段”关系的明确程度划分

创业机会按“目的—手段”关系的明确程度不同可分为识别型机会、发现型机会和创造型机会三种类型。

(1)识别型机会，是指市场中的“目的—手段”关系十分明显时，创业者可通过“目的—手段”关系的联结来辨识机会。

(2)发现型机会，是指目的或手段中的任意一方的状况未知，等待创业者进行机会发掘。

(3)创造型机会，是指目的和手段皆不明朗，创业者要比他人更具先见之明，才能创造出有价值的市场机会。

(三)创业机会的来源

创业机会主要产生于技术变革、政治和制度变革、社会和人口结构变革以及产业结构变革四种变革。这四种变革是创业机会的最主要来源。

1. 技术变革

技术变革可以使人们去做以前不可能做到的事情，或者更有效地去做以前只能用不太有效的方法去做的事情。随着科学技术的发展，越来越多过去不敢想象的事情都在慢慢实现。

技术变革是创业机会的重要来源，能使人们以新的、更有效的方式做事，它主要来源于新的科技突破和社会的科技进步。技术上的任何变化或多种技术的组合都可能给创业者带来某种商业机会。技术变革主要表现为以下三种形式。

(1)新技术替代旧技术。

(2)实现新功能、创造新产品的新技术的出现。

(3)解决新技术带来的新问题。

2. 政治和制度变革

政治和制度变革带来的创业机会是指由于国家法律法规有所变动而带来的新的行业、新的市场、新的创业机会的发展；或是由于国家发展计划重点的转移，原来没有受到重视的区域市场重新受到人们的重视，创业者也跟随政府规划开发出一片新市场，从中获得新的创业机会。政治和制度变革使人们能够开发出商业创意，从而用新的方法使用资源，这些方法或者更有效率，或者能够将财富重新分配。政治和制度变革主要表现为以下三种形式。

(1)法律法规解除原来禁止的行为所带来的创业机会。

(2)因政府在地区政策上的差异而带来的创业机会。

(3)新政策的实施所带来的创业机会。

3. 社会和人口结构变革

社会和人口结构变革是创业机会的一个重要来源，主要原因如下。

(1)社会和人口结构的变革改变了人们对产品和服务的需求。

(2)社会和人口结构的变革使人们针对顾客需求所提出的解决方案比目前能够获得的方案更有效率。

4. 产业结构变革

(1)市场出现了与经济发展阶段相关的新需求，如农村经济发展带来了家电、农用机械的畅销；居民可支配收入的增长使少儿特长教育、留学服务机构和旅游成为热门消费领域。

(2)当前市场供给缺陷产生的新的商业机会，如供不应求的小市场机会。

(3)经济发达国家或地区产业转移带来的市场机会，如经济发达国家或地区劳动力成本高，竞争压力大，对环保的要求高，因而为创业者提供了把这些国家或地区的产业引入经济欠发达的国家或地区的商业机会。

(4)从中外差距中寻找隐含的商机，如人身保险、汽车服务(驾校、汽车美容)、税务代理、管理咨询和个人理财顾问等。

5. 环境变化

环境(宏观和微观)变化是创业机会的重要来源。在这个“唯一能够确定的就是不确定性”的复杂动态商业环境中，蕴藏着许多“变化”的机会。环境包括政策环境和资源环境。环境变化包括技术变革、土地制约、生态制约以及能源供应的紧缺引发的变化等。

6. 新消费升级

成功的创业者总能敏锐地感知社会大众的需求变化，并能够从中捕捉到市场机会。一方面从消费潮流的变化中判断可能出现的市场机会；另一方面根据消费者的心理，通过产品和服务的创新，引导需求并满足需求，开拓全新的市场。顾客想要解决的问题、生活中的“痛点”、新的消费升级，这些都将催生新的创业机会。另外，新型服务的发展促进了第三产业的发展，而第三产业的发展将为创业者尤其是中小企业的创业者提供更广阔的空间。

案例 6-1

“月子阿姨”

近年来，“月子阿姨”在杭州大行其道，开创这个行业的是一个女人，名叫俞某。

俞某于20世纪90年代初毕业于杭州大学，曾在一家国企做过管理工作，还曾在某企业做过企划。这段经历对俞某的影响很大，教会了她用科学的方法来思考和处理问题。后来俞某进入了某租赁公司。

1999年，俞某的女儿出生了，初为人母的喜悦很快被烦恼所代替，原因在于难以找到一个合适的月子保姆。在女儿出生后的短短一个月内，俞某换了6个保姆。她开始思考一个问题，自己有这样的烦恼，别人是不是也会有同样的烦恼？如果能够为大家解决这个烦恼，岂不是一个巨大的商机？于是，俞某很快进行了一番市场调查，发现月子保姆市场确实存在，而且市场还不小。这让她深感兴奋，一直有创业情结而始终找不到好项目的她终于选定了创业目标。目标定好了，俞某并没有盲动。她知道自己资金不多，禁不起慢慢折腾，需要寻找一条成功的捷径。她很快就找到了这条捷径：与省妇女保健医院合作，共同开发月子保姆市场。后来她又尝试与省儿童保健院联系，对方同样很感兴趣。

创业的两大难题——技术和客源，就这样轻而易举地得到了解决。当俞某到工商部门去申请登记注册时，对方十分惊讶，因为他们还从来没有听说过有这样一个行当。俞某的公司是杭州第一家以产妇、新生儿为服务对象的专业公司。俞某给自己的公司取名为杭州世纪母婴服务有限公司。因为这个事情实在新鲜，引起了很多新闻媒体的兴趣，杭州的报纸、电台、电视台进行了轮番报道，俞某和她的世纪母婴服务有限公司一举成名。

俞某的生意做得顺风顺水。虽是一门小生意，而且做的是短期业务，因为月子保姆的服务时长一般在1个月左右，但是附加值很高，单位产值十分惊人。俞某的公司目前除去各项开支，每月纯利润可达数万元。近期，她还准备在义乌和温州、宁波、台州等地开办分公司或者发展加盟连锁机构。

设身处地的下一句话就是“推己及人”。从自己和别人的困难中发现商业机会，已经成为一个常规的识别创业机会的方法，而且成功的几率非常高。这是因为当自己或别人感到困难的时候，证明市场已经形成，你所需要做的只是采取正确的方法，对已经形成的市场进行开发，这比凭空创造一个新市场要容易得多，需要的投入也会小得多。所以，作为投资者和创业者，平时要留心观察，机会说不定就在身边。

二、创业机会识别

(一)影响创业机会识别的因素

在现实中，许多人都有创业的想法，富有创业幻想，但能否在众多的创业想法中发现真正的创业机会并有能力抓住它，最终成为一个成功的创业者，这受到许多因素的影响。

1. 先前经验

先前经验也可以说是历史经验，在特定产业中的先前经验有助于创业者识别创业机会。在某个产业工作，个体可能识别出未被满足的市场，这个现象叫作“走廊原理”。它是指创业者一旦创建企业，就开始了一段旅程，在这段旅程中，通向创业机会的“走廊”将变得清晰可见。某个人一旦投身于某产业的创业中，将比那些从产业外观察的人更容易看到产业内的新机会。

2. 认知因素

机会识别可能是一种先天技能或一个认知过程。有些人认为：创业者有“第六感”，使他们能看到别人错过的机会。多数创业者以这种观点看待自己，认为自己比别人“更警觉”。警觉很大程度上是一种习得性的技能，拥有某个领域更多知识的人，倾向于比其他人对该领域内的机会更警觉。例如，一位计算机工程师就比一位律师对计算机产业内的机会和需求更警觉。

3. 社会关系网络

个人社会关系网络的深度和广度影响着机会识别。建立了大量社会与专家联系网络的人比那些拥有少量网络的人更容易得到机会和创意。一项针对 65 家初创企业的调查发现，其中大多数的创业者报告说：他们是通过社会联系得到了商业创意。一项类似的研究考察了独立创业者(独自识别出创业机会的创业者)与网络型创业者(通过社会联系识别机会的创业者)之间的差别，研究人员发现，网络型创业者能比独立创业者识别出更多的机会。

4. 创造性

创造性有助于产生新奇或有用的创意。从某种程度上来说，机会识别是一个创造过程，是反复的创造性思维过程。创业者在听到很多奇闻趣事的基础上，会很容易看到创造性包含在许多产品、服务和业务的形成过程中。

(二)创业机会识别的方法

常用的创业机会识别的方法有市场调研、系统分析、问题导向与创新变革四种。

1. 市场调研

这里的市场调研主要强调第一手资料与第二手资料的获取两个方面。

一是通过与顾客、供应商、代理商等的面对面沟通，获取鲜活的第一手资料与信息，了解现在发生了什么以及未来将要发生什么；二是通过各类媒体、出版物、数据库，获取你想要的资料与信息，了解你通过面对面沟通形式可能无法触及的信息。

获得第一手资料与第二手资料后，要对这些资料进行分类并编码，便于自己随时查询、使用。尤其是针对自己的某个特定想法时，可以通过现有的市场调研数据来精准地发现可能的创业机会。

冰冻三尺，非一日之寒；滴水石穿，非一日之功。调研、分析、记录想法，再调研、再分析……这是一个日积月累、厚积薄发的过程。

2. 系统分析

在市场经济发展日渐成熟的现状下，过去“野蛮生长”方式亦能生存、处处是顾客与商机的时代已经一去不复返了，现实中的企业往往是在“夹缝中求生存，变化中寻商机”。因此，绝大多数创业机会都需要通过系统分析才能够发现。我们唯一要做的，就是借助市场调研的方式，从企业的宏观环境(如政治、社会、法律、技术、人口等)与微观环境(如细分市场、顾客、竞争对手、供应商等)的变化中寻找新的顾客需求与新的商机，这是当今时代创业机会识别最常用、最有效的方法之一。

3. 问题导向

问题导向是指创业机会识别源于一个组织或者个人面临的某个问题或者明确的需求，这是创业机会识别最快速、最精准、最有效的方法。因为创业的根本目的是为顾客创造新的价值，解决顾客面临的问题。在这个过程中，常用的方法就是不断地与顾客沟通，不断地听取顾客的建议，基于顾客的需求创造新的产品或者服务。当然，在此基础上再进行市场调研、系统分析，可以说是有的放矢，且更为科学、严谨。不过，在通过问题导向发现创业机会的过程中，要注意把控问题的难易程度，不可不切实际地探寻问题的解决方案，否则只会徒劳无获。

4. 创新变革

通过创新变革获得创业机会的方式在高新技术、互联网行业中最为常见。在这种创业机会识别过程中，通常是针对目前明确的或者未来潜在的市场需求，探索相应的新技术、新方法、新知识或新模式，或者是利用已有的某项技术发明、商业创意来实现新的商业价值，而且一旦获得成功，创业者凭借其具有变革性、超额价值的新产品或者新服务很容易就能够在市场中处于压倒性的主导地位。

但是，正如毛泽东所说"任何新生事物的成长都是要经过艰难曲折的"，创新变革的难度比其他任何方式都要大，风险系数也比较高。因为新技术或者新知识能否真正满足顾客的需求，尚需市场的考验，其稳定性、先进性需要十足的把握，才能成为真正的创业机会，而且新技术的发明通常都需要大量持续的资金、人力与物资投入，这个过程往往是极其漫长与艰难的。

(三)创业机会识别的一般过程

创业过程开始于创业者对创业机会的把握。创业者从成千上万的创意中选择自己心目中的创业机会，随之不断开发这一机会，使之成为真正的企业，直至最终收获成功。在这个过程中，创业者反复权衡机会的潜在预期价值以及自身的创业能力，创业者对创业机会的战略定位也越来越明确，这一过程称为机会的识别过程。这个机会识别过程实际上是广义的识别过程，因为它囊括了大部分研究中提到的机会发现、机会鉴别、机会评价等创业活动。

阶段 1：机会搜寻。这一阶段，创业者对整个经济系统中可能的创业信息展开搜索。信息可以分为原始信息和加工信息两大类。原始信息是指在经济活动中直接产生或获取的数据、概念、知识、经验及其总结，是未经加工的信息。加工信息则是对原始信息经过加工、分析、改编和重组而形成的具有新形式、新内容的信息。这两类信息都对创业活动发挥着重要作用，如政治政策状况、经济发展状况、人口统计、社会文化与风土人情、技术发展趋势等。

如果创业者意识到某一创意可能是潜在的商业机会，具有潜在的发展价值，就进入机会识别的下一阶段。

阶段 2：机会识别。相对整体意义上的机会识别过程，这里的机会识别应当是狭义的识别，即从创意中筛选合适的机会。这一过程包括两个步骤：第一步是通过对整体的市场环境，以及一般的行业分析来判断该机会是否在广泛意义上属于有利的商业机会，林赛和克雷格称之为机会的标准化识别阶段；第二步是考察对于特定的创业者和投资者来说，这一机会是否有价值，也就是个性化的机会识别阶段。

尽管发现了创业机会，但这并不意味着就要创业，更不意味着成功就在眼前。创业活动是创业者与创业机会的结合，并非所有的创业机会都有足够大的价值潜力来填补为把握机会所付出的成本，并非所有机会都适合每个人。尽管在整个创业过程中，评价创业机会的过程非常短暂，但它非常重要，是创业者发现创业机会之后做出是否创业决策的重要依据。对大学生而言，创业机会的评估尤其重要。

阶段 3：机会评价。实际上这里的机会评价已经带有调查的含义，相对比较正式，考察的内容主要是各项财务指标、创业团队的构成等。通过机会评价，创业者决定是否正式组建企业、吸引投资。

对创业者来说，关键在于如何从众多机会中寻找有价值的创业机会，并采取快速行动来把握机会。

三、创业机会评价

事实上，创业机会评价和创业机会识别是共同存在的。创业者在识别创业机会时也有意无意地进行评价活动。在他们的分析框架中，机会识别和机会评价并非两个完全割裂的概念。

创业机会开发的每一步都需要进行评估。也就是说，机会评价伴随整个机会识别的过程。在机会识别的初始阶段，创业者可以非正式地调查市场的需求及所需的资源，直到断定这个机会值得考虑或值得进一步深入开发。在机会开发的后期，这种评价变得较为规范，并且主要集中于考察这些资源的特定组合是否能够创造出足够的商业价值。

(一)创业机会评价框架

“创业教育之父”蒂蒙斯提出了备受推崇的创业机会评价框架。该评价框架涉及行业和市场、经济因素、收获条件、竞争优势、个人标准、理想与现实的战略差异 6 个方向的 46 项指标，详见表 6-1。

表 6-1　创业机会评价框架

方向	指标
行业和市场	(1)市场容易识别，可以带来持续收入。 (2)顾客可以接受产品或服务，愿意为此付费。 (3)产品的附加价值高。 (4)产品对市场的影响力高。 (5)将要开发的产品生命力长久。 (6)项目所在的行业是新兴行业，竞争不完善。 (7)市场规模大，销售潜力达 1 000 万～10 亿元。 (8)市场成长率为 30%～50%甚至更高。

续表

方向	指标
	(9)现有厂商的生产能力几乎饱和。 (10)在五年内能占据市场的领导地位，届时市场占有率在20%以上。 (11)拥有低成本的供应商，具有成本优势
经济因素	(1)达到盈亏平衡点所需要的时间为1.5～2年或更短。 (2)盈亏平衡点不会逐渐提高。 (3)投资回报率在25%以上。 (4)项目对资金的要求不是很大，能够获得融资。 (5)销售额的年增长率高于15%。 (6)有良好的现金流量，能占到销售额的20%～30%或更多。 (7)能获得持久的毛利，毛利率在40%以上。 (8)能获得持久的税后利润，税后利润率超过10%。 (9)资产集中程度低。 (10)运营资金不多，需求量是逐渐增加的。 (11)研究开发工作对资金的要求不高
收获条件	(1)项目带来的附加价值具有较高的战略意义。 (2)存在现有的或可预料的退出方式。 (3)资本市场环境有利，可以实现资本的流动
竞争优势	(1)固定成本和可变成本低。 (2)对成本、价格和销售的控制较高。 (3)已经获得或可以获得对专利所有权的保护。 (4)竞争对手尚未觉醒，竞争对手较弱。 (5)拥有专利或具有某种独占性。 (6)拥有发展良好的网络关系，容易获得合同。 (7)拥有杰出的关键人员和管理团队
个人标准	(1)个人目标与创业活动相符合。 (2)创业者渴望创业这种生活方式，而不只是为了赚大钱。 (3)创业者可以承担适当的风险。 (4)创业者在压力下状态依然良好
理想与现实的战略差异	(1)理想与现实情况相吻合。 (2)管理团队已经是最好的。 (3)在客户服务管理方面有很好的服务理念。 (4)所创办的事业顺应时代潮流。 (5)所采用的技术具有突破性，不存在许多替代品或竞争对手。 (6)具备灵活的应变能力，能快速进行取舍。 (7)始终在寻找新的机会。 (8)定价与市场领先者几乎持平。 (9)能够获得销售渠道，或已经拥有现成的网络。 (10)能够允许失败

1. 行业和市场方面的评估准则

(1)市场基础。一个好的创业机会，必然具有特定的市场基础，专注于满足顾客需求，同时能为顾客带来更大的利益。因此，评估创业机会的时候，可由市场定位是否明确、顾客需求分析是否清晰、顾客接触途径是否流畅、产品线是否可以持续衍生等，来判断创业机会可能创造的市场价值。若能带给顾客更高的价值，则创业成功的概率也会越高。

(2)市场结构。对创业机会所属行业的市场结构进行分析，包括进入障碍、上游厂商、顾客、渠道商的谈判力量、替代性竞争产品的威胁以及市场内部竞争的激烈程度。由市场结构分析可以得知新企业未来在市场中的地位，以及可能遭遇竞争对手反击的程度。

(3)市场规模。市场规模大小与成长速度，也是影响创业成败的重要因素。一般而言，市场规模较大的领域，其进入门槛可能相对较低，但由于参与者数量较多，市场竞争激烈程度往往较高。如果要进入的是一个十分成熟的市场，那么纵然市场规模很大，由于成长性不高，利润空间必然很小，因此这项创业恐怕就不值得投入。反之，一个正在成长中的市场，通常也会是一个充满商机的市场，孕育着结构性机会，只要进入的时机正确，必然有获利的空间。

(4)市场渗透力。对于一个具有较大市场潜力的创业机会，市场渗透力(市场机会实现的过程)评估将会是一项非常重要的影响因素。聪明的创业者通常选择在最适宜的时机进入市场，即当市场需求正要大幅成长之际，已经将产能备好，等着接单。

(5)市场占有率。创业机会预期可达成的市场占有率目标可以显示新企业未来的市场竞争力。一般而言，要成为市场的领导厂商，通常需要拥有较高的市场占有率(例如20%以上)。若低于5%的市场占有率，则表示该创业项目的市场竞争力不高，自然也会影响新企业的市场价值。尤其对于处在“赢家通吃”竞争格局的高科技产业，新企业必须拥有能够成为市场前几名的能力，才更具有被投资的价值。

(6)产品的成本结构。产品的成本结构也可以反映创业项目的前景是否光明。例如，由物料与人工成本所占比重、变动成本与固定成本的比重，以及经济规模，可以判断创业项目能够创造的附加价值以及未来可能的获利空间。

2. 经济效益的评估准则

(1)合理的税后净利润。一般而言，具有吸引力的创业机会，至少能够创造15%的税后净利润。如果创业项目预期的税后净利润在5%以下，那么这就不是一个好的投资机会。

(2)达到盈亏平衡所需的时间。合理的盈亏平衡应该能在两年内达成，如果三年还达不到，就不是一个值得投入的创业机会。不过有的创业项目确实需要经过比较长的耕耘时间，由前期投入创造进入障碍，并因此保证后期的持续获利。在这种情况下，可以将前期投入视为一种投资，那么就可以容忍较长的盈亏平衡时间。

(3)投资报酬率。考虑到创业开发可能面临的各项风险，合理的投资报酬率通常应该在25%以上。一般而言，低于15%的投资报酬率可能不是一个值得考虑的创业机会。

(4)资本需求。资金需求量较低的创业机会，一般会比较受投资者的欢迎。事实上，许多个案显示，资本额过高其实并不利于创业成功，有时还会带来稀释投资报酬率的负面效果。通常，越是知识密集型创业机会，对于资金的需求量越低，投资回报率反而会越高。因此，在创业开始的时候，不要募集太多的资金，最好通过盈余积累的方式来创造资金。而比较低的资本额，将有利于拉高每股盈余，并且还可以进一步提高未来上市的价格。

(5)毛利率。毛利率高的创业机会，相对风险较低，也比较容易实现盈亏平衡。反之，毛利率低的创业机会，风险则较高，遇到决策失误或市场产生较大变化的时候，企业很容易遭受损失。一般而言，理想的毛利率是40%。当毛利率低于20%时，这个创业机会通常不值得再予以考虑。

(6)策略性价值。能否创造新企业在市场上的策略性价值，也是一项重要的评价指标。一般而言，策略性价值与产业网络规模、利益机制、竞争程度密切相关，而创业机会对于产业价值链所能创造的价值效果，也与所采用的经营策略和经营模式密切相关。

(7)资本市场活力。当新企业处于一个具有高度活力的资本市场时，它的获利回收机会相对也会比较高。不过资本市场的变化幅度极大，因此在市场高点时投入，资金成本较低，筹资相对容易。但在资本市场低点时，投资新企业开发的诱因则较低，好的创业机会也相对较少。不过对投资者而言，市场低点的取得成本较低，有的时候投资报酬反而会更高。一般而言，新企业在活跃的资本市场中比较容易实现增值，因此资本市场活力也是一项可以用于评价创业机会的外部环境指标。

(8)退出机制与策略。所有投资的目的都在于回收，因此退出机制与策略就成为一项评估创业机会的重要指标。企业的价值一般也要由具有客观鉴价能力的交易市场来决定，而这种交易机制的完善程度也会影响创业退出机制的弹性。由于退出的困难度普遍要高于进入，所以一个具有吸引力的创业机会，应该为所有投资者考虑退出机制以及退出的策略规划。

3. 创业团队的评估准则

(1)最佳团队组合。由声誉卓著的创业者领军，结合一群各具专业背景的成员所组成的创业团队，再加上较强的团队凝聚力与共同的价值观，这种高效创业团队通常被视为创业成功的最佳保证。因此，评价创业机会，绝对不可忽视对创业团队核心成员以及团队整体竞争力的评估。

(2)产业经验与专业背景。创业者与他的团队成员对所要投入产业的相关经验与了解程度的多寡，也会影响创业的成败。一般可以通过产业内专家对创业团队成员的背景经验与专业能力的评价来获得这项信息。再好的创业机会，如果创业团队不具备相关产业经验或专业背景，对于投资者也不会具有任何吸引力。

(3)人格特质。创业团队核心成员的人格特质也是影响创业结果的关键因素，尤其是创业者的人品与道德观。在业界具有良好声誉，重视诚信、正直、无私、公平等基本为人处世原则的创业者，对于创业机会评价通常具有显著的加分效果。许多绝佳的创业机会，最后都是因为内部争权夺利而功败垂成，这也凸显了领导者的人格特质对于创业成功的重要性。

(4)专业性和坦诚度。一个优秀的创业团队，在工作中，通常能够以理性客观的态度坦诚面对各项问题，不刻意欺骗客户与投资者，不逃避事实，不否认自己的不足，并且创业团队成员也知道应该如何去做才能克服自己的不足。而在许多创业失败的个案中，其创业团队往往生怕别人看穿自己的不足，因此强烈防御他人质疑而一味掩饰，甚至推诿责任，不但没有面对缺失的勇气，也没有解决问题的能力。精明的投资者经常可由访谈的过程来判断创业团队的专业性和坦诚度，并将其作为是否支持该创业项目的重要决策参考。

4. 个人方面的评估准则

(1)与个人目标契合程度。创业过程中遭遇的困难与风险极大，因此有必要了解创业者的创业动机，以利于判断他愿意为创业活动付出的代价。一般认为，创业机会与创业者目标的契合程度越高，则创业者的投入意愿与风险承受意愿越强，创业目标实现的概率也相对较高。因此，一个具有吸引力的创业机会，一定是能与创业者个人目标充分契合的。

(2)机会成本。一个人一生的黄金时间大约有 30 年，其间可分为学习、发展与收获等不同阶段，而为了这个创业机会，你将需要放弃什么？可以从中获得什么？得失的评价如何？在决定创业之前，所有参与创业的成员都需要仔细思考创业所要付出的机会成本。经过机会成本的客观判断，才能得知创业机会是否对个人生涯发展具有吸引力。

(3)对于失败底线的看法。古人说：“留得青山在，不怕没柴烧。”创业者必须具备敢于承担失败风险的勇气，但也不宜将个人声誉与全部资源都压在一次创业活动上。理性的创业者应提前设定承受失败的底线(如止损线、信用安全线)，以保留下次东山再起的机会。因此，在评估创业机会的时候，也需要了解创业团队成员对于失败底线的看法。铤而走险的创业构想，通常不会被投资者视为一个好的创业机会。

(4)个人偏好。评估创业机会的时候，也需要考虑创业的内容与进行方式是否符合创业者个人的偏好，包括工作地点、生活习惯、个人嗜好等。

(5)风险承受度。每个人的风险承受度存在差异，创业者的风险承受度也是影响创业机会评估的重要因素。一般而言，创业者的风险承受度太高或太低均不利于新企业的发展。风险承受度太高的创业者，可能会因为孤注一掷的举动而将企业置于险境。而风险承受度太低的创业者，由于决策过于保守，拥有的创新机会相对也会比较少。一个能理性分析创业风险的人，才是比较理想的创业者，由他来执行的创业项目通常更具有吸引力。

(6)负荷承受度。创业团队的负荷承受度，也是衡量创业机会的一项重要指标。负荷承受度与创业团队成员愿意为创业投入的工作量以及愿意忍受的辛苦程度密切相关。一般来说，由负荷承受度较低的创业团队提出的创业构想，成功的概率也较低。

5. 竞争优势的评估准则

(1)成本竞争力。一个好的创业项目，通常具有通过持续降低成本创造竞争优势的能力。除了通过实现规模经济来降低成本，良好的品质管理、高效率的生产管理、优越的采购能力、快速的产品设计、较高的自制率等，也都是降低成本的有效手段。因此，一个具有吸引力的创业项目，其物料成本、制造成本、营销成本等应是可控的，且拥有持续降低成本的能力。总之，创业项目所呈现的成本竞争力的大小，是评价该创业项目能否获得成功的重要指标。

(2)市场控制力。企业对于市场的产品价格、客户、渠道、零件价格的控制力，关系到企业的竞争能力。因此，一个缺乏市场控制力的创业机会，其投资吸引力也会比较低。如果一个新企业对于关键零件来源与价格缺乏控制力，对于经销渠道与经销商也缺乏控制力，同时订单几乎完全依赖个别客户，那么该创业项目面临的经营风险一定很高，要想持续获利也会非常困难。不过，如果创业机会具有持续推进产品创新的能力，那么就比较有机会摆脱这种为他人所控制的市场困局。

(3)进入障碍。高进入壁垒的市场，对于创业开发不具有吸引力。同样地，新企业如果无法制造进入障碍，该创业项目也不是一个好的投资机会。制造进入障碍的方式包括专利、核心能力、规模经济、商誉、高品质低成本、掌握稀有资源、掌握通路、快速创新缩短生命周期等。在一个处处存在障碍的市场中，发掘好的创业机会通常比较困难。而缺乏进入障碍的新市场，往往容易吸引大量的竞争者，随之而来的是毛利润快速下降。因此，所谓具有吸引力的创业机会，进入的应该是一个障碍还不太高的新市场，但进去以后需要具备制造进入障碍的能力，以保护自身的市场利益。

6. 策略特色的评估准则

一个具有吸引力的创业机会，通常具有某些特色，而这些特色往往能转化为新企业成功的策略性影响因子。考察创业项目是否具有这些特色，也是创业机会评估不可或缺的工作。

(1)创业模式组合。创业模式组合主要评估新企业在创业者、创业团队、创业机会、创业资源四者间是否能够形成良好的搭配组合，也就是说这项创业活动是否在因缘际会与天时地利人和的情况下形成，并且将人、资源与机会进行了优化整合。

(2)团队优势。团队优势主要评估创业团队在专业能力、产业经验、道德意识、管理能力、决策能力等方面的协同合作能力，即创业团队的组成与运作是否能够为新企业带来特定的优势。

(3)服务品质。顾客服务品质关系到企业的市场竞争力，因此新企业的经营模式是否能在服务品质方面具有差异化特色，并且能够创造明显的竞争优势，也是创业机会评价的重要指标。

(4)定价策略。一个好的定价策略是采取略低于市场领导厂商产品的价格，而不是以过低的价格进行市场竞争。以低价抢占市场，通常不是一种可取的竞争策略。因此，在进行创业机会评估时，也需要评估定价策略是否具有能够创造优势的特色。

(5)策略弹性。成熟大型企业的最大弱点就是决策缓慢，尤其在需要调整策略方向的时候，往往要经过长期的内部磋商。反之，新企业的包袱较少，决策速度相对较快，因此策略弹性往往成为新企业的竞争优势。对创业机会进行评估时，投资者通常关注其在面临经营环境变化之际，在经营决策方面是否能作出快速灵活的应对。

(6)技术优势。新企业拥有的技术领先程度、技术专利、技术授权、技术联盟关系等，都可能成为一种可以创造优势的策略特色。

(7)进入时机。如果能掌握市场机会窗口打开的时机，采取适当的进入策略，创业成功的概率就会大幅提升。因此，新企业对于市场进入时机的判断水准，也是一项重要的策略特色。

(8)机会导向。一般而言，自动上门的机会通常品质不高，而自己主动发掘的机会带来收益的可能性更高。因此，凡是能够密切注意市场变化，主动发掘并掌握创业机会的创业团队，其创业成功的概率相对也会比较高。

(9)销售渠道。渠道经常是一个被忽略的议题，但渠道却是可能对新企业发展产生致命影响的因素之一。技术背景创业者通常会有一种错误的认知，他们以为只要产品精良，顾客自然就会找上门。实际上，许多优秀的产品都没有接触消费者的机会，原因就在于缺乏适当的销售渠道。所以新企业在销售渠道规划方面是否具有一定的创新优势与策略特色，也是评估创业机会不可忽视的重点。

(10)误差承受力。所有的创业规划都属于预估，因此未来的实际状况必定与假设情境有极大的出入。所谓误差承受力，是指在实现创业目标的前提下，执行创业计划的弹性，以及创业团队与创业资源能够承受变动的程度。一项创业如果对未来情境预测误差有比较高的承受力，也应该被视为一项具有策略特色的创业机会。

(二)评价创业机会价值的方法

大卫·贝奇教授在《创业学》一书中提到了四种评价创业机会的方法：标准打分矩阵、西屋法(Westing House System)、Haman's Potentionmeter 法、Baty 选择因素法。

1. 标准打分矩阵

标准打分矩阵是指创业者通过选择对创业机会成功有重要影响的因素，并由专家小组对每个因素进行极好、好、一般三个等级的打分，最后求出每个因素在各个创业机会下的加权平均分，从而对不同的创业机会进行比较的方法。

2. 西屋法(Westing House System)

这种方法实际上是用公式计算评价和比较各个机会的优先级，计算公式如下：

$$\text{机会优先级}=\frac{\text{技术成功概率}\times\text{商业成功概率}\times(\text{价格}-\text{成本})\times\text{投资生命周期}}{\text{总成本}}$$

3. Haman's Potentionmeter 法

这种方法是创业者通过填写针对不同因素的不同情况预先设定好权值选项式问卷的方式，快捷地得到特定创业机会的成功潜力指标。对于每个因素来说，不同选项的得分可以为－2～2 分。将所有因素得分加总得到最后的分值，总分越高说明特定创业机会成功的潜力越大。以表 6-2 为例，只有那些最后得分高于 15 分的创业机会才值得创业者进行下一步的策划，低于 15 分的都应被淘汰。

表 6-2 Haman's Potentionmeter 法评价表

因素	分值(−2～2 分)
1. 对税前投资水平的贡献	
2. 预期的年销售额	
3. 生命周期中预期的成长阶段	
4. 从创业到销售额高速增长的预计时间	
5. 投资回报期	
6. 占有领先地位的潜力	
7. 商业周期的影响	
8. 为产品制定高价的潜力	
9. 进入市场的容易程度	
10. 市场试验的时间范围	
11. 对销售人员的要求	

4. Baty 选择因素法

这种方法是创业者通过对 11 个选择因素的设定来判断创业机会。如果某个创业机会只符合其中少于 7 个因素，那么该创业机会很可能不可取；若符合 7 个及以上因素，则机会相对较大。Baty 选择因素法评价表详见表 6-3。

表 6-3 Baty 选择因素法评价表

因素	是否符合
1. 这个创业机会在现阶段是否只有你一个人发现	
2. 创始的产品生产成本是否可以接受	
3. 初始的市场开发成本是否可以接受	
4. 产品是否具有高利润回报的潜力	
5. 是否可以预期产品投放市场和达到盈亏平衡点的时间	
6. 潜在的市场是否巨大	
7. 产品是否属于一个高速成长的产品家族中的第一个成员	
8. 是否拥有一些现成的初始客户	
9. 是否可以预期产品的开发成本和开发周期	
10. 是否处于一个成长中的行业	
11. 金融界是否能够理解你的产品和顾客对它的需求	

(三)对创业机会的自我评价

对创业机会的自我评价，可以从以下三个方面进行。

(1)在个人经验层面，要考虑以前的工作和生活经验是否能够支撑后续开发创业机会所必需的知识和技能。

(2)在社会网络层面，要考虑自己身边认识、熟悉的人能否提供后续开发机会所需的资源和其他因素。

(3)在经济状况层面，要重点考虑的是能否承受从事创业活动所带来的机会成本。

第二节　创业风险的识别与规避

在创业过程中，由于创业环境的不确定性，创业机会与创业企业的复杂性，创业者、创业团队和创业投资者的能力有限性，创业活动偏离预期目标的可能性是非常大的。因此，创业者及创业企业时时刻刻处在风险的包围之中，如何正确识别和规避创业风险是创业企业需要持续关注的问题。

一、创业风险的概念

(一)风险与创业风险

一般从两个角度理解风险，一是强调风险表现为结果的不确定性，二是强调损失的不确定性。前者属于广义上的风险，说明未来利润多寡的不确定性；后者属于狭义上的风险，只能表现为损失，没有获利的可能性。

风险的核心含义是未来结果的不确定性或损失。对此，我们将创业风险定义为企业在创业过程中存在的各种风险，它包含了创业环境的不确定性，创业机会与创业企业的复杂性，以及创业者、创业团队和创业投资者的能力有限性导致的创业活动结果的不确定性等。

另外，创业风险客观存在，但是如果采取适当的防范策略使破坏或损失的概率不会出现，或者说在理性判断的基础上，继而采取及时而有效的防范措施，那么风险也可能带来机会。由此进一步延伸风险的意义，不仅仅是规避了风险，可能还会带来比例不等的收益。这就是为什么有时候风险越大，回报越高。因此，如何判断风险、选择风险、规避风险，继而运用风险，在风险中寻求机会，创造收益，意义将更加深远而重大。

(二)创业风险的共同特征

创业风险种类繁多，贯穿并交织于整个创业过程，但是这些风险具有一些共同的特征。

1. 客观性

创业本身就是一个识别风险和应对风险的过程，风险的出现不以人的意志为转移，所以创业风险的存在是客观的。

2. 不确定性

由于创业所依赖和影响的因素具有不确定性，这些因素是不断变化、不断发展甚至是难以预料的，因此造成了创业风险的不确定性。

3. 双重性

创业有成功和失败两种可能，创业风险则具有盈利和亏损的双重性。

4. 可变性

随着影响创业因素的变化，创业风险的大小、性质和程度也会发生变化。

5. 可识别性

根据创业风险的特征和性质，创业风险是可以被识别和划分的。

6. 相关性

创业风险与创业者的行为紧密相连。针对同一风险，采取不同的对策，将会出现不同的结果。

(三)创业风险的分类

1. 按创业风险产生的原因划分

按风险产生的原因划分，创业风险可分为主观创业风险和客观创业风险。

(1)主观创业风险。主观创业风险是指在创业阶段，由于创业者的身体与心理素质等主观方面的因素导致创业失败的可能性。

(2)客观创业风险。客观创业风险是指在创业阶段，由于客观因素导致创业失败的可能性，如市场的变动、政策的变化、竞争对手的出现、创业资金缺乏等。

2. 按创业风险产生的内容划分

按风险产生的内容划分，创业风险可分为技术风险、市场风险、政治风险、管理风险、生产风险和经济风险。

(1)技术风险。技术风险是指因技术方面的因素及其变化的不确定性而导致创业失败的可能性。

(2)市场风险。市场风险是指创业者或创业企业由于市场情况的不确定性而发生损失的可能性。

(3)政治风险。政治风险是指创业者或创业企业由于战争、国际关系变化或有关国家政权更迭、政策改变而蒙受损失的可能性。

(4)管理风险。管理风险是指因创业企业管理不善产生的风险。

(5)生产风险。生产风险是指创业企业提供的产品或服务从小批量试制到大批量生产的风险。

(6)经济风险。经济风险是指创业者或投资者由于宏观经济环境发生大幅度波动或调整而蒙受损失的风险。

3. 按创业风险对资金的影响程度划分

按风险对所投入资金(即创业投资)的影响程度划分，创业风险可分为安全性风险、收益性风险和流动性风险。创业投资的投资者包括专业投资者与投入自身财产的创业者。

(1)安全性风险。安全性风险是指从创业投资的安全性角度来看，不仅预期收益无法实现，投资本金也可能蒙受损失，即投资者的资金安全存在危险。

(2)收益性风险。收益性风险是指投资者的投资本金和其他财产不会蒙受损失，但预期实际收益有损失的可能性。

(3)流动性风险。流动性风险是指投资者的投资本金、其他财产及预期实际收益不会蒙受损失，但资金有可能不能按期转移或支付，造成资金运营的停滞，从而使投资方蒙受损失的可能性。

4. 按创业过程划分

按创业过程进行划分，创业风险可分为机会的识别与评估风险、准备与撰写创业计划风险、确定并获取创业资源风险、初创企业管理风险。

(1)机会的识别与评估风险。机会的识别与评估风险是指在机会的识别与评估过程中，由于各种主客观因素，创业面临一开始就方向错误的风险。另外，因创业而放弃了原有的职业所面临的机会成本风险也是该阶段的风险之一。

(2)准备与撰写创业计划风险。准备与撰写创业计划风险是指创业计划的准备与撰写过程带来的风险。创业计划制订过程中的各种不确定性因素与创业者自身能力的限制，也会给创业活动带来风险。

(3)确定并获取创业资源风险。确定并获取创业资源风险是指由于存在资源缺口无法获得所需的关键资源，或即使可获得但成本较高，从而给创业活动带来一定的风险。

(4)初创企业管理风险。初创企业管理风险是指管理方式、企业文化的选取与创建，发展战略的制定，组织、技术、营销等方面的管理中存在的风险。

5. 按创业与市场和技术的关系划分

按创业与市场和技术的关系进行划分，创业风险可分为改良型风险、杠杆型风险、跨越型风险、激进型风险。

(1)改良型风险。改良型风险是指利用现有的市场、现有的技术进行创业存在的风险。这种创业风险最低。然而，初创企业要想生存和发展，并获取较高的经济回报也比较困难。

(2)杠杆型风险。杠杆型风险是指利用新的市场、现有的技术进行创业存在的风险。该风险稍高，对一个全球性公司来说，这种风险往往是地理上的，多见于挖掘未开发的国际市场。

(3)跨越型风险。跨越型风险是指利用现有的市场、新的技术进行创业存在的风险。该风险稍高，主要体现在创新技术的应用，常见于企业的二次创业。

(4)激进型风险。激进型风险是指利用新的市场、新的技术进行创业存在的风险。该风险最大。

6. 按创业中技术因素、市场因素与管理因素的关系划分

按创业中技术因素、市场因素与管理因素的关系进行划分，创业风险可分为技术风险、市场风险、管理风险。

(1)技术风险。技术风险是指由于技术方面的因素及其变化的不确定性而导致创业失败的可能性。

(2)市场风险。市场风险是指由于市场情况的不确定性导致创业者或创业企业损失的可能性。

(3)管理风险。管理风险是指高级经营管理人才、组织结构以及生产管理等能否适应创业企业的快速增长，或战胜创业企业危机阶段的动态不确定性因素等。

二、大学生创业面对的主要风险及成因

(一)大学生创业面对的主要风险

大学生创业存在的风险主要体现在六个方面，分别是机会风险、资金风险、技能风险、资源风险、管理风险以及环境风险。

(1)机会风险。创业的机会风险是指创业者在选择创业项目时能否做出正确的决定，抓住正确的方向。如果对机会把握不准或者推理有误，则会使创业在开始时就面临方向错误的风险。同时，也会存在由于创业而放弃原有的学业或就业机会所面临的机会成本风险。

(2)资金风险。资金风险是指因资金不能及时地筹集和供应而导致创业失败的可能性。可以说，资金风险贯穿创业活动的整个过程。当今社会，空手套白狼的创业奇迹越来越少，如果没有足够的流动资金，很可能导致在创业初期就遭遇失败，资金风险普遍是创业前期的“命门”。大学生更是缺乏财务分析，在资金管理上表现出明显的不足，相当多的大学生创业企业在创办初期因资金紧缺而严重影响业务拓展，甚至错失商机而不得不关门大吉。

(3)技能风险。大学生刚从象牙塔中走出来，还未实现由“学校人”向“社会人”的完全转变，由于年龄、阅历、心理等与有社会经验的人相比处于劣势。而创业是一个复杂的系统工程，市场不会因为创业者是学生就网开一面。在单纯的校园环境中成长起来的大学生，在面对社会和市场时，比有社会经验的人更容易迷失和迷茫，思考问题理想化，对困难估计不足。同时，大学生还缺乏创业必备的知识和能力，不了解创业的相关政策法规，创业基本技能的匮乏直接影响创业成功率。

(4)资源风险。这里所说的资源风险主要是指由于社会资源贫乏而产生的风险。创办企业、开拓市场、进行产品或服务宣传等工作都需要调动社会资源，但是大学生在校期间进行创业策划时需要利用的社会资源相对较少，有老师、同学的帮助和支持，无须太多宣传公关。当走入社会实施创业时，在宣传广告、市场营销、工商税务、融资租赁、生产服务等方面将会遇到很多挫折和困难，耗费很大精力。

(5)管理风险。由于长期接受应试教育，缺乏经营管理经验，一些大学生创业者虽然在技术上出类拔萃，但在财务、营销、采购、广告、管理等方面的能力普遍不足。大学生有理想与抱负，但初涉商场，知识单一，又缺乏实践经验，往往出现决策随意、信息不通、理念不清、用人不当、对具体的市场开拓缺乏经验等问题。在这种情况下，大学生创业者会遇到各种不可预见的问题，很可能会犯一些低级错误，导致创业困难。

(6)环境风险。环境风险是指在创业过程中由于环境发生变化而给创业带来的利益损失。这一风险也贯穿创业的整个过程，但在中后期表现得更为突出，一旦发生，可能给企业带来致命的打击。特别是高技术产品的创新活动，因社会、政治、经济、法律环境变化或意外灾害发生而造成失败的可能性更大，而且这种变化是创业者自身无法改变的。

(二)大学生创业风险的成因分析

从外部环境来看，职业精神和道德秩序的缺失是形成创业风险的前提。一个成熟的、健康的竞争生态圈，不是简单地在政府所提供的若干法律、法规的框架内追求利益，它更应该体现为法律与道义传统、社会行为规范的整体协调。目前，对中国的创业者而言，要想事业成功并成为这个社会和时代的主流，最重要的工作是塑造中国企业家的职业精神和重建中国企业的道德秩序。从内部环境来看，创业者决策的独断和无制约，企业盲目地扩张和多元化，以及内部管理不善，创办人缺少必要的经营企业的经验，财务上没有遵循审慎原则等一系列问题，使得创业者时时有风险、处处有风险。

从创业者自身来看，大学生创业者容易出现以下问题。

(1)眼高手低。比尔·盖茨的神话，使 IT 业、高科技业成为大学生眼中的创业金矿，以至于不少学生不屑于从事服务业或技术含量较低的行业。其实，高科技创业项目往往需要一大笔启动资金，创业风险和压力都非常大，大学生如果对自身经验和能力认识不足，对创业的期望值又过高，一开始就起点较高，很容易失败。

(2)“纸上谈兵”。缺乏经验是目前大学生创业中普遍存在的问题，不少大学生创业者不习惯对其产品或项目做市场调查，而是进行理想化的推断，例如，“如果有 3 亿人需要我们的产品，每件售价 100 元，我们就有 300 亿元的销售市场”，这种推断方法是站不住脚的，而且常常起着误导作用。

(3)单打独斗。在强调团队合作的今天，创业者想靠单打独斗获得成功的概率正大大降低。团队精神已成为不可或缺的创业素质，风险投资者在投资时更看重有合作能力的创业团队。当代大学生思想独立、个性鲜明、自信心较强，在创业中常常自以为是、刚愎自用，这些都影响了创业的成功率。

三、创业风险识别及规避对策

(一)创业人力资源风险

创业人力资源风险是指在企业初创期和成长期，由于人力资源的原因导致经营结果与经营目标相偏离的潜在可能性。这类风险主要包括创业团队风险和核心员工离职风险。

1. 创业团队风险

创业期间，建立优势互补的创业团队是人力资源管理的关键。团队是人力资源的核心，“主内”与“主外”的不同人才、耐心的“总管”和具有战略眼光的“领袖”、技术与市场两方面的人才都不可偏废。但是，创业团队也存在风险。所谓创业团队风险，主要是指团队的成员素质、组织协作能力、环境适应能力和创新能力等方面可能存在的问题或风险。

(1)创业团队风险的来源。

第一，没有共同的愿景和目标。当团队中每个人考虑的只是如何通过“团队”达到自己的目标(而不是如何实现个人与团队目标的“双赢”)，只为完成工作而工作，而不是为更好地完成团队任务而共同努力，这样的团队不仅很难成功，而且会在创业过程中形成潜在的风险。

第二，不能塑造和谐的创业团队关系。在工作中，人们可能结成各种关系，有些是利于团队发展的，比如“和谐平等、相互信任的人际关系”是高效团队的一大特征。但在团队人员使用上，如果出现任人唯亲、各占山头等现象，其结果就是工作中常常出现人为的阻力，帮派之争常常左右重大的决议。这种团队关系显然不会给企业带来高效益，相反会成为创业团队风险的又一来源。

第三，没有或不能很好地遵守团队规范和团队纪律。不少创业企业在团队建设过程中，过于追求团队的亲和力和人情味，认为严明的团队纪律有碍团结，从而导致管理制度不完善，或者虽有制度但执行不力，形同虚设。久而久之，会使企业的各种规章制度失效。

第四，团队角色配置不合理。有一些人将团队精神片面理解为集体主义，并错误地与个人英雄主义对立起来，从而导致团队成员的个性创造和个性发挥被扭曲和淹没。而没有个性，意味着没有创造，这样的团队只有简单复制功能，不具备持续创新能力。其实，团队不仅仅是人的集合，更是能量的结合与爆发。团队精神的实质是要充分利用和发挥团队所有成员的个体优势去做好每一项工作。

(2)创业团队风险的规避。

第一，在企业成立之前应开展创业团队相互合作协调的测试。团队成员在价值观、目标、拥有多少股份等方面会有很大的不同，团队成员在这些方面产生分歧而不能很好地解决，将直接决定初创企业的生存和发展。

第二，创业团队成员的股份比例、工资等待遇不要出现人人平等的现象。如果出现这种现象，不利于企业的决策和管理。过于松散的民主气氛会使得管理软弱无力。

第三，主要创业者要对团队成员某些具有潜在破坏力的动机保持足够的警觉。现实世界不能保证所有的人都是高素质、高品德的完人，肯定有不少掠夺、欺骗和虚伪的现象。所以创业团队的大多数成员，特别是主要创业者应该十分理性，以行动来观察团队成员，而不是以感情投资和希望得到回报的心理来处理与团队成员的关系。

第四，创业团队应该具有动态发展观念。这里所说的动态发展观念包含两层含义，一是企业的创建与发展是一个动态的过程；二是创业团队的组成也会随着时间的变化而变化。

2. 核心员工离职风险

企业核心员工是指那些拥有专门技术、掌握核心业务、控制关键资源、具有特殊经营才能、对企业的经营与发展会产生深远影响的员工。核心员工人数一般占企业总人数的20%～30%，但他们却承担了企业80%～90%的技术和管理职能，创造了企业80%以上的财富和利润。他们是企业的核心和代表，是企业的骨干，对于提升企业核心竞争力起着关键性的作用。

(1)核心员工离职将会对企业产生不利影响。一是核心员工一般熟悉企业的主营业务、了解客户资源、掌握核心技术和商业机密，这些员工离职将使企业的有形资产和无形资产遭受损失，削弱企业的核心竞争力。二是企业需要追加招聘成本、培训费用以及寻求新员工的成本。三是核心员工离职导致企业核心岗位空缺，而新员工也需要一段时间适应工作环境，这会影响到企业的正常运转和发展的连续性。

(2)核心员工离职的原因。一是内部原因。由于契约的不完善性，员工的个人目标与组织的整体目标不一致而产生矛盾，员工在企业中受到不公平的待遇或企业无法提供足够的发展空间，都将引起他们的不满意而导致离职。二是外部原因。核心员工往往是知识与能力的拥有者，他们有为其资本寻求高利润的流动愿望。一旦有更好的发展机遇，核心员工便通过比较机会成本的大小最终选择离开。

(3)防范核心员工流失的对策。一是加强风险意识。创业者可以根据核心员工流失风险表中的因素定期或不定期地认真了解核心员工的情况，对其中可能存在的风险进行有效识别并采取相关措施。二是用培训和开发来激励核心员工。相关调查显示，在企业所提供的七项福利(医疗保险、退休保障、住房及补贴、带薪休假、业务用车、进修和培训机会、子女教育津贴)中，43%的人首先选择了进修和培训机会。进修和培训机会已经受到越来越多的员工的重视。对于高素质的核心员工而言，与良好的进修和培训机会相比，薪水反而不是最重要的，因为他们工作的目的不仅仅是赚钱，而是得到发展和提高。三是契约约束。企业可以与核心员工在劳动合同中明确双方的责任、权利和义务，一旦出现纠纷可以诉诸法律解决。若双方事先签订"竞业禁止"协议，要求员工在离开企业后的一段时间内不得从事与本企业有竞争关系的工作，并要为本企业保守商业秘密、技术秘密等，则应同时规定相应的补偿措施。核心员工流失风险表详见表6-4。

表6-4 核心员工流失风险表

风险类别	风险分析内容	拟采取措施
待遇	是否对他的待遇满意	
工作成就感	是否有工作成就感	
自我发展	是否在工作中提高了自己的能力	
人际关系	在公司是否具有良好的人际关系	
公平感	是否感到公司对他与别人是公平的	
地位	是否认为他在公司的地位与他对公司的贡献成正比	
信心	是否对公司的发展和个人在公司的发展充满信心	
沟通	是否有机会与大家沟通交流	
关心	是否能够得到公司和员工的关心	
认同	是否认同企业的管理方式	
其他	是否会因为结婚、出国留学或继续深造等原因离职	

(二)创业市场风险

创业市场风险主要是指在创业市场的实现环节，由于市场的不确定性而导致创业失败的可能性。所以，创业者在选择创业项目和进行市场营销时，必须学会从风险的角度审视和评估自己的创业项目和营销方法。

1. 创业项目选择的风险

(1)市场需求量的不确定性。通常，人们对传统技术产品司空见惯，因此传统技术产品的市场需求量相对而言是较为稳定的。但创业往往是依托某一创新技术，它的市场多是潜在的、待成长的。产品推出后，顾客往往不能及时了解其性能，从而对新产品持观望态度，甚至做出错误判断。如微波炉上市之初，消费者担心微波的辐射危害，厂家、商家、新闻媒体都不得不反复向人们宣传微波炉无害的理念，另外采用用户体验法，才打消了部分消费者的恐惧和困惑。如果一项高技术产品的推出投入巨大，而产品的市场容量较小或短期内不能为市场所接受，那么产品的市场价值就无法体现，投资就无法收回。

(2)市场接受时间的不确定性。无论是市场上已有的同类产品，还是全新的产品，被市场接受都需要一定的过程和时间。若创业企业缺乏雄厚的财力投入到广告宣传中去，产品被市场接受的时间就会更长，因而不可避免地出现产品销售不畅，甚至造成产品积压，从而给创业企业资金周转带来困难，甚至导致创业失败。例如，世界著名的贝尔实验室在 20 世纪 50 年代初就推出了图像电话，但过了 20 年之后，美国市场才接受了商品化的图像电话。

(3)市场扩散速度的不确定性。产品生产出来后，以什么样的速度扩散，也很难测算。比如，移动通信刚刚被引入中国时，不少人认为那是奢侈的通信工具，然而 10 年后，手机接打电话已随处可见。

2. 市场营销风险

市场营销风险是指由于初创企业制定并实施的营销策略与其营销环境(包括微观环境和宏观环境)的发展变化不协调，导致营销策略难以顺利实施、目标市场缩小或消失、产品难以顺利售出、盈利目标无法实现的可能性。

(1)营销模式不断转变带来的风险。一些初创企业在短期内快速成长，没有经历痛苦的市场导入过程，一旦要开拓新的市场区域或有新产品上市，就会对原有的市场营销模式如法炮制。一两个产品市场开拓初期的成功，并不意味着产品市场成熟阶段可以继续沿用原先的价格策略、渠道策略和促销策略。随着市场的成熟，初创企业的营销模式需要逐步转入精耕细作并不断创新。

(2)盲目依赖广告带来的风险。不可否认广告通常在企业创建初期可以发挥巨大作用。但一家企业要想获得成功，不仅需要通过广告获得知名度和美誉度，更需要拥有与广告宣传相匹配的好产品和符合企业自身特点的市场营销模式。初创企业通过强势的“广告轰炸”造成较大的市场预期后，如果不能提供名实相符的产品和服务，则继续实施广告策略也不能产生持久的市场忠诚度。一旦企业出现信誉风险，消费者就会有上当受骗的感觉，市场就会受到较大影响。因此，企业在初创期利用广告获得知名度和美誉度后，应转而修炼“内功”，使企业内部管理与广告策略相匹配。

(3)营销过程中缺乏危机管理意识带来的风险。缺乏危机管理意识也是导致创业失败的一个重要因素，市场是一个包含无数未知因素的巨大魔方，随着企业所提供的产品或服务的时间和空间跨度的几何级数增长，时空中的参变量会越来越多，潜在的风险也会越来越高。初创企业在成长过程中要树立危机管理意识，完善公关工作，建立有效应对突发事件的机制。

3. 创业市场风险防范

(1)建立市场监测及策略调整机制，如图 6-1 所示。建立市场监测及策略调整机制，即在企业运营过程中，定期重复市场分析过程，保持对关键市场信号的敏感度，结合产品试销推广阶段，调整预先制定的市场营销策略。

(2)与强者联合，规避市场风险。初创企业在短期内市场对他们提供的产品或服务需求不够明显，但是经过一定时间的投入和培育，消费者的需求就会被唤起。在这种情况下，借助行业中强势企业的力量是最为有效、简捷的。

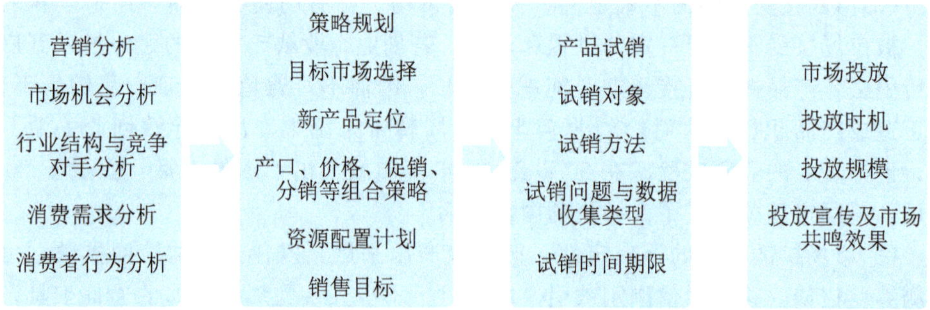

图 6-1　市场营销策略调整机制

(三)创业管理风险

创业管理风险是指在创业过程中因管理不善而导致创业失败的风险。创业管理风险主要来自于以下几个方面。

1. 创业者的素质

创业者不一定具备精深的技术知识，但在创业阶段，创业者的素质与能力将对创业活动的顺利进行起到举足轻重的作用。创业者应该具有强烈的创业精神与创新意识和愿望；应该具有献身精神和忍耐力，能吃苦耐劳，勇于承担义务；应该具有强烈的凝聚力，能领导整个创业团队共同创业，成为整个创业团队的领袖，并在关键时刻做出正确决定。在创业实施的过程中，更需要以能凝聚团队所有成员的“灵魂人物”或“核心人物”来领导整个团队。否则，团队就很可能成为一盘散沙，失去战斗力。所以，创业者不仅要具备较强的专业技术素质，还应具备相应的管理素质。如果创业者素质欠缺，那么就会局限在产品的创新范围，而忽视市场、管理等方面的创新，导致创业风险加大。

2. 决策风险

决策风险是指在创业过程中因决策失误而带来的风险。决策一旦失误，往往会造成不可估量的损失，从而导致创业失败。在创业实施的过程中，固然需要民主决策与管理，但通常更多的是实行集权式决策与管理，而创业者往往就是最终的决策者。因此，对于创业者而言，不可根据自己的喜怒哀乐或不切实际的个人偏好而做出决策，更不可不进行科学分析，仅凭个人经验或运气进行决策。

3. 组织风险

组织风险是指由于创业企业的组织结构不合理所带来的风险。创业企业的迅速发展如果不伴随组织结构的相应调整，往往会成为创业企业潜在的危机根源。创业者建立一个具有共同目标的组织，使不同才能和性格的人能够在同一目标下工作，是一件需要耐心和技巧的事情。构建组织的方法与经验容易学习，但需要精心权衡，预防在构建组织过程中出现的风险。组织风险检验可从以下几方面着手。

(1)市场优势检验。组织结构是否能保证公司在每一个细分市场上的竞争能力都得到管理层足够的重视?

(2)管理优势检验。组织结构是否有助于管理部门给整个组织增加价值?

(3)人员情况检查。组织结构是否反映了公司员工的优势、劣势以及行为动机?

(4)可行性检验。组织设计方案是否全面考虑了阻碍实施的所有因素?

(5)特殊文化检验。组织设计方案对需要特殊文化的部门是否有保护措施?

(6)协作难度检验。组织设计方案能够为部门之间的矛盾提供解决方案吗?

(7)层级冗余度检验。组织设计方案中的管理层级和管理部门是否过多?

(8)责任检验。组织设计方案是否支持公司进行有效控制?

(9)灵活性检验。组织设计方案能否为新战略的实施铺平道路?为适应变革，组织设计方案能否提供必要的灵活性?

(四)创业财务风险

创业财务风险是指因资金不能及时供应而导致创业失败的可能性。创业尤其是依托高新技术产品进行的创业所需的创业资金规模较大，而融资渠道相对较少，如果创业者不能及时解决，非常容易造成项目夭折。此外，创业需要持续投入。随着创业活动的进一步实施，往往需要进一步的投资，若缺乏这种持续投资能力，资金支持不能按时按需到位，仍可能导致创业失败。所以，创业者应随时关注创业期间的筹资风险和现金流风险。

1. 筹资风险

筹资风险是指与企业筹资相关的风险，一般是指由于资金供需情况、宏观经济环境等因素的变化，企业筹集借入资金给财务成果带来的不确定性。

(1)创业企业筹资风险的主要来源。

一是创业企业投资利润率和借入资金利息率的不确定性。当企业投资利润率高于借入资金利息率时，企业使用一部分借入资金，可因财务杠杆的作用提高自有资金利润率；当企业投资利润率低于借入资金利息率时，企业使用借入资金将使自有资金利润率降低，甚至发生亏损，严重时可能导致企业资不抵债而宣告破产。

二是创业企业经营活动的成败。创业企业筹资经营，其还本付息的资金最终来源于企业的收益。创业企业如果经营管理不善，长期亏损，那么就不能按期支付债务本息，这样就会带来偿还债务的压力，同时使企业信誉受损，不能有效地筹集资金，从而加剧财务风险。

三是负债结构。借入资金和自有资金的比例是否合理，与企业的财务风险密切相关。在财务杠杆的作用下，当投资利润率高于利息率时，企业扩大负债规模，适当提高借入资金与自有资金的比例，就会增加企业的权益资本收益率。反之，在投资利润率低于利息率时，企业负债越多，借入资金与自有资金的比例越高，企业的权益资本收益率也就越低，严重时企业会发生亏损甚至破产。同时，负债规模一定时，债务期限的安排如果不合理，也会给企业带来筹资风险。若长期、短期债务比例不合理，还款期限过于集中，就会使企业在债务到期日还债压力过大，资金周转不灵，影响企业的正常生产经营活动。

(2)筹资风险的防范。

一是建立有效的风险防范机制。创业企业必须立足市场，建立一套完善的风险预防机制和财务信息网络，及时地对财务风险进行预测和防范，制定适合创业企业实际情况的风险规避方案，通过合理的筹资结构来分散风险。如通过控制经营风险来减少筹资风险，充分利用财务杠杆原理来控制投资风险，使企业按市场需要组织生产经营，及时调整产品结构，不断提高企业的盈利水平，避免由于决策失误而造成的财务危机，把风险降到最低。

二是确定适度的负债数额，保持合理的负债比率。负债经营能获得财务杠杆利益，同时企业还要承担由负债带来的筹资风险损失。为了在获取财务杠杆利益的同时避免筹资风险，企业一定要做到适度负债经营。企业负债经营是否适度，是指企业的资金结构是否合理，即企业负债比率是否与企业的具体情况相适应，以实现风险与报酬的最优组合。在实际工作中，如何选择最优的资金结构，是复杂和困难的，对一些生产经营好、产品适销对路、资金周转快的企业，负债比率可以适当高些；对于管理不理性、产销不畅、资金周转缓慢的企业，其负债比率应适当低些，否则就会使企业在原来商业风险的基础上，又增加筹资风险。

三是根据创业企业实际情况，制订财务收支计划。根据创业企业一定的资产数额，按照需要与可能性安排适量的负债。同时，还应根据负债的情况制订还款计划。如果举债不当，经营不善，到了债务偿还日无法偿还，就会影响企业信誉。

因此，企业利用负债经营加速发展，就必须在加强管理、加速资金周转方面下功夫，努力降低资金占用额，尽力缩短生产周期，提高产销率，降低应收账款，增强对风险的防范意识，使企业在充分考虑影响负债各项因素的基础上，谨慎负债。在制订负债计划的同时制订出还款计划，使其具有一定的还款保证，企业负债后的速动比率应不低于1∶1，流动比率应保持在2∶1。只有这样，才能最大限度地降低风险，提高企业的盈利水平。同时还要注意，在借入资金中，长期、短期资金应根据需要合理安排，使其结构趋于合理，并防止还款期过分集中。

2. 现金流风险

现金流风险是指初创企业在运营过程中因资金短缺而导致损失的可能性。决定初创企业成败的关键因素之一在于能否合理地获得所需的资金，建立和完善运营系统(采购、产品配送等)与财务管理系统(会计、收付款等)，使得不断增加的资金在可控制的范围内为企业成长服务。初创企业进入发展期后，不能被人员增加、客户增加、业务增加和机构增加等现象所蒙蔽，必须时刻关注现金流的情况。

(1)从现金流量表分析现金短缺的原因。

在经营活动产生的现金流量中，一方面，销售产品获得的现金是最主要的现金流入来源。初创企业在产品市场开拓上遇到的困难，包括销售低迷、需求不稳定、行业发育速度不足以支持企业的发展等，都会直接影响现金流入。此外，出现实际现金流入过少的原因不一定是产品销售量和需求低，而是居高不下的应收账款。另一方面，对于初创企业而言，吸引人才和控制人工成本支出是一对必须处理的矛盾。为了与成熟企业竞争优秀人才，初创企业往往需要付出更高的成本，人力成本的高额支出成为初创企业现金流短缺的另一个原因。

在投资活动产生的现金流量中，需要特别关注投资回收额与投资支出的匹配情况。初创企业在短期内实现创业构想的激励下，容易有扩大投资的冲动。

在筹资活动产生的现金流量中，初创企业的融资渠道相对单一，可选择的融资方法较少，容易在现金流紧缺的驱动下，接受筹资成本较高的资金。如果初创企业经营活动的收益低于筹资成本，这样的筹资活动会使原本就资金短缺的企业雪上加霜。

(2)防范现金流风险的方法。

一是构建企业内部控制体系。通过费用支出结构分析以及支出的必要性与经济性分析，采取相应措施改善费用支出的效果，建立以防为主的内部监控体系。

二是用收付实现制的会计原则来管理现金流。权责发生制是在费用和销售发生时入账，收付实现制是在付出和收到现金时入账。前者不能真实地反映现金的流入和流出，报表上的业务收入和净利润值，并不能反映企业实际的现金状况。后者与现金流量一致，利于现金流量控制。创业者必须时刻关注现金流量表，采取有针对性的措施改善现金流状况。

三是变短期激励为长期激励，缓解企业短期现金流压力。高额的短期激励方式不仅会增加企业现金流的负担，而且不具备对员工的长期约束效果。从人才选择职业的风险来看，进入初创企业相比进入成熟企业来说要承担更大的风险，这种风险主要来自初创企业未来发展的不确定性。因此，员工通常会要求高于成熟企业的回报，包括物质方面的回报和培训、能力增长等自身成长方面的回报。初创企业不仅需要为员工规划清晰的发展前景，还必须支付相对较高的成本。为缓解短期现金流压力，初创企业可采取变短期激励为长期激励的策略。

【拓展阅读】

扫码阅读

创业者如何理解机会和风险

【思考与训练】

1. 创业风险的来源有哪些？

2. 创业者如何识别创业风险？

3. 创业者在有限的条件下如何最大限度地规避创业风险？

第七章
创业资源有效整合

【知识结构】

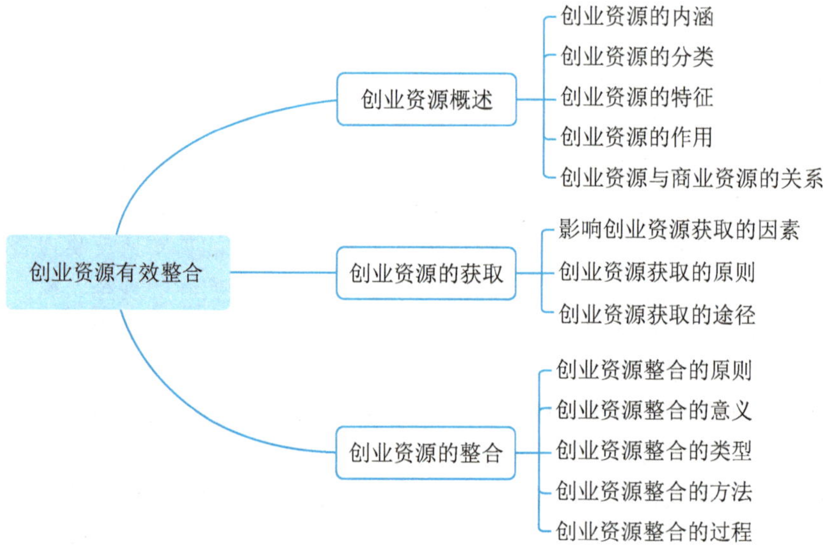

【学习目标】

* 了解创业资源的内涵和分类。
* 了解创业资源的特征和作用。
* 理解创业资源与商业资源的关系。
* 掌握影响创业资源获取的因素。
* 掌握创业资源获取的技能和途径。
* 了解创业资源整合的原则和意义。
* 掌握创业资源整合的类型和方法。
* 理解创业资源整合的过程。

知名创业大师马克·J. 多林格曾说过，如果撇开资源去开拓机会，即使最好的机会也难以塑造创业者。可见，资源在创业过程中有着举足轻重的作用。创业者要取得创业成功，就一定要善于获取、整合和使用与创业项目有关的资源。

创业资源是创业者开展创业活动的基础，是新企业所拥有的或者能够支配的，为了实现企业生存与发展的战略目标，在创业过程中先后投入与利用的内外部各种有形资源与无形资源的总和。没有创业资源的支撑，创业者即使有再好的外部创业机会也无法开展创业活动。从企业创业初始到企业退出市场，创业资源的整合与获取伴随着整个创业过程，并对创业过程的展开产生重要影响。

习语研读

要鼓励勤劳创新致富，坚持在发展中保障和改善民生，把推动高质量发展放在首位，为人民提高受教育程度、增强发展能力创造更加普惠公平的条件，提升全社会人力资本和专业技能，提高就业创业能力，增强致富本领。

——2021年8月17日，习近平在中央财经委员会第十次会议上的讲话

第一节 创业资源概述

一、创业资源的内涵

1. 资源的定义

(1)《辞海》关于资源的定义是：生产资料和生活资料的天然来源。

(2)经济学意义上的资源。经济学把为了创造物质财富而投入生产活动中的一切要素通称为资源，即一般意义上的商业资源。

(3)CSM新资源观论。徐绪松教授(2005)提出的CSM新资源观论认为，投入后能够产生效益的一切要素均称为资源，包括能够创造经济价值(创造财富)、产生经济增长、建立竞争优势、提高核心竞争力、实现人与自然的和谐共生与可持续发展的要素等。

2. 创业资源的定义

创业资源是指初创企业在创造价值的过程中需要的特定资产，包括有形资产与无形资产。有形资产包括创业资金、厂房、设备等，无形资产包括技术、品牌、声誉、专利等。它是初创企业创立和运营的必要条件。

创业资源还有狭义和广义之分。狭义的创业资源主要包括创业机会、创业人才、创业资本、创业技术等。广义的创业资源是指那些已经显现的和潜在的尚未显现的但是将来可能会为创业者所利用的一切资源。

二、创业资源的分类

根据不同的内容、控制主体、形态和利用方式，创业资源可以分为不同的类型。

(一)按内容分类

按内容对创业资源进行分类，有利于区分不同创业资源的性质和作用。从内容

方面看，创业资源可以分为人力资源、信息资源、财务资源、实物资源、技术资源和组织资源。对于一般的创业者而言，成功的创业活动离不开这些资源。

1. 人力资源

人力资源是开创事业的基础，包括创业者与创业团队的知识、经验、判断力、技能等，也包括创业者本身的人际关系网络。其中，创业者自身的洞察力和领导能力是最核心的资源，它直接决定了创业者能否洞察合适的创业机会，并领导其他团队成员有效地采取创业行动。

人力资源大致可分为三类，即智力资源、声誉资源和社会网络。

(1)智力资源。智力资源不仅包括企业员工的学历、经验和技能，也包括员工的学习能力、创新精神和对变革的适应能力。企业员工的创新精神与主动变革能力，往往比其学历更为重要。

(2)声誉资源。声誉资源是指市场环境中的人群对于企业及其产品的综合评价。对于新企业来说，声誉资源十分重要。企业的声誉往往是通过企业的产品及服务的质量、从业人员的工作水平及态度、对消费者的服务态度和社会承诺的履行程度等方面积累起来的。

(3)社会网络。社会网络是指社会成员之间因互动而形成的相对稳定的关系体系。社会网络关注的是人们之间的互动和联系，社会互动会影响人们的社会行为。社会网络作为一种重要的社会资本，同经济资本一样属于重要的创业资源。事实证明，世界各国创业团队的社会网络对其创业活动开展的路径、方式及绩效都有重大影响。

2. 信息资源

信息资源是企业生产及管理过程中所涉及的一切文件、资料、图表和数据等信息的总称。信息资源涉及企业生产和经营活动过程中产生、索取、处理、存储、传输和使用的一切信息，贯穿企业管理的全过程。

市场竞争十分激烈，对于新企业来说，更需要丰富、及时、准确的信息，以争取更多的要素资源。当创业者比其他竞争者掌握更多的信息时，就能获得更多的创业机会。

3. 财务资源

财务资源是创业所需的资金，包括现金、股票、债券等。随着经济的发展，市场竞争越来越激烈，新企业要想在激烈的市场竞争环境中生存，必须掌握充足的资金。如果创业者只是发现了良好的创业环境与创业机会，却缺乏资金来实施具体的项目运营，那么再好的创业环境与创业机会也无法让创业者实现创业理想。

在创业初期，财务资源主要来自创业者本人及其家庭、朋友。随着企业规模的扩大、经营记录及声誉的积累，新企业外部财务资源的筹集将变得更加容易。

4. 实物资源

实物资源是新企业在生产和管理过程中使用的有形资源，包括长期存在的生产物质条件，如土地、矿山、厂房、机器设备、运输工具等，还包括生产过程中投入的主材、辅材等原材料。实物资源是创业活动得以开展的重要条件。许多实物资源属于一次性固定成本，它们在使用中会逐渐被损耗掉，因此加强维护和保养，推动实物资源的保值增值显得特别重要。

随着市场规模不断扩大，专业化分工程度持续深入，金融市场的效率不断提高，实物资源越来越容易通过采购等渠道获取。在这种情况下，实物资源往往难以构成既有企业的竞争优势的重要来源，但对于新企业而言，实物资源是其创立的基本条件。

5. 技术资源

技术资源一般指专利权、商标权、著作权等。对于新企业来说，技术主要包括两个方面的内容：一是与解决实际问题有关的软件方面的知识；二是为解决这些实际问题而使用的设备、工具等硬件方面的知识。这两者的总和构成了一个组织的特殊资源，即技术资源。

技术资源是无形且受法律保护的，是创新资源产生的结果及表现，一般与声誉资源结合使用，从而提升其潜在价值。在竞争激烈的现代社会背景下，加强开发、保护技术资源的独有性是保证新企业赢得市场的关键。企业必须对研发产生的技术进行知识产权保护，以免自身的利益被他人侵犯。加强技术资源的目的是创新企业已有的技术，研发并拥有独立知识产权的核心技术，从而占领市场，促使新企业不断地发展壮大。

6. 组织资源

组织资源是管理活动进行资源配置整合的表现形式，包括组织结构、作业流程、工程规范、质量系统等。组织资源通常指组织内部的正式管理系统，包括信息沟通、决策系统以及组织内正式和非正式的计划活动等。组织资源为企业的生产经营活动提供了坚实的保障，可随着企业规模的扩大、管理规范化程度的提升而不断积累和优化。

对于新企业来说，其组织资源还处在萌芽阶段，需要创业者不断培养和积累，并且创业者要在培育和积累的过程中使组织资源充分发挥作用。大多数新企业的失败都是由于其无法有效地培养、积累和运用组织资源。

以上几种创业资源互相作用，构成了创业者的创业资源基础，并在很大程度上决定了创业企业的绩效，进而影响创业企业成长与发展的速度。

(二)按控制主体分类

创业资源按控制主体可分为外部资源和内部资源。

1. 外部资源

外部资源是指创业者或者创业企业并不具有“归属权”，但是通过某些利益共同点而可能在一定程度上加以配置和利用的各种资源。常见的外部资源如材料供应商、技术供给者、销售商、广告商以及相关政府部门等，实际上就是商业环境中的相关条件性资源。在必要且条件成熟的情况下，创业者为了减少交易或者沟通成本，可以通过技术性安排，把某些外部资源转化为内部资源。这里着重阐述两种重要的外部资源，即创业者的职业资源和人脉资源。

(1)创业者的职业资源。对创业者来说，效用最明显的外部资源首推职业资源。

所谓职业资源，即创业者在创业之前，为他人工作时所建立的各种资源，主要包括项目资源和人际资源。充分利用职业资源，从职业资源入手创业，符合创业活动“不熟不做”的原则。在我国当前的商业环境下，竞业限制法规执行尚未严格规范化，利用职业资源创业是一条高效的创业路径，已经成为许多人创业成功的捷径。

(2)创业者的人脉资源。人脉资源是创业者最重要的外部资源，是指创业者构建其人际网络或社会网络的能力。人际关系对于创业者来说非常关键。

对于创业者来说，同学之间因为接触比较多，彼此比较了解，是值得珍惜的战略性外部资源之一。与同学资源相似的还有同乡资源。同学资源和同乡资源可并称为创业者最重要的两大外部资源。

同学、战友、老乡、同事，这些人脉资源对创业者来说多多益善。一个创业者如果不擅长交朋友，恐怕很难发展。甚至有创业专家认为，人际交往能力应列在创业者素质的第一位。

人脉资源的特性主要表现在以下几方面。

第一，长期投资性。平时要注意人脉资源的积累，不要事到临头才去找人帮忙，在公司做业务也一样，因而必须尽早开始建立联系。人脉资源的形成需要很多时间和精力，这也是一种投资。

第二，可维护性和可拓展性。人脉资源可以通过合作、交流、关心、帮助、友情、亲情等进行维护，同时在维护中可以不断地发展新的人际关系。

第三，有限性和随机性。每个人一生中能认识多少人？包括老师、同学、亲戚、同事、朋友、客户等，一般不超过500人，其中能够真正帮助自己的一般不会超过50人，所以每个人的人脉资源都是有限的。创业者的发展同样会受到其人脉资源的限制。

第四，辐射性。创业者的朋友如果无法提供帮助，但是朋友的朋友也许可以，这就是人脉资源的辐射性。

2. 内部资源

内部资源主要是指创业者自身所拥有的能力，能够自由支配和使用的各种资源，如员工、土地、厂房、设备、材料、资金、技术等，甚至也可以是创业者及其员工的时间，也就是人们通常所说的有形资产与无形资产。拥有一份良好的内部资源，对创业者来说无疑是重要的。

(1)现金资产。现金资产是指创业者本人及家庭可以随时支配的现金和银行存款，请注意是“可以支配”的，所以创业要取得全家的支持，也要为家庭的生活留有余地。当然，易于变现的国债、股票等可以视同现金资产。

(2)房产和交通工具。这种资源一方面可以作为创业的硬件资源，另一方面也可以作为现金资产的补充，在需要的情况下，可以作为抵押品向银行或其他投资人申请融资。当然创业者更要弄清楚房产和交通工具是否可以支配，如果是以按揭方式购置的，就要大打折扣了。

(3)技术专长。这里说的技术专长，包括有形的和无形的两种。

第一，有形技术专长。有形技术专长是指已申请成功的发明专利、实用新型专利和外观设计专利。创业者作为某一领域的专家，需具备与专业技术直接相关的资质，如高级工程师、设计师等技术职称。

第二，无形技术专长。无形技术专长是指专有技术、科研成果或者对某个特定行业和领域的深入研究。

(4)信用资源。创业者有没有信用污点，如果没有，估计一下自己能够通过长期积累的信用资源干些什么事，例如有人愿意根据自己的信用投资，有人愿意借钱，有人愿意铺货，或是有人愿意在你还没有给其支付工资的情况下为你工作。创业者具备良好的个人信用和诚信是推动创业计划的关键因素之一。

(5)商业经验。商业经验即创业者对市场经济和游戏规则的了解程度，尤其是对自己即将进入的行业的深入理解。各行各业之间千差万别，如果创业者没有深入研究和实践就贸然闯入，很有可能会让行业差距成为创业路上的绊脚石。

(6)家族资源。创业者的家族资源介乎内部资源与外部资源之间，包括经济支持、商业经验、学习机会、人际关系，甚至客户资源等。

案例 7-1

"小米"的辉煌

1987 年，小米公司创始人雷军考入武汉大学计算机系。当时武汉大学实行学分制，雷军只用了两年时间就修完了规定学分。因为努力，老师们都很喜欢他，把机房的钥匙给了他。雷军泡在机房学习技术，大大提升了他的编程能力。1992 年，雷军结识了人称"WPS 之父"的求伯君，之后由求伯君推荐加入北京金山公司。2007 年，在积累了足够多的经验之后，随着金山公司在香港上市，雷军辞去 CEO 职务，离开了金山公司。

2010 年，雷军联合林斌、周光平、刘德等人创立小米公司。从身份来看，这几个创始人都具有扎实的技术背景，从一开始，公司就具有科技创新的底色。2011 年小米手机正式发布，随即声名鹊起，逐渐占据国产手机销量前三的位置。小米集团发布的首部知识产权白皮书显示，截至 2022 年 9 月，小米集团全球专利授权数超过 2.9 万项，全球专利申请数超过 5.9 万项。

(三)按形态分类

美国学者巴尼(Barney)和霍尔(Hall)按形态把资源分为有形资源和无形资源。

1. 有形资源

有形资源指具有固定生产能力特征的实体资产及可自由流通的金融性资产，包括财务资源、组织资源、实物资源和技术资源。

2. 无形资源

具体来说，无形资源是那些根植于企业历史、长期以来积累下来的资产。

无形资源包括创新资源和声誉资源，是指那些不具有实物、实体形态的资源，如企业名称、商誉、商标、专利、专有技术、营销网络、管理制度、信息资料、企业文化等。

新企业不仅拥有有形资源(如厂房、装置、设备及资金等)，也拥有各种不易计算价值的无形资源，而后者往往是其核心竞争力的主要来源。

(四)按利用方式分类

创业资源按其利用方式可分为直接资源和间接资源。

1. 直接资源

直接资源是指企业可以直接利用的资源。

2. 间接资源

间接资源是指需要新企业通过一定的转化才可利用的资源，如信息资源往往只有通过加工处理才能具有决策参考价值。

三、创业资源的特征

相对于既有企业，新企业的创业资源不仅具有资源的一般特性，还具有其自身的一些特征，主要包括以下几个方面。

(一)创业资源的稀缺程度更高

创业资源的稀缺性包括两个方面的含义：一是创业资源相对于创业者的创业需求而言是稀缺的，不是说这种资源不可再生或可以耗尽，而是指这样一个普遍的现象，即在给定的时间段内，与创业活动对创业资源的需求相比，其供给量相对不足；二是新企业所拥有的与所需要的资源结构往往是不平衡的。

既有企业是由新企业逐步成长和发展起来的，伴随着企业的发展，既有企业往往会开发出较多的资源，这种开发过程所奠定的基础往往使既有企业更容易获得外界的资源；而新企业则没有既有企业那样的资源开发积淀，因此新企业比既有企业获取外界资源的难度更大。在一定的时空范围内，新企业资源的充裕程度、资源结构平衡程度等都将影响新企业的规模、形式、路径选择及创业绩效。实际上，成功的创业过程也就是一个创业资源总量逐渐丰盈、结构逐渐合理的过程。

(二)创业资源的外部依赖性更强

新企业创业资源稀缺，这就意味着新企业直接控制的内部资源不足。同时，相对于既有企业的管理者，创业者往往还缺乏与企业运作相关的知识、经验及能力。因此，新企业往往存在着资源稀缺和部分资源利用不充分的双重矛盾，而利用外部资源既能解决创业资源的稀缺问题，又能解决部分资源利用不充分而导致的资源结构不平衡的问题，大大减少了新企业的风险与成本。例如，许多创业者在创业过程中特别注意学习先进的管理经验，吸引既有企业的优秀管理人才加盟创业团队，从而快速提升创业绩效和有效地规避创业风险。新企业利用外界资源的根本目的是解决创业资源匮乏问题，而既有企业利用外界资源可能更多是从扩张、竞争战略等方面考虑。因此，在日趋动态多变的商业环境中，创业者如何创造性地获取及利用外部创业资源，对于新企业的生存与发展显得越来越重要。

(三)创业资源的个性化特征更明显

任何企业都被深深地打上了其缔造者的烙印，只不过新企业的个人特征更为明显。与既有企业相比而言，新企业的各种生产要素往往与创业者自身的社会网络联系在一起。例如，新企业中重要的人力资源往往是创业者的家庭成员或相关群体的成员，新企业的创业资金往往来自创业者自身或亲朋好友等相关群体。

四、创业资源的作用

创业资源对创业企业的成长具有重要的支持作用。在创业过程中，创业者的工作重点应当放在如何有效地吸收更多的创业资源并且进一步整合到企业的竞争优势上。

(一)技术和人力资源是决定资源

技术资源是决定新企业产品的市场竞争力和获利能力的关键因素。人力资源包括创业者及其团队的特长、知识和激情，以及创业者及其团队拥有的能力、经验、意识、社会关系、市场信息等。创业团队自身的人力资源是创业中最为关键的因素。创业者及其团队的洞察力、知识、能力、经验及社会关系影响到整个创业过程的开始与成功。

同时，在创业时期，核心的知识与技能往往掌握在创业者等少数人手中，因而此时的技术资源在事实上和人力资源紧密结合，并且上述两种资源可能成为新企业竞争优势的重要来源。

例如，由凯文(Kevin)等创办的 Instagram 公司，在被收购前的历史只有不到两年时间，员工不到 20 人，而且他们首先发布的是 iOS 版本，直到 2012 年 4 月才发布 Android 版本，但是，在两年的时间内 Instagram 却从无到有，迅速增长至 3 000 万用户，并且在 2012 年 4 月以 10 亿美元的价格被全球知名的社交网络 Facebook 收购。这是一个传奇，也是凸显技术对高科技企业重要性的一个很好例证。

又如，英国 17 岁少年尼克制作的“超级摘要”(Summly)应用程序，是一款在 iOS 上运行的新闻阅读类应用。Summly 利用自然语义方面的算法，可将新闻内容提炼为不足 400 个单词的摘要文章，上线后深受欢迎，跻身“2012 年最佳 iPhone 应用”之列，并在 2013 年 3 月 25 日，以 3 000 万美元的价格卖给雅虎。在此之前，它的下载量已达近 100 万次。

(二)财务资源是根本资源

新企业要想正常运行，最根本的保证是财务资源。新企业的经营活动，从原材料采购、运输、组织生产加工到产成品销售等各项活动能否顺利进行，取决于各个环节的资金保证。在创业初期，创业者一般没有太多的资金，而且新企业在初创期需要购置相对较多的资产，所以一些新企业常常会出现资金短缺现象，进而制约企业成长，而合理的财务资源管理为新企业解决了资金方面的后顾之忧。

(三)信息资源是重要资源

新企业要想在复杂多变的社会经济环境中生存和发展，就必须有准确、真实、便利的信息做保障。尤其在创业的早期阶段，信息对创业者来说更为重要。特别是对于计算机、通信和网络等高科技企业来说，良好的信息资源能为新企业提供快捷、便利、全面的技术信息、创新信息、市场信息等，使新企业在激烈的市场竞争中得到快速发展。

当然，新企业要想茁壮成长，除了运用好以上几种资源外，还必须统筹运用政策资源、市场资源、经营管理资源等其他创业资源。

五、创业资源与商业资源的关系

商业资源是在日常商业活动中由众多商业企业提供的对企业有价值的资源，包括融资、采供、营销、人力等方面的资源。创业资源与商业资源既有相同点，又有不同点。

(一)创业资源与一般商业资源的相同点

创业资源具有与商业资源相似的普遍特征。

1. 两者都具有稀缺性

资源相对于创业需求是稀缺的，这里所说的创业资源的稀缺性，既不是说这种资源不可再生或可以耗尽，也与这种资源的绝对量大小无关，而是指这样一个事实，与成熟企业相比，新企业缺少时空上的资源积累，即在给定的时间内，与创业资源的需求相比，其供给量相对不足。

2. 两者包含的内容相同

创业资源和商业资源从包含的内容上讲都涵盖了厂房、场地、设备等有形资源，以及企业名称、商标、专利、营销能力、管理制度、信息资料、企业文化等无形资源。

(二)创业资源与一般商业资源的不同点

创业资源作为一种特殊的资源，有其典型的特点。

1. 创业资源多为外部资源

新企业创业资源短缺，意味着企业直接控制的内部资源不足。创业者选择的途径是使外部资源内化(如股权安排、战略联盟、专业化协作、信用贸易等)。利用外部资源既能解决创业资源的短缺问题，又能大大减少公司的风险与固定成本，加上初创公司的市场地位和市场空间并不稳固，所以利用外部资源可以避免将来废弃这些资源的风险。

2. 创业者在创业资源中的作用举足轻重

创业者开创事业的意图与开创事业前的决定都是创业企业目标、策略与结构的形成因素，并且对创业企业的存活、成长与获利都有所影响，所以创业者是创业过程中最重要的创业资源。当然，雇员的素质也是一种特别重要的人力资源，创业者可以应用市场力量(如金钱、竞争等)和个人人格力量(如承诺、经验、品格等)影响雇员的投入。

3. 专有化知识在创业资源中至关重要

在创业所需的资源中，知识是非常重要的一项，它为公司实施差异化战略提供了基础，是公司核心竞争力的根源所在，可为新企业在某些方面建立竞争优势。这种竞争优势既取决于知识本身的价值，也和企业对这项资源的运用方式和其他相关资源的配合密切相关。专业化知识不容易交易，比显性知识更容易建立竞争优势。

案例 7-2

喜茶：新消费领域的一个传奇

2012 年，喜茶诞生于广东省江门市一条名叫江边里的小巷，通过使用真奶、真茶首创芝士茶，开创了整个新茶饮行业。截至 2022 年 1 月，喜茶已在全球近 70 个城市开出超 800 家门店。其中上海、深圳等地的门店数量已突破百家。2023 年 8 月 4 日，喜茶宣布英国首店开业。据悉，喜茶在全球各地的门店已超过 2 000 家。

随着现代消费市场的快速发展，茶行业展现出其强大的发展潜力。在竞争激烈的茶饮市场中，喜茶作为一家新兴茶饮品牌，不仅迅速得到市场和消费者的认可，还成为中国茶饮行业的一张闪亮名片。

1. 品牌形象的诞生

2012 年，一个有着精明生意头脑的年轻人，从 20 万元资金投入一家街边小店起步，在接下来不到 4 年的时间里，开出了将近 50 家奶茶店。从小小的广东江门出发，一步步走向更大的城市中山、东莞，直至进入广州、深圳等一线城市，店铺越开越多，生意越做越大。彼时，这家连锁奶茶店的名字叫作“皇茶”。

从名字到店铺，从装修到包装，这个品牌早期的一切在今天看来都是原始的、粗糙的、简陋的，除了产品本身。“皇茶”主打产品芝士奶霜茶，从一开始就跟当时市场主流有着极大差异——传统奶茶里既无奶亦无茶，而“皇茶”使用的原料，却是真正新鲜的奶与茶。论好喝程度，这些传统奶茶与真材实料的“皇茶”自然无法相提并论；论特色差异，茶上覆以奶盖也颇有新意，完全能够成为一款凸显品牌的标志性产品。然而，好产品能够让“皇茶”源源不断地开出一家又一家的新店，卖出一杯又一杯的奶盖茶，却无法让它免受山寨之苦，坐享品牌之利。

究其原因，在于产品本身并不难仿制，用一样的原料总可以做到差不多的口味，而说到品牌，“皇茶”甚至连商标都没有注册，无论是谁都可以开出一家名为“皇茶”的奶茶店而无须担心侵权问题。在仿冒店肆无忌惮横行市场的情况下，不胜其扰的“皇茶”终于在 2016 年年初全面更名为注册商标“喜茶”。把产品当作产品做，卖出的仅仅是产品；做品牌，却可以让“喜茶”卖出的每一杯茶都有所积累沉淀，日复一日，威力巨大。消费品没有秘密，最大的秘密或许就在品牌本身，而改名，就是“喜茶”品牌化道路上极其重要的第一步。

2. 品牌与消费群体

品牌建设是一项系统工程。好名字有了，接下来呢？按照创始人自述，一开始就明确了目标，即“要做最好的茶”“让喝茶变得更酷更潮”“创立一个年轻人喜爱的品牌”。如果说在“皇茶”阶段这些想法都还停留在产品上，那么现在终于要上升到品牌层面了。只是，到底什么才能代表“喜茶”，代表“喜茶”背后那些“更酷更潮”的年轻人呢？沿着发展脉络一路向上，“喜茶”找到了一个有着极强兼容性与长久生命力的超级概念——灵感。

品牌诞生于创新性地将奶盖结合鲜茶开创新品类，将“创造力”作为其核心，精准且有高度，但对一个茶饮品牌来说，沟通起来未免嫌重，而“灵感”一词，已足以代表年轻人所向往的一种充满创造力的生活状态。围绕“创造力”这一核心，结合品类，“灵感之茶”这一表达可谓恰到好处。将品牌与“灵感”相关联后，既然万事万物皆可为灵感来源，那么万事万物便皆可“喜茶”——所有为年轻人所喜欢的、能够制造新鲜感的潮流元素，均可为品牌所用。三年间自下而上，三年后自上而下，“灵感之茶”概念的落地，除了产品与内容持续创新之外，还需要给灵感以空间，以空间提升溢价。

所以，升级之后的喜茶，开出的新店也全然不同于之前的几十家街边店，而是如同咖啡馆一般具有附加价值的空间店铺。提升用户体验、更好地传递品牌价值自不必说，也只有这样的店铺，才初步具备了对标连锁品牌的资格。尤其是对资本来说，唯有对标星巴克，才有高估值的可能。短短半年里品牌更名、新概念落地、开出数家新形态店铺，终于在 2016 年 8 月，“喜茶”宣布获得 IDG 和何伯权亿元投资。带着打磨数年的好产品、好用户、好口碑，全新升级的好名字、好概念、好故事，意气风发的“喜茶”，显然准备向着更大的世界进发了。

3. 品牌与营销策略

上海未必适宜于品牌的孕育，却毫无疑问适宜于品牌的走红。2017 年 2 月，“喜茶”开出了第一家广东以外的新店——上海来福士广场店。5 年时间，跨越 1 500 千米，跨越地域，跨越文化，也跨越口味，跨越人群，是极其成功的一次跨越。

由于太受欢迎导致店铺大排长龙、黄牛猖獗而屡屡被报道，初入上海的“喜茶”一下子“火出了圈”。许多人知道它的名字，都是从那个时候开始的。日出单 4 000 杯，月营业额超百万元，得到了最挑剔的上海消费者的认可。大火之后的“喜茶”，立刻开始了规模化的异地扩张之路。

从上海到杭州、苏州、南京，直至西安、北京，一路向北，对比前四年依靠自有资金开店 50 家，后四年开出近 700 家店，速度极大加快。背后自然离不开资本的强力加持。

2018 年 4 月，美团龙珠独家投资 4 亿元；2019 年 7 月，腾讯和红杉资本中国领投；2020 年 3 月，高瓴资本和 Coatue 联合领投；2021 年 7 月 13 日，喜茶完成新一轮 5 亿美元战略融资，估值金额达 600 亿元人民币，得到快速积累。

（资料来源：《了不起的喜茶》，知乎 Eva 专栏，2021-10-15）

第二节 创业资源的获取

资源获取是指在确认并识别资源的基础上，创业者利用其他资源或途径获取创业资源并使之为创业服务的过程。资源的获取是资源整合过程中不可或缺的环节。创业活动的开展需要多种创业资源的投入，这要求创业者在创业过程中不断地开辟多种渠道，从多方面获取所需的各种资源，确保新企业的生存与发展。

尽管与已存在的进入成熟发展期的大公司相比，新企业的资源比较匮乏，但实际上创业者所拥有的创业精神、独特创意以及社会关系等资源，同样具有战略性。因此，对创业者而言，一方面要借助自身的创造性，用有限的资源创造尽可能大的价值；另一方面要设法获取和整合各类战略资源。

一、影响创业资源获取的因素

资源是企业创业的基础，获取必要的创业资源对新企业的生存至关重要，不仅关系到能否把创业设想转化为行动，而且决定着企业这一契约组织的形成方式。影响创业者获取创业资源的因素主要有以下几个方面。

(一)创业导向

创业导向是一种态度或意愿，这种态度或意愿会导致一系列创业行为。创业导向会通过促进机会的识别和开发来促进对资源的获取。因此，创业者要注重创业导向的培育和实施，充分关注创业者特质、组织文化和组织激励等影响创业导向形成的重要因素，采取有效的方式获取资源，并在资源的动态获取、整合和利用过程中，注意区分不同资源，充分发挥知识资源的促进作用。

(二)创业者的才能

如何获取资源、获取何种资源以及能否获取资源，是企业初创期要解决的关键性问题。创业者的管理才能在此过程中起着重要作用。创业者的学习能力越强，新企业的创新行为就越频繁，这便加大了新企业对无形资源的需求，因而客观上促使新企业获得诸多有价值的资源；创业者的经营管理能力越强，越能将各种资源进行合理的配置与组合，使新企业高效、有序运作，从而吸引更多的人力资源和其他无形资源；如果创业者能够有效激励团队成员，促进协同并进，可以提升新企业的综合能力，产生团队外溢效应，获取必要的外部资源；创业者的外部协调能力越强，与合作者(如供应商、销售商等)达成一致的可能性就越大，创业者就可以利用外部资源为新企业服务。创业者获取创业资源的途径主要有以下几种。

1. 提升学习能力

学习能力包括创业者的学习能力和新企业的学习能力两个方面。

(1)创业者的学习能力。创业者的学习能力与资源获取能力呈正相关。创业者通过不断地学习能够增强自身的市场洞察力，能够根据市场需求和企业的内部需要来获取资源；创业者通过学习可以提高自身的管理素养，有利于规避动态环境所带来的不利影响；创业者通过学习能够更加了解外部市场的变化和新企业内部的需求，帮助自己对外部的竞争和内部的需求做出理性判断，运用一定的方式如购买、收购或签订合同等获取企业所需的资源。

(2)新企业的学习能力。企业内部组织学习、交流经验是提升企业学习能力的重要机制。新企业可以通过网络关系交换所获取的显性和隐性的知识，在企业的学习活动中进行知识交流和创造。学习交流活动越有效，知识转移就越多，组织学习能力也就越强。企业学习能力越强，企业越容易从外部识别和获取所需的信息。

2. 提升经营管理能力

企业在创建时期必然面临激烈的竞争，面对更加复杂的环境，要成功创业，创业者就必须具有独特的管理才能。成功的创业者能够很好地评估、发现和挖掘机会，能够洞察购买者的需要，能够利用自己的能力、技术和知识去获取资源，开发出购买者需要的产品。具有优秀管理才能的创业者能够获得企业所必需的，而对于竞争对手来说是不可模仿、不可替代的稀缺资源。因此，创业者应该加强自身的素质培养，提升企业经营管理水平。

3. 提升内部协调能力

具有良好内部协调能力的创业者能够正确解读团队成员所传达的关于资源的信息，能够倾听其他成员的意见并协调好团队的内部人际关系，使创业团队表现出巨大的凝聚力，带动创业团队共同行动，获取必要的外部资源。创业者较强的内部协调能力，能将内部各种资源进行完美的匹配与重组，使企业的运作更有效率，能够根据成员的要求和企业发展的需要，从外部吸引更多的人力资源和其他无形资源。

4. 提升社会交往能力

创业者的社会交往能力是指创业者通过与外部的交流与沟通实现外部协作、获取资源的能力。创业者的社会交往能力越强，与合作者达成一致的可能性就越大，创业者就可以利用外部资源为企业服务。中国正处在经济转型期，创业者难以独自处理面临的各种问题和不确定性，需要构建各种关系来帮助其克服种种困难。社会网络为创业者获取资源提供了一种可能，创业者只有充分利用自己的社会交往技能，积极地与外部成员互动，才能有效地获取各种创业资源。创业者经过社会交往，可通过合作来交换资源，这样不仅获取了必要的资源，也为企业创造了良好的外部环境，这是一种资源获取的双赢行为。

(三)创业者的先前工作经验

先前工作经验分为创业经验和行业经验两大类。创业经验是指创业者在先前创建过的组织(包括商业企业、非营利性组织或社会企业等)中所获得的感性和理性的观念、知识与技能等。它提供了诸如机会识别与评估、资源获取和公司组织化等方面的信息。行业经验是指创业者在某行业中的先前工作经历，它提供了有关行业规范和规则、供应商和客户网络以及雇佣惯例等信息，懂得不同市场战略实施的有效性，并且能够掌握如何与利益相关者建立关系的技能。拥有丰富行业经验的创业者要比那些缺乏行业经验的创业者更懂得如何获取创业资源。创业者的创业经验和行业经验将有利于新企业人力资源、资金资源、技术资源等创业资源的获取。

(四)集聚经济效应

集聚经济对新企业的作用在于其能够使创业者更容易获取资源。在现有企业集聚区域创业，是因为已经集聚的领先企业对新企业具有孵化作用。一方面，从要素市场看，集聚经济能够提供更丰富的创业资源；另一方面，许多创业者曾经是集群中企业的员工，这些员工的行业经验及与集群中的企业和机构之间的网络关系，使其更容易接近资源所有者并说服其提供创业资源。

(五)信任机制

新企业在初期阶段存在着新生劣势，使其在经营中面临着技术和市场的高度不确定性。在中国目前所处的经济转型时期，市场机制不完善，信息不对称，新企业通过要素市场获取资源的难度要比西方成熟市场条件下的企业高得多。同时，新企业缺少与外部购买者和供应商的良好信用记录，往往阻碍了资源所有者对新企业的正确认识和判断，使新企业很难赢得其他企业和投资者的支持。

(六)信息

信息是指新企业所获取的有关资源所有者的显性和隐性信息。显性信息包括资源所有者的基本信息和资源的基本信息；隐性信息通常以经验和技能的形式存在，对新企业的资源积累和资源整合具有重要作用。信息资源作为一种特殊的战略性资源，在新企业资源获取过程中发挥着杠杆作用。而新企业在获取创业资源的过程中常常会遇到信息不对称的困境。首先，创业者掌握较多的企业层面、产品技术层面和团队能力层面的信息，出于防止他们利用同样机会的考虑，往往不愿向资源所有者公开全部信息，因此用以评估的信息很可能是不完备的，这种信息不对称导致资源所有者不愿投资新企业。其次，创业者可能采取机会主义行为，因为他们掌握了资源所有者所不具备的信息。

(七)互惠合作的企业机制

互惠合作机制的构筑能够形成多种渠道，有利于新企业的资源获取，新企业应善于与其他企业建立合作机制，积极参与其中。在合作中，企业之间能够以比较低的成本获取创业资源，彼此可以利用对方企业的资源结识更多的企业。当合作的企业不断增加时，创业资源获取的渠道便随之扩大。在其他条件不变的情况下，建立新的合作关系，新的企业加入能够帮助企业得到新的资源。善于构建互惠合作机制的企业，其获取创业资源的能力会更强，成功的机会更多；反之，企业则难以获得创业资源。

(八)商业创意的价值

创业的关键在于商业创意。商业创意为资源获取提供了杠杆，但获取资源还有赖于创意的价值被资源所有者认同的程度。换言之，只有被资源所有者认同的、有价值的商业创意，才有助于降低创业者获取资源的难度。

提到有商业价值的创意，不得不提中国的运动品牌安踏。说到运动品牌，很多人会想到阿迪达斯、耐克、李宁，而安踏就是在这些国际领先的运动品牌中崛起的，下面就是关于安踏的故事。

案例 7-3

安踏的产品多元化策略

营销大师菲利普·科特勒说过，一个伟大品牌的核心是伟大的产品。产品是市场上最重要的因素。一般来说，市场领导者往往会提供良好的产品和优质的服务。

安踏的经营者深刻地意识到产品是竞争的基础。它是连接消费者与企业之间的载体，是满足消费者需求的市场供应品。换句话说，产品是企业与消费者沟通的桥梁。产品如果做不好，那么能够做好其他事情的意义也不大。中国运动品牌安踏于 2001 年率先实施多元化的产品策略，开始进入运动服装、运动装备(运动配件)等服饰系列产品领域。这意味着安踏从单一的运动鞋品牌迈向体育用品品牌的良好过渡与转型。

当年运动鞋品牌正处于快速发展阶段，同行们沉浸在收获的愉悦中，在运动鞋的麦田上，你一锄，我一铲，积极拓荒和播种，但他们大都没有想到产品品类管理、拓宽产品线、试水运动服饰方面的事情。于是，安踏当起"头陀"，眼观鼻，鼻观心地摸索运动服饰开发与经营的得道法门。经过两年的探索，第三年终于实现盈利。实施产品多元化策略取得的根本性成功，使安踏尝到了领先所带来的巨大喜悦。

产品的多元化，不但对渠道建设起到最大的助推力，使安踏的渠道健康化，而且在提高单点的盈利能力，促进现金流的良性化，乃至打破开店容易守店难的窘局上更是功勋卓著。

(九)社会网络系统

社会网络对于创业资源的获取具有重要意义。这是因为社会网络是隐性知识传播的重要渠道，它能通过促进信息的快速传递而协助组织学习，还可以大大降低新企业的交易成本，帮助其获取与新企业需求相匹配的资源。

不同的社会网络和网络地位，为人们之间的沟通与协作提供了不同的渠道。在社会网络中处于优势地位的创业者，具有较好的社会关系依托，可以有选择地了解不同对象的效用需求，有针对性地向不同对象传递商业创意的不同方面，有目的地获取不同资源所有者的理解和信任，最终成功地从不同网络成员那里获取所需资源，为自己进行资源配置方式创新提供基础。

由于新企业在综合实力和声望等方面都较弱，很难通过传统的市场关系获取自身所需的资源，因此，新企业通常会利用创业者自身的社会关系网络获取所需的相关资源，用以弥补通过市场关系获取资源的不足。大学生刚步入社会，还没有形成广泛的社会关系网络，因而往往无法获取必要的创业资源。

(十)资源的配置方式

由于资源的异质性、效用的多维性和知识的分散性，人们对于同样的资源往往具有不同的效用期望，有些期望难以依靠市场交换得到满足，因此，如果通过资源配置方式创新，能够开发出新的效用，使之更好地满足资源所有者的期望，创业者就有可能从资源所有者手中获得资源使用权，以开展生产经营活动。

案例 7-4 介绍的就是闲鱼通过资源配置方式创新获得成功的案例。

案例 7-4

闲鱼：让你的闲置游起来

闲鱼是阿里巴巴集团旗下的闲置交易平台 App。会员只要使用淘宝或支付宝账户登录，无须经过复杂的开店流程，即可实现包括一键转卖个人淘宝账号中“已买到宝贝”、自主手机拍照上传二手闲置物品以及在线交易等诸多功能。闲鱼取义于“闲余”，“闲”是闲置的时间，“余”是闲置的物品和空间。闲鱼不仅是一个闲置物品交易平台，更是一个基于新生活方式的社区。在这个社区，人们分享的可以是物品，也可以是自己的私人时间与技能、兴趣爱好与经验，甚至可以是空间。闲鱼致力于让闲余变闲鱼，让浪费变消费。

近年来，随着闲置物品交易的普及，人们的消费方式也在发生变化，从东西要买全新的到越来越多人选择买更具性价比的闲置，闲鱼一跃成为国内最大的闲置交易社区。

数据显示，闲鱼的交易额正以每年 30% 的速度增长。2020 年，闲鱼举办了品牌战略升级发布会，正式推出“无忧购”“会玩社区”“新线下”三大业务。

2023 年 5 月闲鱼产品升级发布会公布的数据显示，闲鱼用户数已经突破 5 亿，在线商品数量已超过 10 亿件。根据闲鱼的数据，其用户中“95 后”占比达到了 43%。

二、创业资源获取的原则

为了及时、足额并以较低的成本获得创业所需要的资源，创业者需要掌握一定的原则。

1. 充分重视人力资源的获取

人力资本在创业资源中的决定性作用要求创业者必须充分重视人力资源的获取。创业者一方面应努力增强自身能力的培养，另一方面应充分重视创业团队的建设。一支知己知彼、才华各异、能力互补、目标一致和彼此信任的团队是创业资源中最为重要的资源，也是创业成功必不可少的保证。

南通中远海运船务工程有限公司以人才为核心，通过引进徐秀龙等海洋工程高技术领军人才，不断推动科研创新，取得了一系列科技创新成果，实现了产品结构的成功转型。

案例 7-5

中远海运船务公司：引海外团队，铸就大国重器

南通中远海运船务工程有限公司(以下简称“中远海运船务公司”)是中远海运集团旗下中远海运重工的海洋工程装备行业的领军企业。公司先后承接了世界首艘超深水钻探储油平台、世界首座八角形钻探生产储油平台、世界首座自航自升式平台、国内首制世界先进的105000DWT和59000DWT穿梭油轮、国内首艘海洋深水铺管船等一系列高端海工产品，覆盖了从浅海到深海、从油气平台到工程船舶的全部类型，在建海工产品的品种和数量均位居国内首位。公司获得国家科技进步奖一等奖1项，国家专利金奖1项，省部级科技进步奖二等奖6项。

2006年，中国的航运和修船市场异常火爆。但繁荣背后隐藏着危机，恶性竞争、产能过剩影响着船舶行业的可持续发展。2006年年底，公司做出产品结构转型的决定。

为此，公司高层远赴新加坡招揽海洋工程人才，然而面试的新加坡人却不愿意到“一片空白”的中远海运船务公司来。但他们指出：“有一个人能做，这个人就在中国。”这个人就是徐秀龙。加盟中远海运船务公司之前，徐秀龙已在新加坡工作和生活了12年，担任美国船级社(ABS)新加坡审图中心海洋工程/船舶产品计算及审核工程师。当中远海运船务公司向他抛出橄榄枝时，徐秀龙决定回国效力。

徐秀龙，是让公司从修船直转海工破茧之路的引领者。在徐秀龙团队的带领下，公司不断提高主流产品的自主研发、设计和建造能力，企业研发中心先后被国家发改委、科技部等认定为“国家级企业技术中心”“江苏省海洋工程技术研究中心”。公司还成立了国家级博士后科研工作站、江苏省海洋工程装备研究院，并成为首届江苏省海洋工程产业技术创新战略联盟理事长单位。徐秀龙带领团队开展“国内首座圆筒浮式生产储油平台关键技术研发及产业化”(希望6号)研究工作。“希望6号”是中国船厂首次为国外石油公司完整建造的圆筒型浮式生产储卸油平台总包项目，这是我国FPSO海工装备首次实现交付即能使用的“交钥匙工程”，标志着我国海工装备的设计建造从中端产品转向高端产品。

国之重器，驶向世界各地；小小寰球，留下波纹浪迹。

(资料来源：《人才支撑，聚天下英才而用之》，搜狐网，2021-03-30)

2. 以能用和够用为原则

不是所有的资产都是企业的资源，创业者在筹集资源时应坚持能用的原则。满足自己需求的、可以支配并能够充分发挥作用的资源，是需要优先筹集的资源。

另外，资源的使用是有代价的，因此，在筹集创业资源时应该本着够用的原则，而不是多多益善。一方面，资源的有限性使创业者难以筹集过多的资源；另一

方面，当使用资源的收益不能弥补其成本时，资源的使用并不能给企业带来效益。

刘博文是国内某知名高校的毕业生，在计算机编程方面颇有天赋。其在大学期间就研究开发了一套计算机内存的优化软件，能够较好地对计算机内存进行管理，优化计算机的使用性能，而且其开发的软件使用便捷，占用内存空间较小。于是，刘博文便以此软件为契机参加了全国创业计划大赛。在大赛进行过程中，刘博文的软件得到很多人的好评。有一家软件公司主动找上门，拟以较高的价格购买其软件，却被刘博文毅然拒绝，因为他看到了其中的商机，想自己创办企业将项目付诸实施。刘博文在参赛过程中结识的一位风险投资者愿意出 80 万元资金资助其创办企业，但是要求拥有企业 30%的股权。刘博文觉得该投资者想要的股权比例过高，正在他犹豫不决时，另一位看到创业大赛信息的投资者也找上门来，愿意出 50 万元的资金，但只要求占 15%的股份。刘博文觉得后者的出资与股权比例要求与前者相比具有明显的优势，而且如果公司发展后，另外 15%的股份价值肯定会超过 30 万元，于是他选择了与后者合作。

但接下来出现的情况却不像刘博文想象的那样顺利：投资商初期投入的 50 万元资金很快就在广告宣传和相关产品研发方面消耗殆尽，产品初期的销售状况不太乐观，资金回流也没有达到预期。尽管企业的前景依然不错，公司的日常运营也依旧良好，但在企业资金濒于断流的情况下，筹集资金却比原来难了许多，而且刘博文也很难在较短的时间内再找到愿意合作的投资人，企业只好在开业半年后解体。

3. 尽可能筹集多用途资源和杠杆资源

资源的特性决定了其用途的不同，有的资源可能在不同场合具有不同用途，筹集具有多种用途的资源可以帮助创业者应对创业过程中出现的意外。在知识社会，具有独特性和创造性的知识是现代社会的高杠杆资源，对于杠杆资源的合理利用，有助于创业者取得一定的杠杆收益，达到事半功倍的效果。

三、创业资源获取的途径

获取创业资源的途径分为市场途径和非市场途径两大类。当创业所需要的资源有活跃的市场，或者有类似的可比资源进行交易时，可以采用市场途径；其他情况则可以采用非市场途径。

1. 通过市场途径获取资源

通过市场途径获取资源的方式包括购买和联盟。

购买是指利用财务资源通过市场购入的方式获取外部资源。它主要包括购买厂房、设备等物质资源，购买专利和技术，聘请有经验的员工及通过外部融资获取资金等。需要注意的是，诸如知识，尤其是隐性知识等资源虽然可能会附着在非知识资源之上，通过购买物质资源(如机器设备等)得到，但很难通过市场直接购买，因此，需要初创企业通过非市场途径去开发或积累。

联盟是指通过联合其他组织，对一些难以或无法自己开发的资源实行共同开发。这种方式不仅可汲取显性知识资源，还可汲取隐性知识资源。但联盟的前提是联盟双方的资源和能力互补且有共同的利益，而且能够对资源的价值及其使用达成共识。

下面介绍的广汽埃安新能源汽车股份有限公司通过技术联盟方式不仅保证了技术的先进性，而且降低了研发成本。

案例 7-6

广汽埃安"傍上"锂业巨头，赣锋锂业"合作＋增资"双管齐下

广汽埃安新能源汽车股份有限公司(以下简称"广汽埃安")成立于 2017 年 7 月 28 日，是广汽集团秉承自主创新的体系优势，是广汽埃安新能源汽车事业的发展载体。广汽集团董事长曾庆洪表示："当前新能源汽车市场处于快速增长阶段，目前影响销量增长的主要因素在于成本、芯片供应及基础设施配套，电池成本已占整车成本的 50%以上，限制了销量进一步增长。"

为保障企业未来持续高速发展，2022 年 8 月 18 日，广汽埃安与赣锋锂业达成合作，双方同意建立长期的战略合作关系。

根据合作内容，赣锋锂业发挥在碳酸锂等电池核心原材料上的优势，向广汽埃安或其(潜在)供应商提供兼具可靠性及性价比的原材料，助力广汽埃安的新能源汽车项目，提升广汽埃安品牌的科技附加值和市场竞争力。广汽埃安支持赣锋锂电在新型电池领域(如固态电池)的开发工作，在综合技术、质量、成本具有市场竞争力的条件下，优先引入赣锋锂电新型电池方案。赣锋锂业确保 100%供应赣锋锂电生产所需的碳酸锂/氢氧化锂。

通过这种合作方式，新能源汽车和锂电池企业可以实现资源互补，赣锋锂业可以获得稳定的电池原材料供应，而广汽埃安可以获得具有市场竞争力的新型电池方案，从而提升品牌的科技附加值和竞争力。这种合作也有利于推动新能源产业的发展，实现双方共赢。

(资料来源：《证券日报》，2022-08-20)

2. 通过非市场途径获取资源

非市场途径获取资源的方式主要有资源吸引和资源积累等。

资源吸引是指发挥无形资源的杠杆作用，利用初创企业的商业计划，通过对创业前景的描述、创业团队的声誉等来获得或吸引物质资源(厂房、设备)、技术资源(专利、技术)、资金和人力资源(有经验的员工)。

资源积累是指利用现有资源在企业内部培育形成所需资源，主要包括自建企业的厂房、设备，在企业内部开发新技术，通过培训提升员工的专业知识和技能，通过企业自我积累获取资金等。

下面介绍的百度"昆仑"芯片就是通过资源积累方式获取资源的较好例证。

案例 7-7

百度发布 AI 芯片"昆仑"

2018 年 7 月 4 日，百度公司董事长兼 CEO 李彦宏在 Baidu Create2018 百度 AI 开发者大会上，正式发布百度自研的中国第一款云端全功能 AI 芯片"昆仑"。李彦宏称，"昆仑"是中国第一款云端全功能 AI(人工智能)芯片，也是截至目前业内算力最高的 AI 芯片。百度"昆仑"依托百度全栈 AI 体系及团队十年研发深耕，通过多次迭代形成集芯片架构、软件栈、工程化于一体的系统性优势，从内部积累了极强的产品设计能力和商业化部署经验。

据百度主任架构师欧阳剑介绍，百度在过去七八年里已经做了很多 AI 架构的积累，最早在 2010 年就开始用 FPGA 做 AI 架构的研发，2011 年开展小规模部署上线，2015 年打破几千片的部署规模，2017 年部署超过了 10 000 片 FPGA，百度内部数据中心、自动驾驶系统等都在大规模使用。而 FPGA 之后，专用芯片是继续提升计算性能的必由之路。百度选择自研 AI 芯片，并于 2018 年发布了百度"昆仑"，它采用三星 14 纳米工艺的芯片，有很高的内存带宽，算力更是达到 260TOPS。

芯片研发不像互联网应用，开发一个 App 火了就成功，它需要与设计、研发、材料、工艺等产业相结合，形成强大的供应链系统，方能破解"芯痛"之结，急于求成是不行的。以百度"昆仑"芯片为代表的国产技术，能够突破国际巨头技术体系的压制，"中国芯"未来可期。

企业选择市场途径还是非市场途径获取资源，主要依赖于资源在市场的可用性和成本等因素。若证明快速进入市场能够带来成本优势，则外部购买可能就是获取的最佳方式。

获取资源贯穿创业的全过程，在创业的初始阶段，它具有更加重要的作用。对于多数初创企业来说，由于初始资源禀赋的不完整性，创业者需要取得资源供应商的信任来获取资源。但无论如何，采用多种途径同时获取不同资源总是正确的选择。根据 Laurence Capron and Will Mitchell(2010)的研究结果，与采用单一途径的企业相比，通过多种方式获取资源的企业更有优势：它们在未来 5 年内继续经营的概率比那些主要依赖联盟的企业高 46%，比专注于并购的企业高 26%，比坚持内部研发的企业高 12%。

案例 7-8

"玩"也能带来财富——马化腾的创业哲学

马化腾，"腾讯 QQ"的掌门人，被美国《时代》周刊和有线新闻网评为 2004 年全球最具影响力的 25 名商界领袖之一，荣膺香港理工大学第四届紫荆花杯杰出企业家奖，捧走了"2004 年 CCTV 中国经济年度人物新锐奖"奖杯。在短短几年内，他创建的企业和产品彻底改变了亿万中国人的沟通习惯。他不到34岁便坐拥近20亿元资产，在中国IT界创造了一个不朽的神话。

1. 眼光独到

1993年，22岁的马化腾从深圳大学计算机系毕业。在校时，马化腾的计算机天赋已崭露头角，令老师和同学们刮目相看。

1997年，马化腾第一次认识了ICQ，一见面，便被其无穷的魅力所吸引，就立即注册了一个账号。可是使用了一段时间后，他觉得英文界面的ICQ在中文用户中想推广开来可不是一件容易的事儿，他想，能不能做一个中文版的ICQ呢？

1998年，马化腾立志创业。同年11月，他与大学同学张志东创办腾讯，推出中文网络寻呼机。作为中国第一代网民，马化腾清楚地知道，这不过是ICQ的模仿之作，还不能成气候，他决定要做属于自己的OICQ。当时许多人对网络还不熟悉，而许多IT界同行纷纷对OICQ这个“小孩玩意儿”嗤之以鼻。他们认为成天摆弄这个没多大出息，因为靠OICQ捞点“外快”都十分渺茫，更遑论借其发家致富了。马化腾却不这么看，“弱水三千只取一瓢饮”，他认准了OICQ这个“旁门左道”。稍懂一点营销常识的人都知道，任何产品的成功都离不开“人口＋需求＋购买力”的因素，在此基础之上，马化腾又将“满足特定情感”的营销概念移植过来。马化腾发现，几千年的传统文化与风风雨雨将中国人打造得深沉内向。

相比之下，中国人比外国人更缺乏安全感，所以，可能更容易接受文字之间的“神交”。

商道即人道，马化腾看准了OICQ在中国的大好前景，相信终有一日它会带来继电话、传真之后的另一种通信革命。此时的马化腾，八匹马也拉不回来了。事实证明，马化腾的“企鹅宝贝”生逢其时。1999年，互联网在中国全面铺开，OICQ以独特的离线消息功能和服务器端信息保存功能，在实用性上击败了只有本地保存功能的ICQ。1999年年底，OICQ的注册用户达到了130万人。

2. 成功源于专注

“他是一个专注的人”，几乎所有业内伙伴提到这位年轻的老板都会用“专注”这个词。6年来，马化腾只专注于QQ，不做其他的项目，就是在创业最困难的时候，也没有放弃。跟其他刚开始创业的互联网公司一样，资金和技术是腾讯最大的障碍。最初公司运作的全部资本就是几个小伙子的所有积蓄，而整个公司仅3个全职员工。为了能赚钱，马化腾他们什么业务都接，做网页、做系统集成、做程序设计……简直就像是个杂货铺。据说，当时在深圳，像腾讯这样的公司有上百家，马化腾和张志东最大的期望就是能挺住。

预见到QQ的大好形势，马化腾想把剩下的路走完。事实再一次验证了马化腾的眼光。1999年下半年，互联网在全球范围“发烧”。受昔日老友网易总裁丁磊海外融资的启发，马化腾拿着改了6个版本、20多页的商业计划书开始寻找国外的风险投资，最后碰到了IDG和盈科数码，它们给了马化腾220万美元的投资。

3. 金钟罩、铁布衫

来自潮州的马化腾继承了潮州人一向低调务实的传统。见过马化腾的人都觉得他年轻得让人吃惊，他给人的第一印象是一位白面书生，而非呼风唤雨的企业家。马化腾天生就是个实用主义者，理智冷静是他的特质。例如，许多业内的同龄人把开发软件当成了智力"角斗场"，搞软件只是智力竞赛的一种方式，而马化腾则希望自己开发的东西能被更多的人应用，也愿意扮演一个将技术推向市场的小角色。这种理智冷静的天性也为他本人带来了不菲的收益。其实，早在1994年，马化腾就已经是一个小小的富翁了。他真正意义上的第一桶金来自股市。1994年入市的马化腾在股市上如鱼得水，手头很快就有了百万资金。这也为他日后独立创业打下了基础。

4. 创业智慧

(1)了解自己。马化腾在创办和经营腾讯的时候，总是小心翼翼地追问自己三个问题：第一，这个领域你是否擅长？第二，如果你不做，你会损失什么？第三，如果做了，在这个新的项目中，自己能保持多大的竞争优势？而这"三问"准确地揭示了马化腾的经营理念。

(2)做擅长的领域。马化腾凭着对网络市场的一种朦胧却又相当有预见性的理解，用近乎偏执的兴趣和狂热的工作热情搭起腾讯的架子，坚持以技术为核心的公司理念，极端专注于技术开发和提升质量，最终在激烈的市场竞争中脱颖而出。

(3)考虑用户会损失什么。做软件工程师的经历使马化腾明白，开发软件的意义就在于实用，而不是写作者的自娱自乐："其实我只是个很爱网络生活的人，知道网迷最需要什么，所以为自己和他们开发最有用的东西，如此而已。"

(4)明确自己的竞争优势。QQ最早只是作为公司的一个副产品存在的，马化腾对QQ所蕴含的巨大市场价值并没有足够的认识。而且无论从技术上还是资金上，他对自己究竟能保持多大的竞争优势并没有把握。当时腾讯所采取的策略是"三管齐下"：一是继续巩固传统网络寻呼系统带来的大量利润；二是将精力更多地集中在改进QQ功能和开发新版本上；三是寻求风险投资的支持。事实证明，这样的策略是正确的。

(5)注重创新。在"关于营造良好自主创新环境"的提案中，马化腾认为实现目标一方面要提升企业创新能力，壮大创新主体，另一方面要发挥政府制度保障作用，营造创新环境。

5. 马化腾的创业经

(1)让用户上网的第一件事就是打开QQ，这是我的目标。

(2)请大家一定要把"用户第一"铭记心中。

(3)坚持有价值的服务必有回报，杜绝任何投机行为。

(4)在同质化的竞争环境下，决定竞争力的关键因素是执行力和创新能力。

(5)腾讯的成功是一连串偶然机会的集合，靠的是在探索路上善于接招。

(6)我庆幸自己来到了深圳，并在此创业获得了成功，是深圳这个年轻而富有激情和梦想的城市成就了腾讯，成就了我。

(7)专注做自己擅长的事情。

(8)在前进的过程中，发现机会就要立刻去把握它，要有敏锐的市场感觉，这给过我们压力，却也是我们成功的契机。

(9)作为领导者，需要胆魄、胸怀、眼光，其中眼光最重要。

(资料来源：https://blog.51cto.com/zhangliang/156700，2009-05-10)

第三节　创业资源的整合

资源基础理论(RBT)已经被很多学者广泛应用于创业研究领域，该理论将组织定义为资源束(bundles of resources)，即有形资产和无形资产相结合的一种相对稳定的形式。这一论断不但阐明了企业和资源之间密切的关系，同时也为资源基础理论在创业研究领域的扩展提供了依据。创业活动实质上是在识别机会的基础上，整合资源以满足顾客需要的过程，越来越多的创业研究学者应用资源基础理论(RBT)来探讨新企业在创建和发展过程中资源所起的重要作用，因此初创企业资源管理问题已成为创业领域非常值得关注的话题。

很多研究表明，不同规模和寿命的企业在资源整合方面会表现出不同的特征。尽管新企业初始资源源于创业者的初始资源禀赋，但是不获取和开发其他的组织资源，企业是无法生存和发展的。因此，对于新企业来说，资源整合过程是其生存和发展的重要策略选择，当企业快速成长或者在动态的环境中参与竞争时，这些策略选择会对其发展产生重要影响。

一、创业资源整合的原则

1. 创业资源整合的总体原则

总体来说，创业资源整合应遵循渐进原则、双赢原则和量力原则。

(1)渐进原则。对于任何一个创业企业或创业团队来说，有利的创业资源都是难以完全发掘、配置和利用的。因此，创业者必须遵循渐进原则，根据对资源的需求程度及资源开发和利用的成本、收益和不确定性的综合考虑，逐步寻找和利用各种创业资源，即对于每一种创业资源，都应当选择一个适当的整合时机，以降低资源的维护成本。

(2)双赢原则。基本上每一种创业资源实际上都是一个相对独立的利益主体。因此，在开发和使用这些资源时，就不能仅仅从创业企业的自身利益出发，而必须坚持双赢的原则，尤其是对需要长期使用的创业资源，更要重视对方的既得利益。

(3)量力原则。对不同的资源要渐进开发和使用，即使对同一种创业资源，也存在着逐步开发的问题。尤其是对创业团队和初创企业来说，其资源开发的能力和经验都相对较弱，因此创业者更要量力而行，按部就班地对某一种创业资源进行开发和使用。

除了上面的整体原则以外，还应遵循内部资源整合原则和外部资源整合原则。

2. 内部资源整合原则

与外部创业资源相比，内部创业资源具有很强的明确性，因此内部资源整合的目标就是更有效地配置和使用这些资源，而不是像外部资源整合那样要不断地发掘各种新的资源主体。因此，我们可以把内部创业资源整合形象地比喻为“内部挖潜”。

鉴于内部创业资源的特点，在内部资源整合的过程中应当注意以下几个基本原则。

(1)公平双赢原则。创业资源的整合要体现公平双赢原则。因此，对于具有相对独立的利益主体特征的资源，在整合的过程中要体现不同资源主体之间的公平原则，尤其是企业内部。由于创业者或创业企业员工平时相互之间都有沟通，因而不公平的现象很容易表现出来，给整合带来负面影响。

(2)当前利益与长远利益相结合原则。创业资源整合的根本目的是实现创业企业利益的最大化，这个利益有当前利益和长远利益之分。因此，在内部创业资源整合时，要充分协调好当前利益与长远利益之间的冲突。基于当前利益而对创业资源的过度开发，往往会给企业的长远发展带来隐患。

(3)缓冲原则。遇到困难和挫折对于创业企业是常有的事情，而应对这些困难和挫折可能要更多依靠创业企业的自有资源，因为任何一个利益主体都不愿意冒太大的风险去帮助一个新创建的企业。因此，在对内部资源整合的过程中，一定要留有余地，以满足不时之需。

3. 外部资源整合原则

与内部资源相比，外部资源要复杂得多。首先，外部资源都是相对独立的利益主体；其次，外部资源与创业者或创业企业的关系更加复杂，创业者或创业企业对这些资源的开发、配置和使用的难度更大；最后，很多外部资源不是直接摆在创业者或创业企业面前的，而是需要去寻找、发掘或选择的，因此，具有相当的不确定性。

由于创业者或创业企业对外部资源缺乏控制权和支配权，因而外部创业资源整合无论是在难度上还是在进展的缓慢程度上都高于内部资源的整合。对内部资源进行整合的目的就是提高效率，不存在不可使用这些资源的问题；对外部资源的整合方面，其基本目标是保证可以利用这些外部资源，然后才能谈到效率问题。在外部资源的整合上，应当遵循以下三个基本原则。

(1)比选原则。由于外部资源的多样性，且受益于某一创业任务的外部资源可能会有多个，使用每个外部资源会具有不同的收益、成本和不确定性。因此，创业者要根据创业项目发展的需要、自身的实力及资源的特点，选择最适合的外部资源。

(2)信用原则。与外部创业资源打交道，实际上就是与人打交道。因此，在外部资源的整合过程中，信用和信誉将是决定能否长期利用这些资源的关键因素。

(3)提前原则。由于外部资源整合的难度较大，其进展相对较慢，并且外部资源的发现也需要一定的时间。因此，创业者不能等到需要的时候再去考虑外部资源的整合，而应当具有一定的超前意识，适当提前开始某些外部资源的整合。

二、创业资源整合的意义

任何一个创业者都不可能在创业之初就把创业中所涉及的问题都解决好，也不可能把一切创业资源都备足，关键在于要学会进行资源整合。因此，资源整合不仅是创业计划中的一个重要原则，也是创业中借势发展、巧用资源、优势互补、实现双赢的重要方法。

资源整合对大学生创业者而言具有重要意义，具体而言主要有以下几点。

(一)有利于发现市场机会

整合资源的过程，实际上是创业者自我审视、自我评价的过程，也是对整个行业发展进行深入分析和研究的过程。通过资源整合，创业者能够发现企业自身的优势和劣势，清楚哪些事情是可以做并且能够做的，哪些是市场空白点，企业在哪些领域具有较强的市场竞争力。这样就可以帮助企业发挥资源优势，在市场上获取竞争优势，同时也有利于创业者进行科学的规划和决策。

(二)有利于提高企业核心竞争力

市场竞争优势常常属于那些善于进行资源整合的企业，而不是那些拥有大量资源的企业，也不是那些投入巨资开发新资源的企业。企业对资源的整合能力使得企业高层管理人员能够基于对未来发展趋势的正确预测判断而有效地识别与选择、汲取与配置、激活与融合企业内外部资源、新旧资源、个体与组织资源、横向与纵向资源，通过持续不断的资源整合，企业能提升其竞争优势。因此，在企业资源管理任务中，在重视对企业资源整合的同时，应该采取相应的整合策略，以提高企业资源整合能力，这样才能有效地提高企业整体的资源竞争力，从而增强企业竞争优势。创业者资源整合形成创业竞争力的过程，如图 7-1 所示。

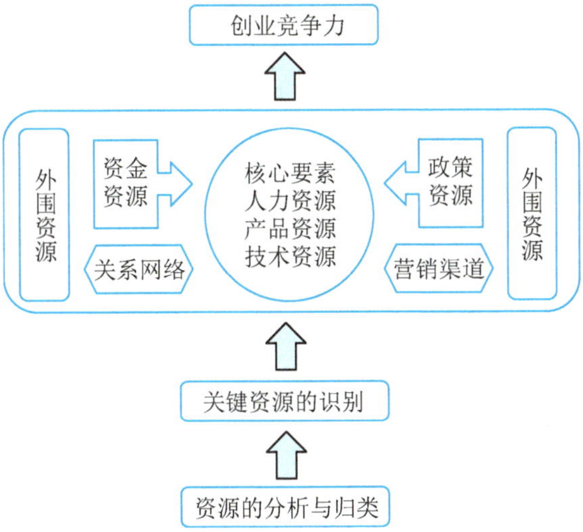

图 7-1 创业者资源整合形成创业竞争力的过程

(三)有利于促进企业可持续发展

创业之初所需的各项资源往往只能通过创业者自身努力获取。由于高成长性，初创业业通过迅速扩张很快就发展到一定规模。创业者很快会发现，通过自身努力获取的资源远远不能支持企业的发展。为了使企业能够继续发展，整合创业资源，尤其是外部环境给予企业的资源是相当必要的。政策扶持、信息资源、资金资源、高素质人才、管理制度、技术成果转化等，都是需要重点整合的资源。

(四)有利于进一步加强企业管理

对创业企业而言，能否高效整合与利用资源，是决定其成败的关键因素之一。如果企业不能有效整合内外部资源，不仅会导致资源闲置浪费，更会错失发展机遇，甚至损害企业形象。在激烈的市场竞争中，空有丰富资源却无法转化为实际效益，不仅会引发外界对企业运营能力的质疑，更会制约企业的长期发展。因此，企业必须建立科学的资源整合机制。对外，要充分挖掘和利用外部资源，最大化资源价值以提升竞争力；对内，要优化资源配置，避免闲置浪费，实现内部运营的高效协同。现代企业的竞争，本质上是对资源整合能力的考验。谁能将自有资源和可获取的资源转化为最大效益，谁就能在竞争中占据优势。资源整合能力已成为企业核心竞争力的重要维度。

三、创业资源整合的类型

(一)人脉资源整合

成功学大师戴尔·卡耐基说过：“专业知识在一个人成功的作用中只占15%，其余的85%取决于人际关系。”相关研究表明，人际关系在商业成功中起着重要作用。在创业中，能否整合人脉资源借力发力，是创业能否取得成功的关键因素。

人脉资源根据重要性程度可以分为：核心层人脉资源(家庭成员、老板、顶头上司、重要客户等)、紧密层人脉资源(其他领导、一般下属、次重要客户、有影响的同学等)和松散备用层人脉资源(公司未来可能的接班人选、一般客户、同学等)。在创业过程中重点依靠的通常是核心层人脉资源。

在创业实践中，人脉资源整合的途径主要有：参与社团活动，扩展人脉链条；参加培训，搭建人脉平台；了解人脉，满足需求等。同时要不断积累自己的人脉资源，对他们悉心呵护和关怀。随着创业的进一步深入，人脉资源的整合力度将越来越大，这将为企业的发展提供强大的支持。

(二)信息资源整合

在信息爆炸的时代，如何整合信息成为创业者面临的一大挑战。整合信息资源不仅有利于创业者发现市场机会，也有利于其进行科学决策。

要加强信息资源整合，首先，要努力了解、分析包括政府、行业、竞争对手、合作伙伴、客户等在内的外部环境的变化信息。其次，要认真研究这些信息，分析哪些信息是有价值和有意义的，特别要关注不同信息组合的价值。最后，要建立一整套信息管理系统，并在创业实践中不断完善。

(三)技术资源整合

对于许多初创企业来说，其核心竞争力是技术。技术在很大程度上决定了创业资金的规模、创业产品的市场竞争力和获利能力。技术资源的主要核心载体是人才资源，技术资源整合的本质在于人才资源的优化配置。

(四)行业资源整合

行业资源整合是创业资源整合的战略支点。明智的创业者往往会专注自己熟悉的领域，建立完整的产业生态链，包括明确客户需求，建立与供应商、经销商的合作伙伴关系，处理好与政府监管部门的关系等。这种资源整合能力直接决定了企业能否控制成本、快速响应市场、合规经营。行业资源整合要注意避免两个常见错误：一是以为认识资源就能用好资源；二是忽视行业变化。创业者应懂得把行业经验转化为实际的资源运作能力，在产业链中找准自己的优势位置。

(五)政府资源整合

掌握并充分整合创业行业的政府资源，享受政府的扶持政策，可以使创业少走弯路，达到事半功倍之效。政府的创业扶持政策主要包括财政扶持政策、融资政策、税收政策、科技政策、产业政策、中介服务政策、经济技术合作与交流政策、政府采购政策、人才政策等。

案例 7-9

比亚迪：政企一心，推动发展

在国家政府补助及其他财政补贴政策的扶持下，新能源汽车行业的发展日新月异，其中比亚迪公司更是获益颇丰。

比亚迪成立于 1995 年 2 月，总部位于广东省深圳市。2015 年，比亚迪荣获联合国成立 70 年来首个针对新能源行业的奖项——“联合国特别能源奖”。2016 年，比亚迪荣获“扎耶德未来能源奖”大型企业奖。2017 年，比亚迪蝉联《财富》杂志 2017 年度“最受赞赏的中国公司”，居第五名，位列汽车行业榜首。2020 年，比亚迪成为 2020BrandZ 最具价值中国品牌 100 强上榜车企，连续 6 年蝉联汽车行业最具价值中国品牌冠军。

自上市以来，比亚迪在招商引资、技术开发等方面得到了政府的大量补贴。根据公告，仅 2012 年一年，就获得超过 10 亿元的财政贴息、研发补助、土建补贴。2020 年，深圳市坪山区及西安市高新区分别拨付补助资金 33.26 亿元，且尚有 9.84 亿元待拨付。如此巨额的补贴款注入，将显著提高企业现金流，降低财务费用，加快应收账款周转速度。为了更好地为其解决后顾之忧，推进项目的有序发展，政府还给予了比亚迪在产业园区使用办公楼的优惠。此外，所得税优惠是新能源汽车产业从政府获得的主要税收优惠方式。

四、创业资源整合的方法

（一）依靠自有资源

学术界用“Bootstrapping”这个词描述这一过程中创业者利用资源的方法，主要指在缺乏资源的情况下，创业者分多个阶段投入资源并且在每个阶段或决策点投入最少的资源，所以也可以称为“步步为营”。杰弗里·康沃尔总结了步步为营的九条理由：①企业不可能获得来自银行家或投资者的资金；②初创企业所需外部资金来源受到限制；③创业者推迟使用外部资金的要求；④创业者对自己掌控企业全部所有权的愿望；⑤是可承受风险最小化的一种方式；⑥创造一个更高效的企业；⑦使自己看起来“强大”以便争夺顾客；⑧为创业者在企业中增加收入和财富；⑨审慎控制和管理的价值理念。

（二）创造性拼凑

创造性拼凑是国外学者发现的一个规律，用于描述下面的情形：面对资源约束，创业者常常存在一种有意识的倾向，即他们往往忽视正常情况下被普遍接受的关于物质投入、惯例、定义、标准等的限制，而利用手头已有的资源，创造出独特的服务和价值。这些资源也许对他人来说是无用的、废弃的，但拼凑者通过自己的经验和技巧，整合各种资源，最终实现新的目标。

实际上，在新企业创建的过程中，拼凑绝不是偶然现象。我们把创造性拼凑定位为，在资源束缚下，创业者为了解决新问题，实现新机会，整合手边的现有资源，立即行动，创造出独特的服务和价值。绝大部分企业在创立之初，都受到严重的资源束缚。例如，没钱购买先进的设备，就去淘一些人家废弃的二手货；招聘不到满意的员工，创业者身兼数职，或者“上阵父子兵”。这些都只是新企业缺乏资源的表面现象，真正困扰创业者的是如何四两拨千斤——用有限的资源在竞争日益激烈的市场上抢占一席之地。这是一场比拼智慧的战争，一些企业摸索着打开了“月光宝盒”，选择采用“撬动地球的杠杆”——创造性拼凑。

创造性拼凑有三个关键要素：一是手边已有的资源。善于进行创造性拼凑的人常常拥有一批“零碎”，它们可以是物质、技术，甚至是一种理念。二是整合资源用于新目的。拼凑的另一个重要特点就是为了新目的重新整合已有资源。整合手边已有的资源，快速应对新情况，成为企业抢占制高点的利器。三是将就使用。出于成本和时间的考虑，创造性拼凑的载体常常是手边的一些废旧资源。

案例 7-10

创造性拼凑的经典案例

2004 年，一位名叫毕克畏的青年人接管了父母创办的企业，主营鱼、贝和虾等产品的加工出口。随着原料及生产成本不断上涨，公司利润越来越薄，于是毕克畏打出招商广告，寻找更多机会。

后来，某日本企业代表于洋找到毕克畏，以成品章鱼每吨 6 000 美元的价格，签了一份 50 万美元的订单。由于大连本地的章鱼八条腿长短不均、肉质厚，不是客商需要的品种，为了寻找原料，毕克畏南下福建收购了 150 吨章鱼，按照日本客户的要求进行加工。毕克畏从这单生意中赚了 4 万多美元。更重要的是，之后每月都有 20 万美元的订单。在其他海产品加工还照常生产的情况下，工厂产值一下子翻了一番。出口到日本的是章鱼头和章鱼爪，剩下的脖子和爪尖成了规格外产品，丢了可惜又卖不出去，于是毕克畏将规格外产品卖给了章鱼丸子销售商，每年增加利润 20 万美元。

（三）发挥资源的杠杆效应

资源杠杆效应是指以尽可能少的付出获取尽可能多的收获。资源杠杆效应的发挥是创造性产生的过程。美国著名的投资银行家罗伯特·库恩(Robert Kuhn)说过：“一个企业家要具有发现价值和创造价值的能力，要具有在沙子里找到钻石的功夫，识别一种没有被完全利用的资源。”

尽管存在资源约束，但创业者并不会被当前控制或支配的资源所限制，成功的创业者善于利用资源杠杆效应，会利用他人或者其他企业的资源来完成自己的创业目的：用一种资源补足另一种资源，产生更高的复合价值；利用一种资源撬动和获得其他资源。很多既有企业不只是一味地积累资源，它们更擅长资源互换，进行资源结构更新和调整，积累战略性资源，这是创业者需要学习的重要经验。

对创业者来说，容易产生杠杆效应的资源主要包括人力资本和社会资本等非物质资源。人力资本由一般人力资本与特殊人力资本构成。一般人力资本包括受教育背景、以往的工作经验及个性品质特征等。特殊人力资本包括产业人力资本(与特定产业相关的知识、技能和经验)及创业人力资本(如先前的创业经验或创业背景)。有调查显示，一般人力资本可为创业者提供知识、技能、资格认证、名誉等资源，同时也提供了同窗、校友、老师及其他连带的社会资本；特殊人力资本可直接作用于资源获取，有产业相关经验和先前创业经验的创业者能够更快地整合资源，实施市场交易行为。

(四)建立连接

资源往往是越用越熟，特别是人力资源。一是你过去学习、生活、工作的经历所形成的固定人脉；二是主动参加社会实践，向外拓展人脉资源。人力资本中起作用的就是基于关系的互动，关键性人力资本的出现往往在企业发展中起决定性作用，互动是建立连接最有效的方法。

创业者可以依赖的社会资本，都来自对关系的理解。作为个体，你嵌入了哪一个更具有潜在资源的群体或是社会关系网络之中，你的优势就在于能获取更直接的商业信息，这一步的领先就因为圈子不同。建立连接，进入成功者的圈子，是杠杆效应的极致体现。

(五)设置合理利益机制

资源通常与利益相关，创业者之所以能够从家庭成员那里获得支持，是因为家庭成员不仅是利益相关者，更是利益共同体。创业者在整合资源时一定要设计好有助于资源整合的利益机制，借助利益机制把潜在的和非直接的资源提供者整合起来，借力发展。因此，创业者整合资源需要关注有利益关系的组织或个人，要尽可能找到更多的利益相关者。同时，创业者要分析并确认这些组织或个人与自己及自己想做的事情确实有利益关系。创业者与利益相关者之间的利益关系越强、越直接，整合资源的可能性就越大。设置合理的利益机制是资源整合的基本前提。

利益相关者是指与创业者创建新企业有利害关系的自然人或法人。利益相关者要为新企业提供资源并做出承诺，而创业者的责任则包括以下两点。

(1)满足利益相关者的需求。创业者要寻找那些与自己具有共同利益的相关者，同时也需要寻找可以资源互补的利益相关者。如果创业者要让利益相关者对自己有信心，首先就要对自己有信心。同时，创业者要有诚实可信的声誉，能与利益相关者公平分享回报。

(2)以利益相关者为核心，构建资源整合机制。新企业要尽快建立以利益相关者为核心的资源整合机制，以确保创业机会的顺利实现和企业的持续发展。

五、创业资源整合的过程

资源整合的过程可以分为四个子过程，即资源扫描、资源控制、资源利用和资源拓展，如图 7-2 所示。这四个子过程在时间上并不是完全分离的，而是相互影响、相互衔接的。

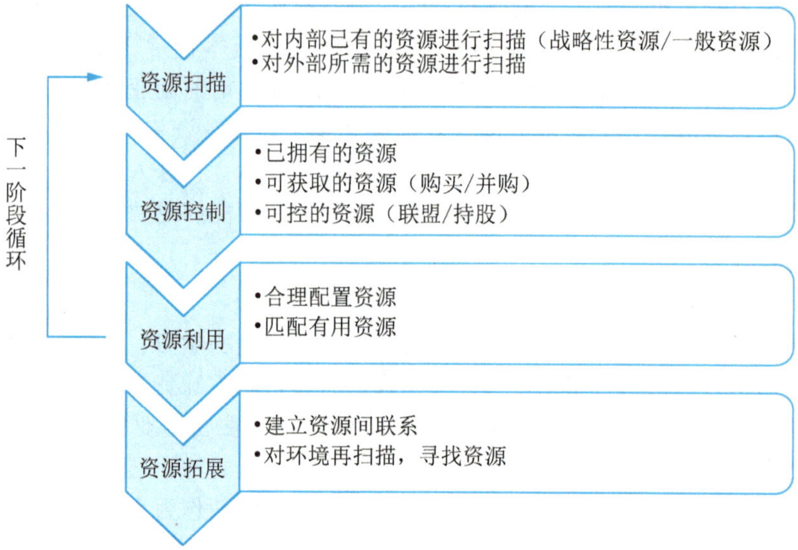

图 7-2　资源整合的过程

(一)资源扫描

创业者要知道自己的资源禀赋以及企业拥有的最初资源，将已拥有的资源识别出来，包括所有有价值的有形资产和无形资产，如人才、技术、设备、品牌等，找到自己的资源优势和不足，认清战略性资源和一般资源，确认资源的数量、质量、使用时间及使用顺序。扫描自身资源的同时，也要对外部资源进行扫描，及时发现初创企业所需资源如何获得，以及谁拥有这些重要的资源，对资源拥有者的利益需求进行深度分析，并与自己所拥有的资源进行比较，找到利益的契合点。这通常需要创业者具有行业知识和一定的社会关系，能利用自己的资源网络，并随着业务的发展而逐渐扩充这一网络。

(二)资源控制

资源控制的范围包括创业者自身拥有的资源、通过交易等获取的资源，以及通过社会网络等形式可以控制的资源。创业者自身拥有的资源(教育、经验、声誉、行业知识、资金和社会网络等)在许多情况下存在于社会团体中。在特定的行业中，创业团队成员的社会网络资源和技术对于企业的成功至关重要。在获取资源的过程中，要判断这种资源的获取对于实现企业目标是否关键，并且创造性地设计出双赢的合作方案，形成长期互利的关系。

(三)资源利用

企业资源在未整合之前大多是零碎的、低效的，要发挥这些资源的最大使用价值，使其产生最佳效益，就必须运用科学的方法对各种类型的资源进行细化、配置和激励，将有价值的资源有机地融合起来，使它们相互匹配、互为补充、互相增强。资源在整合并转化为内部的独特优势之后，创业者需要协调各种资源之间的关系，匹配有用的资源，剥离无用的资源，通过协调，使得资源之间的联系更加紧密，更加具有匹配性，形成“1+1>2”的局面，并为下一步拓展奠定基础。

（四）资源拓展

对资源的拓展创造过程是指将以前没有建立联系的资源建立联系，将新获取的资源与已有的资源进行连接融合，进一步开发潜在的资源为企业所用，又称为再开发。即开拓资源的范围和功能，为下一步识别、获取、配置和利用资源奠定坚实的基础，这也是企业持续竞争优势的根本来源。拓展过程为创业带来新的能力，从而使其能够充分地发现和掌握创业机会。

案例 7-11

一路开挂的完美日记

完美日记，这个异军突起的国货彩妆品牌，过去在大众视野中还略显低调，而回顾完美日记的发展历程，其成长速度是惊人的。在 2018 年的“天猫 99 大促”活动中，完美日记位列美妆行业销售额第一，远超美宝莲、欧莱雅等外资品牌。在 2019 年 1 月淘宝天猫美妆月销排行榜中，完美日记位列第七，在它后面的是纪梵希、资生堂、迪奥、阿玛尼等国际大牌。

成立三年，就赶超经典老牌，反超国际大牌，被称为“国货之光”，完美日记是怎么做到的呢？

首先，它瞄准了用户数超过 3 亿的社区生活平台小红书。在这里，90%以上都是年轻女性用户，十分符合完美日记的客户定位。截至 2024 年 3 月，完美日记的小红书品牌账号已经拥有 202.6 万粉丝、773.1 万获赞与收藏，粉丝数远超其他知名国货和外资彩妆品牌。

其次，有了小红书的成功案例，完美日记又开始了在抖音上的布局。完美日记在抖音上的内容营销以真人试色为主，相比笔记，真人试色能更直观地让人信服。

最后，完美日记也会在一些知名美妆博主的微信公众号、微博账号上投放广告。

可以说完美日记的口碑营销是社交渠道全覆盖，比起花天价去投放广告，这种口碑营销方式的性价比要高许多。

【拓展阅读】

扫码阅读

徐静蕾式的《杜拉拉升职记》

【思考与训练】

1. 以你感兴趣的创业项目为例，请列举出你目前拥有的资源、可以争取到的资源及缺少的资源。

2. 简述你身边可以利用的人脉资源。

3. 你身边是否存在一些好的资源？是否可利用这些资源进行创业？

4. 假设你和两位好友用三个人的全部积蓄创建了一家企业，并且企业的发展也比较平稳，具有一定的发展前景。在经过了一年多的经营之后，由于销售货款积压以及一些没有预料到的后续投资问题的出现，企业在资金的周转上出现困难。在这种情况下，你将如何利用企业内外部的有限资源来解决这一问题？

5. 训练组织与实施。

(1)将全班同学分成若干小组。

(2)由小组长选择创业项目。

(3)各小组制订创业计划。

(4)现场答疑。

①老师先筛选入围的小组和项目。

②各小组当堂就创业项目和创业前景答疑。

③老师总结。

第八章
商业模式的开发

【知识结构】

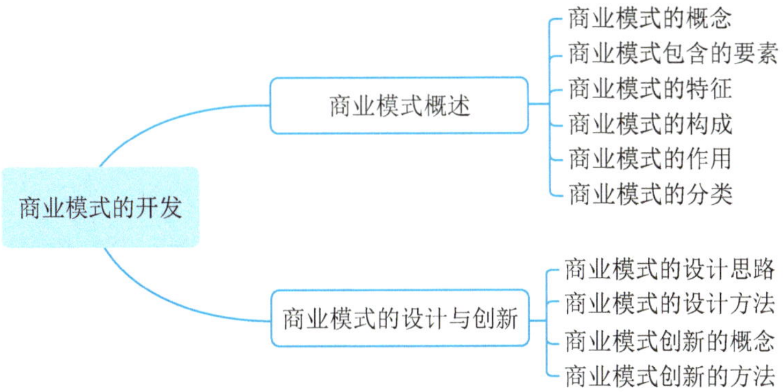

【学习目标】

* 了解商业模式的概念和构成要素。
* 了解商业模式的特征、构成及作用。
* 掌握商业模式的分类。
* 理解商业模式的设计思路。
* 掌握商业模式的设计方法。
* 了解商业模式创新的概念。
* 掌握商业模式创新的方法。

当创业者就创业项目对现有产品与目标市场进行认真的可行性分析，对机会进行识别时，基本上就明确了具有市场潜力的产品或服务。而企业要想利用这些具有创新性的产品或服务实现盈利，首先要明确商业模式。

管理学大师德鲁克曾说过：“当今企业之间的竞争，不是产品之间的竞争，而是商业模式之间的竞争。”商业模式决定了企业的发展空间，对初创企业尤为重要，创业者必须做好商业模式的设计与构建。

商业模式就是为了满足客户需求或实现客户价值而采取的整体解决方案、一切方式和方案的整合，也就是实现客户价值的逻辑。

习语研读

坚持面向世界科技前沿、面向经济主战场、面向国家重大需求、面向人民生命健康，加快实现高水平科技自立自强。以国家战略需求为导向，集聚力量进行原创性引领性科技攻关，坚决打赢关键核心技术攻坚战。加快实施一批具有战略性全局性前瞻性的国家重大科技项目，增强自主创新能力。加强基础研究，突出原创，鼓励自由探索。提升科技投入效能，深化财政科技经费分配使用机制改革，激发创新活力。加强企业主导的产学研深度融合，强化目标导向，提高科技成果转化和产业化水平。强化企业科技创新主体地位，发挥科技型骨干企业引领支撑作用，营造有利于科技型中小微企业成长的良好环境，推动创新链产业链资金链人才链深度融合。

——2022 年 10 月 16 日，习近平在中国共产党第二十次全国代表大会上的报告

第一节　商业模式概述

一、商业模式的概念

商业模式是创业者的创意，而商业创意来自机会的丰富和逻辑化，并有可能最终演变为商业模式。其形成的逻辑是：机会是经由创造性资源组合传递更明确的市场需求的可能性，是未明确的市场需求或者未被利用的资源或者能力。尽管它第一次出现在 20 世纪 50 年代，但直到 20 世纪 90 年代才开始被广泛使用和传播，现在已经成为挂在创业者和风险投资者嘴边的一个名词。

有一个好的商业模式，成功就有了一半的保证。简言之，商业模式就是公司通过什么途径或方式来赚钱。例如，饮料公司通过卖饮料来赚钱；快递公司通过送快递来赚钱；网络公司通过点击率来赚钱；通信公司通过收取话费来赚钱；超市通过平台和仓储实现盈利。只要有赚钱的地方，就有商业模式存在。

随着市场需求日益清晰以及资源日益得到准确界定，机会将超脱其基本形式，逐渐演变成创意(商业概念)，包括如何满足市场需求或者如何配置资源等核心计划。

随着商业概念的提升，它变得更加复杂，包括产品/服务概念、市场概念、供应链/营销/运作概念，进而这个准确并差异化的创意(商业概念)逐渐成熟，最终演变为完善的商业模式，从而形成一个将市场需求与资源结合起来的系统。

商业模式是一种包含了一系列要素及其关系的概念性工具，用以阐明某个特定实体的商业逻辑。它描述了公司所能为客户提供的价位以及公司的内部结构、合作伙伴网络和关系资本等用以实现(创造、推销和交付)这一价值并产生可持续盈利收

入的要素。

在文献中使用“商业模式”这一名词的时候，往往模糊了两类不同的含义：一类作者简单地用它来指公司从事商业的具体方法和途径，另一类作者则更强调模型方面的意义。这两者实质上是有所不同的：前者泛指一个公司从事商业的方式，而后者指的是这种方式的概念化。后一观点的支持者们提出了一些由要素及其关系构成的参考模型，用以描述公司的商业模式。

对商业模式的最新解释是一个企业满足消费者需求的系统，这个系统组织管理企业的各种资源(资金、原材料、人力资源、作业方式、销售方式、信息、品牌和知识产权、企业所处的环境、创新力，又称输入变量)，形成能够满足消费者需求的产品或服务(输出变量)，因而具有自己能复制而别人不能复制，或者自己在复制中占据市场优势地位的特性。

简单地说，商业模式是企业如何赚钱的模式；往复杂了说，就是如何创造和传递客户价值和公司价值的系统，它描述了企业如何创造价值、传递价值和获取价值的基本原理。

可见，商业模式是指一个完整的商品流、服务流及信息流体系，包括每一个参与者及其在其中起到的作用，以及每一个参与者的潜在利益和相应的收益来源与方式。

案例 8-1

构建万物互联的智能世界

某国内智能终端提供商的商业模式可以总结为以下五个方面。

ICT 基础设施提供商：该公司致力于提供全球领先的信息通信技术(ICT)基础设施产品和解决方案，包括网络设备、移动通信设备、云计算和数据中心解决方案、物联网技术等。该公司通过不断创新和研发，为电信运营商、企业客户和政府部门提供高质量的产品和服务。

全球化运营商：该公司将业务拓展到全球市场，与全球电信运营商建立合作伙伴关系，并向全球客户提供综合的通信解决方案，在全球范围内建立了广泛的销售和服务网络，以满足不同地区和国家的需求，持续推进数字化转型。

技术研发和创新：该公司注重技术研发和创新，致力于在 ICT 领域取得领先地位。公司投入大量资源用于研究和开发，不断推出具有竞争力的产品和解决方案。同时还积极参与标准制定和行业联盟，推动技术标准的发展和应用。

生态合作伙伴关系：该公司重视生态合作伙伴关系的建立和发展。通过与全球各类企业建立合作伙伴关系，包括芯片厂商、软件开发商、系统集成商等，共同推动 ICT 产业链的发展和创新。

持续投资和可持续发展：该公司坚持持续投资，并致力于可持续发展。公司将大量资金用于研发、人才培养和基础设施建设，同时关注环境保护和社会责任，致力于实现经济、社会和环境的可持续发展。

二、商业模式包含的要素

商业模式包含以下九大构成要素。

(一)客户细分

客户细分是指企业或机构所服务的一个或多个客户分类群体。对于面向企业用户的产品，此处需要注意的是不要混淆用户和客户。举例来说，一款面向某集团公司的企业应用分析平台，目标客户可以是应用开发商及集团公司本身，但是用户主要是产品设计、开发及运营人员，如产品经理等。

想精确地定义目标消费群体，必须以使用习惯、需求心理以及媒体接受习惯、接受态度、收入水平、消费能力以及对同类产品存在的不满等元素为标靶。

(二)价值内涵

价值内涵是指解决客户痛点，满足客户需求。这是商业模式的核心内容，需要准确描述所提供的产品或服务，并且明确其目的、益处、价值等。例如，给用户提供一个网盘则务必描述“随时随地获取文件”等价值。价值内涵要素及具体描述见表 8-1。

表 8-1　价值内涵要素及具体描述

价值内涵要素	具体描述
新颖	产品或服务满足客户从未感受和体验过的全新需求
性能	改善产品和服务性能是传统意义上创造价值的普遍方法
定制化	以满足客户细分群体的特定需求来创造价值
把事情做好	可通过帮客户把某些事情做好而简单地创造价值
设计	产品因优秀的设计脱颖而出
品牌/身份地位	客户可以通过使用和显示某一特定品牌而发现价值
价格	以更低的价格提供同质化的价值，满足价格敏感客户细分群体
成本	帮助客户削减成本是创造价值的重要方法
风险抑制	帮助客户抑制风险也可以创造客户价值
可达性	把产品和服务提供给以前接触不到的客户
便利性/可用性	使事情更方便或易于使用可以创造可观的价值

(三)渠道通路

渠道通路是指如何接触、沟通细分客户并传递价值主张。这些渠道可以是自有的，也可以是合作伙伴的。对于企业应用，除网站、社交媒体之外，还可以考虑实施团队、现金流、产品等现有资源。渠道类型及渠道阶段见表 8-2。

表 8-2 渠道类型及渠道阶段

<table>
<tr><th colspan="3">渠道类型</th><th colspan="5">渠道阶段</th></tr>
<tr><td rowspan="3">自有渠道</td><td rowspan="2">直接渠道</td><td>销售队伍</td><td rowspan="5">1. 认知：如何提升客户对公司的产品和服务的认知</td><td rowspan="5">2. 评估：如何帮助客户评估公司的价值和主张</td><td rowspan="5">3. 购买：如何协助客户购买特定产品和服务</td><td rowspan="5">4. 传递：如何把价值主张传递给客户</td><td rowspan="5">5. 售后：如何提供售后支持</td></tr>
<tr><td>在线销售</td></tr>
<tr><td rowspan="3">非直接渠道</td><td>自有店铺</td></tr>
<tr><td rowspan="2">合作伙伴渠道</td><td>合作伙伴店铺</td></tr>
<tr><td>批发商</td></tr>
</table>

(四)客户关系

客户关系是指企业与客户群体建立的关系类型。《商业模式新生代》一书中列举了几种常见的客户关系，如个人助理、自助服务、自动化服务、社区、共同创作等。小米打造的“米粉”，也是一种非常好的客户关系，通过强黏性的客户关系，为产品的持续改进等提供良好支撑(如在新产品的研发过程中，可以让用户参与优先体验功能并提出改进意见等)。客户关系类型及具体描述见表 8-3。

表 8-3 客户关系类型及具体描述

客户关系类型	具体描述
个人助理	基于人与人之间的互动，可以通过呼叫中心、电子邮件或其他销售方式等个人助理手段进行
自助服务	通过所需要的特定条件为客户提供自助服务
自动化服务	整合了更加精细的自动化过程，可以识别不同客户及其特点，并提供与客户订单或交易相关的自动化服务
社区	利用用户社区与客户或潜在客户建立更为深入的联系，如建立在线社区
共同创作	与客户共同创造价值，鼓励客户参与产品的设计或创新
专用个人助理	为单一客户安排专门的客户代表，通常是向高净值个人客户提供服务

(五)收入来源

收入来源是指从客户群体中获取的扣除成本之后的现金收入。主要的现金收入类型有产品销售收入、使用费、订阅费、租赁费、授权费、中介费和广告费等。每种收入都有不同的定价机制，一般来说有固定定价和动态定价两种类型。通常，如果产品能通过运营来实现收入，则相比一锤子买卖的产品销售或项目实施，会更激动人心。另外，需要注意的是，不要将产品为客户节省的费用填写到此处。例如，云盘可以节省存储资源采购费用。因为云盘可以节省存储资源是产品的价值，而不是产品本身能创造的收入。收入来源类型及具体描述见表 8-4。

表 8-4 收入来源类型及具体描述

收入类型	具体描述
产品销售收入	通过销售实体产品的所有权收费

续表

收入类型	具体描述
使用费	通过特定的服务收费
订阅费	通过销售重复使用的服务收费
租赁费	通过暂时性排他使用权的授权收费
授权费	通过知识产权授权使用收费
中介费	通过提供中介服务收费
广告费	通过提供广告宣传服务收费

(六)关键资源

关键资源是指让商业模式有效运转必需的重要因素。通常来说，企业的关键资源就是人、财、物，也即人力资源、金融资产、实体资产。除此之外，还需关注知识资产，因为对于某些专业系统或工具，领域专家的作用非常关键，对于数据分析类应用，基础数据库及数据模型等也是关键资源。关键资源类型及具体描述见表 8-5。

表 8-5　关键资源类型及具体描述

关键资源类型	具体描述
人力资源	在知识密集产业和创意产业中，人力资源至关重要
金融资产	金融资源或财务担保，如现金、信贷额度或股票期权池
实体资产	包括生产设施、不动产、系统、产品、服务、销售网点和分销网络等
知识资产	包括品牌、专有知识、专利和版权、合作关系和客户数据库等

(七)关键业务

关键业务是指为了确保商业模式可行，企业必须做的最重要的事情。这个比较容易确定，列举关键事项即可。例如，数据分析类企业的关键业务是数据清洗、建模分析，应用类企业的关键业务是产品设计、产品运营等。用户体验设计等也可以适当考虑。关键业务类型及具体描述见表 8-6。

表 8-6　关键业务类型及具体描述

关键业务类型	具体描述
制造产品	与设计、制造及发送产品有关，是企业商业模式的核心
平台/网络	网络服务、交易平台、软件甚至品牌都可看成平台，与平台管理、服务提供和平台推广相关
问题解决	为客户提供新的解决方案，需要知识管理和持续培训等业务

(八)关键合作

关键合作是指企业的重要合作伙伴。企业经营及产品开发早已不是单打独斗的年代了，俗话说，“不怕神一样的对手，就怕猪一样的队友”，可见优秀伙伴的重要性。例如，在开发一些专业系统时，通过和高校等研究机构或专业技术团队合作，能有效弥补企业在专业研究上的不足，快速推出产品占领市场。

一般来说，关键合作可以分为四种类型：在非竞争者之间的战略联盟关系；在竞争者之间的战略合作关系；为开发新业务而构建的合资关系；为确保可靠供应的购买方—供应商关系。

(九)成本结构

成本结构是指运营商业模式所需的所有成本，即所有可能的开销。成本结构类型一般有成本驱动和价值驱动两种。成本驱动侧重于在每个环节尽可能降低成本，价值驱动则更专注于价值创造。对于软件企业，人力成本是其核心运营支出。软件产品可能会涉及关联系统的开发等工作，这类关联开发成本不建议单列，可以考虑包含在“产品开发”中。

成本结构可以反映产品的生产特点，从各个费用所占比例看，有的大量耗费人工，有的大量耗用材料，有的大量耗费动力，有的大量占用设备引起折旧费用上升等。成本结构在很大程度上还受技术发展、生产类型和生产规模的影响。分析产品成本结构的目的，就是寻找可以进一步降低成本的途径。

一个有效的商业模式不是上述九大构成要素的简单罗列，要素之间存在着有机联系，如图 8-1 所示。

根据九大要素间的逻辑关系，商业模式的设计可以分四步进行。①价值创造收入：寻找价值内涵，进行客户细分，打通渠道通路，建立客户关系。②价值创造需要基础设施：衡量关键资源，设计关键业务，寻找关键合作。③基础设施引发成本：确定成本结构。④差额即利润：根据成本结构，调整收入来源。值得注意的是，因为客户关系取决于价值内涵和渠道通路，关键资源和成本结构往往是关键业务确定后的结果，所以，九大要素中的客户关系、关键资源、成本结构三个要素难以形成商业模式创新。

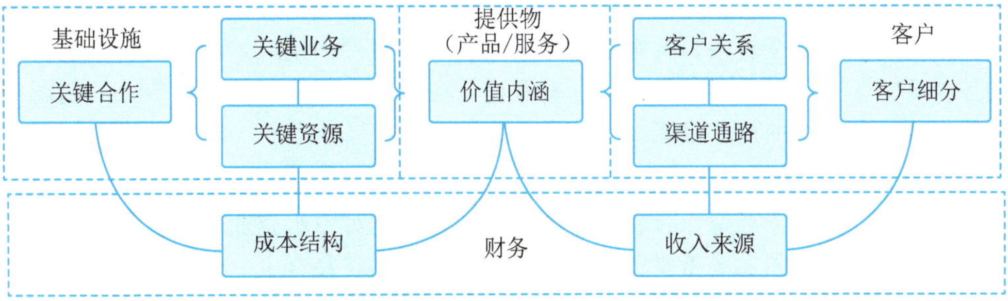

图 8-1 九大要素之间的关系

三、商业模式的特征

成功的商业模式必须能够突出企业不同于其他企业的独特性。这种独特性表现在：企业怎样界定目标客户及其需求和偏好，界定产品和服务以满足目标客户需求；界定业务运作内容、价值传递和沟通渠道，以客户可以接受的价格创造和提供吸引客户的产品；界定竞争者以建立战略控制能力，保护产品价值不会很快流失。

具有吸引力、成功的商业模式通常需要具备能够创造价值与竞争优势的特点，而这些特点往往是商业模式评价不可忽略的重要因素，也影响着创业活动的结果。

（一）客户价值最大化

商业模式能否持续盈利与该模式能否使客户价值最大化有必然联系。一个不能满足客户价值的商业模式，即使盈利也往往是暂时和偶然的，通常不具有持续性；而一个能使客户价值最大化的商业模式，虽然可能暂时不盈利，但更有可能逐步实现盈利。因此，创业者要把实现和满足客户价值当作企业始终追求的目标。

（二）持续盈利

持续盈利是指既要盈利，又要能有发展后劲，具有可持续性，而不是一时的偶然盈利。企业能否持续盈利是人们判断其商业模式是否成功的重要外在标准。因此，在设计商业模式时，盈利和如何盈利自然成为重要的原则。当然，这里指的是在合乎相关法律规范条件下的持续盈利。

（三）资源整合

资源整合就是要优化资源配置，要有进有退、有取有舍，要获得整体最优。在战略思维层面上，资源整合是系统论的思维方式，是通过组织协调，把企业内部彼此相关但却分离的职能，以及企业外部既参与共同的使命又拥有独立经济利益的合作伙伴，整合成一个为客户服务的系统，取得“1＋1＞2”的效果。在战术选择层面上，资源整合是优化配置的决策，是根据企业发展战略和市场需求对资源进行重新配置，以凸显企业的核心竞争力，并寻求资源配置与客户需求的最佳结合点，其目的是通过组织安排和管理运作协调增强企业的竞争优势，提高为客户服务的水平。

（四）持续创新

在企业经营过程中，商业模式比高科技更重要，因为商业模式是企业能够立足的先决条件。成功的商业模式不仅指在技术上的突破，还包括对某一个环节的改造，或是对原有模式的重组、创新，甚至是对整个行业规则的颠覆。商业模式的创新贯穿企业运营的全链条，从企业资源开发、产品研发和生产，到营销、市场流通的各个环节，都孕育着变革机遇。也就是说，在企业经营的每一个环节上的创新都可能变成一种成功的商业模式。

（五）有效的融资

融资模式的打造对企业有着特殊的意义，尤其是对中小企业来说更是如此。众所周知，企业生存和发展需要资金，企业快速成长更需要资金。资金是企业发展的生命线，是企业突破成长瓶颈的关键杠杆。商业模式设计必须对融资模式进行系统规划。可以说，谁能解决资金问题，谁就赢得了企业发展的先机，也就掌握了市场的主动权。甚至可以说，能够成功融资并能用对地方的商业模式，就已经是成功了一半的商业模式了。

（六）高效率的组织管理

高效率是每个企业管理者都梦寐以求的境界，也是企业管理模式追求的目标。

从现代管理学理论来看，一个企业要想高效率地运行，首先要解决的是企业的愿景、使命和核心价值，这是企业生存、成长的动力，也是激发员工内驱力的“精神坐标”；其次要有一套科学、实用的运营管理系统，解决系统协同、计划、组织和约束问题；最后还要有科学的激励方案，解决如何让员工分享企业成长果实的问题，也就是向心力的问题。好的商业模式能帮助创业者解决这三个主要问题，从而确保组织管理的高效运行。

(七)风险控制

商业模式有两个方面的风险：一是系统外的风险，如来自政策、法律和行业的风险；二是系统内的风险，如产品的变化、人员的变更、资金不济等。好的商业模式能够抵御和规避企业在经营过程中遇到的风险。

案例 8-2

商业模式创新性分析

国内某无人飞行器控制系统及无人机解决方案的研发商和生产商，其商业模式的创新性可总结为如下几点。

产品创新：该公司一直致力于无人机技术和产品的创新。他们不断推出新型号的无人机，引入先进的传感器、摄像头、飞行控制系统等技术，提供更高质量、更高性能的产品。

开放平台：该公司通过开发软件开发工具包，为开发者提供了丰富的 API 和工具，促进无人机应用的创新和多样化，吸引了众多开发者和创业公司加入自己的生态系统。

行业解决方案：该公司与不同行业的合作伙伴开展持续合作。通过与测绘、农业、安防等行业的专业公司合作，推出了适用于这些领域的无人机解决方案。

生态系统建设：该公司建立了全球范围的生态系统，包括销售渠道、服务中心和开发者社区，共同推广和销售无人机产品，提供培训、技术支持和售后服务。

教育与培训：该公司注重培养无人机领域的人才，并提供相关的教育和培训课程，为学生和专业人士提供培训和认证。

四、商业模式的构成

商业模式是一个整体、系统的概念，产品价值、营销网络、资源配置等都是商业模式的重要组成要素(见表 8-7)，但并非全部。商业模式的组成要素之间必须有内在联系，这种内在联系把各组成要素有机地关联起来，使它们互相支持，共同作用，形成良性的循环。

表 8-7　商业模式的组成要素

商业模式组成要素	子要素	描述
产品价值	核心能力 产品成本 价值收入	企业价值增长的重点和方向 为提高产品或服务所投入的成本 为客户提供价值所获得的收益
营销网络	客户群体 营销渠道	企业提供产品或服务的目标客户 企业推广产品或服务的模式
资源配置	内部资源 外部资源	企业内部自主配置的资源 企业的外部网络，由伙伴关系等组成

(一)产品价值

产品价值是商业模式的核心问题，创业者需要考虑核心能力、产品成本和价值收入三方面的问题。其中，核心能力是企业在长期生产经营过程中的知识积累、特殊技能及相关资源组成的综合系统，是企业的相对优势。企业管理者根据企业自身在价值链中的定位，既要考虑合作者、客户在价值链中的角色，还要结合产品成本和价值收入综合分析定位产品价值，以求清晰地描述企业创造价值的逻辑。企业定位中极为重要的部分是确定企业价值收入的来源，价值收入可以通过出售、出租、业务分成和广告等不同的方式(往往是几种经营方式的组合)确定。对收入来源进行分析能更好地构建商业模式。

(二)营销网络

营销网络是企业在将产品和服务推向市场获取利润的过程中所形成的网络，包括客户群体和营销渠道。客户群体与价值取向对应，是企业产品或服务所对应的客户群，常具有某些共同的特征。在具体的营销过程中，企业还需要对目标客户进行识别，接触潜在客户并将其转变为真正的客户，然后进行长期维护。其中，如何快速获取客户信息是关键，如果企业能够迅速提取客户信息，就能够发现新的客户和商机，更好地为客户提供个性化的产品或服务，形成一种正反馈效应。企业可以通过互联网提供给某一具有共同特征的群体某种信息，如论坛、博客等，以期将他们聚集在一起，最后形成稳定的关系网络。

案例 8-3

某国产新能源汽车制造企业的商业模式

该公司是一家以新能源汽车制造为核心业务的综合性高科技企业，其商业模式主要由以下几个方面构成。

新能源汽车制造：该公司的主营业务是新能源汽车制造，包括纯电动汽车、混合动力汽车等多种类型。该公司采用整车制造、核心零部件和动力系统开发三位一体的模式，实现了新能源汽车产业链的完整布局。

光伏发电业务：该公司利用自身在太阳能电池板技术上的优势从事光伏发电业务，通过建设大规模的太阳能光伏发电站，实现了太阳能发电的商业化和规模化，同时也为其他企业提供了可再生能源解决方案。

电池回收与利用：该公司拥有独立的废旧电池回收和利用体系，在新能源汽车生态圈中拥有一定的竞争优势。

公交、出租车等城市公共交通服务：该公司在国内多个城市运营公交、出租车等城市公共交通服务，这是该公司实现新能源汽车商业化应用的一个重要途径。

（三）资源配置

资源是价值活动的基础，是指企业可以从市场上获得的和可控制的各种要素。企业可利用这些要素，结合生产、管理、激励等机制，将资源转化为产品或服务。按性质分，资源可分为内部资源和外部资源。内部资源又分为有形资源和无形资源；外部资源主要是外部的网络关系，包括伙伴关系等。参与多个企业间有价值的活动可以达到互利的目的，从而降低交易成本，获取广泛的资源，减少市场风险。

五、商业模式的作用

具体来说，商业模式主要有以下几个作用。

1. 有助于提高创业成功率

创业者一旦发现机会，往往会迫不及待地去开发，结果常以失败告终。初创企业利用商业模式可以更加全面地对创业活动进行思考，能有效避免因匆忙创业造成的失误，从而提高创业成功率。

2. 有助于企业快速、健康地成长

商业模式以机会为中心，包含价值创造与获取的内在经济逻辑，是对企业系统的整体描述。企业进行商业模式创新，意味着构建特有的资源组合形式，它难以被其他企业复制，但却有可能改变整个产业的经济性，具有巨大的经济潜力，从而有可能为企业快速成长打下基础。另外，由于商业模式关注企业系统平衡，因而能较好地减轻或避免企业快速成长引发的问题和不对称现象，从而实现企业的快速成长和平稳发展。

3. 为二次创业提供了新思路

过去，创业企业可以通过单一的产品或技术创新获得成功，而现在越来越需要通过更为综合的商业模式创新来战胜竞争对手。因为商业模式可以提供具有独特资源组合的企业系统，并为企业保持持续竞争优势奠定基础，所以商业模式创新是企业进行二次创业的新途径。

4. 有助于增强应对全球化竞争的能力

要想战胜来自全球的竞争对手，创业企业必须具有创新性的商业模式思路，利用当前各种资源和环境条件，围绕市场提供的特殊机会构建独有的商业模式，提升全球化竞争的能力。

六、商业模式的分类

（一）O2O 模式

O2O(Online to Offline)，即将线下商务的机会与互联网结合在一起，让互联网成为线下交易的前台。这样线下服务就可以用线上来揽客，消费者可以在线上筛选服务，完成在线购买和在线结算。该模式最重要的特点：推广效果可查，每笔交易可跟踪。O2O 电子商务模式需要具备五大要素：独立网上商城、国家级权威行业可信网站认证、在线网络广告营销推广、全面社交媒体与客户在线互动、线上线下一体化的会员营销系统。O2O 的优势在于把线上和线下的优势完美结合。通过网购导购机，把互联网与实体店完美对接，实现互联网“落地”。让消费者在享受线上优惠价格的同时，又可以享受线下贴身服务。同时，O2O 模式还可以实现不同商家的联盟。

O2O 绕不开的，或者说首先要解决的问题是线上订购的商品或者服务，如何到线下领取，也就是线上和线下如何对接问题。这是 O2O 模式的一个核心问题。目前用得比较多的方式是电子凭证，即购买者完成线上订购后，会收到一条包含二维码的短信，购买者凭借这条短信到服务网点，经专业设备验证通过后即可享受对应的服务。这个模式很好地解决了线上到线下的验证问题，安全可靠，而且可以后台统计服务的使用情况，既方便了消费者，也方便了商家。

采用 O2O 模式经营的网站已经有很多，团购网就是其中一类，另外还有一种为消费者提供信息和服务的网站——ITM(Interactive Trading Mode)模式。值得一提的是，ITM 网购无论在经营理念、经营架构，还是经营方式上都与 O2O 模式有本质的不同。O2O 更注重线上交易，而 ITM 模式则更偏重线上预订、线下交易；O2O 模式的实际经营可适用于办公室等任何实体经营场所，而 ITM 模式则采取店铺式经营。

例如，某网站是一个全新的 O2O 社区化消费综合平台，与团购的线上订单支付、线下实体店体验消费的模式有所不同，该网站创造了全新的线上查看商家或活动、线下体验消费再买单的新型 O2O 消费模式，有效规避了网购所存在的不确定性和线上订单与线下实际消费不对应的情况，并将二维码识别技术应用于所有方面。

O2O 模式的核心很简单，就是把线上的消费者带到现实的商店中去，在线支付购买线下的商品和服务，再到线下去享受服务。

（二）B2C、C2C 模式

B2C、C2C 是在线支付，购买的商品会通过物流公司送到顾客手中。

B2C(Business to Customer)的中文简称为“商对客”，是商家对消费者的一种电子商务模式，也就是通常说的直接面向消费者销售产品和服务的商业零售模式。B2C 电子商务的付款方式是货到付款与网上支付相结合，而大多数企业选择物流外包方式以节约运营成本。随着用户消费习惯的改变，以及优秀企业示范效应的促进，网上购物的用户不断增长。

C2C(Customer to Customer)是个人与个人之间的电子商务模式，即消费者之间直接进行交易的电子商务行为。比如，一个消费者通过网络交易，把自己的一台计算机出售给另外一个消费者，此种交易类型就被称为C2C电子商务。

(三)BNC模式

智能商城BNC(Business Name Consumer)具有B2C、C2C、O2O等模式的优势，同时解决了以上模式解决不了的弊端，快速免费地推广企业和产品。智能商城是一个集高端云技术和独特裂变技术为一体的网络平台，是一个超越传统商业模式和电子商务模式的新型商务模式，是一个适合广大消费者零起步创业的舞台。在这里，每个人拥有以自己姓名命名的商城，能最大限度地挖掘每个人的资源和潜力。

BNC是以商家、消费者和个人姓名组成的独立消费平台，让每个人都拥有自己姓名的产权式独立网站。它的特点是快速裂变，抑制同行模仿。

案例 8-4

不同商业模式的实际应用

某公司是一家专注于智能硬件、电子产品、芯片研发、智能手机、智能电动汽车、通信、金融、互联网电视及智能家居生态链建设的全球化移动互联网企业、创新型科技企业。

该公司通过O2O、B2C、C2C和BNC等商业模式，实现了线上线下的整合，直接面向消费者销售产品，并与用户建立紧密关系。创新的产品线和互联网思维，成功地将该公司打造成为具有全球影响力的科技品牌。

O2O商业模式：该公司通过线上渠道与线下实体店相结合，实现了O2O商业模式。用户可以在该公司官方网站或手机应用上购买产品，也可以选择到线下实体店购买和体验产品。线上线下相结合的模式使消费者能够获得更好的购物体验和售后服务。

B2C商业模式：该公司主要采用B2C商业模式，直接面向消费者销售产品。通过公司官方网站、线下实体店和合作伙伴的零售渠道，能够直接将产品提供给消费者，并与他们建立直接的沟通和互动关系。

C2C商业模式：该公司鼓励用户之间进行交流和分享。他们通过开发社区平台，让用户能够分享使用经验、反馈问题、提出建议，并与其他用户进行互动。这种C2C的互动有助于提升用户忠诚度和品牌影响力。

BNC商业模式：除了智能手机，该公司还推出了智能家居设备、智能穿戴设备、电视、笔记本电脑等一系列产品，构建了一个综合的互联网生态系统。这种创新的产品线使该公司产品能够满足消费者多样化的需求，从而不断拓展市场。

第二节　商业模式的设计与创新

随着时代的发展和市场的变化，商业模式创新成为企业发展的必然选择。商业模式是反映企业商业活动的价值创造、价值提供和价值分配等活动的一种架构，以产生有利可图且得以维持收益流的客户关系资本。它是企业赖以生存的模式，是能够为企业带来收益的模式。

商业模式决定了公司在价值链中的位置，并指导其如何赚钱，是企业运营机制的扩展和利用。在复杂多变的市场竞争环境中，中小微企业的创业者更需要了解、研究和应用商业模式的设计与创新，以提升商业洞察与实践能力。

一、商业模式的设计思路

对于企业而言，商业模式的设计实际上就是企业的基本盈利假设和实现方式，以及由此产生的不同价值链和不同资源配置模式。具体来说，商业模式主要解决企业的利润从何处获得的问题，也就是企业利润来源于什么样的价值链条，以及主要由价值链中的哪些环节实现，为什么是这样而不是其他选择。商业模式首先必须是对企业盈利方式的假设和设计，而这些依赖于企业对市场前景和发展趋势的思考、对竞争对手商业模式的分析和优化、对自身资源的优化和对外部资源组合方式的思考等。

由此，商业模式的设计思路可从以下几个关键点出发。

(一)商业模式必须能够创造价值

(1)新企业自身的盈利必须得到保证。也就是说，虽然新企业无法在一开始就保证盈利，但至少要找到可持续的盈利方法。

(2)新企业必须能够为战略合作伙伴创造更多的价值。企业的战略合作伙伴包括供应商、分销商以及其他业务合作伙伴组成的供应链或价值链。在新的竞争环境中，企业面临着缩短交货期、提高产品质量、降低成本和改进服务的压力，单个企业仅依靠自己的资源已经不能适应整个供应链的市场变化。如今的商品竞争已不再是单一企业的竞争，而是供应链或经营网络之间的整体竞争。

因此，商业模式的设计必须考虑到企业整体阵营的利益，要使企业的经营网络能够获得更大的价值，即共赢。

(二)商业模式需要紧抓市场需求

对于企业来说，如果其价值要在市场端与消费者端才能体现出来，那么设计商业模式时首先要考虑的便是市场中不同消费者的需求。新企业可采取市场细分的方法来明确消费者的需求，进而寻求产品在市场中的定位。

对于大众市场来说，市场细分程度高，基本上都被现有厂商以各种各样的类似产品所占有，一项创新的差异化产品想要立即挑战大众市场，这在新企业的创立初期几乎是不可能完成的任务。因此，创业者在设计商业模式时，须深入运用市场区隔分析，挖掘尚未满足的市场需求，并以差异化产品来应对这类市场需求。

对于新兴科技领域来说，由于市场尚未完全成形，消费者的需求还不是特别明确，企业对目标消费者的了解也十分匮乏，往往缺乏具体的消费者需求信息。这种情况如果任其持续下去，会在很大程度上影响企业的前进步伐。因此，新企业在构建自身商业模式时，务必要依托市场调研洞察需求，分析细分市场，找到相对明确的利基市场。

(三)商业模式需要明晰企业利润结构

成熟的商业模式必须将成本、收入结构及计划实现的利润目标清晰地表现出来，并且能够让股东知道未来存在的投资回报方式。为实现利润目标，商业模式中有关成本与收入结构设计的内容必须包括定价方式、收费方式、销售方式、收入来源比重、价值链中各项活动的成本与利润配置方式等，具体可由前述市场分析获取新企业未来将要提供的产品，再由此规划能实现利润的成本和收入结构，以期实现企业利润目标。

(四)商业模式需要突出企业竞争优势

成熟的商业模式需要显示企业能在利基市场有效地提供差异化产品，创造价值，满足消费者需求。同时，商业模式还需显示维持竞争优势的能力，通过各种方式，努力扩大与其他企业之间的领先优势。例如，处在知识经济产业领域的新企业，商业模式大多能呈现正向回馈的效应，随着领先创新者将市场规模扩大，其价值效应及成本效应将会越来越显著。

(五)商业模式短期内不能被他人复制

新企业要能够自我保护，包括企业自身的专利技术、品牌的差异化、独特的营销网络、商业机密或领先优势等，新企业要保证在上述几项中至少占有1～2项。其中，专利战是近年来科技公司的重要策略。

案例 8-5

国内某电子商务平台的专利布局

国内某电子商务平台的核心业务包括电子商务、云计算、数字媒体与娱乐、物流与供应链管理、金融科技等。该公司是中国领先的云计算服务提供商之一，提供弹性计算、存储、数据库、人工智能等一系列云服务，支持企业和个人用户搭建和运行各种应用程序。此外，该公司也提供支付服务、借贷服务、保险服务等金融科技解决方案。该公司一直以技术创新为核心，积极开展专利布局。

电子商务领域：专利布局涵盖在线购物、支付系统、供应链管理等多个方面。这些专利不仅保护了该公司自身的商业模式和技术创新，也为公司的电商业务提供了竞争优势。

云计算与大数据领域：专利布局涵盖云存储、云计算平台、大数据分析等方面。这些专利为该公司提供了技术支持和竞争优势。

人工智能领域：专利布局涵盖自然语言处理、机器学习、计算机视觉等多个方面。这些专利支持了其在AI技术方面的研究和应用，为公司在人工智能领域保持竞争优势起到了重要作用。

金融科技领域：专利布局涵盖移动支付、风控系统、区块链等方面。这些专利为该公司的金融科技业务提供了技术支持和保护。

此外，品牌差异化也是新企业的一种有效盈利方式。例如，在汽车市场，不同车企早已为自己的品牌在消费者心中定好了位置，丰田威姿和福特福克斯定位为经济车，奔驰和凯迪拉克定位为豪华车，保时捷和宝马定位为高性能车，沃尔沃注重安全性能，而丰田的普锐斯混合动力车则定位为应对能源短缺的高科技方案。差异化的内涵，可以满足不同消费者的需求。

营销网络是企业独特的宝贵资产，可以帮助企业顺利推出新产品，获得市场份额。例如，娃哈哈集团通过组建稳定的分销渠道形成了独有的营销网络，保证新产品上市可以第一时间向全国铺货；可口可乐公司则以广泛的营销渠道和品牌推广策略为领先优势，其全球分销网络帮助产品迅速占领市场。

此外，企业还可以通过品牌差异化和网络营销获得市场份额。总之，对于企业特别是创业企业而言，必须有自己独特且不易被模仿的特性来助力商业模式的开发。

（六）商业模式必须能够确保正常启动

理想过于完美而实现理想的方法却没能设计好是新企业最常犯的错误之一。商业模式是实现理想的方法，是企业能否生存下去的关键。因此，想要创业成功，理想固然重要，但如何实现理想则更为重要。创业者一定要确保自己选择的商业模式是清晰、明确、可以正常启动的，而不是镜中花、水中月。

二、商业模式的设计方法

根据商业模式的设计思路可以看出，企业商业模式设计最为关注的是企业的价值实现、独特性和可行性。成功的商业模式设计应该以本企业为出发点，充分考虑社会资源的集约利用和设计安排，能创造企业价值、客户价值、伙伴价值和社会价值。关于商业模式的设计方法，主要有参照法、相关分析法、关键因素法和价值创新法。

（一）参照法

参照法是商业模式设计的一种有效方法。该方法是以国内外商业模式为参照，然后根据本企业的有关商业权变因素，如环境、战略、技术、规模等不同特点的调整，确定企业商业模式设计的方向。

（二）相关分析法

相关分析法是在分析某个问题或因素时，将与该问题或因素相关的其他问题或因素进行对比，分析其相互关系或相关程度的一种分析方法。创业者运用相关分析法，可以找出相关因素之间规律性的联系，研究如何降低成本、增加价值。

（三）关键因素法

关键因素法是以关键因素为依据来确定商业模式设计的方法。商业模式中存在着多个变量，影响设计目标的实现，其中若干个因素是关键和主要的（成功变量）。创业者可通过对关键成功因素的识别，找出实现目标所需的关键因素集合，并确定商业模式设计的优先顺序。

（四）价值创新法

对一些从未出现过的商业模式设计往往需要进行创新，即通过价值要素的构建、组合等设计出新的商业模式。

三、商业模式创新的概念

商业模式创新是指企业价值创造提供基本逻辑的创新变化，它既可能包括多个商业模式构成要素的变化，也可能包括要素间关系或者动力机制的变化。通俗地讲，商业模式创新就是指企业以新的、有效的方式赚钱。

21 世纪是知识经济时代，从竞争的角度来说，知识将会逐渐成为竞争优势的重要来源，而一个企业的先进商业模式将是知识成为竞争优势的具体表现。从中国目前的情况来看，谁拥有优秀、先进的商业模式，谁就拥有更多的市场机会及资源。从某种意义上说，商业模式的创新在很大程度上促进了新企业的高速成长。

案例 8-6

某国内科技零售公司的商业模式创新

某国内科技零售公司是中国领先的生活服务平台。通过不断创新商业模式，提升用户体验，扩大用户基础，该公司业绩持续增长。其商业模式创新主要体现在以下几个方面。

多元化服务：该公司的商业模式最初以外卖订餐为核心，随着发展，逐渐扩展到酒店预订、出行服务、电影票务、生鲜超市等多个领域。通过提供多元化的服务，该公司能够满足用户各种各样的生活需求，从而提高用户黏性和平台活跃度。

O2O 整合：该公司将线上线下融合，通过 O2O 商业模式，将线下商家和线上用户连接起来。用户可以通过该公司平台在线预订、购买服务，并在线下消费，如预订餐厅、酒店、电影票等。这种模式不仅提供了便捷的服务，也帮助线下商家获得更多流量和客户。

本地生活生态圈：该公司致力于构建全方位的本地生活服务生态圈。除了提供消费者服务外，他们还为商家提供营销推广、供应链管理、金融服务等解决方案，帮助商家提高经营效率和盈利能力。通过构建完整的本地生活生态圈，实现了消费者、商家和平台的多方共赢。

大数据驱动的个性化推荐：该公司通过收集大量用户行为数据和消费偏好，利用人工智能和机器学习技术进行数据分析，实现个性化的服务和精准的推荐。这不仅提升了用户体验，还帮助商家更好地进行市场定位和精准营销。

金融科技创新：该公司还为用户提供支付、借贷等金融服务，同时拓展了自身的商业模式。这种金融科技创新不仅为用户提供了便利，也为该公司提供了额外的收入来源。

四、商业模式创新的方法

商业模式是动态变化的，商业模式创新属于企业最本源的创新，企业的更新换代实际上是商业模式的推陈出新。离开商业模式创新，其他的管理创新、技术创新都失去了可持续发展的可能和盈利的基础。因此，商业模式创新贯穿于企业经营的整个过程，贯穿于企业资源开发、研发模式、制造方式、营销体系、流通体系等各个环节，是挖掘企业潜力的重要途径，是企业家的必修课。

创业者需分析企业所处的宏观环境、行业状况和企业自身状况。首先，商业模式创新与宏观环境密切相关，当市场经济发展到一定程度，竞争会成为商业模式创新的原动力，从而推动商业模式创新，促进新的商业模式产生；其次，商业模式创新与企业所处行业状况密切相关，处于行业成熟期的企业更需要创新商业模式以求新的发展，焕发新的活力；再次，商业模式创新与企业自身状况密切相关，当企业原有业务发展空间变小或拥有一定的剩余经营资源时，应积极对商业模式进行探索与创新。

因此，商业模式创新的视角要更为外向和开放，更多地考虑涉及企业经济方面的因素，更加注重从为客户创造价值的角度出发，从根本上设计企业的行为。商业模式创新的方法有以下几种。

1. 改变收入模式

改变收入模式即改变企业对用户价值的定义以及相应的利润方程。要想做到这一点，企业必须以用户的新需求为切入点，深刻理解用户购买本企业产品需要完成的任务或要实现的目标是什么。这里的用户新需求并不是指营销范畴里的新需求，而是从更宏观的层面来定义用户需求，即从更深入的层面了解用户购买产品是为了完成什么样的任务或实现什么样的目标。

事实上，用户要完成一项任务需要的不仅是产品，还需要一个解决方案，企业一旦确认了这种解决方案，也就确定了新的价值创造模式，就可以推进商业模式创新。

案例 8-7

某互联网公司收入模式的转变

该公司是一家世界领先的互联网科技公司，成立至今通过不断创新和改变收入模式，实现了持续增长。该公司的成功经验表明，在互联网行业中，创新性和灵活性是保持竞争优势的关键。

网络游戏：成立初期，该公司主要通过收取网络游戏用户的月费、装备费和点卡费等方式获得收入。随着市场竞争的加剧，该公司开始采用免费游戏并通过虚拟商品销售和广告投放获得收入。后来还推出手游和社交游戏等新型游戏，进一步拓展了游戏业务和收入来源。

社交媒体：该公司的社交媒体业务主要来源于旗下两款产品。该公司最初通过广告和 VIP 会员收费等方式获得收入，但随着移动互联网的发展，将重心转移到了社交电商和移动支付领域。利用社交媒体的巨大流量和用户数据，推出了社交电商平台和移动支付服务，成为中国互联网零售和支付市场的领导者。

云计算：近年来，该公司开始加强云计算业务的发展，提供包括计算、存储、数据库、网络、安全等在内的多种服务，通过按量计费的方式，让客户根据实际使用量付费，从而满足不同客户的需求。

2. 改变企业模式

改变企业模式是指改变企业在产业链中的位置及充当的角色，换句话说，就是改变了其价值定义中的“造”和“买”的搭配，一部分由自身创造，其他部分由合作者提供。企业为什么样的消费者提供什么样的产品或服务，产品或服务的独特价值或者特点是什么，这就是市场定位。当消费者的需求发生变化时，企业可对消费者进行细分，有针对性地提供产品或服务，获取潜在的利润，创新企业的商业模式。商业模式创新是一种集成创新，因此在市场重新定位后，伴随产品、工艺或者组织的创新，往往需要企业进行较大幅度的战略调整，多体现为服务创新，表现为服务内容、方式以及组织形态等方面的创新变化。

案例 8-8

某国产计算机制造商的转变

该公司最初是一家计算机制造商，面对激烈的竞争和市场变化，不断调整自身的定位，逐渐将重点从硬件制造转向服务提供，推出了一系列增值服务，如 IT 咨询、云计算、物联网解决方案等。此外，该公司还通过收购移动电话公司等，进一步扩大了其市场份额和业务范围。通过改变企业模式，该公司从一家传统的硬件制造商，演变为一个提供全方位技术解决方案和服务的公司。

3. 改变产业模式

改变产业模式是最激进的一种商业模式创新，它要求一个企业重新定义本产业，进入或创造一个新产业。

4. 改变技术模式

正如产品创新往往是商业模式创新的最主要驱动力一样，技术变革也是如此。企业可以利用科技与商业创意整合外部资源，为自己和合作伙伴创造新的价值，并通过对产业经济的商业运作环节进行创新重组，形成新的产业链；用新的科技手段、创意营销与资本的结合开发潜在的需求，创造新的需求实现模式，形成市场与科技对接、创意与经济对接的格局。

5. 改变分销渠道

商业模式创新如果提供全新的产品或服务，那么它可能开创了一个全新的可盈利产业领域。如果企业能够创新营销方式，那么即便是向消费者提供已有的产品或服务，也能给企业带来更持久的盈利能力与更大的竞争优势。

分销渠道难以被竞争者模仿，这常给企业带来战略性的竞争优势，而且这种优势通常可以持续数年。首先，企业要加强分销渠道系统性与规范化建设，解决大渠道利润少、地区窜货、渠道无序竞争、零售终端管理复杂、新品推广缺乏积极性等问题；其次，从产品及消费需求入手，以分销成本节约和购买便利性为原则，设计、构建最符合产品特征和企业实际情况的具有个性化的渠道；最后，对分销渠道进行整合与细分，在同一分销渠道内尽量进行多品种产品的整合。

【拓展阅读】

扫码阅读
从商业模式角度看
露营经济快速崛起

【思考与训练】

1. 思考与讨论：如何为传统实体店铺转型提供有效的解决方案？

2. 情景模拟：假设你是一家餐厅的经营者，最近发现生意不如以前好，客流量有所下降。请提出一个解决方案，以吸引更多的顾客并提升餐厅的盈利能力。

3. 训练组织与实施：调查分析企业的商业模式，运用所学知识进行分类并对基本经营方式提出变革方案。

(1)操作步骤：

①将全班按照每组 8 人进行分组。

②每组选取一个领域的企业。

③每组对所选企业的商业模式进行分析、讨论。

④对所选企业的当前商业模式进行创新，拓展新的盈利模式。

(2)成果形式：完成一份该企业通过商业模式调整、创新所带来的经营方面的差异分析报告。

(3)效果评价：企业基本经营模式分析全面性占 30%；企业经营模式分类准确性占 30%；经营模式变革方案有效性占 30%；团队的沟通合作表现占 10%。

第九章
创业计划的制订

【知识结构】

- 创业计划的制订
  - 创业计划的基本知识
    - 创业计划书的概念
    - 创业计划书的作用
    - 创业计划书的意义
    - 创业计划的类型
    - 制订创业计划的准备
    - 创业计划书的内容
  - 创业计划的撰写与演示
    - 创业计划书撰写的原则与技巧
    - 创业计划书的撰写与检查
    - 创业计划书的演示技巧

【学习目标】

* 了解创业计划书的概念、作用和意义。
* 了解创业计划书的类型。
* 掌握制订创业计划书需要做的准备。
* 了解创业计划书的内容。
* 掌握创业计划书撰写的原则与技巧。
* 了解创业计划书的撰写与检查。
* 掌握创业计划书的演示技巧。

创业计划是对新企业创立之前的所有准备工作的总结和整合，是为实现创业战略而制订的完整、具体、深入的行动指南。许多成功创业者的经验表明，只有科学、周密地拟订创业计划，才能在创业过程中少走弯路、减少损失，提高创业成功率。

创业计划首先是吸引投资的工具，同时也是确定创业目标和制订行动计划的参考资料，是一个企业管理和操作的行为指南。创业计划是执行所有创业活动的第一步，如果没有创业计划并确定创业目标，那么创业的风险就会相对提高。虽然创业计划并不一定能保证创业活动的成功，但它可以提高创业的成功率。

习语研读

广大青年一定要坚定理想信念。“功崇惟志，业广惟勤。”理想指引人生方向，信念决定事业成败。没有理想信念，就会导致精神上“缺钙”。

——2013 年 5 月 4 日，习近平在同各界优秀青年代表座谈时的讲话

第一节　创业计划的基本知识

一、创业计划书的概念

创业计划书可以意指为商业计划书，是创业者在初创企业成立之前就某一项具有市场前景的新产品或服务，向潜在投资者、合作伙伴等游说，以取得合作支持或风险投资的可行性商业报告，用来描述创办一个新企业时所有的内部和外部要素。创业计划书通常是各项职能的集成，包括采购计划、研发计划、生产与销售计划、财务计划和人力资源计划等，同时也是制定企业初创期(创业前三年)所有中期和短期业务决策的方针。创业计划书是创业者叩响投资者大门的“敲门砖”，是创业者计划创办业务的书面摘要。一份优秀的创业计划书往往会使创业者达到事半功倍的效果。

创业计划书一般按照相对标准的文本格式进行编写，是全面介绍公司或项目发展前景，阐述产品、市场、竞争、风险及投资收益和融资要求的书面材料。一份详尽的创业计划书，就是一份初创企业业务发展的指示图，它会时刻提醒创业者应该注意什么问题、规避什么风险，帮助创业者高效获得来自投资人和合作伙伴的帮助。

二、创业计划书的作用

一份有吸引力、有价值的创业计划书能起到以下作用。

(一)关注产品

创业计划书应尽可能提供所有与企业的产品或服务有关的细节，包括：产品正处于什么样的发展阶段？具有哪些独特性？企业分销产品的方法是什么？谁会使用企业的产品，为什么？产品的生产成本和售价是多少？企业研发新产品的计划是什么？创业计划书要把投资人的关注点吸引到企业的产品或服务上，提升投资者对产品的兴趣。在创业计划书中，创业者应尽量用简洁的语言来描述每件事——商品及其属性的定义对创业者来说是非常明确的，但其他人却不一定清楚。制订创业计划书的目的不仅是让投资者相信企业的产品会在市场上产生革命性的影响，同时也要使他们相信企业有能力将创业项目转化为现实。创业计划书对产品的详细阐述，可以让投资者深度关注并认可企业的产品，从而为项目争取到融资机会。

(二)体现竞争

在创业计划书中，创业者应细致分析竞争对手的情况。竞争对手都是谁？他们的产品是如何工作的？竞争对手的产品与本企业的产品相比，有哪些相同点和不同点？竞争对手所采用的营销策略是什么？要明确每个竞争者的销售额、毛利润、收入及市场份额，然后分析本企业相对每个竞争者的竞争优势，要向投资者展示顾客偏爱本企业的原因，如本企业的产品质量好、送货迅速、定位适中、价格合适等。创业计划书要使它的读者相信，本企业不仅是行业中的有力竞争者，而且将来还会是确定行业标准的领先者。在创业计划书中，创业者还应阐明竞争者给本企业带来的风险及本企业拟采取的对策。

(三)了解市场

创业计划书要给投资者提供企业对目标市场的深入分析和理解。首先，要细致分析经济、地理、职业及心理等因素对消费者选择购买本企业产品这一行为的影响及各个因素所起的作用。其次，要说明主要的营销计划，列出本企业打算开展广告、促销及公共关系活动的地区，明确每一项活动的预算和收益。最后，创业计划书中还应简述企业的销售战略：企业是使用外面的销售代表还是使用内部职员？企业是使用转卖商、分销商还是特许经销商？企业将提供何种类型的销售培训？此外，创业计划书还应该特别关注销售中的细节问题，尽可能提供可量化、可验证的数据来增强投资者的信心。

(四)表明行动的方针

创业计划书通过明确目标路径、资源配置和风险预案来指导实践，是企业的行动纲领。创业计划书中应该明确下列问题：企业如何把产品推向市场？如何设计生产线？如何组装产品？企业生产需要哪些原料？企业拥有哪些生产资源？还需要什么生产资源？生产设备的成本是多少？企业是买设备还是租设备？解释与产品组装、储存和发送有关的固定成本和变动成本的情况。

(五)展示管理队伍

要把一份创业计划书转化为一个成功的风险企业，关键是要有一支强有力的管理队伍。管理团队是投资人评估项目可行性的核心要素之一，因此创业计划书应从能力匹配度、执行可信度、资源独特性等角度系统展示项目管理团队的优势，增强融资说服力。管理者的职能就是计划、组织、控制和领导公司实现目标的行动。创业计划书应首先明确管理目标，描述整个管理架构及团队优势，然后再分别介绍每位管理人员的专业背景、特长和行业资源等信息，细致描述每个管理者对公司所做的贡献。

(六)出色的计划摘要

创业计划书中的计划摘要也十分重要。它必须能让读者有兴趣并渴望得到更多的信息，可以给读者留下长久的印象。计划摘要是创业计划书的最后一部分内容，但却是投资者首先要看的内容。计划摘要应从计划中摘录与筹集资金最相关的细节：包括对公司内部的基本情况、公司的竞争力及局限性、公司的竞争对手、营销和财务战略、公司的管理队伍等情况的简明而生动的概括。如果公司是一本书，计划摘要就是这本书的封面，做得好就可以把投资者吸引住。出色的计划摘要会给风险投资者留下这样的印象：“这个公司将会成为行业中的巨人，我已经等不及要去读计划的其余部分了。”

三、创业计划书的意义

一个标准的创业计划书至少须有以下 6 个方面的意义。

(一)帮助创业者自我评价，厘清思路

在创业融资之前，创业计划书首先是给创业者自己看的。创办企业不是“过家家”，创业者应该以认真的态度对自己所有的资源、已知的市场情况和初步的竞争策略，做尽可能详尽的分析，并提出一个初步的行动计划，做到心中有数。另外，创业计划书还是创业资金准备和风险分析的必要手段。对初创企业来说，制订创业计划书尤为必要。一个酝酿中的项目，往往很模糊，通过制订创业计划书，把详细计划和理由都书写下来，然后再逐条推敲，创业者能对这个项目有一个更加清晰的认识。

(二)帮助创业者凝聚人心，有效管理创业团队

一份完美的创业计划书可以增强创业者的自信心，使其感到更容易对企业进行控制，对经营更有把握。因为创业计划书明确了企业未来发展的方向，也为企业提供了良好的效益评价体系和管理监控指标，使创业者在创业实践中有章可循。

创业计划书通过描绘初创企业的发展前景和成长潜力，使管理层和员工对企业及个人的未来充满信心；通过明确要从事的项目和开展的活动，使大家了解将要充当什么角色、完成什么工作以及自己是否胜任这些工作。因此，创业计划书对于创业者吸引所需要的人力资源、凝聚人心具有重要的作用。

(三)帮助创业者对外宣传，获得融资

创业计划书作为一份全方位的项目计划，它对即将展开的创业项目进行可行性分析的过程，也在向风险投资者、银行、客户和供应商宣传拟建的企业及其经营方式，包括企业的产品、营销、市场及人员、制度、管理等各个方面。在一定程度上也是拟建企业对外进行宣传和包装的文件。

一份完美的创业计划不但会增强创业者自己的信心，也会增强风险投资者、合作伙伴、员工、供应商和分销商对创业者的信心。而这些信心，正是企业走向成功的基础。一份优秀的创业计划书不仅能够吸引投资者的眼球，更能够有效地指导企业经营，帮助创业者厘清未来的发展思路，因此在具体的创业实践中，创业者一定要重视创业计划书的价值与作用。

(四)帮助创业者把握企业发展的方向

创业者通过制订创业计划书，能够明确创业方向、厘清创业思路。创业计划书的制订是一个长期的过程，创业者需要根据企业的实际情况不断地进行调整和完

善。在这个过程中，创业者或者改变销售策略，或者更新经营思路，或者认识到某一方面的错误与不足，甚至改变了总目标下的某个分目标，这些都有利于企业的良性发展。总之，对创业者来说，创业计划书无异于总纲领和总路线。

(五)有助于提升创业团队及合作者的协同作战能力

创业计划书是创业者对理想的现实阐述，是理想与现实的连接桥梁。创业企业的预期目标、战略、进度安排、团队管理等都是创业者理想的图景，是创业团队奋斗的动力。明确的创业计划书有助于统一思想和路线，使创业团队成员步调一致、有的放矢。创业计划书是吸引合作者的“兴奋剂”，能让创业者及其合作者紧密团结在一起，同甘共苦，打拼未来；创业计划书还是亲缘纽带的“黏合剂”，因为优秀的创业计划书可以让创业者赢得亲友的信任与支持，坚定在艰难的创业道路上拼搏的信心与勇气。

(六)为投资者做出决策提供重要参考

从融资角度来看，创业计划书通常被视为“敲门砖”。一份详细完备的创业计划书，往往包含了投资者需要了解的信息：创业企业的现实业绩和发展愿景，市场竞争力和优劣势，企业资金需求现状和偿还能力，以及创业者及其团队的能力和阵容等。这些都是投资者关注的重点，是他们衡量创业企业实力和潜力的依据，并为他们的投资决策提供重要参考。

案例 9-1

创业计划书是投资者决定是否投资的重要参考

张某是国内某“双一流”高校的毕业生，经过多年研究，他在室内环境污染治理方面取得了一项重要的技术突破，该技术前景广阔。于是张某决定创业。由于面临资金短缺问题，张某计划引入风险投资，为此他联络了多家风险投资公司。但是无论张某如何介绍技术并向投资人保证技术的先进性和市场的广阔前景，总是难以说服对方。因为对于投资人所提出的具体问题，比如，市场需求有多大？年销售额预计是多少？投资回报率是多少？目前有哪些技术骨干？等等，张某都不能给予准确答复，这让投资人望而却步。正在这个时候，张某的一个做管理咨询的朋友提醒了他：“你的技术那么专业，那些投资人怎么看得懂？你连一份像样的创业计划书都没有，让别人怎么相信你？”于是张某静下心来，查阅了大量资料，又咨询了一些专家，从经营宗旨、公司目标出发，对公司的技术、产品、市场销售、资金需求、财务指标、投资收益等进行了分析和论证。在此期间，他还对该行业进行了市场调查。一个月后，张某拿出了一份详细的创业计划书，并得到了投资公司的肯定。没过多久，一家风险投资公司就和张某签订了投资协议。

俗话说：“凡事预则立，不预则废。”美国硅谷著名的投资家尤金·克莱尔说过：“如果你想踏踏实实地做一份工作，那么请撰写一份创业计划。它能迫使你进行系统的思考。”

四、创业计划的类型

根据不同的分类标准，创业计划可分为多种类型。

(一)按照创业计划的内容分类

按照创业计划的内容分类，创业计划可分为综合创业计划和专项创业计划。

1. 综合创业计划

综合创业计划是全面实现创业战略的创业计划。例如，创业者计划开发销售一种新产品，那么这份创业计划就需要涵盖产品的开发、生产、销售等各个方面，其具体内容非常详细而烦琐，这就是一份典型的综合创业计划。综合创业计划的主要阅读者为利益相关者，如投资者、供应商、潜在客户、应聘的关键员工等。综合创业计划的目的是让利益相关者了解创业计划，激发他们的兴趣，使他们积极地投入创业活动，促进创业活动的开展。

2. 专项创业计划

专项创业计划是创业中的某一项目的专门计划，如创业融资计划、产品开发计划、市场开拓计划等，其中最重要的是创业融资计划，因为资金是确保其他项目顺利开始的基石。专项创业计划为某一项目的发展定下了比较具体的方向，从而使创业项目中的相关员工了解该项目的发展规划，并激励他们为创业成功而努力。

(二)按照创业计划的目标分类

按照创业计划的目标分类，创业计划可分为吸引风险投资的创业计划、吸引创业伙伴的创业计划和获取政府支持的创业计划。

1. 吸引风险投资的创业计划

吸引风险投资的创业计划主要面向风险投资者，其目的是向风险投资者募集资金。风险投资者评估投资项目的首要资料就是创业计划，一份简练而强有力的创业计划能让风险投资者对投资项目的运作和效果心中有数。

吸引风险投资的创业计划在撰写过程中要注意以风险投资者的需求为出发点，尽量说明创业项目有足够大的市场容量和较强的持续盈利能力；展示创业者有完善、务实和可操作的项目实施计划，有完全具备成功实施项目素质能力的管理团队，并且具备项目运营的成功保证。

通常，吸引风险投资的创业计划应包括以下 10 项内容：计划概述、产业背景和公司概述、市场调查和分析、公司战略、项目总体进度安排、关键风险和应对策略、管理团队的组成、企业经济状况、财务预测、假定公司能够提供的利益。

2. 吸引创业伙伴的创业计划

吸引创业伙伴的创业计划是为了吸引创业团队的新成员及有特定意义的关键员工。在最初准备创业的时候，创业者无论是从身边的亲朋好友中寻找创业伙伴，还是从并不熟悉的人群中寻找创业伙伴，此时一份结构清晰、前景良好的创业计划是吸引创业伙伴最有力的武器。

吸引创业伙伴的创业计划不仅要清晰地阐明企业的商业模式和未来发展规划，更要对创业团队成员的利益分配和权限做出清晰的说明。

通常，吸引创业伙伴的创业计划应包括以下 8 项内容：创业机会及其商业价值描述、新企业将提供的产品以及可能的消费者、可能的市场竞争与拟采取的市场策略、可能的市场收益、可能遇到的风险及应对策略、希望别人以怎样的方式参与、将给新进入者哪些利益、有待与新进入者讨论的问题。

3. 获取政府支持的创业计划

政府部门制定的各项政策对创业活动的成败具有重要的影响。只有在政府政策允许和鼓励的条件下，新企业才能获得更多的人才、贷款、投资、各种服务及优惠等。获取政府支持的创业计划应当强调新企业的项目投资可行性，尤其要着重说明新企业的社会收益和社会成本，只有创业项目的社会影响较为良好，才有可能成为政府关注的对象，进而获得政府的支持。

通常，获取政府支持的创业计划包括以下 10 项内容：总论、团队情况、产品的市场需求预测、项目的技术可行性、项目实施方案、投资估算与资金筹措、项目收益分析及对社会的影响、项目风险及不确定性分析、关于项目可行性的综合结论和希望政府给予的具体支持。

案例 9-2

获取政府支持的创业计划

《内蒙古自治区人民政府办公厅关于进一步支持大学生创新创业的实施意见》(内政办发〔2022〕38 号)提出，要从以下几个方面加强大学生创新创业政策扶持，营造大学生创新创业的良好环境。

积极落实大学生创新创业政策。落实大学生创业帮扶政策，统筹现有就业补助资金和渠道，对大学生创业予以支持。对创业失败的大学生，积极开展心理疏导、职业介绍、就业援助等“一对一”个性化服务和帮扶，对符合条件的给予社会救助。对有创业意愿的大学生免费提供创业咨询、创业项目推荐、创业培训、跟踪指导等服务，注重服务的精准性和有效性。对参加创业培训并符合条件的高校毕业生，按标准给予培训补贴。

加强财税政策扶持。加大资金支持力度，将创新创业教育和大学生创新创业情况作为自治区高等教育专项资金分配的重要因素。落实落细大学生创新创业相关税费减免政策，高校毕业生在毕业年度内从事个体经营，符合规定条件的，在 3 年内按一定限额依次扣减其当年实际应缴纳的增值税、城市维护建设税、教育费附加、地方教育附加和个人所得税；对月销售额 15 万元以下的小规模纳税人免征增值税，对小微企业和个体工商户按规定减免所得税。对创业投资企业、天使投资人投资于未上市的中小高新技术企业以及种子期、初创期科技型企业的投资额，按规定抵扣所得税应纳税所得额。对符合条件的国家级、自治区级科技企业孵化器和大学科技园以及国家备案众创空间按规定免征增值税、房产税、城镇土地使用税。

加强金融政策扶持。按照市场化、商业可持续原则，积极举办大学生创新创业项目需求与投融资对接会，解决大学生创新创业融资难题。简化贷款申报流程，细化完善贷款管理措施，提高贷款便利性。落实创业担保贷款政策保障机制及贴息政策，将高校毕业生个人最高贷款额度提高至20万元；对高校毕业生设立的符合条件的小微企业，最高贷款额度提高至300万元。对于新发放的10万元以下的个人创业担保贷款、全国创业孵化示范基地或信用社区（乡村）推荐的创业项目、获得设区的市级以上荣誉称号的高校毕业生创业者，经金融机构评估认定后，免除反担保要求。

完善社会资本引入机制。以市场化机制引导私募股权、创业投资基金等投向重点领域，畅通投资及退出渠道，形成“投资—退出—再投资”的良性循环。鼓励证券经营机构为大学生创新创业投融资提供服务。加快发展天使投资，培育一批天使投资人和创业投资机构，以市场化机制引导创新创业平台投资基金和社会资本参与大学生创业项目早期投资与投智，助力大学生创新创业项目健康成长。

降低大学生创新创业门槛。持续提升为大学生开办企业提供服务的能力，通过自建或购买第三方服务形式，实现“政策咨询—企业注册—纳税申报—法律咨询—知识产权—业务处理—问题解答”等一站式服务，推进一网通办、一日办结。推动高校、政府、企业对接科技园区、工业园区、产业园区、电子商务园区、创业园等各类园区，降低大学生创新创业团队入驻条件，通过减免租金、水电、网络、管理等费用，减轻大学生创业压力。政府投资开发的各类创业园区和众创空间等创业载体应安排30%左右的场地，免费提供给高校毕业生使用。有条件的高校要免费为在校大学生和毕业2年内的高校毕业生提供创新创业空间，并给予必要的辅导和支持。鼓励公益组织和基金会面向毕业2年内的高校毕业生开展资助活动，帮助高校毕业生返乡下乡开展初创型小微项目，配备行业关联创业导师，提供培训机会和金融服务，并加强组织吸纳和宣传推广。

推进知识产权服务体系建设。鼓励有条件的高校设立与互联网发展相适应的知识产权创造、保护、运用和管理全链条服务机构，加大对大学生创新创业知识产权的保护力度。建立创新创业知识产权辅导机制，面向大学生创新创业者开展知识产权相关法律法规培训，增强大学生创新创业者的知识产权保护意识。在众创空间、创业园区、科技园区或孵化器等新型创业服务平台设立知识产权服务站，为大学生创业者提供有效、便捷的知识产权政策咨询服务，切实维护大学生创新创业权益。进一步优化知识产权交易平台，畅通知识产权评估、质押、转移转化渠道，按照规定对在校大学生最高可按照全额费用的85%减缴专利申请费、实质审查费、复审费以及10年内的专利年费。

为支持鼓励大学生返乡创业就业，降低大学生创业门槛，减小获取资金的难度，减轻大学生返乡创业压力，呼和浩特市人力资源和社会保障局于2022年12月出台了以下扶持政策。

（1）创业担保贷款政策。毕业5年内的大学生自主创业，可申请最高不超过50万元的创业担保贷款。小微企业可申请最高300万元创业担保贷款。

（2）一次性创业补贴政策。首次创办小微企业或从事个体经营，且所创办企业或个体工商户自登记注册之日起正常运营1年以上的离校2年内高校毕业生给予5 000元一次性创业补贴；毕业5年内的大学毕业生，在人社部门认定的创业载体孵化的创业项目，稳定经营1年以上，给予3万元一次性创业补贴。

（3）着力建设以大学生为主的创业载体。做好示范性创业园孵化基地、特色创业园孵化基地和返乡农民工创业园孵化基地建设的同时，着力打造大学生创业主题街区（社区）。对于提供创业工位多、创业服务优、带动高校毕业生创业就业明显的平台，给予创业园孵化基地“以奖代补”项目资金扶持。

（4）举办创业活动。在2022年举办的第四届“宜业青城 首创助航”创新创业大赛中，开辟“乡村振兴专项赛”赛道，主要面向各类乡村创业项目报名，包括农业科技、农产品加工、乡村旅游等，对获奖项目给予奖金支持。

五、制订创业计划的准备

（一）制订创业计划所需要的信息种类

创业计划中若有完整的行业信息数据，显然能增加说服力，但其中所有的数据、信息都必须有来源。创业计划的制订需要以充分、有效的信息为依据，所需要的信息主要有以下三种类型。

1. 市场信息

市场信息主要是为了细分市场和确定目标市场，以及确定目标市场的规模、增长速度、竞争状况、发展潜力等，从而为制订营销计划提供依据。

2. 生产信息

生产信息主要是有关生产经营场所、供应商、劳动力市场，以及有关技术和发展趋势方面的信息，这些信息决定着生产能力、生产成本、产品质量、生产经营环境等。

3. 财务信息

财务信息包括融资的渠道和条件、销售前景和费用支出预算等，这些信息是为了确定初创企业的资金需求和投资回报的方式及潜力。

以上信息可以通过各种方式获得，如媒体、研讨会、展销会、研究报告等。其中，互联网是一种有效、便利和节约的信息收集方式，它可以为行业分析、竞争者分析和市场分析提供大量必要的信息。但是，通过互联网找到的资料往往是不完整的、十分零碎的，需要对内容进行审查和重新组织。

为了完成制订商业计划的任务，在完成信息收集之后，要以一种可管理和有用的方式进行整理。首先将信息分类，如划分为关于目标市场、行业、竞争、财务等方面的信息，然后将这些信息进行整合，形成一个商业计划。在制订创业计划的过程中，要分析这些信息是否存在内在联系，并认真消化各部分的信息。制订计划不同部分的顺序可以不同，也可以同时进行。那么，最关键的市场信息可以通过哪些方法获得？如何开展市场调查？如何在市场调查的基础上进行市场分析？以下将分别进行阐述。

（二）信息收集中的市场调查方法

最常见的市场调查方法是通过以下间接方式来获取所需要的数据。

（1）抽样调查（包括访谈、填问卷等方法）；

（2）通过相关行业协会或部门来查询数据；

（3）通过行业人员和自身经验来推测；

（4）通过互联网来查询和收集信息。

但是，通过这些间接的方式，有时可能找不到所需要的数据，即便找到也可能不准确、不真实。所以，通常情况下创业者还应该考虑采用直接的市场调查方法，具体方法主要有以下几种。

1. 观察法

观察法分为直接观察和实际痕迹测量两种。所谓直接观察，指调查者在调查现场有目的、有计划、有系统地对调查对象的行为、言辞、表情进行观察记录，以获得第一手资料，它最大的特点是总在自然条件下进行，所得材料真实生动，但也会因为所观察的对象的特殊性而使观察结果流于片面。实际痕迹测量是通过某一事件留下的实际痕迹来观察调查，一般用于对用户的流量、广告效果等进行调查。例如，企业在几种报纸、杂志上做广告时，可在广告下面附一张表格，请读者阅后剪下，分别寄回企业有关部门，企业从回收的表格中可以了解在哪种报纸杂志上刊登广告最为有效，为今后选择广告媒介和测定广告效果提供可靠资料。

2. 询问法

询问法是将所要调查的事项以当面、书面或电话的方式向被调查者提出询问，以获得所需要的资料。它是市场调查中最常见的一种方法，可分为问卷调查、面谈调查、电话调查、邮寄调查、留置询问表调查五种。问卷调查是最常见的方法，它具有全面、准确和易于统计分析等特点。面谈调查能直接听取对方意见，富有灵活性，但成本较高，结果容易受调查人员技术水平的影响。邮寄调查速度快、成本低，但回收率也低。电话调查速度快，成本最低，但只限于在有电话的用户中调查，整体性不高。留置询问表调查可以弥补以上缺点，由调查人员当面把问卷交给被调查人员，说明方法，让其自行填写，再由调查人员定期收回。

3. 实验法

实验法通常用来调查某种因素对市场营销量的影响，它是在一定条件下进行小规模试验，然后对实际结果做出分析，研究是否值得推广。它的应用范围很广，改变商品的品质、包装、设计、价格、广告、陈列方法时，都可以应用这种方法调查用户的反应。

(三)信息收集中的市场调查过程

市场调查工作必须有计划、有步骤地进行，以防止调查的盲目性。一般来说，市场调查可分为以下四个阶段。

1. 调查前的准备阶段

对企业提供的资料进行初步的分析，找出问题存在的征兆，明确调查课题的关键和范围，以选择最主要也是最需要的调查目标，制定市场调查的方案。主要包括市场调查的内容、方法和步骤，调查计划的可行性，经费预算，调查时间等。

2. 正式调查阶段

正式调查阶段要完成以下四类调查：①市场需求调查，即调查市场的需求量及其影响因素，特别要重点进行购买力调查、购买动机调查和潜在需求调查；②竞争者情况调查，包括竞争对手的基本情况，竞争对手的竞争能力、经营战略、新产品及新技术开发情况和售后服务情况等；③本企业经营战略决策执行情况调查，如产品的价格、销售渠道、广告及推销方面的情况等；④政策法规情况调查，如政府政策的变化，法律、法规的实施等。

3. 综合整理分析资料阶段

当统计分析研究和现场直接调查完成后，市场调查人员拥有大量的第一手资料。对这些资料首先要编辑，选取有关的、重要的资料，剔除没有参考价值的资料。然后对这些资料进行编组和分类，使之成为某种可供备用的形式。最后把有关资料用适当的表格形式展示出来，以便说明问题或从中发现某种典型的模式。

4. 提交调查报告阶段

经过对调查材料的综合整理和分析，便可根据调查结果形成调查结论，撰写并提交调查报告。值得注意的是，调查人员不应当把调查报告看作市场调查的结束，而应继续注意市场变化，以检验调查结果的准确程度，并发现市场新的趋势，为改进以后的调查打好基础。

(四)研讨创业构想

创业构想是创业者在创业想法形成及实施过程中，对创业活动的思考、论证和分析。创业是一个系统工程，在开始之前，创业者需要做许多准备工作，包括对创业构想进行研讨，以形成一个完整的创业计划。创业构想涵盖创业计划的方方面面，创业者至少要从以下几个方面进行深入思考。

1. 确立正确的创业目标

赚钱是重要的目标，但不是唯一的目标，因为创业本身应该有理念，理念会带动很多新的产品创意和实践冲动。大多数成功创业者的主要创业目标并不是赚钱，而是基于自己的兴趣，或者为了解决现实生活中的一些问题。开始研讨创业构想的时候，创业者一定要明确自己的创业目标，要做什么、如何做等问题需要首先想清楚。

2. 寻找适合的创业模式

选择合适的创业模式是创业成功的关键。准确判断自己的优势和劣势，选择最适合自己的创业模式，可以化解很多不利因素。创业模式是创业者为保障自己的创业理想与权益，而对各种创业要素进行的合理整合。一个适合的创业模式，未必需要投资一大笔资金，未必需要具有很大的规模，甚至未必需要一处办公场所或一个店面。对创业者来说，一个真正好的商业模式，应该是适合自己的，即其有能力操作而且能将现有的资源进行有效整合。无论是通过白手起家的方式，还是通过收购现有企业或进行代理、加盟，都是研讨创业构想阶段创业者必须明确的问题。

3. 规划合理的创业步骤

规划创业步骤是一个循环的过程。首先要分析：创意从哪里来？怎么会有这个创意？资金从哪里找？怎么组建团队？产品的市场营销怎么做？对这些问题的思考是一个不断修改、完善和论证的过程。

4. 确定清晰的创业原则

网络上列出的创业原则非常多，在研讨创业构想的时候，创业团队一定要针对自己的特定情况，确定适合团队和项目的创业原则。一般来说，就像创业的目标不仅仅是赚钱一样，在创立公司的时候，创业团队也不应该一直想着何时才能赚钱。

面对非常艰苦的创业工作，清晰、简洁并能够得到团队成员认可的创业原则，不仅有助于形成团队的凝聚力，还能帮助创业团队有勇气、有办法应对可能遇到的任何情况。

5. 创造有利的创业条件

创业不一定要有重大的发明或全新的创意，只要有一定的市场需求，通过对现有资源的整合和再利用也可以创业成功。创业企业的产品或服务能否得到市场的认可，关键在于其能否满足市场需求。合适的人在合适的时间做合适的事情，有助于形成非常有利的创业条件。在研讨创业构想时，创业团队应认真对自己的创业条件进行深入思考，选择对创业有利的自然条件，努力创造和利用有利于创业成功的社会条件。

6. 确定明确的创业期限

充分的准备尽管有助于降低创业风险，但是过长时间的准备也可能会消磨创业者的意志，降低创业激情。因此，创业初期，应确定一个合理的创业期限，包括开始创业活动的时间、将产品和服务推向市场的时间、实现盈亏平衡的时间等。精益创业的方式，有助于缩短产品和服务推向市场以及实现盈亏平衡的时间。

7. 建立良好的投资关系

如何寻找合适的外部投资者，并和外部投资者建立良好的关系，也是创业构想研讨阶段必须思考的问题。当创业需要外部融资时，创业团队就应该考虑投资者关系管理的问题。要选择能够跟自己站在一起并能同甘共苦的投资者，寻找有较大影响力的投资者，这样一方面可以筹集到所需要的创业资金，另一方面可以借助投资者的经验和力量。当然，创业团队还要制定合理的股份构成和分配机制，与投资者建立长久的良好合作关系。

8. 组建高效的创业团队

高效的创业团队中不一定都是最好的人才，事实上只要遵循创业团队的组建原则，做好团队的管理，团队成员适合做创业企业中对应的工作，能够做到优势互补、精诚合作，凝聚在核心创业者的周围，为共同的创业目标而奋斗，就算创业团队比较简单和朴素，仍然可以算得上一支优秀的团队。在创业构想研讨阶段，创业者就应该了解高效团队的特征，避免日后组建团队过程中的盲目和不切实际。

(五)分析问题和困难

不是每个人都适合创业，因此，在创业构想研讨阶段，如果发现自己不适合创业，最好尽快罢手，避免日后出现更大的麻烦。如果认为自己适合创业，就要积极应对，认真分析创业过程中可能会出现的问题和困难，做好充分准备，将创业风险降到最低。

创业是一项系统工程，也是一个持续的过程，在创业过程中遇到问题和困难在所难免。这些问题和困难，有些是可以预见和避免的，有些是难以预料和解决的。在开始创业之前，对将来可能遇到的问题和困难进行分析，有助于创业者做好充分的心理准备和应对策略。

通过市场调查及与圈内专家和同行业企业的创业者进行座谈，创业者可以对未来可能遇到的困难有所了解。一般来说，创业过程中可能会遇到创业者自身层面和创业企业层面两个方面的问题和困难。

(1)创业者自身层面的问题：表现为创业者或团队的身心不适应，知识、能力和资源不够，以及对以往社会关系的影响等。

(2)创业企业层面的问题和困难：表现为创业企业在日后经营过程中可能面临的不同风险，包括项目和市场风险、技术风险、团队风险、管理风险、资源风险等。

六、创业计划书的内容

一般来说，一份完整的创业计划书应包含以下几方面内容。

(一)封面

封面，既要体现计划书的内容，又要给读者以美的享受。封面设计要遵循平衡、韵律和调和的造型规律，突出主题、大胆设想，运用构图、色彩、图形等元素设计出美观大方且富有情感的封面。

(二)摘要

摘要浓缩了创业计划书的精华，涵盖了计划的要点，以求一目了然，以便读者能在最短的时间内评审计划并做出判断。摘要一般包括公司介绍、管理者及其组织、主要产品和业务范围、市场概貌、营销策略、销售计划、生产管理计划、财务计划、资金需求状况等内容。摘要应尽量简明、生动，特别要说明创业企业的独特之处以及企业获取成功的市场因素。

案例 9-3

摘要

摘要是商业计划书的精华，要涵盖创业计划书的要点，以求一目了然。这是对创业者描述能力和写作功底的一个挑战。摘要篇幅通常以一两页纸为宜，内容包括 6～8 个段落。摘要的作用就是用最短的时间“从石头堆里选出钻石”，然后再去比较“钻石”的品质。

摘要是商业计划书的迷你版，不必包含商业计划书中的所有内容，其内容通常包括以下几个方面。

(1)用一两句话概括公司的投资亮点；

(2)用一两句话介绍公司的产品或服务及其解决了用户的什么问题；

(3)用一两句话清晰地描述公司的商业模式——如何实现盈利；

(4)用一两句话描述公司所属行业、行业细分、市场规模、成长性和驱动因素以及美好前景；

(5)用一两句话概括公司相对于竞争对手的优势；

(6)用一个表格展示公司的历史财务状况和未来的财务预测；

(7)用一两句话陈述公司本轮期望的融资金额及主要用途；

(8)用一两句话展示创业者和核心管理团队的背景及辉煌成就。

(三)企业介绍

这部分的目的不是描述整个计划，也不是提供另外一个概要，而是对你的公司进行介绍，因而重点是阐述公司理念和战略目标。

(四)行业分析

在行业分析中，应该正确评价所选行业的基本特点、竞争状况以及未来发展趋势等内容。关于行业分析的典型问题有：

(1)该行业的发展程度如何？发展动态如何？

(2)创新和技术进步在该行业扮演着怎样的角色？

(3)该行业的总销售额有多少？总收入是多少？发展趋势怎样？

(4)价格趋势如何？

(5)经济发展对该行业的影响程度如何？政府是如何影响该行业的？

(6)是什么因素决定着它的发展？

(7)竞争的本质是什么？你将采取什么样的战略？

(8)进入该行业的障碍是什么？你将如何克服？该行业的典型回报率是多少？

(五)产品介绍

产品介绍应包括产品的概念、性能及特性；主要产品介绍；产品的市场竞争力；产品的研究和开发过程；发展新产品的计划和成本分析；产品的市场前景预测；产品的品牌和专利等内容。

在产品(服务)介绍部分,企业家要对产品(服务)做出详细的说明,说明要准确,也要通俗易懂,使不是专业人员的投资者也能明白。一般地,产品介绍都要附上产品原型、照片或其他资料。

(六)组织结构

在企业的生产活动中,存在着人力资源管理、技术管理、财务管理、作业管理、产品管理等。这里面的每个环节都很重要。

其中投资人非常看重创始人的背景和产品的前景,如果创始团队背景非常亮眼或者创始人非常有魅力,都很容易取得投资人的信任和关注,相对而言也会比较容易拿到投资。

如果你的产品前景广阔,那就要让投资人充分了解,这样投资人会因为产品方向好而投资。

(七)市场预测

市场预测应包括需求预测、市场现状综述、竞争厂商概览、目标顾客和目标市场、本企业产品的市场地位等内容。

(八)营销策略

对市场的错误认识是企业经营失败的主要原因之一。在创业计划书中,营销策略应包括市场机构和营销渠道的选择、促销计划和广告策略、营销队伍和管理、价格决策等内容。

(九)制造计划

创业计划书中的生产制造计划应包括产品制造和技术设备现状、新产品投产计划、技术提升和设备更新的要求、质量控制和质量改进计划等内容。

(十)财务规划

财务规划的重点是资产负债表、利润表和现金流量表的编制。流动资金是企业的生命线,因此企业在初创或扩张时,对流动资金需要预先有周密的计划,在执行过程中要严格控制;损益表反映的是企业的盈利状况,它是企业在运作一段时间后的经营结果;资产负债表则反映某一时刻的财务状况,投资者可以用资产负债表中的数据得到的比率指标来衡量企业资产的质量、偿债能力、利润分配能力等。

(十一)风险管理

关于风险管理的问题有:

(1)你的公司在市场、竞争和技术方面都有哪些基本的风险?

(2)你准备怎样应对这些风险?

(3)在你看来,你的公司还有哪些潜在机会?

(4)你准备在你的资本基础上如何进行扩展?

(5)在最好和最坏的情形下,你的五年计划表现如何?

如果你的估计不那么准确,应该估计出你的误差范围到底有多大。如果可能的话,对你的关键参数做最好和最坏的设定。

第二节　创业计划的撰写与演示

创业计划书是以书面形式落实创业计划的载体。创业计划书的质量，往往直接影响创业发起人能否找到合作伙伴、获得资金及其他政策的支持。

创业计划书，首先要把计划创立的企业推销给创业者，帮助创业者坚定信心。其次，创业计划书还能帮助创业者把计划创立的企业推销给风险投资者，此外，创业计划书的主要目的是筹集资金。因此，创业计划书必须说明以下情况。

(1)创办新企业的目的：为什么要冒风险，花精力、时间、资源、资金创办新企业？

(2)创办新企业所需的资金：为什么要这么多钱？为什么投资人值得为此投入资金？对已创建的新企业来说，创业计划书可以为企业的发展定下比较具体的方向和重点，从而使员工了解企业的经营目标，并激励他们为共同的目标而努力。更重要的是，它可以使企业的投资人以及供应商、销售商等了解企业的经营状况和经营目标，说服投资人(原有的或新来的)为企业的进一步发展提供资金。

一、创业计划书撰写的原则与技巧

(一)撰写原则

创业计划书在撰写时应遵循逻辑性、完整性、真实性、简洁性原则，体现目标明确、优势突出，要素齐全、内容充实，语言平实、通俗易懂，结构严谨、风格统一，有理有据、循序渐进，详略得当、篇幅适当等编写要求。

适合的篇幅一般为20～40页，包括附录在内。

(二)撰写技巧

创业者在撰写创业计划书时如果能对以下几个问题有清晰的认识，则一方面可以提高创业计划书的易读性，另一方面可以提高企业融资的概率。

1. 详略得当

一般来说，风险投资者或评审专家阅读一份创业计划书的时间在5分钟左右，主要关注业务和行业性质、项目性质(借钱还是风投)、资产负债表、团队、吸引人的地方等内容。因此，创业者在撰写创业计划书时要着重以这五个方面为重点。

2. 内容完整

一份好的创业计划书起码要涉及计划摘要、产品与服务、团队与管理、市场预测、营销策略、生产计划、财务规划、风险分析等内容。创业计划书不应该遗漏任何要素等，要做到内容完整、数据详实。

3. 优势突出

创业项目中最重要的因素是人，创业计划书对创业团队的介绍一定要结合团队组建原则和优秀团队特征等知识点进行如实描述，并对团队成员的构成及其分工情况进行重点介绍。

4. 通俗易懂

创业计划书的撰写应注重可读性，力求语言简洁、图文并茂、通俗易懂。阅读他人的创业计划书是帮助创业者提高写作能力的最有效途径之一。在撰写创业计划书之前，阅读十几份他人的创业计划书将会对创业者有很大帮助。

5. 目标明确

风险投资者一般希望在 5 年内将其资金翻 6 倍，相当于每年的投资回报率(ROI)为 43.1%[$(1+i)^5=6$]。因此，一份承诺 40%～50%投资回报率的创业计划书对于风险投资者来说比较靠谱；如果是借款，则需要有具体的还本付息计划。

6. 有理有据

创业者要对创业计划进行最详细的论证，准备好回答所有和创业计划有关的负面问题。在约见风险投资者之前，创业者可以以“小纸条”的方式准备所有负面问题的答案，给自己足够的心理支持和勇气。

二、创业计划书的撰写与检查

(一)创业计划书的撰写步骤

1. 准备阶段

创业计划书的撰写涉及的内容较多，因而制订创业计划前必须进行周密安排。具体准备工作包括以下几点。

(1)确定创业计划书撰写人员。创业计划书应该由创业者自己来撰写。创业计划书是创业者能力和构思的具体体现，亲自撰写创业计划书可以帮助创业者厘清思路，把创业的激情融入计划书之中，有利于增强计划书的感染力。但是，创业计划书的撰写非常复杂，是各方面知识的结晶(如市场营销知识、企业管理知识、财务规划知识、人力资源知识、调查与预测知识等)，任何一个创业者都不可能是各方面的专家，所以为了尽可能使创业计划书更加符合现实，更加具有可操作性，在撰写过程中，创业者应该向其他人员咨询。

(2)确定创业计划书的范围。在撰写创业计划书时，创业者必须从不同角度进行广泛而深入的思考，以确定创业计划书的范围。

①站在创业者的角度。创业者自身比任何人都了解创业企业的创造力和技术，因此，创业者首先必须清晰地表达出创业企业经营的产品或服务，以及其特色和卖点。

②站在市场的角度。创业者必须以消费者的眼光审视企业的经营运作，采取以消费者为导向的市场营销策略。这就需要进行大量的市场调查工作，甚至向市场营销专家请教。

③站在投资者的角度。创业者应该试图用投资者的眼光来考察企业的生产经营。投资者往往特别关注计划中的财务规划。如果创业者不具有财务分析和预测的能力，就应该聘请财务顾问提供帮助。

(3)收集相关信息。撰写创业计划书时需要收集多种信息，主要包括市场信息、运营信息和财务信息等。信息的来源渠道多种多样，互联网就可以为创业者提供大量的有价值的信息资源。

①市场信息。产品或服务的潜在市场信息对创业者尤为重要。为了判断市场规模，创业者需要明确自己的目标市场：目标顾客是男性还是女性？是企业还是消费者个人？是高收入人群还是低收入人群？是城市居民还是农村居民？目标市场的确定将会使创业企业的市场规模和市场目标比较容易确定。为了更准确地了解真实的市场信息，创业者往往要花费较多的资源去进行市场调查。

②运营信息。在撰写创业计划书的过程中，可能需要以下运营信息：地点、生产制造、原材料、设备、劳动技能、生产或办公场所的大小、其他相关的开支。

③财务信息。财务信息的主要作用是说服投资者因为创业企业将来会盈利而对该企业进行投资。主要的财务信息包括：资金的需求和来源、未来的销售情况、资金的周转、企业的投资收益率如何、投资回收期多长、风险资本的退出。

(4)准备一份优秀的创业计划书作为参考。创业计划书的撰写有一定的难度，单纯看几本参考书并不能马上解决问题，最好找一份类似的、成功的创业计划书作为参考，然后按照提纲来撰写。需要注意的是，创业者可以借鉴，但绝对不能照搬照抄，因为每一个企业都应该有自己的特色，且具体情况不尽相同。

2. 形成阶段

创业计划形成阶段要完成以下几项任务。

(1)制定创业执行纲要。主要是创业各项目的概要。

(2)草拟初步创业计划。依据创业执行纲要，对创业企业的市场竞争及销售、组织与管理、技术与工艺、财务计划、融资方案以及风险分析等内容进行全面编写，初步形成较为完整的创业计划书。

(3)修改完善阶段。创业计划小组在这一阶段对创业计划进行广泛调查并征求多方意见，进而提出一份较为满意的创业计划方案。

(4)创业计划定稿。进行定稿，并印制成正式创业计划文本。

3. 撰写方法

撰写创业计划书的目的是为创业融资、宣传提供依据，同时作为创业实施的规划方案。因此，撰写创业计划书时除尽可能展现创业项目的前景及收益水平外，还要展现出创业项目的可行性。

(1)遵循正确的方法：

①做好工作计划，使创业计划书的写作过程有条不紊。

②始终围绕创业产品与服务展开，并根据市场反馈动态评估产品与服务的市场价值。

③要充分寻求外部有关人员的指导与协助。

④不断修改、完善。一般来说，最终形成的创业计划书正式文本与创业计划草案可能相差很大，有的甚至面目全非。

⑤ 要针对创业计划书的目标读者，设置不同侧重点。风险投资者主要对创业计划中的市场潜力和盈利能力感兴趣；战略伙伴与客户主要关心产品与服务、市场以及管理团队的运作能力；而主要雇员、管理队伍则更想知道创业公司的发展历史

及发展前景。

(2)注意事项：

①创业计划书要重点突出、注重实效。每一份创业计划书都应有自己独特的个性，要突出项目的独特优势及竞争力。另外，要注意创业计划书中所使用资料的时效，对于周期较长的创业计划书，应及时更新有关资料。

②创业计划书要体现专业性、规范性。对产品和服务的描述要使用专业化语言；财务分析要形象直观，尽可能采用图表描述；战略、市场分析、营销策略、创业团队要使用管理学术语，尽可能做到规范化、科学化。

③创业计划书要保持文风一致。创业计划书内容多，涉及面广，可由创业小组分工完成，但应由组长统一协调定稿，以免出现创业计划零散、不连贯、文风不一等问题。

④创业计划书要求详略得当、突出优势。但要注意对机密部分略微简化，以防泄密。

三、创业计划书的演示技巧

(一)做好演示准备

演示准备和即将展示的内容一样重要。演示准备包括演讲前的准备和演讲过程中的准备两个方面。

1. 演讲前的准备

在演示创业计划之前，演讲者首先需要收集听众的相关信息，以便和听众建立各种联系。通过搜索和浏览风险投资网站，可以了解参加演示的风险投资者的信息，分析自己的创业计划与听众之间是否存在某种联系，或者演讲者本人与听众之间是否有联系。如果创业计划能够和听众的某些活动联系起来，或者演讲者和听众有相同的兴趣爱好，则有利于投资者和演讲者形成融洽的交谈关系，使演示工作达到事半功倍的效果。此外，准备和演示场合相符的服装，按照合理分配的演示时间多进行练习，尽可能多了解演示场地的信息等，都是准备阶段应该做的工作。

2. 演讲过程中的准备

演示过程首先就是决定由谁来负责演示，一般的创业计划大赛都会要求所有创业团队成员参加演示，但是并不要求所有成员都要进行陈述，因此选择合适的人员进行陈述是成功的关键因素之一；其次，演示过程中的核心元素是演示的人，而不是幻灯片，因此幻灯片一定要做得简明扼要，只提供演示的总体框架以及强调发言内容的重点，演示者一定要将听众的目光吸引在自己身上；最后，想方设法使演示变得生动有趣、充满激情。心理学家艾伯特·梅拉比安(Albert Mehrabian)的研究表明，沟通涉及三个层面，即视觉(仪态仪表及肢体语言)占55%，声音(语音语调)占38%，语言(沟通的内容)占7%。因此，在演示过程中，通过有策略的停顿、音量控制、使用丰富的表情和肢体语言，以及设计观众互动环节，能更好地吸引观众注意力、调动情绪，有效提升观众的参与感和接收度。

(二)明确演示对象

1. 企业内部(员工或股东)

表述清晰的创业计划书，有助于明确创业目标，协调团队的各项工作，增强团队凝聚力和行动力，激发团队一致行动向目标前进。

对于企业职能部门经理而言，通过创业计划书可以了解企业的战略目标和实施规划，确保自己所做的工作与企业整体计划方向一致。

需要注意的是：创业计划必须严格保密，严防落入竞争者手中。为了保密，有些企业会限制创业计划的副本数量，对特定对象准备特定副本，并要求不用时将计划放在文件柜或办公室锁好以确保安全。此外，在创业计划封面印上“机密文件，未经许可，严禁复印”等字样。

2. 投资者和其他外部利益相关者

潜在的投资者、商业伙伴、客户和前来应聘的关键员工等外部利益相关者是创业计划的第二类读者。

要吸引这些人，创业计划不要过分乐观，过分乐观会破坏创业计划的可信度。

对于投资者，创业计划书必须明确显示商业创意的可行性，并且与那些风险更小的投资选择相比，其商业创意能给投资者带来更高的资金回报；对于商业伙伴、客户和前来应聘的关键员工而言，也是如此。

此外，创业计划书必须论证商业创意的可行性，并开发出一套行之有效的商业模式，能深入认识初创企业所处的竞争环境，即用事实说话。

(三)陈述准备

与投资者会面之前，创业者一定要准备好 PPT 演示文件，而且内容要以预定的陈述时间为限。陈述的首要原则是严格遵守会议时间和地点安排，做好充分准备。如果需要视听设备，应事先准备好。

注意事项：①要确保陈述流畅。②演示文件要简洁鲜明。③陈述内容应通俗易懂(忌使用专业术语)。④陈述企业自身状况和产品的竞争力，而非产品或服务的技术。⑤避免遗忘一些重要的资料。

(四)演示内容

演示的重点一定放在观众而不是演讲者感兴趣的地方；而且演示 PPT 应尽可能简单，一些专家给出了 6－6－6 法则，即每行不超过 6 个词语，每页不超过 6 行，连续 6 张纯文字的 PPT 之后需要一个视觉停顿(采用带有图、表的 PPT)等；一场 20～30 分钟的演讲最多不超过 12 张 PPT。下面推荐一个演示 PPT 模板，共计 12 张 PPT。

演示 PPT 往往以标题幻灯片开始。该张 PPT 包括企业的名称/标志、创始人姓名及联系方式。

第一张：概述。对演讲要点以及项目背景、产品或服务特色、潜在收益(经济效益、社会效益)等项目概况进行简要介绍。

第二张：问题。说明亟待解决的问题(问题在哪儿？为什么会出现该问题？如何解决该问题?)；通过调查证实的问题(潜在顾客的需求是什么？专家有哪些建议?)；问题的严重性如何?

第三张：解决办法。说明企业的解决办法与其他解决方案相比的独特之处；演示本企业的解决方案在多大程度上可以改变顾客的生活，以及企业的解决方案有什么进入壁垒。

第四张：机会和目标市场。要清楚定位企业具体的目标市场，对目标市场的广阔前景进行展望；通过图表的方式演示目标市场的规模、预期销售额和预期市场份额等信息，说明拟采取什么方法实现销售计划。

第五张：技术。介绍技术或者产品或服务的独特之处，对技术的描述应尽可能通俗易懂，切忌使用专业术语；演示产品的图片、相关描述或者样品，如果产品已经试生产结束，则最好展示样品；说明可能涉及的知识产权问题，以及企业采用的保护措施。

第六张：竞争。详细阐述直接、间接和未来的竞争者，演示创业计划书中的竞争者方格，说明和竞争对手相比的竞争优势。

第七张：市场和销售。描述总体的市场计划、定价策略、销售过程以及销售渠道。说明消费者的购买动机、企业激起消费者欲望的方法，以及产品或服务如何到达最终消费者手中。

第八张：管理团队。介绍现有管理团队(团队成员的背景和专长，以及在企业中将要发挥的作用，如何进行团队合作等)，说明管理团队存在的缺陷或不足，如果有顾问委员会最好予以介绍。

第九张：财务规划。介绍未来 3～5 年企业总体的盈利状况、财务状况及现金流状况，尽量将规划的内容显示在一张 PPT 上，而且只显示总体数据，同时做好回答和数据相关问题的心理准备。

第十张：现状。用数据突出已经取得的重大进展，介绍启动资金的来源、构成和使用情况；介绍现有的所有权结构，介绍企业采用的法律形式及其原因。

第十一张：财务要求。如果有融资计划，介绍想要的融资渠道及筹集资金的使用方式，同时介绍资金筹集后可能获得的重大利益。

第十二张：总结。总结企业最大的优势、团队最大的优势，同时介绍企业的退出策略，并征求反馈意见。

(五)现场答辩与反馈

创业者要提前设想投资者可能会提出的问题，并就这些问题做好充分准备。投资者可能会用很挑剔的眼光看创业计划，这时，创业者可能会很泄气。其实，投资者仅仅是在做分内的事情，这些问题可能会对完善创业计划有很大帮助，会给创业者很大启发。

回答问题阶段非常重要，此时投资者往往考察创业者是否挖掘到问题的本质，以及对初创企业了解多少。现场回答投资者问题时要注意：

(1)对投资者问题的要点有准确理解，回答具有针对性而不是泛泛而谈。

(2)能在投资者提问结束后迅速做出回答，回答内容连贯、条理清晰。

(3)回答问题准确可信：回答问题建立在准确的事实和可信的逻辑推理上。

(4)特定方面的充分阐述：对投资者特别指出的方面要做出充分的说明和解释。

(5)整体答辩的逻辑性要求：陈述和回答的内容有整体一致性。

(6)团队成员在回答时有较好的配合，能协调合作，彼此互补，对相关领域的问题能阐述清楚。

【拓展阅读】

扫码阅读

"00后"女大学生刘飞雪：

在创新创业中寻到未来

【思考与训练】

1. 尝试写一份自己的创业计划书。

2. 通过网络搜索一些创业计划书，分析其中的要点和不足。

3. 实训内容。以创业计划小组的形式参赛，每组交一份创业计划书。

创业计划书的内容应该包括以下几个方面。

(1)核心内容。包括产品或服务、独特的市场分析和竞争分析、可行的财务预算、明确的投资方式、管理队伍和公司介绍等。每项创业计划的初次投资不超过20万元。

(2)写作框架：

①创业计划概要，包括公司简介、公司名称、公司的基本运作、产品或服务、业务范围和创立公司的原因等。

②产品或服务。

③市场分析。

④竞争分析。

⑤经营策略。

⑥生产计划。

⑦财务分析。

(3)实训组织与实施：

①教师介绍本次活动的时间、内容和基本要求，创业计划书的设计样式和具体要求等。

②将学生按情况分成若干组。

③各组的选题和指导工作可由教师安排。

(4)注意事项：

①创业计划小组在进行调查研究时要注意安全。

②在拟写创业计划书前要认真研究市场需求。

③确定产品或服务时最好是自己比较熟悉的行业。

第十章
项目路演

【知识结构】

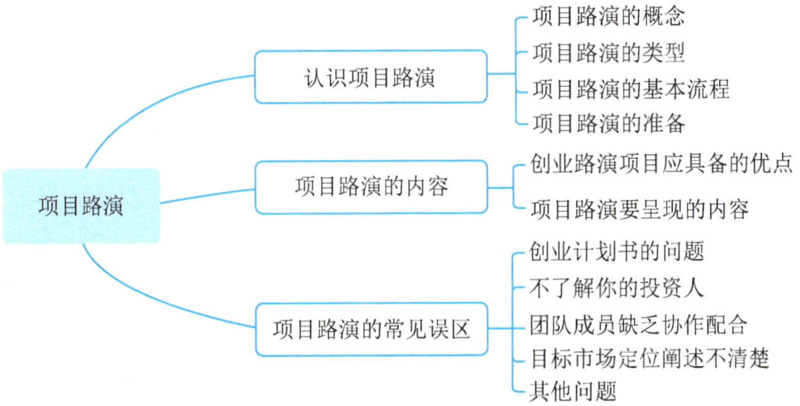

【学习目标】

* 了解路演的概念。
* 熟悉路演的基本流程。
* 掌握创业项目路演的准备工作及核心内容。
* 熟悉创业项目路演的常见误区。

项目路演对于创业团队来说具有重要意义，不仅有助于融资，而且可以让自己的产品、企业、团队、理念等得到更为广泛的宣传，让更多人了解，使其成为潜在客户或者消费者，甚至成为企业合伙人。

习语研读

广大青年要牢记“空谈误国、实干兴邦”，立足本职、埋头苦干，从自身做起，从点滴做起，用勤劳的双手、一流的业绩成就属于自己的人生精彩。要不怕困难、攻坚克难，勇于到条件艰苦的基层、国家建设的一线、项目攻关的前沿，经受锻炼，增长才干。要勇于创业、敢闯敢干，努力在改革开放中闯新路、创新业，不断开辟事业发展新天地。

——2013 年 5 月 4 日，习近平在同各界优秀青年代表座谈时的讲话

第一节　认识项目路演

一、项目路演的概念

(一)路演的概念

路演，来自英文“roadshow”。最初的意思是指，公司在上市前，连续在多个重要的城市(通常是金融中心)开展公开的交流会，向投资者介绍公司、产品、项目等，以获取投资者的信心和支持，从而在接下来的上市中获得更好的发行和更高的估价。

现在路演的概念更加宽泛，不单指准备上市的公司，某个项目也可以路演；路演对象不仅仅是投资人，也可以是合作者。在此基础上，我们提出的路演的概念是指在公共场所进行演说、演示产品、推介理念，向他人推广自己的公司、团体、产品、想法的一种方式，是吸引投资和合作资源的重要手段之一，也是创业者、项目团队展示自身能力和专业素养的机会。

(二)创业项目路演的含义

创业项目路演是指创业者在公共场所进行演说、演示产品、推介理念和创业价值观，从而向他人推广自己的创业项目、公司、团队、产品和想法的一种方式。

它是创业项目推介，是创业者面向市场、面向投资者推广介绍拟实施或者已实施的创业项目，以获取创业资源的一系列行为，它是创业活动的一个重要环节。项目路演要求创业者具备一定的演讲技能，因为路演本身是效率较高的交流方式之一，优秀的企业家往往都具备出色的演讲能力。

(三)创业项目路演的性质

“项目路演”是创业者向投资人展示商业模式、市场潜力和团队能力的高效方式，实现了创业者与投资人的直接对话、平等交流、专业切磋，有利于创业者与投资人的充分沟通，以加深了解，推动创业项目融资进程。

(四)创业项目路演的目的

初创企业项目路演的目标是将初创企业股权卖给投资人，签订股权投资协议。

项目路演是一场商业表演，创业者讲故事给投资人听，描述未来情景，引起投资人的兴趣，引发投资人的共鸣，获得与投资人继续深入接触的机会。项目路演的目的是销售公司的股权，创业者要让投资人相信这些股权未来会带来可观的回报，这个团队是脚踏实地、认真做事的团队，这个创业项目选定的领域和价值主张是可信的。

二、项目路演的类型

(一)线下路演

线下路演目前主要有以下四种模式。

一是精准度、私密性最高的一对一模式。从投递创业计划书后被投资机构代表约谈，到投资人受邀参观企业深度沟通，再到投资机构邀约创业者至其办公室洽谈，这种模式以一对一、私密性、节奏快为代表，尤其是优质项目，更是快马加鞭、三步合一步地快速促成项目成交。

二是精准度、私密性较高的私董会模式。三五联投的基金或偏好一致的垂直细分行业的机构，将精挑细选的项目组织起来，类似于私董会一般，结合不同的基金投向侧重点，由合伙人、投资总监级发问，问题往往非常尖锐，从业务进展、市场开拓方式、成本结构、资本结构，到配偶是否支持创业等，不一而足。当然，效果也是非常明显的，一般有机会上会的案子，质量都较高，被投的概率也非常大。该模式往往以桥牌俱乐部、高尔夫俱乐部、户外俱乐部、投资俱乐部的形式呈现，私密而高端。这种圈子，非圈内浸淫多年的投资人和创业者无法进入。

三是由政府部门、知名机构或平台线下组织的项目路演会或专场路演会。随着各地招商热情的一路高涨和孵化器的密集涌现，地方政府或科技部门、社会机构也会定期组织一系列的项目路演。这种情形下的项目演示，相较而言，有机构背景或由机构托管运营的孵化器承办的更有优势，因为大家都在同一个圈子里，硬伤太过明显的一般也不会拿出来，所以相当于提前过了一遍筛子。而在路演准备、路演形式方面大多也会提前进行一些辅导，所以，创业者在项目演示过程中比较专业，创投双方对话非常容易，减少了沟通成本。

四是带有大赛和推广性质的创业大赛或创业 TV 秀模式。因为组织的目的不同，所以参会的企业往往有三个目标：求名次，有奖金或奖励；求名声，获得免费的品牌传播机会；求资金，遇到对路的资金方。这种模式往往需要历经海选和优选环节，所以登台的项目普遍质量较高。例如，全媒体创投节目《跃龙门·创客赢》就是对项目层层过筛并对项目进行辅导和优化，到项目登台亮相时基本都有机构锁定了，创投双方都有极大的收获，所以“马太效应”显现，吸引了越来越多的优质项目和顶级投资机构。对创业者而言，在这种平台上通常可以名利双收。

(二)线上路演

随着视频技术和移动互联网的应用，这两年许多项目路演也搬到了线上，从之前的 QQ 群、YY 群、电话会议、远程视频路演，到现在的微信群路演。但谈到体验和互动，还是目前的微信群路演更佳。线上路演时，创业计划书都会被提前发布，互动时节奏很快，创业者几乎没有时间对文本进行组织和修饰。投资人通过这种类似于头脑风暴的直接的干货对撞，判断是否跟进这个项目。毕竟创业计划糟糕的项目，群内是万籁俱寂的，只有好的项目才能打动投资人。这时，创业者要学会判断对自己感兴趣的投资人，以期转移到线下继续沟通。这种线上路演还有一对一的模式，比如领路、聚份子；有些还打通了线上线下环节，比如时间拍卖、中国投资人中心等。创业者有机会通过这些知识问答平台来约见投资人，畅聊项目和答疑解惑。

上述线下、线上两种类型的路演形式都随着跨界、技术、共享等领域的发展而不断进化更迭，呈现不同的模式。但这些模式最终还是服务于创投双方的高效对接，以实现彼此的期望，即投融资对接成功。

不管是线下路演还是线上路演，创业者都应注意以下几点。

第一，选择合适的路演平台。无论是参加科技评审，还是参加创业大赛，不要不做区分和筛选就去盲目参加，要结合项目发展的不同阶段有针对性地选择。同时，如果在一些平台上见到了对项目感兴趣的投资机构或投资人，切记不要再在其他类似平台上出现和碰面。不同于投资机构的赶会模式(投资机构的项目源渠道之一)，创业者如果频繁参加项目路演，会被打上跑会不专注主业的标签。

第二，准备好路演创业计划书。一般要准备 PPT、PDF 版和打印版(内附名片)。PDF 版和打印版创业计划书对创业团队(过往经历、合作分工、股权结构、期权池)、商业模式、业务进展、成本结构、融资规划、资金使用计划以及接下来的业务进展、未来三年经营预测、上市计划或退出计划等要介绍得更为详细，坚决摒弃简版、大字、需要投资人展开充分联想的创业计划书。

第三，做足功课，内部演练。要请懂行的投资人或孵化器给予指导，尽量使计划书的框架和重点更为突出；要在公司内部进行演练，毕竟在踏入资本市场后，路演就成了创业者的基本功。项目路演前应多与举办方沟通，了解参会投资人的背景和投向，识别真假投资人，选择靠谱投资机构(投资逻辑清晰专业，有投资或孵化案例，有退出案例，业内名声靠谱)。

第四，“一把手工程”。项目主讲人最好是企业创始人或联合创始人，如果参加创业大赛可安排形象代言人主讲。但现在的大赛评审中，创业投资机构的比例不断提高，所以还是建议由创始人主讲，毕竟投资人投的是以创始人为核心的运营团队。

第五，异议处理。嫌货才是买货人，不要把问题当成挑战，投资人发问或质疑说明投资人对这一部分不是很了解，正是符合好项目的标准之一。大赛评审过程中，许多参赛者把投资人的评审意见当成质疑和否定，下场之后就走掉了，更是不可取。应该积极沟通、消除误解，拉近与投资人的距离，促进双方的深入了解和合作。

三、项目路演的基本流程

(一)常见项目路演

常见的项目路演，一般按照以下几个步骤进行。

(1)创业者演讲，讲述项目的基本情况和创新点，介绍团队情况和融资计划，一般是 5～8 分钟，不会超过 10 分钟。

(2)听众提问，会问及投资者感兴趣的若干问题，通常是在核心竞争力方面进行确认，一般仅允许 1～2 名听众提问，总共不会超过 5 分钟。

(3)专家点评，相关的行业专家给予一些专业指导意见，或者在融资方面给予一些规划建议，一般会给 3 分钟。

当前，路演平台越来越多，给创业者提供了越来越多的路演机会，在线路演也成为创新的热点。创业者和投资者会利用路演的机会进行交流，逐渐形成路演的一个隐形“圈子”。

很多路演平台对投资者比较宽容，投资者多问几个问题，多占用一些时间，平台通常不会制止，但这样会造成时间安排上的混乱。很多时候，半天时间要安排 10 多个项目的路演，前面的项目时间控制不好，后面的项目就会匆匆而过，无法按照计划完成路演。

所以，举办路演活动的机构往往都希望能够严格执行设置好的路演流程，创业者和投资者都在既定的时间内完成自己的演讲。这也是创业者素质的一种体现。

(二)创业者路演

创业者路演(如果为 8 分钟)一般按照以下顺序分配演讲时间。

(1)介绍项目背景，不超过 1 分钟。

(2)讲解商业模式或核心创新要素，5 分钟。

(3)给出关键信息，如专利情况、营收情况等，2 分钟。

根据路演活动的性质和给出的时间限制，可以适当对时间进行重新划分。对于一些公益创业项目，要多分配一点时间对已经实施的项目情况进行介绍。

四、项目路演的准备

(一)明确目标受众

项目路演准备的第一步，是明确项目的目标受众、关注要素，以及他们希望从路演中获取的信息。这将有助于创业者更好地准备演讲内容和调整语言风格。

(二)把控时间，做好应变准备

通常情况下，融资路演需要创业者进行 PPT 演示，将自己的项目、团队等信息传递给投资人。但原本 1 小时的演示时间突然缩短一半，甚至更短的情况也是时有发生的，因此创业者一定要提前做好充分准备，不论是 5 分钟、10 分钟还是半小时的展示时间，都能够做到随机应变，展示最好的内容与状态。

(三)激情背后的愿景与使命

伟大的企业，都有自己的使命和愿景，也许初听像是痴人说梦，但它会将创业者的激情传递出来。有的投资人，想要的并不只是一桩普普通通的生意，而是可能改变行业生态，有梦想、有情怀也有未来的项目。

(四)做好失败准备，完成路演不代表融资成功

创业者需要做好心理准备，因为即使项目有着新颖可行的商业模式，有很棒的团队与技术，路演也发挥得不错，但这并不代表路演后一定可以遇到“伯乐”，马上拿到投资。并非创业者或项目不够好，可能因为这一次的路演中没有出现那个匹配度很高的投资人，也可能因为投资人出于谨慎，还想多考虑考虑。

现在常说到的巨头企业，不论是腾讯、阿里巴巴，还是 Facebook、Airbnb，当年的融资之路一样艰辛，所以无须因为一次路演失败而介怀，只要创业目标明确，不断折腾就好，毕竟梦想还是要有的，万一实现了呢。

(五)只要“10 分钟”

这里所说的“10 分钟”并非实际生活中的准确时间段，而是告诉创业者，时间

非常重要。时间越短，路演效果有时反而会越好。如果投资人只给 5 分钟的推介时间，那创业者就务必要将时间压缩在 5 分钟之内，但一定要掌握好节奏，不能虎头蛇尾，急急忙忙结束。

(六)把路演讲成故事

研究发现，讲故事是最能获得听众关注的方式，同时，这种方式也最能让创业者的路演令人难忘。所以，在投资人面前，所有的 PPT、数字、图表其实都只是辅助工具，这些内容是他们司空见惯的，但是创业者可以简洁且清晰地讲述自己的创业故事，从而引起投资人的关注与共鸣，让他们同意投资。

(七)紧抓重点

对投资人来说，时间无疑是十分宝贵的资产，创业者需要紧抓重点，挑干货讲，专注于投资人最想听的诸如竞争力、商业模式、盈利方式、项目进展、产品情况等关键点。逻辑混乱是路演的大忌，这样的讲述方式不仅会令人昏昏欲睡，还会给投资人留下十分不好的印象。

(八)创业热情＋自信

创业热情对创业者来说是非常重要的，对自己的项目拥有无限热情、无限能量的创业者，在路演中会加分不少。同时，它也能够展现出创业者的自信，能够让投资人更加认可、更加相信你可以做好。但凡事过犹不及，过度自信便是自负，只会令投资人心生反感。

(九)持续学习和改进

在多次进行项目路演的过程中，创业者可以提前对投资人可能问及的问题进行预演，并注意收集反馈意见，不断改进自己的演讲技巧和表达能力。持续学习和改进是提高路演效果的关键，有利于创业者在实际问答的过程中，更好地向潜在投资人展示公司业务指标与竞争优势。

把握好以上几点，路演之前好好准备，路演之中出色发挥，路演之后，对投资人提出的问题及反馈详细记录并不断改进，那么创业者会发现，路演中出现的问题将越来越少，自己的路演水平不断提高，同时获得投资的概率也越来越大。

第二节　项目路演的内容

一、创业路演项目应具备的优点

(一)开篇主题清晰

项目路演 PPT 的第一页，一定要清晰地表达项目的主题与特色，让人印象深刻。好的开始是成功的一半，这句话也适合项目路演。

(二)模式定位精准

在 5～10 分钟内，要将一个主题讲解清楚，一定要精准定位。好的商业模式，一定是可以简洁明了阐述的模式，一定是发现了一个没有被满足的细分需求的模式，一定是目标客户界定清晰的模式，一定是能满足目标客户需求的模式，一定是一个可以获取良好社会价值与商业价值的模式。

好的商业模式包括以下几点：我发现了一个没有被满足的需求；我做了一个什么产品解决了这个问题；解决的问题带来了什么价值；为什么只有我们能做成；如果你支持我，未来我会给你带来什么回报。

(三)逻辑清晰合理

好的创业项目的商业逻辑一定是闭环的。对于5～10分钟的路演项目，逻辑不能混乱，逻辑不能复杂，逻辑不能嵌套。

(四)内容充实丰富

在符合前三者的情况下，路演文件的内容要丰富。需要注意的是，丰富的内容不是现场都要讲的，但是评委在听的过程中可以获取更多的视觉信息。PPT的视觉内容可以进一步加深评委对项目的了解。

(五)形式专业规范

要充分运用好视频、PPT、现场产品演示等不同呈现形式的优势，要让每个呈现形式都精益求精；同时做好不同呈现形式的合理组合，以达到最好的效果。

(六)结尾用心有力

一个好的呈现，人们在记住高潮的同时，一定会记住结尾。所以，一个体现项目目标、愿景、情怀的结尾，会产生“余音绕梁”的效果。

二、项目路演要呈现的内容

呈现路演PPT要遵循3C原则：清晰(Clear)、简洁(Concise)、能激发兴趣(Compelling)。

(一)项目路演PPT的框架逻辑

第一，要讲清楚自己要做什么。包括创始人名称、身份，项目名称，解决的是什么问题(直奔客户痛点)，目标客户是哪些等。

讲清楚自己准备干什么事。要做的事应该是一两句话就能说清楚的。这里的核心是要突出专注，表明自己就想做一件事，而且就想解决这件事中的某一个关键问题。项目不要追求大而全。

第二，讲清楚行业背景、市场现状。包括市场规模、未来发展趋势的判断，为什么现在解决等。

要说明自己在正确的时间做正确的事，而且市场空间大。市场大，不代表有需求。要描述在目前的市场背景下，自己的项目抓住了用户的痛点，或者自己的项目可以为用户带来更高性价比的产品或服务。尽量列出与竞争对手的对比分析，表明当前的商业机会。

第三，讲清楚如何做以及现状。这是指商业模式实现的具体方案，即如何解决这个问题。包括推出什么产品或服务(产品形态及图片说明)，如何使用产品或服务来解决这些问题，有什么样的应用效果，运营计划、产品或服务开发计划、营销策略，项目如何实施以及最终达成的效果等。

第四，讲清楚团队分工。包括团队成员简介(与项目有关的经历)、业务分工，以及天使投资人、外部顾问等。

(二)项目路演要表达的核心内容

第一，项目差异性。如果你无法制造或提供一些与众不同的产品、服务或商业模式，最好不要去路演了，赶紧回去好好钻研，设计更好的项目。

第二，不要太独特。虽说差异性与项目能否顺利进入市场、淘汰概率的大小息息相关，但也不可太过独特。一个创业者认为还不曾有人涉足过的项目，对于投资人来说吸引力并不会太大。因为也许在此之前已经有几百个创业者尝试过了，并且以失败告终。所以，创业者在介绍时，不妨将侧重点更多地放在项目的“新”与市场现实的“旧”上，并说明如何保持平衡与互利状态，而不是不断重复“这是一个未被发掘的市场，这是一个可以颠覆行业的项目”。

第三，详细解释项目的产品或服务。投资人想看到的不是创业者所画的“概念大饼”，而是一个实打实的产品或服务，因此不要过多地阐述项目理念等抽象内容。同时，要把握好投资人的心态，其实归根结底，投资人最关心的还是产品或服务是否能够赚到钱，是否能够扩大规模，因此也不必过分解释产品特性如何。

第四，精确定位目标受众群。许多创业者为了显示自身项目的市场容量巨大，经常会和投资人说“中国人口众多，只要能占据1%的市场，前途就不可限量”等宏大无比的故事，但经验丰富的投资人是不会听信这样的假说的，因此创业者可以用人口特征及心理特征来精确定位项目的目标受众，同时配以一定的客户数据，说服力便会增强不少。

第五，如何获取新用户。营销是创业项目获得成功的一个重要环节，因此创业者要让投资人看到核心的营销理念、方法或技术，否则你的酒再香，又能吸引到谁呢?

第六，建设“A级团队”。创业理想也好，创业宏图也罢，都需要依靠有天赋、有能力的人来执行。所有创业项目都会存在竞争对手，但强大的团队会带来一流的产品与品牌。因此，创业者在融资路演时，需要告诉投资人自己的团队优势，各位团队成员擅长的领域及竞争优势。

第七，收入模式。有一定路演经验的创业者一定不难发现，投资人提及最多的问题中，一定会有“公司如何盈利”或“现在是否已经盈利”等。实质上，投资人之所以给出投资，除了极少的情怀因素外，极大程度上都是希望得到回报，因此投资人想要知道创业者的收入模式如何，是如何执行的，以及是否得到了验证。

第八，资金使用计划。投资人的钱并非拿来让创业者随意“烧”的，那么具体这笔资金创业者会怎么花，会以怎样的速度花这些钱，同时预计达到怎样的“里程碑”，都是投资人十分关心的。创业者需要至少制定未来三年的财务模式，包括运营成本、收入增长、利润、潜在利润等，这些都是投资者判断其投资回报率高低的重要依据。

第九，痛点+解决方案。从 Airbnb、Uber 等成功的融资路演案例中，不难发现这些项目都是从某一行业痛点出发，然后再给出自身的解决方案，最后延展到较为宏观的未来愿景上。建议创业者在路演时也能够以这样的逻辑顺序进行推介，并告诉投资人，自己的项目产品或服务能够解决这个行业痛点，并且是最好的解决方案之一，而在获得资金支持的情况下，可以帮助更多用户解决这一问题。

第十，投资人的退出策略。退出策略是很多初创企业都会忽略的一个问题，但却是投资人十分关注的内容，大部分投资人期望能够在短时间内(如五年内)获得收益，并关注如何获得收益。创业者需要告诉投资人项目的退出策略是什么，未来公司是否会上市，是会授权进行连锁经营还是会被收购，并利用未来销售收入与估值预计所能达到的范围，让投资人看到更多回报的可能性，从而提高获得投资的概率。

案例 10-1

“电梯演讲”的起源

“麦肯锡 30 秒电梯理论”源于麦肯锡公司的一次沉痛的教训：该公司曾经为一家重要的大客户做咨询。咨询结束时，公司的项目负责人在电梯里遇见了对方的董事长，该董事长问这位项目负责人：“你能不能说一下现在的结果呢?”由于该项目负责人没有准备，即便有准备，也无法在电梯从 30 层到 1 层的 30 秒内把结果说清楚。最终，麦肯锡公司失去了这一重要客户。

从此，麦肯锡公司要求员工凡事要在最短的时间内把结果表达清楚，要直奔主题、直奔结果。麦肯锡认为，一般情况下人们往往能记住一二三，却记不住四五六，所以凡事要尽量归纳在三条以内。这就是如今在商界流传甚广的“麦肯锡 30 秒电梯理论”，也称“电梯演讲”。

快速、简洁、有力的演讲有时候能够产生意想不到的效果，可以帮助演讲者抓住听众的注意力，传达关键信息，并获得成功的机会。

(三)成功路演的八大关键因素

要素一：提出宏大清晰的企业愿景。

路演时创业者需要有一个吸引人的愿景，告诉投资人想要把公司带到哪里，这点非常重要。但不得不说的是，首次创业的人通常提出的愿景都比较小。

举个例子，如果创业者有一个愿景，通过在某个国家解决一个问题，让人们的生活更加便捷，那么可以把范围扩大到为全世界解决同一个问题。清晰宏大的创业愿景是创业团队的精神燃料，可以让创业团队保持“虽远必至”的坚定。

要素二：详细解释企业会如何使用投资。

当投资人决定给创业者投资时，通常会询问企业将如何使用这笔投资。如果此时创业者说，“我们会把投资资金的一半用于市场营销，另一半用于工程开发”，那真是一种非常不靠谱的回答。

路演时创业者需要详细说明企业的财务模式和未来三年的财务规划，其中不仅要包含运营成本，还要包含收入增长、利润和潜在利润。甚至不同部门如何使用资金、每一个商业项目如何使用资金。如果有可预知投资回报率的营销策略，也需要详细地向投资人解释。

此外，在投资人评估公司时，如果创业者有一个准确的财务预测，可能会规避一些风险，特别是对初次创业或寻求天使投资的创业者。请记住，规避掉的风险越多，获得风险投资的机会也就越大。

要素三：熟记创业指标。

如果初创企业采用订购模式，那么创业者需要掌握用户获取成本、客户终身价值、净流失率、用户转化率、客户数量与收入比率、毛利润等指标。

对于其他类型的公司，指标可能会比较简单。创业者需要准确知道初创企业目前和未来预计的业务指标，同时对于一些目前还没有实现的目标，需要告诉投资人自己会采取哪些方法和措施，确保一步步实现。

要素四：尽量将主路演时间缩短。

融资路演通常分为主路演和副路演两部分。在主路演阶段，需要创业者进行PPT演示，介绍创业故事，展示创业指标、团队成员，阐述企业愿景。在副路演阶段，还需要播放一些配套的幻灯片。

那么，路演需要控制在多长时间呢？通常来说，建议展示30～60张PPT。

缩短主路演时间一方面可以确保聚焦重点，有利于关键信息被投资人吸收；另一方面可以预留一部分时间，创造和投资人直接互动的机会。

要素五：重点展示创业团队及核心竞争力。

优秀的企业都是由一群有天赋、有能力的人创建的。在路演的时候，创业者至少要用一张PPT来介绍团队，告诉投资人他们的与众不同之处。随后展示团队的核心人才，包括技术、财务、营销、管理团队等，要让投资人知道他们做了哪些事情，有哪些优势。

举个例子，公司的销售主管曾经负责建设过规模较大的高效销售团队，首席技术官在他/她之前的公司负责过可扩展系统的开发，并支持过千万级的用户量系统。

投资人很清楚，每个创业者都有竞争对手，通常，优秀的团队更容易打造出优秀的产品和品牌，最终赢得市场。如果项目路演时团队成员还未到位，可以向投资人展示企业的人才构建设想与招聘策略。此外，对于团队的缺点也不要掩饰，但要把重点放在团队的优点和强项上面。

要素六：谈一些痛点，再告诉投资人自己是如何解决的。

出色的融资路演，一般都是从一个故事开始的，然后介绍某个行业痛点，再给出自己的解决方案，最后提出企业愿景。因此，创业者在路演的时候一定要确保提到企业产品所解决的行业痛点。

创业者是如何无意中发现这个痛点的？为什么要解决这个痛点？目前的解决方案是最好的吗？如果企业募集到资金，就能帮助更多人解决这一问题，等等，这些都需要在路演中提及。

要素七：竞争力，事实胜于雄辩。

无论初创企业是否产生收入，创业者都需要向投资人展示企业的产品已经具有一定的竞争力。

正如前面所提到的，潜在投资人认为创业项目的风险越小，创业者就越有可能获得投资。如果初创企业已经产生收入，并且发展速度很快，那么一定要在路演文件中展示出来。如果暂时做不到这一点，就在所有的业务指标中找一个最具发展潜力的展示出来，比如用户总量、照片上传总量等数据。文件中可以制作一张图表来展示这些指标的发展路径，并且告诉投资人，如果能够获得资金，这些指标将会得到更快速的发展，企业的收入和利润也会增加。

要素八：多实践，不断提升路演水平。

在第一次路演结束时，要确保有一个答疑环节，这个环节可以帮助潜在投资人更详细地了解初创企业的业务指标及竞争优势。对于投资人提出的未能当场作出回答的问题，创业者需要一一记录，并在下次路演时进行解答。

如果创业者在每次路演的时候都能牢记上述八个要素，那么几次之后，就会发现自己在路演时出现的问题越来越少，说明自己的路演水平在不断提高，同时在演讲时也会得到更多积极的反馈。

案例 10-2

项目路演的成功案例

快手：在快手的路演中，创始人向投资者展示了快手的独特定位和巨大的市场潜力。他们强调了快手在短视频领域的领先地位和用户黏性，以及通过直播、电商等业务变现的能力。这一清晰的商业模式和巨大的市场潜力吸引了众多投资者，使快手成为全球最具价值的科技公司之一。

拼多多：拼多多的路演非常成功，创始人通过讲述拼多多如何利用社交网络和低价策略吸引用户，从而创造了中国最大的社交电商平台之一，向投资人展示了其独特的社交电商模式和巨大的商业潜力。拼多多的成功也表明，在路演中展示独特的商业模式和巨大的市场潜力是吸引投资者的关键。

蚂蚁金服：蚂蚁金服的路演吸引了全球众多投资者，因为它展示了支付宝和蚂蚁金服在金融科技领域的领先地位和巨大的商业潜力。创始人强调了蚂蚁金服在支付、余额宝、保险、贷款等方面的创新业务，以及其在全球市场的扩张计划。这一清晰的商业模式和巨大的市场潜力，使蚂蚁金服成为全球最具价值的金融科技公司之一。

上述项目路演的成功案例表明，在路演中展示独特商业模式、巨大市场潜力和创新能力是吸引投资者的关键。同时，创始人和演讲者的商业洞察力、领导力和执行力也是投资者非常看重的因素。

第三节 项目路演的常见误区

一、创业计划书的问题

(一)“海投”项目摘要或创业计划书

对于创业者“海投”式的电子邮件，投资人一般都不会看，而是直接删掉。因为他们会收到成百上千封这样的邮件，往往没时间一封封地去看。但创业者如果是他们这个圈子里的某个人推荐来的，他们还是会加以留心的。比如某位律师，或他们投资的某家公司的管理者，或者是另一位风险投资者。

(二)创业计划书冗长

投资人通常不会也没时间先看一份 50 页的创业计划，再去决定值不值得跟你会面或跟进这个项目。创业者首先应该给投资人看的是一份 2～3 页的摘要，或是一份 PPT。

(三)路演 PPT 超过 20 页

通常情况下，路演时间不会超过 1 小时。如果创业者的 PPT 做得太长，就会影响路演的明快感。如果投资人对项目产生了兴趣，创业者可以事后再向他提供更多的信息。

二、不了解你的投资人

(一)不了解投资人感兴趣的行业

有些投资人只对某一个领域的项目感兴趣，比如生物科技、移动应用、清洁能源或互联网和数字媒体等。创业者在联系投资人之前，最好先做做功课，确保你的公司从事的恰好是投资人感兴趣的领域。

(二)关于保密协议

大多数投资人都有不签保密协议这个不成文的习惯。既然要找投资人，为什么要自己给自己设一块绊脚石呢？如果创业者存在高度保密的东西，千万别急于跟投资人展示，以降低泄密风险。

(三)对投资人提出的问题不能给出令人满意的答案

创业者在正式路演之前，应该找朋友或顾问进行练习。项目路演时创业者需要对投资人的问题给出干脆利落的答案，因此必须提前想到投资人可能会问哪些比较难回答的问题。如果回答“我回去了解一下再告诉你答案”，那就很难给投资人留下一个好印象。

(四)投资人不喜欢陈词滥调

路演时，创业者要避免说以下这些话。

(1)“我们需要的只是 1%的市场。”(其实未必能达到。)

(2)“使用量会相当大。”(除非有早期的证据能够证实，否则这番话很难让人相信。)

(3)“这个产品自己就是活广告。”(不，它不是。)

(4)“连谷歌都会想要收购我们。“(或许吧，反正我看可能性不大。)

(5)“我们的预测数字比较保守。”(但是只有在这时候，投资人真正想听的是“我们的预测数字极为乐观。”)

(五)对投资者及其投资组合不做调查

投资人喜欢创业者提前做足功课，创业者在路演中应向投资人表明对其背景和投资的公司有所了解，这也能向投资人表明，创业者已经会有针对性地做尽职调查了。

三、团队成员缺乏协作配合

(一)只有 CEO 一人在讲话

投资者想知道创业者是否拥有一个优秀的团队。所以，带着团队参加路演，但在路演的时候，只有 CEO 发言，这绝对是一个错误。如果其他团队成员都不开口，投资人怎么确定这是一个优秀的团队？当然，所有团队成员的发言内容应各有侧重，互为补充，不能自相矛盾。

(二)没有强调团队成员的经验和资历

很多投资人都认为，对于一家初创企业来说，其团队要比创意或产品更为重要。投资人很想知道，创业团队是否拥有正确的技能、动机、经验甚至脾气秉性来推动公司的成长。他们想看到的是创业团队是否有热情去做一件真正独特和伟大的事。所以在路演时创业者可能会被问到以下问题。

(1)公司的创始人和核心团队成员是谁？

(2)团队及核心成员在相关领域有哪些经验？

(3)短期内，团队需要加入哪些核心成员？

(4)团队有什么独特之处，是否能执行好公司的商业计划？

(5)公司有多少名员工？

(6)创始人的动机是什么？

(7)在接下来的 12 个月，创业者打算如何扩大团队？

四、目标市场定位阐述不清楚

(一)没有展示创业项目有较大的市场机会

大多数投资人都在寻找可以做大做强的企业。所以创业者首先要解答“为什么你的公司可以做得很大”这个问题，不要展示任何小点子。如果第一个产品或服务比较小，那么创业者还需要把公司定义成一个能催生多个产品和应用的“平台”型企业。还有，投资人想知道创业企业真正的目标市场定位，以及随着时间的推移，打算占据多大的市场份额。

(二)没有任何竞争对手

创业项目当然是有竞争对手的，不管这种竞争是直接的还是间接的，又或许有其他人能够提供替代解决方案。另外，投资人从创业者对竞争对手的分析中也能洞察其对市场的熟悉程度。

（三）做出不切实际的预测

如果创业者预测公司的收益在 3 年内能达到 500 万美元，但预测中的假设不能自圆其说，或者预计在运营和营销成本只增长 20%的情况下，使收益增长 400%，那么这种豪言壮语只会让投资人觉得不切实际。

（四）营销战略阐述不够清晰

企业能够做出一个好东西，并不代表就能把它卖出去，或是用户就会用它。公司计划如何推广产品或服务？计划使用哪种展示渠道？如何以具有成本效益的方式接触到目标客户？如何使用社交媒体？如何进行内容营销？是否计划做搜索引擎营销？计划采取哪些措施将产品快速卖出去，或者让用户迅速采用？对这些投资人关心的问题，创业者在路演时必须进行清晰的阐述。

（五）产品或服务没有早期反响

别忘了向投资人展示企业的产品或服务获得了哪些早期反响，尤其是知名网站或出版物上的评价。创业者可在一张 PPT 中附上这些文章的标题，并且注明有多少篇文章、多少份出版物提到了公司。

（六）不告诉投资人打算将资金如何运用以及需要多长时间得到回报

投资人肯定想知道他们的钱是如何被使用的，以及创业计划的投入程度，投资人能根据资本需求来了解创业者的融资计划是否合理。另外，这也能使投资人结合对其他公司的投资经验，评估预期成本（如人员聘用成本、营销成本、办公成本等）是否合理。

案例 10-3

GoPro 与大疆

GoPro 是一家专注于制造小型、便于携带的摄像机的公司。在路演中，创始人尼克·伍德曼强调了 GoPro 的耐用性和易用性，但未能充分展示如何将 GoPro 拓展到更广泛的市场和应用领域。这导致投资者对 GoPro 的商业前景产生疑虑，担心投资无法获得预期的回报。

反观大疆，在 Phantom 3 的发布会上展示了其最新产品，强调了其在无人机技术和市场上的领先地位。该路演吸引了众多投资者和媒体的关注，帮助大疆提高了知名度。同样，大疆在发布 Inspire 1 无人机时，通过展示其先进的技术和创新的设计，强调了其在专业级无人机市场中的领先地位。这次路演让更多的人了解到大疆的产品，并对其商业前景产生了兴趣。

五、其他问题

（一）不重视细节

首先，要确保演示文稿里没有错别字或自相矛盾的地方。其次，要制作一份文笔流畅、视觉效果吸引人的演示文稿。要记得给 PPT 标上页码，这样能轻松地回顾某一页的内容。为了保护合法权益，创业者可以在 PPT 末页底部写上版权声明，加上“保密与隐私”这样的话。细节决定成败，创业者在路演中做好这些细节，可以给投资人留下深刻的印象。

(二)没有样品

“样品胜千言”。参加路演时，创业者应尽量展示原型产品，或者产品、应用和网站的演示效果，并保证它的运行效果良好，这能让投资人更直观地理解企业究竟想做什么。

【拓展阅读】

扫码阅读

5 分钟路演获得 300 万元投资

【思考与训练】

1. 结合市场调研、商业模式，设计一份项目路演 PPT。

2. 组织全班同学进行一场创业路演活动，要求做到以下两点：

(1)按照设计的项目路演 PPT，面对同学们进行一场创业路演。

(2)请观看完路演的同学，给出一个公正、全面的反馈意见。

第十一章
大学生创新创业赛事

【知识结构】

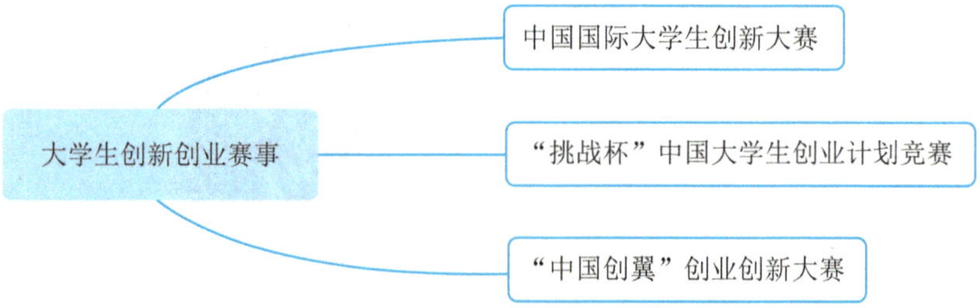

【学习目标】

* 通过浏览主要创新创业赛事官方网站，了解有关创新创业大赛的相关信息。
* 掌握各个赛事的侧重点。

习语研读

实现全面建成小康社会奋斗目标，实现社会主义现代化，实现中华民族伟大复兴，需要一批又一批德才兼备的有为人才为之奋斗。艰难困苦，玉汝于成。今天，我们比历史上任何时期都更接近实现中华民族伟大复兴的光辉目标。祖国的青年一代有理想、有追求、有担当，实现中华民族伟大复兴就有源源不断的青春力量。希望你们扎根中国大地了解国情民情，在创新创业中增长智慧才干，在艰苦奋斗中锤炼意志品质，在亿万人民为实现中国梦而进行的伟大奋斗中实现人生价值，用青春书写无愧于时代、无愧于历史的华彩篇章。

——2017 年 8 月 15 日，习近平回信勉励第三届中国“互联网+”大学生创新创业大赛“青年红色筑梦之旅”的大学生

第一节　中国国际大学生创新大赛

为贯彻落实党中央决策部署和《国务院办公厅关于深化高等学校创新创业教育改革的实施意见》(国办发〔2015〕36 号)，进一步激发高校学生创新创业热情，展示

高校创新创业教育成果，搭建大学生创新创业项目与社会投资对接平台，教育部自 2015 年起联合有关部门成功举办了 9 届中国“互联网＋”大学生创新创业大赛。

2015 年，首届中国“互联网＋”大学生创新创业大赛全国总决赛在吉林大学举办。2016 年，第二届大赛全国总决赛在华中科技大学举行。2017 年 8 月 15 日，习近平总书记专门给参与第三届大赛“青年红色筑梦之旅”的学生回信，这体现了党中央对当代大学生的深切关怀和殷切希望，也体现了习近平总书记对高校创新创业工作的高度重视，给所有参赛学生以极大的鼓舞，并把大赛推向了新高潮，也将创新创业教育推向了新阶段。

目前，大赛已经成为覆盖全国高校、面向全体大学生、影响力广泛的赛事活动，也成为高校深化创新创业教育改革的一个重要载体。同时，每年的赛事也是对创新创业教育改革进行的一次大检阅。自第九届起大赛更名为“中国国际大学生创新大赛”，下面以“中国国际大学生创新大赛(2023)”为例进行介绍。

一、大赛主题

为贯彻落实党的二十大精神，传承和弘扬红色基因，“三位一体”统筹推进教育、科技、人才工作，把创新教育贯穿教育活动全过程，以创造之教育培养创造之人才，为全面建设社会主义现代化国家提供基础性、战略性支撑，中国国际大学生创新大赛于 2023 年 5—12 月举办。本次大赛的主题是“我敢闯，我会创”。

二、大赛目的与任务

中国国际大学生创新大赛(2023)确立了以赛促教、以赛促学、以赛促创的主要任务。

(1)以赛促教，探索人才培养新途径。全面提高人才自主培养质量，强化高校课程思政建设，深入推进新工科、新医科、新农科、新文科建设，深化创新创业教育改革，引领各类学校人才培养范式深刻变革，形成新的人才培养质量观和质量标准，切实提高学生的创新精神、创业意识和创新创业能力。

(2)以赛促学，培养创新创业生力军。着力造就拔尖创新人才，激励广大青年扎根中国大地了解国情民情，在创新创业中增长智慧才干，怀抱梦想又脚踏实地，敢想敢为又善作善成，做有理想、敢担当、能吃苦、肯奋斗的新时代好青年。

(3)以赛促创，搭建产教融合新平台。把教育融入经济社会发展，推动成果转化和产学研用融合，促进教育链、人才链与产业链、创新链有机衔接，以创新引领创业、以创业带动就业，推动形成高校毕业生更高质量创业就业的新局面。

三、大赛总体安排

中国国际大学生创新大赛(2023)力争做到“六个更”，即更中国、更国际、更教育、更全面、更创新、更协同，落实立德树人根本任务，传承和弘扬红色基因，聚焦“五育”融合创新创业教育实践，开启创新创业教育改革新征程，激发青年学生创新创造热情，打造共建共享、融通中外的国际创新创业盛会。

(1)更中国。更深层次、更广范围体现红色基因传承，充分展现新发展阶段高水平创新创业教育的丰硕成果，集中展示新发展理念引领下创新创业人才培养的中国方案，提升新时代中国高等教育的感召力。

(2)更国际。深化创新创业教育国际交流合作，汇聚全球知名高校、企业和创业者，服务以国内大循环为主体、国内国际双循环相互促进的新发展格局，搭建全球性创新创业竞赛平台，提升新时代中国高等教育的影响力。

(3)更教育。推动思想政治教育、专业教育与创新创业教育深度融合，弘扬劳动精神，加强学生创新实践能力培养，造就敢想敢为又善作善成的新时代好青年，提升新时代中国高等教育的塑造力。

(4)更全面。推进职普融通、产教融合、科教融汇，鼓励各学段学生积极参赛，形成创新创业教育在高等教育、职业教育、基础教育、留学生教育等各类各学段的全覆盖，打通人才培养各环节，提升新时代中国高等教育的引领力。

(5)更创新。积极开辟发展新领域新赛道，不断塑造发展新动能新优势，丰富竞赛内容和形式，激发全社会创新创业创造动能，促进高校创新成果转化应用，服务国家创新发展，提升新时代中国高等教育的创造力。

(6)更协同。充分发挥大赛平台纽带作用，促进优质资源互联互通，推动形成开放大学、开放产业、开放问题的良好氛围，助推大赛项目落地转化，营造支持青年大学生创新创业、共同合作、互相包容、互相支持的良好生态。

本届大赛的主体赛事包括高教主赛道、“青年红色筑梦之旅”赛道、职教赛道、产业命题赛道和萌芽赛道。同期活动还有世界大学生创新创业联盟成立仪式、世界大学生创新创业指数发布会、大赛优秀项目资源对接会等。

四、组织机构

本届大赛由教育部、中央统战部、中央网信办、国家发展改革委、工业和信息化部、人力资源社会保障部、农业农村部、中国科学院、中国工程院、国家知识产权局、国家乡村振兴局、共青团中央和天津市人民政府共同主办，天津大学承办。

大赛设立专家委员会，负责项目评审等工作。

大赛设立纪律与监督委员会，负责对赛事组织、参赛项目评审、协办单位相关工作等进行监督，对违反大赛纪律的行为予以处理。

大赛总决赛由中国建设银行冠名支持，各省级教育行政部门可积极争取中国建设银行分支机构对省级赛事的赞助支持。

各省级教育行政部门可成立相应的赛事机构，负责本地比赛的组织实施、项目评审和推荐等工作。

五、参赛项目要求

(1)参赛项目能够紧密结合经济社会各领域现实需求，充分体现高校在新工科、新医科、新农科、新文科建设方面取得的成果，培育新产品、新服务、新业态、新模式，促进制造业、农业、卫生、能源、环保、战略性新兴产业等产业转型升级，促进数字技术与教育、医疗、交通、金融、消费生活、文化传播等深度融合。

(2)参赛项目应弘扬正能量，践行社会主义核心价值观，真实、健康、合法。不得含有任何违反《中华人民共和国宪法》及其他法律法规的内容。所涉及的发明创造、专利技术、资源等必须拥有清晰合法的知识产权或物权。如有抄袭盗用他人成果、提供虚假材料等违反相关法律法规或违背大赛精神的行为，一经发现即刻丧失参赛资格、所获奖项等相关权利，并自负一切法律责任。

(3)参赛项目只能选择一个符合要求的赛道报名参赛，根据参赛团队负责人的学籍或学历确定参赛团队所代表的参赛学校，且代表的参赛学校具有唯一性。参赛团队须在报名系统中将项目所涉及的材料按时如实填写并提交。已获本大赛往届总决赛各赛道金奖和银奖的项目，不可报名参加本届大赛。

(4)参赛人员(不含产业命题赛道参赛项目成员中的教师)年龄不超过 35 岁(1988 年 3 月 1 日及以后出生)。

(5)各省级教育行政部门及有关学校要严格开展参赛项目审查工作，确保参赛项目的合规性和真实性。审查主要包括参赛资格以及项目所涉及的科技成果、知识产权、财务状况、运营、荣誉奖项等方面。

六、比赛赛制

(1)大赛主要采用校级初赛、省级复赛、总决赛三级赛制(不含萌芽赛道以及国际参赛项目)。校级初赛由各院校负责组织，省级复赛由各地负责组织，总决赛由各地按照大赛组委会确定的配额择优遴选推荐项目。大赛组委会将综合考虑各地报名团队数(含邀请国际参赛项目数)、参赛院校数和创新创业教育工作情况等因素分配总决赛名额。

(2)大赛共产生 4 100 个项目入围总决赛(港澳台地区参赛名额单列)，其中高教主赛道 2 300 个(国内项目 1 800 个、国际项目 500 个)、“青年红色筑梦之旅”赛道 600 个、职教赛道 600 个、产业命题赛道 400 个、萌芽赛道 200 个。

(3)高教主赛道每所高校入选总决赛项目不超过 5 个，“青年红色筑梦之旅”赛道每所院校入选总决赛项目不超过 3 个，职教赛道每所院校入选总决赛项目不超过 3 个，产业命题赛道每道命题每所院校入选项目不超过 3 个，萌芽赛道每所学校入选总决赛项目不超过 2 个。

七、赛程安排

(1)参赛报名(2023 年 5—8 月)。参赛团队通过登录全国大学生创业服务网(网址：https://cy.ncss.cn)进行报名，在“资料下载”板块可下载学生操作手册指导报名参赛。通过微信公众号(名称为“全国大学生创业服务网”或“中国互联网十大学生创新创业大赛”)进行赛事咨询。评审规则可登录全国大学生创业服务网查看。

报名系统自 2023 年 5 月 29 日起开放，报名截止时间由各地根据复赛安排自行决定，但不得晚于 8 月 15 日。国际参赛项目通过全球青年创新领袖共同体促进会官网进行报名(网址：www.pilcchina.org)，具体安排另行通知。

(2)初赛复赛(2023 年 6—8 月)。各地各学校登录 https://cy.ncss.cn/gl/login 进行大赛管理和信息查看。省级管理用户使用大赛组委会统一分配的账号进行登录，校级账号由各省级管理用户进行管理。初赛复赛的比赛环节、评审方式等由各校各地自行决定。各地应在 8 月 31 日前完成省级复赛，并完成入围总决赛的项目遴选工作(推荐项目应有名次排序，供总决赛参考)。国际参赛项目的遴选推荐工作另行安排。

(3)总决赛(2023 年 9—12 月)。大赛设金奖、银奖、铜奖；另设省市组织奖、高校集体奖及若干单项奖。入围总决赛的项目将通过评审，择优进入总决赛现场比赛，决出各类奖项。大赛组委会通过全国大学生创业服务网、国家大学生就业服务平台(https://www.ncss.cn)为参赛团队提供项目展示、创业指导、人才招聘、资源对接等服务，各项目团队可登录上述网站查看相关信息，各地各校可充分利用网站资源，为参赛团队做好服务。

八、主要赛事介绍

(一)高教主赛道

1. 参赛项目类型

(1)新工科类项目：大数据、云计算、人工智能、区块链、虚拟现实、智能制造、网络空间安全、机器人工程、工业自动化、新材料等领域，符合新工科建设理念和要求的项目；

(2)新医科类项目：现代医疗技术、智能医疗设备、新药研发、健康康养、食药保健、智能医学、生物技术、生物材料等领域，符合新医科建设理念和要求的项目；

(3)新农科类项目：现代种业、智慧农业、智能农机装备、农业大数据、食品营养、休闲农业、森林康养、生态修复、农业碳汇等领域，符合新农科建设理念和要求的项目；

(4)新文科类项目：文化教育、数字经济、金融科技、财经、法务、融媒体、翻译、旅游休闲、动漫、文创设计与开发、电子商务、物流、体育、非物质文化遗产保护、社会工作、家政服务、养老服务等领域，符合新文科建设理念和要求的项目。

参赛项目团队应认真了解和把握“四新”发展要求，结合以上分类及项目实际，合理选择参赛项目类别。参赛项目不只限于“互联网＋”项目，鼓励各类创新创业项目参赛，根据“四新”建设内涵和产业发展方向选择相应类型。

2. 参赛方式和要求

(1)本赛道以团队为单位报名参加，允许跨校组建参赛团队，每个团队的成员不少于 3 人，不多于 15 人(含团队负责人)，须为项目的实际核心成员。参赛团队所报参赛创业项目，须为本团队策划或经营的项目，不得借用他人项目参赛。

(2)按照参赛学校所在的国家和地区，分为中国大陆参赛项目、中国港澳台地区参赛项目、国际参赛项目三个类别。国际参赛项目和中国港澳台地区参赛项目可根据当地教育情况适当调整学籍和学历的相关参赛要求。

(3)所有参赛材料和现场答辩原则上使用中文或英文，如有其他语言需求，可联系大赛组委会。

3. 参赛组别和对象

根据参赛申报人所处学习阶段，项目分为本科生组、研究生组。根据所处创业阶段，本科生组和研究生组均内设创意组、初创组、成长组，并按照新工科、新医科、新农科、新文科设置参赛项目类型。具体参赛条件如下：

(1)本科生组。

①创意组。参赛项目具有较好的创意和较为成型的产品原型或服务模式，在大赛通知下发之日前尚未完成工商等各类登记注册；参赛申报人须为项目负责人，项目负责人及成员均须为普通高等学校全日制在校本专科生(不含在职教育)；学校科技成果转化项目不能参加本组比赛(科技成果的完成人、所有人中参赛申报人排名第一的除外)。

②初创组。参赛项目工商等各类登记注册未满 3 年(2020 年 3 月 1 日及以后注册)；参赛申报人须为项目负责人且为参赛企业法定代表人，须为普通高等学校全日制在校本专科生(不含在职教育)，或毕业 5 年以内的全日制本专科学生(即 2018 年之后的毕业生，不含在职教育)，企业法定代表人在大赛通知发布之日后进行变更的不予认可；项目的股权结构中，企业法定代表人的股权不得少于 1/3，参赛团队成员股权合计不得少于 51%。

③成长组。参赛项目工商等各类登记注册 3 年以上(2020 年 3 月 1 日前注册)；参赛申报人须为项目负责人且为参赛企业法定代表人，须为普通高等学校全日制在校本专科生(不含在职教育)，或毕业 5 年以内的全日制本专科学生(即 2018 年之后的毕业生，不含在职教育)，企业法定代表人在大赛通知发布之日后进行变更的不予认可；项目的股权结构中，企业法定代表人的股权不得少于 10%，参赛团队成员股权合计不得少于 1/3。

(2)研究生组。

①创意组。参赛项目具有较好的创意和较为成型的产品原型或服务模式，在大赛通知下发之日前尚未完成工商等各类登记注册；参赛申报人须为项目负责人，须为普通高等学校全日制在校研究生，项目成员须为普通高等学校全日制在校研究生或本专科生(不含在职教育)；学校科技成果转化项目不能参加本组比赛(科技成果的完成人、所有人中参赛申报人排名第一的除外)。

②初创组。参赛项目工商等各类登记注册未满 3 年(2020 年 3 月 1 日及以后注册)；参赛申报人须为项目负责人且为参赛企业法定代表人，须为普通高等学校全日制在校研究生，或毕业 5 年以内的全日制研究生学历学生(即 2018 年之后的研究生学历毕业生)，企业法定代表人在大赛通知发布之日后进行变更的不予认可；项目的股权结构中，企业法定代表人的股权不得少于 1/3，参赛团队成员股权合计不得少于 51%。

③成长组。参赛项目工商等各类登记注册 3 年以上(2020 年 3 月 1 日前注册)；

参赛申报人须为项目负责人且为参赛企业法定代表人，须为普通高等学校全日制在校研究生，或毕业5年以内的全日制研究生学历学生(即2018年之后的研究生学历毕业生)，企业法定代表人在大赛通知发布之日后进行变更的不予认可；项目的股权结构中，企业法定代表人的股权不得少于10%，参赛团队成员股权合计不得少于1/3。

4. 奖项设置

本赛道设置金奖、银奖、铜奖，中国大陆参赛项目设金奖180个、银奖360个、铜奖1260个，中国港澳台地区参赛项目设金奖10个、银奖20个、铜奖另定，国际参赛项目设金奖50个、银奖100个、铜奖350个。另设置最佳创意奖、最佳带动就业奖、最具商业价值奖等若干单项奖。获得金奖项目的指导教师为“优秀创新创业导师”(限前五名)。

(二)“青年红色筑梦之旅”赛道

中国国际大学生创新大赛(2023)“青年红色筑梦之旅”活动主题为——强国有我新征程 乘风破浪向未来。

为推动习近平新时代中国特色社会主义思想入眼入耳入脑入心，使广大青年学生深刻理解“两个确立”，坚决做到“两个维护”，坚定不移听党话、跟党走，厚植家国情怀，成为社会主义合格建设者和可靠接班人，为全面建设社会主义现代化国家贡献青春力量。大赛组委会于2023年6月9日在天津市举行2023年“青年红色筑梦之旅”活动全国启动仪式。

1. 参赛项目要求

参加“青年红色筑梦之旅”活动的项目，符合大赛参赛要求的，可自主选择参加“青年红色筑梦之旅”赛道。

(1)参加“青年红色筑梦之旅”赛道的项目应符合大赛参赛项目要求，同时在推进农业农村、城乡社区经济社会发展等方面有创新性、实效性和可持续性。

(2)以团队为单位报名参赛。允许跨校组建团队，每个团队的参赛成员不少于3人，不多于15人(含团队负责人)，须为项目的实际核心成员。参赛团队所报参赛创业项目，须为本团队策划或经营的项目，不得借用他人项目参赛。

(3)参赛申报人须为项目负责人，须为普通高等学校全日制在校生(包括本专科生、研究生，不含在职教育)，或毕业5年以内的全日制学生(即2018年之后的毕业生，不含在职教育)；国家开放大学学生(仅限学历教育)。企业法定代表人在大赛通知发布之日后进行变更的不予认可。

2. 参赛组别和对象

参加“青年红色筑梦之旅”赛道的项目，须为参加“青年红色筑梦之旅”活动的项目。否则一经发现，取消其参赛资格。根据项目性质和特点，分为公益组、创意组、创业组。

(1)公益组。参赛项目不以营利为目标，积极弘扬公益精神，在公益服务领域具有较好的创意、产品或服务模式的创业计划和实践。参赛申报主体为独立的公益项目或社会组织，注册或未注册成立公益机构(或社会组织)的项目均可参赛。

(2)创意组。参赛项目基于专业和学科背景或相关资源，解决农业农村和城乡社区发展面临的主要问题，助力乡村振兴和社区治理，推动经济价值和社会价值共同发展；参赛项目在大赛通知下发之日前尚未完成工商等各类登记注册。

(3)创业组。参赛项目以商业手段解决农业农村和城乡社区发展面临的主要问题，助力乡村振兴和社区治理，实现经济价值和社会价值的共同发展，推动共同富裕；参赛项目在大赛通知下发之日前已完成工商等各类登记注册，项目负责人须为法定代表人；项目的股权结构中，企业法定代表人的股权不得少于10%，参赛成员股权合计不得少于1/3。

3. 奖项设置

本赛道设置金奖60个、银奖120个、铜奖420个。另设置乡村振兴奖、最佳公益奖等单项奖。获得金奖项目的指导教师为“优秀创新创业导师”(限前五名)。

(三)职教赛道

1. 参赛项目类型

(1)创新类：以技术、工艺或商业模式创新为核心优势。

(2)商业类：以商业运营潜力或实效为核心优势。

(3)工匠类：以体现敬业、精益、专注、创新内涵的工匠精神为核心优势。

2. 参赛方式和要求

(1)职业院校(包括职业教育各层次学历教育，不含在职教育)、国家开放大学学生(仅限学历教育)可以报名参赛。

(2)大赛以团队为单位报名参赛。允许跨校组建团队，每个团队的参赛成员不少于3人，不多于15人(含团队负责人)，须为项目的实际核心成员。参赛团队所报参赛创业项目，须为本团队策划或经营的项目，不得借用他人项目参赛。

3. 参赛组别和对象

本赛道分为创意组与创业组。

(1)创意组。参赛项目具有较好的创意和较为成型的产品原型、服务模式或针对生产加工工艺进行创新的改良技术，在大赛通知下发之日前尚未完成工商等各类登记注册；参赛申报人须为团队负责人，须为职业院校的全日制在校学生或国家开放大学学历教育在读学生；学校科技成果转化项目不能参加本组比赛(科技成果的完成人、所有人中参赛申报人排名第一的除外)。

(2)创业组。参赛项目在大赛通知下发之日前已完成工商等各类登记注册，且公司注册年限不超过5年(2018年3月1日及以后注册)；参赛申报人须为企业法定代表人，须为职业院校全日制在校学生或毕业5年内的学生(即2018年之后的毕业生)、国家开放大学学历教育在读学生或毕业5年内的学生(即2018年6月之后的毕业生)；企业法人在大赛通知发布之日后进行变更的不予认可；项目的股权结构中，企业法定代表人的股权不得少于1/3，参赛团队成员股权合计不得少于51%。

4. 奖项设置

本赛道设置金奖60个、银奖120个、铜奖420个。获得金奖项目的指导教师为“优秀创新创业导师”(限前五名)。

(四)产业命题赛道

1. 命题征集

本赛道针对企业开放创新需求，面向产业代表性企业、行业龙头企业、专精特新企业等征集命题。企业命题应聚焦国家“十四五”规划战略性新兴产业方向，倡导新技术、新产品、新业态、新模式。围绕新工科、新医科、新农科、新文科对应的产业和行业领域，基于企业发展真实需求进行申报；命题须健康合法，弘扬正能量，知识产权清晰，无任何不良信息，无侵权违法等行为。

2. 参赛要求

(1)本赛道以团队为单位报名参赛，每支参赛团队只能选择一题参加比赛，允许跨校组建、师生共同组建参赛团队，每个团队的成员不少于 3 人，不多于 15 人(含团队负责人)，须为揭榜答题的实际核心成员。

(2)项目负责人须为普通高等学校全日制在校生(包括本专科生、研究生，不含在职教育)，或毕业 5 年以内的全日制学生(即 2018 年之后毕业的本专科生、研究生，不含在职教育)。参赛项目中的教师须为高校教师(2023 年 8 月 15 日前正式入职)。

(3)参赛团队所提交的命题对策须符合所答企业命题要求。参赛团队须对提交的应答材料拥有自主知识产权，不得侵犯他人知识产权或物权。

(4)所有参赛材料和现场答辩原则上使用中文或英文，如有其他语言需求，可联系大赛组委会。

3. 奖项设置

本赛道设置金奖 40 个、银奖 80 个、铜奖 280 个。

(五)萌芽赛道

1. 参赛对象

普通高级中学在校学生。参赛学生须为项目的实际成员，鼓励学生以团队为单位参加(团队成员不超过 15 人)，允许跨校组建团队。

2. 参赛项目要求

(1)项目应紧密融合学习、生活、社会实践，能创造性地解决问题或提供解决思路，具有可预见的应用性与成长性，可以是教育部公布的面向中小学生的全国性竞赛活动名单中的学生赛事获奖项目或作品。项目不只限于“互联网+”项目，鼓励各类创新创业项目参赛。

(2)项目须真实、健康、合法，无任何不良信息，不得借用他人项目参赛。项目立意应弘扬正能量，践行社会主义核心价值观。参赛项目不得侵犯他人知识产权；所涉及的发明创造、专利技术、资源等必须拥有清晰合法的知识产权或物权，涉及他人知识产权的，报名时须提交完整的具有法律效力的所有人书面授权许可书、专利证书等；抄袭盗用他人成果、提供虚假材料等违反相关法律法规的行为，一经发现即刻丧失参赛相关权利并自负一切法律责任。

3. 赛程安排

各地成立有基础教育部门参与的大赛萌芽赛道工作小组，研究、制定工作方案，推进各阶段的赛事组织工作。

(1)项目遴选(2023 年 5—8 月)。各地做好本地优秀创新项目的遴选工作，遴选环节和方式等可自行决定。

(2)项目推荐(2023 年 8 月)。各地于 8 月 31 日前，向大赛组委会推荐不超过 10 个参加全国总决赛萌芽赛道的项目。

(3)网络评审(2023 年 9 月)。根据萌芽赛道评审规则评选出 200 个入围全国总决赛的项目，其中前 60 个项目参加总决赛现场比赛。

(4)总决赛(2023 年 12 月)。进入总决赛的 60 个项目参加现场展评，通过项目讲解、实物展示和专家问辩，决出奖项。

4. 奖项设置

本赛道设置创新潜力奖 20 个。入围总决赛但未获得创新潜力奖的项目，发放“入围总决赛”证书。

九、大赛获奖项目

此次中国国际大学生创新大赛(2023)共有来自国内外 151 个国家和地区、5 296 所学校的 421 万个项目、1 709 万人次报名参赛，1 260 个优秀项目脱颖而出，于 2023 年 12 月 3—6 日在天津大学参加决赛阶段现场比赛。6 日，冠军争夺赛圆满落幕。北京大学的“跨物种肿瘤基因治疗”项目获得冠军，清华大学的“深言科技：基于大模型的新一代智能信息处理平台”项目获得亚军，复旦大学的“循数医疗——临床专病自动化，单病种管理平台”项目、天津大学的“一键成模——数字世界模型基建轻量供应商”项目、帝国理工学院的“Smart Core Technology(智芯科技：全自动 AI 数据标注技术)”项目、新加坡国立大学的“Waste-to-Value(变废为宝：绿色高效地将贝壳垃圾转化为高价值甲壳质产品)”项目获得季军。

下面对内蒙古师范大学获得高教主赛道国家级银奖的“殿宇拾珍——北疆古建筑数字化传承运营创新者”项目和获得“青年红色筑梦之旅”赛道自治区级金奖的“科技下乡——坚持 20 年的助力农业农村现代化公益服务”项目进行简要介绍。

(一)“殿宇拾珍——北疆古建筑数字化传承运营创新者”项目

1. 项目概述

“殿宇拾珍”项目团队(图 11-1)成立于 2019 年，定位北疆地区，聚焦文化遗产保护与数字化传承，依托自治区艺术设计众创空间和内蒙古文化创意产业研究基地，横跨政产学研优势资源，开展创新创业实践，服务北疆文化复兴战略，是艺术科技融合创新与增值运营平台。成员覆盖建筑、历史、环境、经济、信息技术等多个学科，是集学、研、产为一体的综合团队，交叉融合优势互补，发扬中国传统文化，向世界展示当代中国的文化创新活力和价值。

图 11-1 “殿宇拾珍”项目团队成员合影

2. 项目模式

“殿宇拾珍”项目以“复原研究、原创设计、数字赋能、文化输出、振兴产业”的创新发展思路，结合自身专业的设计知识与技能特长，赋能古建筑数字化内容创新，促进古建筑文化与当代市场融合，其发展模式见图 11-2。开发四大板块业务，包括古建筑复原设计、数据模型库、数字衍生设计、数字展现设计。通过与政府、企业协同合作，打造数字化创新设计平台，振兴古建筑复原，活化产业发展，以跨行业联动进行产业升级，多次完成古建筑复原设计招投标项目；构建古建筑模型数据库；制作大安阁、黑城遗址等交互设计；研发古建专属 IP 形象，制作古建动漫电影与文创产品，实现了“研究—赋能—振兴”三位一体、三效并举的可持续发展新模式。

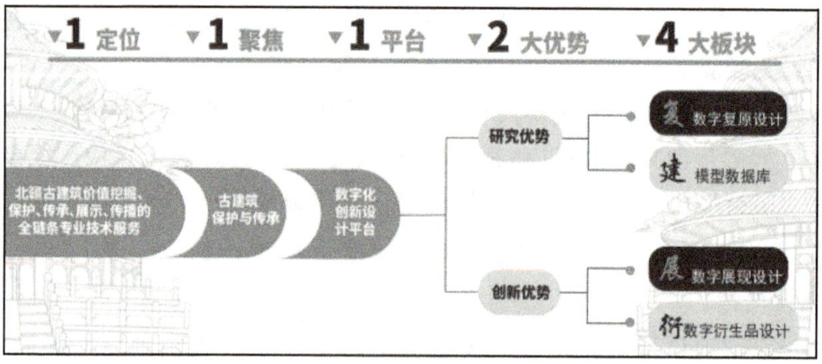

图 11-2 “殿宇拾珍”项目发展模式

3. 项目成果

(1)科学研究。古建筑具有重大的历史文化意义，对其进行复原必须保证对建筑本体的最小扰动。同时，很多古建筑结构体系庞大、复杂，结构存在不同程度的损伤，需要不断探索学习，寻找盲点，减少复原失误。团队通过文献参考与实地研究的结合，深度挖掘其中所蕴含的文化、历史，访谈文化遗产研究、文物保护研究、建筑历史学等领域专家，为古建筑的数字化复原进行充分的佐证和论证（图 11-3）。

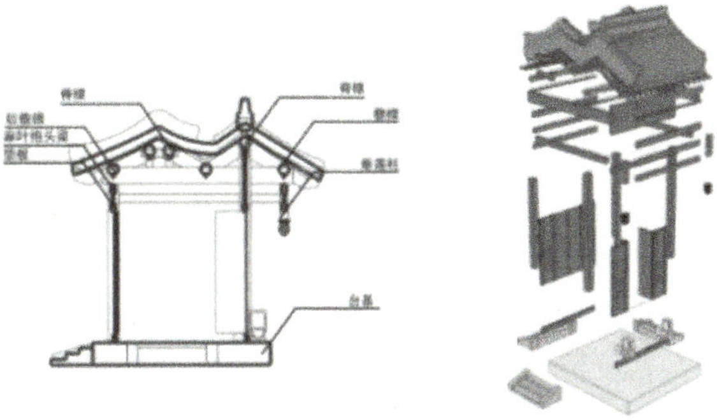

图 11-3 古建筑结构分析与数字化复原

（2）创新实践。项目以古建筑创新活化为宗旨，依托学科交叉融合优势，成立高素质创新团队，运用创新思维和方法，在已有模型数据库的基础上，开发古建筑展示互动装置，利用雷达互动、AR 识别等技术为大安阁、阿拉善黑城遗址、万部华严经塔开展创新设计，实现了从“图纸活化”到“虚拟现实”的沉浸式体验。与古建筑博物馆合作开发设计系列文创产品等数字衍生品（图 11-4），为古建筑博物馆打造品牌形象，助推文旅产业发展。目前已与 8 家企业达成发展动漫产业意向，与 3 家文创产品店开展古建筑相关产品零售合作。

图 11-4 数字衍生品

4. 未来愿景

项目团队目前正在筹备公司，计划继续扩容北疆古建筑数据库，完成逾 100 处古建筑勘测，整理超 5 000 处古建筑资源，积累超过 10 万个古建筑模块，在搭建古建筑数字化创新设计平台的基础上不断拓展市场。

(二)“科技下乡——坚持 20 年的助力农业农村现代化公益服务”项目

1. 项目概述

在乡村振兴背景下，为了守护好祖国北疆这道靓丽的风景线，内蒙古师范大学物理与电子信息学院成立大学生公益服务团，扛起科技助农的大旗，将高校理工科的社会实践落到实处，做到理论知识联系实践，在实践中学到真本领的基础上提高同学们的思想认识水平。1992 年，内蒙古师范大学物理系成立无线电小组，2021 年更名为“青年红色筑梦之旅”北疆科技支农公益服务队(图 11-5)，坚持帮助乡村振兴与农村实现现代化公益服务 20 余年。服务队聚焦“三农问题”，助力“脱贫攻坚”，以农村家电维修和农机维修为服务主体，生动践行了习近平总书记给“青年红色筑梦之旅”大学生的重要回信精神，先后被中国青年网、内蒙古电视台等国家级、省市级媒体报道 50 余次，受到社会各界的广泛关注，带动更多的大学生走入农村，走进基层，服务社会。该项目曾荣获中国青年志愿服务项目大赛国家级铜奖 1 项，中国国际“互联网＋”大学生创新创业大赛国家级铜奖 1 项。

图 11-5 “北疆科技支农”公益服务队

2. 项目模式

项目团队总结出了一套可复制、可推广、示范效应极强的包括公益服务、人才培养、产业赋能、组织运行四大模式的服务体系。本着创新、协调、绿色、开放、共享的新发展理念，公益服务队获得了高校、企业及相关政府部门的支持，综合第二课堂职业教育和劳动教育实践基地，实现校地合作、双向就业。依托“北疆科技苑”实践基地，开展“农机和家电故障维修”“理论和实操技能培训”两大内容的科技下乡公益服务，在技术、团队、资金的保障下，形成了以促进“农村农业发展”“农民赋能增收”“思维素养提升”“促进就业创业”为目标的“1＋2＋3＋4”公益服务新模式。先后在 68 个村庄建立了集技术集成、资金保障、技术培训、组织帮扶为一体的“北疆科技苑”农村科技下乡维修服务站，服务计划详细，服务项目多样，大大提高了农机和家电的效率，为农民带来有效增收。图 11-6 和图 11-7 所示为项目活动瞬间。

图 11-6 “北疆科技苑”实践基地揭牌仪式

图 11-7 团队成员进行农机故障维修

3. 项目成果

一是维修农机家电 4.2 万台(件)，技术培训 4.5 万余人，公益服务惠及 8 万余村民；二是开展线下公益维修服务，农机效率提高 36%、维修效率提高 85.7%、农民好评率达 94%以上；三是针对不同农民的日常所需及特点，制定不同的培养方案，团队自编教材共 36 000 余字，累计开展课程培训 3 332 次，培训课程累计 28 910 小时，参与培训 49 000 余人，课程好评率达 96.3%；四是依托自有平台打造村级维修站点体系，协助当地农民开设农机家电维修店 13 家，直接节省费用 1 050 余万元，间接带来增收 3 450 余万元；五是先后获发明专利 20 项，获各类科技竞赛国家级奖项 80 余项，省部级奖项 200 余项，发表高质量论文 240 余篇；六是 20 多年间，行程累计 10 万多千米，覆盖 8 个省 15 个市 34 个县，共赴农村 68 个；七是将学校与社会贯通，将教育理念与公共服务相融合，200 余人扎根农村，从事扶贫工作，100 余人政策性就业，80 余人志愿服务西部，入党 900 余人。图 11-8 所示为“我为群众办实事”活动现场。

图 11-8 “我为群众办实事”活动现场

4. 未来愿景

多年来，内蒙古师范大学“青年红色筑梦之旅”科技下乡公益服务植根北疆、立足内蒙古，牢记嘱托、走向全国，项目规模不断扩大，模式不断拓展创新，乡村振兴贡献突出，已成为党的“三农”政策的宣传队、科技的传播者、创新创业的领头羊，在“青年红色筑梦之旅”中书写新时代人民满意的青春答卷。未来，团队将继续扩大规模、创新服务模式、申请民办非企业单位(组织)，使服务更加专业化，全面造福“三农”。“青年红色筑梦之旅”北疆科技支农公益服务队将助力打通家电、农机维修“最后一公里”，在乡村振兴的大舞台上建功立业，为实现中华民族伟大复兴的中国梦贡献自己的青春力量。

第二节 “挑战杯”中国大学生创业计划竞赛

“挑战杯”中国大学生创业计划竞赛(原“创青春”全国大学生创业大赛)是由共青团中央、教育部、人力资源社会保障部、中国科协、全国学联和省级人民政府主办的一项具有导向性、示范性、实践性和群众性的创业交流活动，每两年举办一届。下面以 2022 年第十三届“挑战杯”中国大学生创业计划竞赛为例进行介绍。

为深入学习贯彻习近平新时代中国特色社会主义思想，贯彻落实国家双创工作部署，围绕立足新发展阶段、贯彻新发展理念、构建新发展格局、服务高质量发展，引导和激励大学生通过广泛的社会实践、深刻的社会观察，不断增强对国情社情的了解，激发创新精神，培育创业意识，提升创业能力，以优异的成绩迎接党的二十大胜利召开，共青团中央、教育部、人力资源社会保障部、中国科协、全国学联、北京市人民政府决定举办第十三届“挑战杯”中国大学生创业计划竞赛。

一、组织机构

主办单位：共青团中央、教育部、人力资源社会保障部、中国科协、全国学联、北京市人民政府

承办单位：北京理工大学、共青团北京市委、北京市房山区人民政府

二、赛事安排

(一)竞赛分组

完整、准确、全面贯彻创新、协调、绿色、开放、共享的新发展理念，设科技创新和未来产业、乡村振兴和农业农村现代化、社会治理和公共服务、生态环保和可持续发展、文化创意和区域合作五个组别。

1. 科技创新和未来产业

围绕创新驱动发展战略，推动数字经济健康发展，在智能制造、信息技术、大数据、人工智能、生命科学、新材料、军民融合等领域，结合实践观察设计项目。

2. 乡村振兴和农业农村现代化

围绕实施乡村振兴战略，在农林牧渔、电子商务、乡村旅游、城乡融合等领域，结合实践观察设计项目。

3. 社会治理和公共服务

围绕国家治理体系和治理能力现代化建设，在政务服务、消费生活、公共卫生与医疗服务、金融与财经法务、教育培训、交通物流、人力资源等领域，结合实践观察设计项目。

4. 生态环保和可持续发展

围绕可持续发展战略和碳达峰碳中和目标，在环境治理、可持续资源开发、生态环保、清洁能源应用等领域，结合实践观察设计项目。

5. 文化创意和区域合作

突出共融、共享，紧密围绕“一带一路”和京津冀、长三角、粤港澳大湾区以及成渝地区双城经济圈、长江中游城市群等区域合作，在工业设计、动漫广告、体育竞技和国际文化传播、对外交流培训、对外经贸等领域，结合实践观察设计项目。

(二)竞赛对象

面向普通高校学生和职业院校学生分别进行竞赛评选。

1. 普通高校学生

2022 年 6 月 1 日以前正式注册的全日制非成人教育的各类普通高等学校在校专科生、本科生、硕士研究生(不含在职研究生)。硕博连读生、直接攻读博士生若在 2022 年 6 月 1 日前未通过博士资格考试的，可以按硕士研究生学历申报作品；没有实行资格考试制度的学校，前两年可以按硕士研究生学历申报作品；本硕博连读生，按照四年、二年分别对应本、硕申报。博士研究生仅可作为项目团队成员参赛(不作为项目负责人)且人数不超过团队成员数量的 30%。

2. 职业院校学生

2022 年 6 月 1 日以前正式注册的全日制职业教育本科、高职高专和中职中专在校学生。

(三)竞赛要求

(1)参赛项目应有较高立意，积极践行社会主义核心价值观。应符合国家相关法律法规规定和政策导向。应为参赛团队真实项目，不得侵犯他人知识产权，不得借用他人项目参赛；存在剽窃、盗用、提供虚假材料或违反相关法律法规行为的，一经发现将取消参赛相关权利并自负一切法律责任。已获往届“挑战杯”中国大学生创业计划竞赛、“创青春”全国大学生创业大赛、“挑战杯——彩虹人生”全国职业学校创新创效创业大赛全国金奖(特等奖)、银奖(一等奖)的项目，不可重复报名。

(2)以学校为单位统一申报，以项目团队形式参赛，每个团队人数原则上不超过 15 人，每个项目指导教师原则上不超过 5 人。对于跨校组队参赛的项目，各成员须事先协商明确项目的申报单位，各省级组织协调委员会最终明确项目的申报单位。全国决赛报名截止后，只可进行人员删减，不可进行人员顺序调整及人员添加。

(3)每个学校通过省级复赛推荐入选全国决赛的项目总数不超过 6 个。其中，每个组别至多 2 个；每人(每个团队)限报 1 个；每个参赛项目只可选择参加一个组别，不得兼报。全国组委会通过赛事相关活动遴选若干优秀项目，经全国评审委员会评定，给予直接进入全国决赛机会(不占每校 6 个项目名额)。

(4)参赛项目涉及知识产权的，在报名时须提交具有法律效力的发明创造或专利技术所有人的书面授权许可、项目鉴定证书、专利证书等。对于已完成工商注册的项目，在报名时可提交相关证明材料(含单位概况、法定代表人情况、加载统一社会信用代码的营业执照、股权结构等)。已完成工商注册项目的负责人须为企业法定代表人。企业法定代表人在大赛通知发布之日后进行变更的不予认可。参赛项目可提供项目实践成效、预期成效等其他相关材料(包括项目的社会效益、经济效益、带动就业情况等)。参赛项目涉及动植物新品种的发现或培育、国家保护动植物的研究、新药物等的研究时，申报者可根据实际情况提供有关证明材料。

(四)赛程安排

竞赛设校级初赛、省级复赛和全国决赛。

校级初赛(2022 年 5 月底前)。由各校组织，广泛发动学生参与，遴选参加省级复赛项目。初赛参赛项目须在赛事官方平台统一填报。

省级复赛(2022 年 6 月底前)。由各省级团委举办，按照分配名额(全国 1 000 个)遴选参加全国决赛的项目，在赛事官方平台完成项目审批申报。

全国决赛(2022 年下半年)。全国共有 1 500 个项目进入全国决赛。其中，1 000 个名额由省级团委确定，300 个名额面向在赛事组织、学生参与、宣传发动等方面表现突出的学校直接分配，200 个名额通过“国赛直通车”评审分配。

按照疫情防控有关要求，全国决赛及相关活动以线上线下相结合的方式举行。

省级、校级赛事由各地结合实际，采取合适的方式举行。

(五)评审要点

突出实践导向，在考察项目商业价值的基础上，更加注重考查学生了解社会现状、关注社会民生、解决社会问题的意识、能力和水平。具体包括项目的社会价值、实践过程、创新意义、发展前景和团队协作等方面。

(六)奖项设置

竞赛设项目金奖、银奖、铜奖，分别约占全国决赛获奖项目的10%、20%、70%，由全国决赛统一评定。设学校集体奖(挑战杯、优胜杯)，按所推报项目获奖名次赋分，核算总分后评定。根据组织情况，设学校优秀组织奖(与挑战杯、优胜杯不重合)、省级团委优秀组织奖。

(七)竞赛平台

竞赛统一开发集参赛报名、活动开展、项目评审、展示交流等功能于一体的赛事官方平台，各省份、各高校可同步依托该平台举办省赛、校赛。相关信息将通过共青团中央青年发展部官方微信公众号"创青春"发布。

三、活动安排

为进一步增强竞赛的群众性、交流性，扩大赛事覆盖面和参与度，主办方将在赛事举办期间开展系列活动。

(一)挑战杯·实践云接力

面向参赛学生广泛征集在项目准备过程中进企业、进农村、进社区的实践经历，通过点亮地图的方式，展现广大学生迎接党的二十大胜利召开、用创新创业实践投身强国伟业的青春风采。

(二)挑战杯·名师大讲堂

邀请行业领军人物、社会知名人士、业界知名学者等，以主题团课、TED演讲等多种形式举办名师大讲堂，面向全国大学生线上直播。

(三)挑战杯·青年学习汇

引导参赛学生跨学校、跨地域组建线上学习小组，结合各自项目，围绕党的二十大召开、建团100周年等开展讨论，增强参赛学生间的互动交流。

(四)挑战杯·职场体验营

组织参赛学生走进处于不同阶段的创业企业、知名企业，通过创业介绍、员工分享、实际体验等，让学生在一线感知社会、了解企业。

(五)挑战杯·导师会客厅

邀请企业家、投资人、孵化机构代表等，组成"挑战杯"大学生创业导师团，通过线上线下联动，实现导师与项目的结对指导和长期跟踪。

(六)挑战杯·资源对接会

邀请创业服务机构、投资机构、孵化器、园区等入驻大赛平台，开展线上线下对接活动，为有需要的项目提供服务支持。

四、大赛获奖项目

第十三届“挑战杯”中国大学生创业计划竞赛，共吸引来自 3 011 所高校的 142.4 万名学生参赛，累计提交 33 万余个项目。经过校级初赛、省级复赛和全国决赛初评，共遴选出 154 件金奖作品、309 件银奖作品、1 079 件铜奖作品。

下面对内蒙古师范大学获得国家级铜奖的“基于数据融合的驾驶员脑电波检测系统”项目进行简要介绍。

脑电波技术兴起较晚，从全球来看，尽管该技术还处于初级阶段，但引起了各国的高度重视，都在加大研发力度。它主要用于探测人的精神状态，已经融入我们的日常生活。

本项目涉及疲劳驾驶监测领域，一种基于脑电波监测的防疲劳驾驶预警装置及监测方法(图 11-9)。用 TGAM 脑电信号采集模块来采集脑电信号，通过蓝牙发送信号至单片机，单片机外接 MPU6050 空间运动传感器来采集汽车运动信息，通过串口通信将采集到的信号打包传送到计算机中，通过独特的核心算法进行设定参数的比对，进而判断驾驶员在驾驶过程中是否集中注意力、是否疲劳驾驶等状态，进一步实现了对驾驶员的行为监测和干预提醒功能。

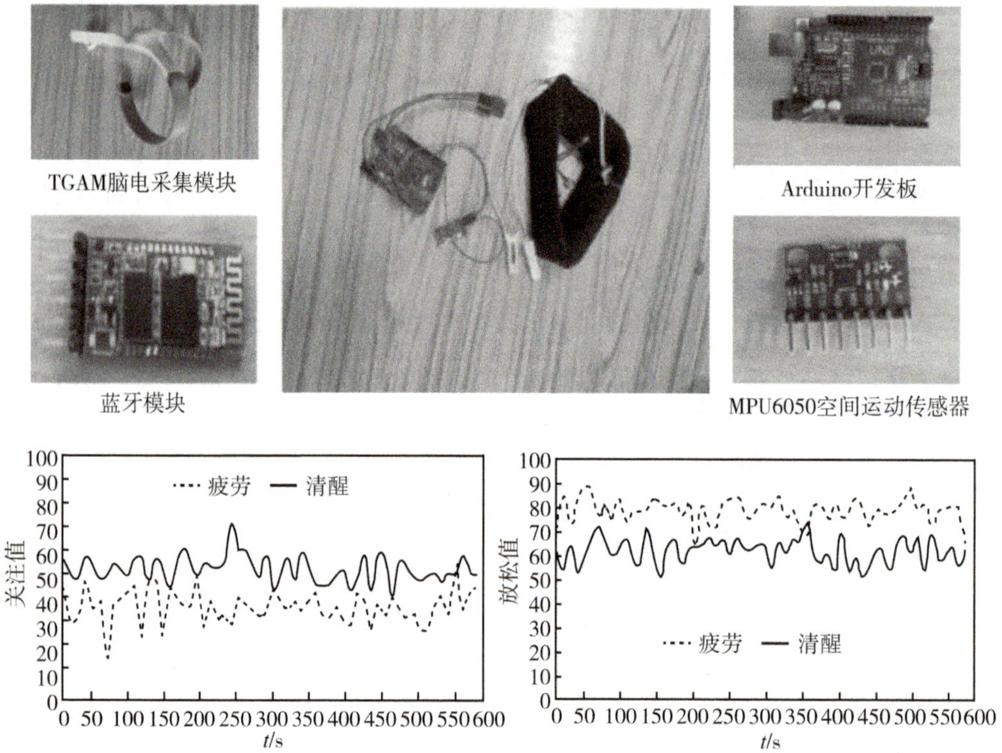

(a) 疲劳和清醒状态下的大脑关注值　　(b) 疲劳和清醒状态下的大脑放松值

图 11-9　驾驶员脑电波检测装置及系统示意图

第三节 “中国创翼”创业创新大赛

“中国创翼”创业创新大赛是由人力资源社会保障部、科技部、共青团中央等联合举办的一项全国性质的创业创新大赛，首届大赛于2015年启动。这里以2022年第五届“中国创翼”创业创新大赛为例进行介绍。

一、总体要求

贯彻党的十九大和十九届历次全会精神，落实国家创新驱动发展战略、就业优先战略及人才强国战略，以创新引领创业、创业带动就业、推进乡村振兴为核心价值和重点评价指标，大力营造全社会鼓励支持创新创业的浓厚氛围和良好环境，推进“大众创业、万众创新”向高质量纵深发展。

二、大赛主题

创响新时代，共圆中国梦

三、组织机构

(一)主办及承办单位

主办单位：人力资源社会保障部、相关部门和社团组织

承办单位：人力资源社会保障部就业促进司、全国人才流动中心

(二)大赛组委会

成立大赛全国组委会，负责大赛的组织领导。全国组委会下设办公室，具体负责大赛的方案设计、统筹协调、组织实施、宣传发动、赛事保障等工作。办公室设在人力资源社会保障部全国人才流动中心。

各省级人力资源社会保障部门可联合有关部门和群团组织设立省级组委会，负责大赛的宣传动员、报名审核、省级选拔赛的组织实施、全国选拔赛和全国总决赛的组织协调、创业典型的推荐宣传和政策(资金)奖励扶持等工作。

(三)专家委员会

为提升大赛层次，更好地发挥创业服务效果，全国组委会将邀请部分热心公益、有一定社会影响力，在创新创业研究、指导和服务方面具有丰富经验的专家组成大赛专家委员会。专家委员会对全国组委会负责，对大赛方案策划设计、评审标准规则等方面提出意见和建议，审核评委资格，监督评审过程。

(四)评审委员会

为确保大赛评选工作公开、公平、公正进行，全国组委会将邀请就业创业研究和指导专家、成功创业企业家及创投行业领军人士组成大赛评审委员会。评审委员会对全国组委会负责，并在专家委员会的监督下独立开展评审工作。

四、组织形式及赛制安排

大赛按照“1+3”模式，即1个主体赛加3个专项赛。其中，主体赛分为制造业和服务业2个项目组；3个专项赛分别为青年创意专项赛、劳务品牌专项赛和乡村振兴专项赛。

按照省级选拔赛(劳务品牌专项赛可直接推荐)、全国选拔赛、全国总决赛三个阶段实施。

(一)主体赛

主体赛制造业项目组，既包括采矿冶炼、纺织服装、机械制造、产品代工、小商品制造等传统产业的改进创新和升级迭代，也包括信息技术、生物技术、新能源、新材料、高端装备、新能源汽车、绿色环保、航空航天、海洋装备、互联网TMT等新兴产业。服务业项目组，既包括商贸、餐饮、住宿、家政、物业等传统服务业项目，也包括服务研发设计、电商物流、法律服务、教育培训、人力资源、健康医养、文体旅游等现代服务业。

年满16周岁的各类创业群体均可报名参赛，项目所在地位于中国大陆。

全国选拔赛200个项目参加，分2个组别，每个组别100个项目。60个项目晋级全国总决赛，每个组别30个项目。

(二)青年创意专项赛

面向16至35周岁的高校及技工院校在校生、毕业生等青年群体，项目类型不限，须有技术、产品、模式等方面的创新成果，有完整的创业计划书。

全国选拔赛每省3个项目、共96个项目参加，30个项目晋级全国总决赛。

(三)劳务品牌专项赛

面向各类依托、运用劳务品牌培育、开发和创业的项目。年满16周岁的各类创业群体均可报名参赛，项目所在地位于中国大陆。

全国选拔赛每省至多推荐3个项目参加，30个项目晋级全国总决赛。

(四)乡村振兴专项赛

面向各类乡村创业项目，如农业科技、特色种植养殖、农产品加工、农村电商物流、乡村旅游、传统手工艺、文化传承与创新、乡土人才培育开发等。

年满16周岁的各类创业群体均可报名参赛，项目所在地位于中国大陆，限于下辖乡镇农村的县域以内(包括市辖郊区、县级市、县、自治县、旗、自治旗、特区、林区)注册、生产与经营。

全国选拔赛100个项目参加，30个项目晋级全国总决赛。

五、报名参赛条件

报名参赛项目应符合国家法律法规和国家产业政策，经营规范，社会信誉良好，无不良记录，不侵犯任何第三方知识产权。往届“中国创翼”创业创新大赛全国决赛获一、二、三等奖的项目不能参加。

(一)主体赛、劳务品牌专项赛、乡村振兴专项赛报名参赛条件

(1)截至 2022 年 5 月 31 日，在市场监督管理部门已登记注册且未满 5 年的企业或机构。

(2)参赛项目具有创新性的技术、产品或经营服务模式，具有较高成长潜力，项目的产品、经营属于同一参赛主体，且对技术有合法使用权。

(3)参赛项目须为原创性创新项目，不存在知识产权争议，不会侵犯第三方的知识产权、所有权、使用权和处置权。

(4)参赛者须为该项目的第一创始人或核心团队成员。

(二)青年创意专项赛报名参赛条件

(1)项目第一创始人须为截至 2022 年 5 月 31 日，已满 16 周岁、不超过 35 周岁的高校及技工院校在校生、毕业生等青年群体。

(2)项目尚未在市场监督管理部门登记注册。

(3)项目在技术、产品、模式等方面有创新，有完整的创业计划书，具备落地发展的必要条件，未来成长潜力较大。

(4)项目不存在知识产权争议，不会侵犯第三方的知识产权、所有权、使用权和处置权。

六、赛事流程

第一阶段：大赛启动和组织发动

(1)大赛启动时间：2022 年 2 月中旬大赛启动，各省按要求成立省级组委会，制定本省大赛实施方案，广泛开展宣传发动。

(2)报名和审核：报名截止时间为 2022 年 5 月 20 日；审核确认时间截至 2022 年 5 月 31 日。各省组织参赛项目在大赛官网统一报名，按主体赛 2 个组别、青年创意专项赛、劳务品牌专项赛、乡村振兴专项赛分类报名，不得兼报。各省级组委会依据大赛报名参赛条件，对本省报名项目进行资格审核，并于 5 月 31 日前将审核结果上报至全国组委会。

第二阶段：省级选拔赛

(1)省级选拔赛截止时间：2022 年 6 月 30 日。除劳务品牌专项赛外，各地原则上须采取项目路演方式举办省级选拔赛，情况允许可延伸到地市和区县，有困难或特殊情况不能举办的，须经全国组委会同意后，按照统一规则，采取专家集中评审等方式对本省参赛项目进行选拔。

(2)确定全国选拔赛参赛项目：截止时间为 2022 年 7 月 5 日。各省按照全国组委会统一分配的名额，确定本省参加全国选拔赛的项目。

名额分配方式为：主体赛制造业项目组和服务业项目组确保每省每个组别不少于 1 个项目参赛，1 个(不含)以上的名额，按前 3 年新增经济体数量权值分配。

乡村振兴专项赛 100 个比赛项目中，确保每省有 2 个项目参赛，剩余 36 个比赛项目的参赛名额，由涉及国家重点帮扶县的 10 个省，按国家重点帮扶县数量权值分配。

劳务品牌专项赛每省最多推荐 3 个项目(可少于 3 个或不推荐)参赛。

青年创意专项赛每省 3 个项目参赛。

各省于 7 月 5 日前将入围全国选拔赛的项目资料上传大赛官网，全国组委会进行复核。复核结果反馈后，由省级组委会以短信、电话或邮件方式告知本省参赛者。

第三阶段：全国选拔赛和全国总决赛

全国选拔赛和全国总决赛由全国组委会统一组织实施，集中在同一城市举办，时间为 2022 年 7 月底前，地点待定。

(1)全国选拔赛：各项赛事均分 2 个小组同时进行比赛。主体赛制造业项目组和服务业项目组、乡村振兴专项赛，每组 50 个项目；青年创意专项赛每组 48 个项目；劳务品牌专项赛每组最多 48 个项目。每个项目参赛人数不超过 3 人，采取现场路演方式，2 天时间内完成。各组获得前 15 名的项目晋级全国总决赛，其他项目获得“创翼之星”奖。

(2)全国总决赛：每项赛事 30 个项目参加全国总决赛，每个项目参赛人数不超过 3 人，采取现场路演方式 1 天完成，各评出一等奖 2 名、二等奖 6 名、三等奖 10 名、优秀奖 12 名。

总决赛结果产生后，全国组委会将择期举办颁奖仪式和闭幕式。

七、评审标准及规则

(一)评审标准

突出“创新引领创业，创业带动就业”的导向，重点关注项目的创新性、示范性、引领性及带动就业、助力乡村振兴等社会价值。“创新”，主要围绕项目的产品、技术、商业模式、管理模式等进行评分；“创业带动就业”，主要围绕项目直接提供的就业岗位数量及质量、带动上下游产业就业规模、带动重点群体就业等方面进行打分；“助力乡村振兴”，主要围绕项目吸纳就近就地就业数量及质量，带动当地产业发展、资源利用、民族文化传承，以及对地区经济社会发展贡献等方面进行评分。

(二)评审规则

全国选拔赛和决赛项目评审采用现场路演方式进行。

八、奖励与扶持

(一)奖励

全国组委会对获得全国总决赛一、二、三等奖、优秀奖的项目，颁发奖杯和证书，并分别给予相应奖金，同时由人力资源社会保障部授予“全国优秀创业创新项目”称号；对获得“创翼之星”奖的项目颁发奖牌和证书。各地人力资源社会保障部门可按规定对获奖项目给予适当奖励。

优秀组织单位奖：对严格按照统一名称、统一进度、统一标准举办省级选拔赛，组织、动员和宣传力度大、效果好，参赛项目数量多、质量好，大赛全程未发生违规事件的省份授予优秀组织单位奖并颁发奖牌。

特别贡献奖：对大赛提供大力支持的省(地市)级人社部门或社会机构、企业授予特别贡献奖并颁发奖牌。

(二)扶持服务措施

全国组委会设立“中国创翼”官网，将所有参加全国选拔赛的项目纳入大赛项目库，通过大赛平台持续宣传推广，提升创业项目和创业者的知名度，帮助其对接资金和市场，拓宽发展渠道。

省级选拔赛期间，全国组委会将根据地方需求给予推荐评审专家、培训导师、投资机构和媒体宣传等方面的支持。

对所有参加全国选拔赛的项目第一创始人，全国组委会将区分不同群体，在征求省级组委会意见的基础上，从中选树一批有代表性的典型人物，收入“中国创翼风采录”，在系统内和社会上广泛宣传，发挥典型示范引领作用。

鼓励各地人社部门积极协调其他相关部门，将大赛评选结果与本地创业扶持、创业服务、人才鼓励等政策措施挂钩，对晋级全国选拔赛的项目，尤其是获得“全国优秀创业创新项目”称号的项目，可放宽创业担保贷款申请条件，并在资金扶持、入驻园区、孵化培训等方面给予优先扶持。在全国总决赛中成绩优异的地市将优先纳入创业型城市创建范围。

【拓展阅读】

阅读微信公众号“北京大学”于 2024 年 1 月 11 日发布的文章，了解中国国际大学生创新大赛(2023)总冠军项目——“跨物种肿瘤基因治疗”。

【思考与训练】

模拟大学生创新创业大赛

1. 资料收集

通过网络(如大学生创新创业赛事信息官方网站、教育部官方网站)及学校有关部门查看创新创业大赛的比赛类型，了解比赛情况，如时间、地点、内容、注意事项等，然后根据个人专业或兴趣爱好选择比赛类型。

2. 编写创业计划书

结合教师、学长、学姐的指导，综合考虑多种因素，选择好创业项目，选择志趣相投的同学组建团队。然后根据团队成员的专长进行分工，思考项目发展前景，以及产品、市场、竞争、风险、投资收益和融资等方面的内容。最后编写符合要求的创业计划书。

3. 教师点评，展示成果

请教师对自己的创业计划书进行点评，修改后根据创业计划书制作演示文稿，展示自己的创业计划。

第十二章 新企业的创立与管理

【知识结构】

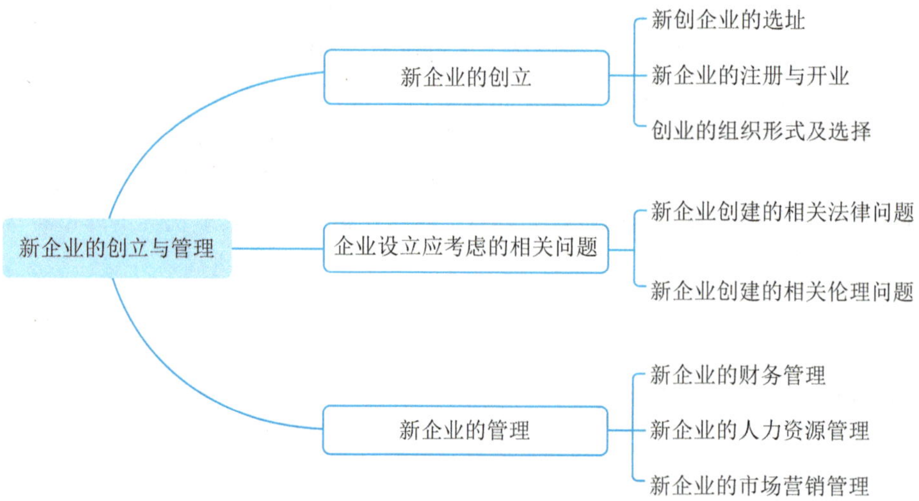

【学习目标】

* 了解新企业选址需要考虑的各方面因素。
* 掌握新企业设立过程中涉及的法律问题。
* 掌握新企业的管理策略。

企业是指依法设立的以盈利为目的，从事商品生产经营和服务活动的独立核算的经济组织。企业的创立意味着创业进入新的阶段。从创业动机到创业机会，从创业机会到创业项目，再从创业项目到创建企业，既是创业活动的顺序推进，也是对创业项目的再检验。在经营活动中，企业存在多种形式，广义的企业包含一切从事生产经营活动的组织，狭义的企业是指具有法人主体资格的实体。

企业的创立过程是一个连贯和持续的过程。从开始筹备到完成设立登记，每个环节都影响甚至决定创业的成败。

习语研读

各级党委和政府要关心和爱护广大劳动群众，切实把党和国家相关政策措施落实到位，不断推进相关领域改革创新，坚决扫除制约广大劳动群众就业创业的体制机制和政策障碍，不断完善就业创业扶持政策、降低就业创业成本，支持广大劳动群众积极就业、大胆创业。

——2016 年 4 月 26 日，习近平在知识分子、劳动模范、青年代表座谈会上的讲话

第一节 新企业的创立

一、选址

选择自主创业并选好项目之后，接下来要考虑的就是企业的选址问题了。选址对于开办企业到底有多重要？许多专家的看法是：不论创立任何企业，地点的选择都是决定成败的第一大要素，尤其是以门店销售为主的餐饮、理发、零售等服务业。对于新企业而言，选址关系到企业的经济效益和未来的发展前景，选址的成败直接决定着企业的成败。

（一）企业选址的主要考虑因素

经济、技术、政治、社会文化、自然等方面的因素均会影响新企业选址的决策过程。

1. 经济因素

一般来说，新企业设立在关联企业和关联机构相对集中的地区就会相对容易获得成功。这是因为如果相互关联的企业集中在某一地区，该区域内的企业将产生一种既竞争又合作的关系，这种关系将提升该地区的经济竞争力，有利于实现区域繁荣。

2. 技术因素

由于新技术对高科技新企业的成功起着关键作用，因此相当多的高科技企业选择把企业建在技术研发中心附近或新技术信息传递比较迅速的地区，以便第一时间掌握技术的变化趋势，规避技术进步的不确定性带来的风险。例如，美国的硅谷、中国的中关村等都是根据技术因素选址的典型代表。

3. 政治因素

新企业必须考虑政府对相关产业的政策，将企业建在政府支持该产业的地区，尤其是进行跨国经营时，创业者必须考虑经营所在国的政治环境，评估该环境对企业提供的产品或服务、分销渠道、价格、促销策略等造成的影响。

4. 社会文化因素

不同地域的消费者在社会习俗、文化价值观、生活态度等方面差别很大，对安

全、健康、营养及环境的关注程度也不尽相同，因此新企业在选址时，如果不考虑社会文化因素，其所提供的产品或服务很可能不被其所在地的市场接受。

5. 自然因素

在新企业选址时，创业者还必须考虑气候变化、地质状况、水资源可利用性等自然因素，这些因素可能影响企业日常经营调度、原材料供给、安全生产等。

不同企业对上述因素的侧重有所不同，制造业往往优先考虑对生产成本造成影响的因素，如原材料与劳动力；而服务业则往往优先考虑对市场造成影响的因素，如消费者的消费水平、市场竞争状况等。

（二）企业选址的思路

新企业都需要有经营场所，企业的选址与未来的经营发展有着很大的关系。对于创业者来说，将新企业的地点选在哪个城市、哪个区域具有重要意义，尤其是商业或服务型企业，好的店面选址等于成功了一半。大多数创业者都会选择在熟悉的城市（家乡或者求学的城市等）开展创业活动。在选定目标城市后，创业者还需要选择具体的经营地点。不同类型的新企业，在选址时优先考虑的因素是不同的。

1. 生产性质的新企业选址

生产性质的新企业在选址时要考虑周边地区具备的生产条件：交通要方便，便于原料运进和产品运出；生产用电要充足，生产用水有保证；生产所使用的原料基地要尽量距离企业不远；所使用的劳动力资源要尽量就地解决；当地税收政策是否有优惠等。如果是一些可能对环境造成影响的生产项目，还需考虑环保问题。

2. 商业性质的新企业选址

商业性质的新企业在选址时应考虑创业地点的客流量、店铺租金等因素。如在城市，商业圈往往可以带动圈内商业的规模效应，新企业选择建立在商圈内会较易经营，但新企业往往很难在商业圈得到一席之地。这是因为繁华商业圈内寸土寸金，店铺租金或转让费十分昂贵，往往会让创业者捉襟见肘。为此，创业者可以在商业圈内利用联合经营、委托代销等方式，或者在商业圈边缘选址，转向“次商圈”，将节约下来的资金用于产品升级、提升服务等。

新企业在选址时要有“借光”的意识，如在体育馆、展览馆、电影院旁选址等。如果选择商圈之外的经营场所，则要注意突出特色，形成自己独特的风格，以达到“酒香不怕巷子深”的效果。

3. 服务性质的新企业选址

服务性质的新企业在选址时要根据具体的经营对象灵活选择，但对客流量要求较高。客流在一定意义上就等于财流，在车水马龙、人流量大的地段经营，服务性质的新企业成功的概率往往比在人迹罕至的地段要高得多，但也应结合企业的目标消费群体特点。

例如，针对居民消费群体的企业应设在居民社区附近，针对学生消费群体的企业则应设在学校附近；如果服务性质的新企业的经营模式以订单为主，那么低成本、高效能的办公楼应是新企业选址的首选。目前，大学生创业多以服务性和知识性产品创业为主，主要集中在网络技术、电子科技、媒体制作和广告等产业，这些性质的公司可以选在行业聚集区或较成熟的商务区以及新兴的创意产业园区。

在选择经营场所时，各行业的考虑重点各不相同，其中有两项因素是不容忽略的，即租金给付能力和租约条件。经营场所租金是企业最固定的运营成本之一，即使休息不营业，也得支付。对于一些货品流通迅速、空间要求不大的行业，如精品店、高级时装店、餐厅等，负担得起高房租，就设于高租金区；而家具店、旧货店等，因为需要较大的空间，最好设在低租金区。

案例 12-1

连锁店的选址秘诀

在咖啡赛道竞争日益激烈的今天，R 企业以其独特的选址策略，成功地在市场中占据了一席之地。作为拥有超过 2.6 万家国内门店的连锁咖啡品牌，该企业是如何在众多品牌中脱颖而出的呢？让我们一起探究它的选址策略，看看其中蕴含的智慧与策略。

该企业的选址策略并非一成不变，而是根据不同城市特征及品牌客群画像进行差异化选址。在一二线城市，R 企业将目光投向了写字楼一楼。这里是高薪消费群体的聚集地，他们对于咖啡的需求量大。同时，写字楼和园区等办公场景的门店租金以及入驻要求均远低于核心商圈，使得 R 企业能够高效地实现线下流量变现。

而在三四线城市，R 企业则将重心放在了商场店铺。因为这些城市的繁华商圈相对较少，人流量主要集中在商场。此外，3 千米的配送范围基本能覆盖城市内大部分办公、生活区域，使得咖啡配送更为便捷。在三四线城市，办公场景的人流量相对较低，咖啡需求量相对不足，因此 R 企业主要集中于商圈，以更好地满足目标客群的需求。

为了更准确地掌握客流量情况，R 企业采取了一系列调查方法。在办公场景，他们通过潮汐人流量测验，记录上班时间和午休时间的人流和车流情况，同时考虑公司单双休和晚上加班情况，记录周六对应时间段的人流信息。在商场场景，他们则关注外卖单和夜间、周末的人流量，白天更关注外卖单，记录点位客流情况和外卖小哥数量及其提袋情况。

通过对不同城市选址的客流量进行分析，R 企业发现，在一二线城市，女性占比高于 50%，年龄在 20～45 岁的占比高于 85%；而在三四线城市，女性占比同样超过 50%，年龄在 20～45 岁的占比高于 60%。这些数据为 R 企业的选址提供了有力的依据。

在选址过程中，R 企业还注重商业环境和竞品情况。在一二线城市选址时，他们尽量避开竞品过多的写字楼，选择办公人数较多的办公复合空间。而在三四线城市选址时，他们则重点关注商圈的商业环境，尽量选择与大型餐饮品牌同一商圈。

除此之外，门店空间布局和外卖配送范围也是 R 企业选址的重要考虑因素。根据不同能级城市的目标客群需求不同，R 企业在一二线城市选择 30～

60平方米的门店空间，在三四线城市则选择60平方米以上的空间。同时，为了更好地占领市场，R企业侧重于选择外卖配送范围广的点位，以便更好地服务目标客群。

正是这些智慧与策略的运用，让R企业在激烈的竞争中脱颖而出，成为连锁咖啡品牌的佼佼者。

（三）企业选址的步骤

新企业选址一般要经过市场信息收集与研究、多地点评价和最终地点确定等步骤。

1. 市场信息收集与研究

在新企业开始选址时，创业者必须首先依据影响选址的各种因素，自己或借助专门的调查机构收集市场信息，并对收集到的信息进行整理分析，信息收集与研究的成果将对后期的选址决策产生重要的影响。

2. 多地点评价

对市场上各种信息进行收集与研究后，创业者应该得到若干关于新企业厂址的候选地，此时可以借助科学的定量分析方法进行评价。目前采用多因素综合评价法进行选址较为常见，此方法首先赋予不同的因素权重，再给不同选址下的各因素打分，最后求各方案的加权平均值得出最佳方案。除多因素综合评价法外，收益分析法、运输模型法、重心法等也可以用于选址评价。

3. 最终地点确定

创业者在分析市场信息的基础上，结合所要进入行业的特点及自己企业的特征，运用以上一种或几种方法进行评估后，将最终确定某一候选地为新企业的地址，从而完成选址决策。

（四）商业选址调查

创业者在进行新企业的选址时，只运用技巧并无多大实际用处，而是需要明确一个原则：商业选址不是纸上谈兵，单纯依靠看书在头脑中设计选址方案往往不能成功，创业者只有亲自进行实地调查，多看、多听、多问，才能找到适合新企业建立的地点。

实地调查既可以弄清楚店址的具体位置，又可以调查诸如周围环境、客流量大小、店址是否具有发展潜力等问题。商业选址调查的要点包括选址地人口数量、职业分布、人口年龄层次调查，商店基本设施及竞争者调查，商店周围人群的消费习性、生活习惯调查，流动人口调查，商圈未来发展调查等。

1. 家庭状况

家庭状况是影响消费者消费需求的基本因素。家庭状况包括人口数量、收入状况、年龄状况等。

(1)家庭人口数量会对未来的商店销售产生较大的影响。例如，对于一个由一对年轻夫妻组成的家庭，其购物倾向为追求时尚化、个性化、少量化；对于一个三口之家(有一个独生子女)，其消费需求基本上是以子女为中心的。

(2)每个家庭的平均收入和家庭收入的分配可明显影响未来的商店销售，与商圈周边大部分家庭收入分配结构相适应的商店往往能取得较好的效益，而所在地区家庭平均收入的提高，则会提高家庭对选购商品数量、质量和档次的要求。

(3)家庭成员的年龄状况也会对商品需求产生影响。例如，中老年家庭倾向于购买保健品、健身用品、营养食品等；而有儿童的家庭则主要购买儿童食品、用品、玩具等。

2. 人口密度

一个地区的人口密度可以用每平方千米的人数或户数来衡量。人口密度越高，则选址商店的规模可相应越大。

计算人口密度可通过计算白天人口数来实现，即户籍人口数加上外地在该地区上班、上学的人口数，减去到外地上班、上学的人口数，随机客流人数不在考察数之内。白天人口密度高的地区多为办公区、学校附近。对白天人口多的地区，创业者应在分析其消费需求特点的基础上进行调查，如采取延长营业时间、增加便民项目等措施以适应人群的消费需要。一般来说，人口密度高的地区，如果离商业设施的距离近，可增加到店购物的频率，而人口密度低的地区吸引力低，且消费者光临的次数也少。

3. 潜在消费者的数量

每个人都可能是商店的消费者，因此创业者在选择店址时必须了解当地的人口总数、人口密度、人口增长情况、人口年龄结构等。

一般来说，人流密集的地方有利于开店，但并非人多的地方都适合开店，创业者还要结合商店周围的流动人群的特征和客流规律进行分析。首先，创业者要了解流动人群的年龄和性别，如有些过路者是儿童，则他们可能是快餐店的消费者，而不会是服装店的消费者；其次，要了解行人来往的高峰时间和低谷时间；最后，要了解行人来此的目的及停留的时间。

4. 行人的流向

在新店选址时，创业者要将来往的客流量作为考虑的重点。同时，来往消费者的去向也是一个非常值得研究的问题，即使是同一个人，由于每次外出购物的目的不同，情况也有所区别，如购买日常生活用品与购买高档艺术品的情况就完全不同。店前经过的行人，有去百货店买东西的，有去吃饭的，有去看电影的，因此创业者在开店的时候，应根据目标客群的流动方向，选择适当的店址。

5. 交通地理条件

商店附近的交通状况会在很大程度上影响店铺的客流量，尤其是住宅区，上班与下班的高峰时间，街道两旁的行人、车辆会呈现明显的差异，因此创业者在商店选址时必须考虑交通路线问题。

例如，很多消费者通常会在下班回家的途中进行消费，因此并不只有主干道旁边才是开设商店的黄金位置，由主干道延伸出的巷弄内，也有许多适合开店的地点。评估巷道内的“黄金店面”，一般可用漏斗理论，即同一个街口，如果有数家商店，那么位于主干道转进巷道的第一家商店，会像漏斗一样，最先吸引消费者入店。

6. 购买力

消费水平取决于收入水平的高低，因此商店附近人口的收入水平对店址的地理条件有决定性的影响。人均收入可通过入户抽样调查获取。在选择店址时，创业者应将青年和中年消费者较多、社会经济地位较高、可支配收入较多者的居住区域作为优先考虑的区域。

7. 竞争程度

如果商店经营的是挑选性不强、购买频率较高的日用消费品，在同一地区又存在较多同行竞争，那么势必会影响商店的经济效益。新设商店若缺乏特色经营策略或独特的商品优势，将面临较大市场压力。当然，在某些环境中也有例外，如有些行业因同行集中在一起，反而会形成一条别具特色的商业街。

因此，在选择经营地点时，创业者要详细了解在该地点附近类似商店的数量，这些商店的规模、装修、商品品种、价格、待客态度，以及自己的加入将是增加竞争还是互相有利等。

8. 未来变化

创业者在进行选址时要清楚城市建设规划，包括短期规划和长期规划。有的地点从目前来看是最佳位置，但随着市场的改造和发展可能会出现新的变化而不适合开店；反之，有些地点从目前来看不理想，但从规划前景看会成为有发展前途的新的商业中心。因此，创业者必须放眼未来，从长计议，在了解地区内的交通、街道、市政、绿化、公共设施、住宅及其他建设或改造项目的规划的前提下，做出最佳地点的选择。

例如，在游乐街开设餐饮店之前，创业者必须事先调查未来几年街道可能发生的变化。在游乐街开设餐饮店需要高额投资，而且商店内外装饰所花的费用也不低，因此选址的基本前提是必须能长期保持餐饮店的繁荣。然而，对于处在发展中的游乐街，创业者选定的商店地点极易发生变化，新建地下街道、发展超高层建筑等都会给餐饮店带来很大冲击，创业者必须在选址时全面考虑。

二、注册与开业

根据我国相关法律规定，新办企业必须经工商行政管理部门(或市场监督管理部门)批准登记后申领营业执照，并获得有关部门颁发的经营许可证，如卫生许可证、环保许可证、特种行业许可证等。企业只有领取了营业执照，才算有了合法身份，才可以开展各项法定的经营业务。

1. 登记注册

企业只有依法办理登记注册，领取了营业执照即取得法人资格，其合法权益才能得到国家法律法规的保护，企业才能享受国家有关的优惠政策。

企业申请登记的事项是指企业在申请登记注册时应填报的项目，包括企业名称、住所、法定代表人、注册资本、经营范围、所有制形式、经营形式、从业人数、经营期限等。

工商行政管理部门对企业法人登记注册事项的核定是企业法人登记注册程序中

最重要的一个环节，其意义是：企业法人登记注册一经核定，企业即具备法人资格，其权利能力和行为能力随之产生。

新企业登记注册流程如下：

(1)办理企业名称核准。可登录所在地的工商局(或市场监督管理局)网站填写相关信息，办理企业名称登记。企业名称一般由行政区划、字号、行业特点和组织形式四部分组成，例如：

北京(行政区划)时代(字号)信息咨询(行业特点)中心(组织形式)

企业名称填写完成后可检查是否可用，一般通过工商局网上申办名称预先登记的，可不领取纸质《企业名称预先核准通知书》。需要注意的是，经营范围中的行业名称一定要写规范，如有特殊经营许可项目(如卫防、消防、治安、环保、科委等)还须向相关部门报审盖章，办理特种行业的许可证。

(2)申领营业执照。企业核名通过后，申办人可在工商局网上预约现场办理营业执照申领的时间，并准备好所需材料，按照预约时间到现场办理。2014 年 6 月 4 日，《国务院关于促进市场公平竞争维护市场正常秩序的若干意见》(国发〔2014〕20 号)提出“简化手续，缩短时限，鼓励探索实行工商营业执照、组织机构代码证和税务登记证‘三证合一’登记制度”，各地纷纷响应。“三证合一、一照一码”登记是指申请人向工商行政管理、质量技术监督、税务部门分别申请办理营业执照、组织机构代码证、税务登记证，改为通过“一表申请、一窗受理”的方式向工商行政管理部门申请办理加载统一社会信用代码的营业执照，组织机构代码证和税务登记证不再办理，即加载统一社会信用代码的营业执照代替原营业执照、组织机构代码证、税务登记证、统计登记证的使用功能。

(3)制章。申办人在申领营业执照后，可到指定的刻章地点办理企业公章、合同章等的刻制。

若应届毕业生在自主创业中担任企业法人代表的，则需要出示的证明包括：①学校就业办公室出具的应届毕业生证明；②公安局户政科出具的集体户口证明；③公安局户政科出具的无犯罪记录证明。

2. 择日开业

所有的前置手续全部完成后，创业者就可以择日开业了。这时需要考虑的是开业时间。选择开业时间时，创业者一般要考虑有关部门人员是否有时间参加、天气是否晴好等因素，如开店则要考虑是否在节假日等因素。

以上就是新企业创立的基本程序，希望能够为有志于自主创业的大学毕业生们提供帮助，但是这些仅仅是创业的前置程序。顺利开业以后，创业者还面临着维持企业的日常经营活动，以及积累资金、发展企业等重要任务，这些更需要创业者具备相关的经验及胆识。

三、创业的组织形式及选择

一般来说，可供创业者选择的组织形式有个体工商户、个人独资企业、合伙企业、有限责任公司和股份有限公司五种。对大学生创业者来说，主要是前四种。

(一)个体工商户

根据《中华人民共和国民法典》(以下简称《民法典》)，自然人从事工商业经营，经依法登记，为个体工商户。个体工商户经营的主要法律依据是《促进个体工商户发展条例》。截至2024年6月底，全国登记在册个体工商户达1.25亿户，占经营主体总量的66.9%，已成为促进社会经济发展和吸纳劳动力就业的重要力量。

公民要申请登记为个体工商户，应当向经营场所所在地的登记机关申请注册登记。申请人须提交登记申请书、身份证明和经营场所证明。个体工商户的登记事项包括经营者姓名和住所、组成形式、经营范围和经营场所。个体工商户使用名称的，名称作为登记事项。个体工商户的字号名称在申请登记的管辖机关范围内同一行业中不得重名。个体工商户的名称一般体现其所属行业，字号名称前冠以区县地点，直接冠名市的须经市级工商行政管理部门核准。目前，国家大力推行电子营业执照，电子营业执照与纸质营业执照具有同等法律效力。

个体工商户可以由个人经营，也可以由家庭经营。由个人经营的个体工商户，以个人全部财产承担民事责任；由家庭经营的个体工商户，以家庭全部财产承担民事责任。

需要注意的是，个体工商户不属于企业，属于民办非企业类型。

(二)个人独资企业

个人独资企业是指依照《中华人民共和国个人独资企业法》(以下简称《个人独资企业法》)在中国境内设立，由一个自然人投资，财产为投资者个人所有，投资者以其个人财产对企业债务承担无限责任的经营实体。个人独资企业不具有法人资格。

1. 个人独资企业的设立条件

(1)投资者为一个自然人。

(2)有合法的企业名称。个人独资企业的名称应当与其责任形式及所从事的营业相符合，不能使用“有限”“有限责任”“公司”字样，可以是厂、店、部、中心、工作室等。

(3)有投资者申报的出资。设立个人独资企业，投资者可以用货币出资，也可以用实物、土地使用权、知识产权或其他财产权利出资。

(4)有固定的生产经营场所和必要的生产经营条件。

(5)有必要的从业人员。

2. 个人独资企业的法律特征

(1)在组织结构形式上，个人独资企业是由个人创办的独资企业，其投资者是一个自然人。国家机关，国家授权投资机构，国家授权的部门、企业、事业单位等都不能作为个人独资企业的设立人。

(2)在责任形态上，投资者个人以其个人财产对企业债务承担无限责任。投资者若以家庭共有财产作为个人出资的，以家庭共有财产对企业债务承担无限责任，这是个人独资企业区别于有限责任公司和股份有限公司等企业形式的基本特征。

(3)从性质上看，个人独资企业是非法人企业。个人独资企业没有独立的资产，企业的财产就是投资人的财产，企业的责任就是投资人的责任。因此，个人独资企业无独立承担民事责任的能力。个人独资企业虽然不具备法人资格，但它是独立的民事主体，能够以自己的名义从事民事活动。

(三)合伙企业

合伙企业是指自然人、法人和其他组织依照《中华人民共和国合伙企业法》(以下简称《合伙企业法》)，在中国境内设立的普通合伙企业和有限合伙企业。普通合伙企业由普通合伙人组成，合伙人对合伙企业债务承担无限连带责任；有限合伙企业由普通合伙人和有限合伙人组成，普通合伙人对合伙企业债务承担无限连带责任，有限合伙人以其认缴的出资额为限对合伙企业债务承担责任。合伙企业也不具有法人资格。

1. 合伙企业的设立条件

订立合伙协议、设立合伙企业，应当遵循自愿、平等、公平、诚实信用原则，并具备以下条件。

(1)有两个以上的合伙人。合伙人为自然人的，应当具有完全民事行为能力。

(2)有书面合伙协议。合伙协议应当载明的事项有：合伙企业的名称和主要经营场所的地点，合伙目的及合伙企业的经营范围，合伙人的姓名及其住所，合伙人出资的方式、数额和缴付出资的期限，利润分配、亏损分担方式，合伙企业的解散与清算，违约责任，等等。

(3)有合伙人认缴或者实际缴付的出资，可以用货币、实物、知识产权、土地使用权或其他财产权利出资，也可以用劳务出资。对出资的评估作价可以由合伙人协商确定，或由全体合伙人委托法定评估机构评估。

(4)有合伙企业的名称和生产经营场所。合伙企业在其名称中不得使用“有限”或者“有限责任”字样。

(5)法律、行政法规规定的其他条件。

2. 合伙企业的法律特征

(1)合伙企业以合伙协议为成立的法律基础。合伙协议是调整合伙关系、规范合伙人的权利和义务、处理合伙纠纷的基本法律依据，对全体合伙人具有约束力。

(2)合伙企业须由全体合伙人共同出资、合伙经营。出资是合伙人的基本义务，也是其取得合伙人资格的前提条件。

(3)合伙人共负盈亏，共担风险。

(4)合伙制企业的数量不如个人独资企业和公司制企业多，一般在会计师事务所、律师事务所、经纪业、零售商业等行业中较为常见。

(四)有限责任公司

有限责任公司是指根据《中华人民共和国公司法》(以下简称《公司法》)规定注册登记，每个股东以其认缴的出资额为限对公司承担责任，公司以其全部资产对其债务承担责任的经济组织。

1. 有限责任公司的设立条件

根据《公司法》规定，设立有限责任公司应当具备下列条件。

(1)股东符合法定人数。有限责任公司由 1 个以上 50 个以下股东出资设立。一个自然人股东或一个法人股东设立的有限责任公司为一人有限责任公司。

(2)有符合公司章程规定的全体股东认缴的出资额。关于出资方式，股东可以用货币出资，也可以用实物、知识产权、土地使用权等可以用货币估价并可以依法转让的非货币财产作价出资；但是，法律、行政法规规定不得作为出资的财产除外。

(3)股东共同制定公司章程。

(4)有公司名称，建立符合有限责任公司要求的组织机构。公司作为独立的企业法人，必须有自己的名称，公司设立名称时必须符合法律、法规的规定。有限责任公司的组织机构包括股东会、董事会或执行董事、监事会或监事。

(5)有公司住所。

2. 有限责任公司的法律特征

(1)相对于承担无限责任的组织形式来说，组建有限责任公司的法律风险较小。有限责任公司对外承担有限责任，限定了创业者承担的法律风险不会超过注册资本金，但有限责任公司的组建及运作过程仍存在风险。

(2)创业者在组建有限责任公司的过程中，应当根据法律的规定，规范股东之间的股份分配、权利义务，规范公司的运作，以降低法律风险。创业者设立一人有限责任公司，还应当注意明确个人财产与公司财产，避免将个人财产与公司财产混淆。

在创业实践中，有些创业者为注册有限责任公司的需要，采取隐名股东(实际投资人)与股东名册不一致的方式，虽然《公司法》和《民法典》都已对隐名股东做了相关规定，但隐名股东的风险还是非常大的。

(五)股份有限公司

股份有限公司是指根据《公司法》规定注册登记，股东以其认购的股份为限对公司承担责任，公司以其全部资产对其债务承担责任的经济组织。

1. 股份有限公司的设立条件

根据《公司法》规定，设立股份有限公司，可以采取发起设立或者募集设立的方式。发起设立，是指由发起人认购设立公司时应发行的全部股份而设立公司。募集设立，是指由发起人认购设立公司时应发行股份的一部分，其余股份向特定对象募集或者向社会公开募集而设立公司。

设立股份有限公司应当具备下列条件：

(1)发起人符合法定人数。设立股份有限公司，应当有 1 人以上 200 人以下为发起人，其中应当有半数以上的发起人在中华人民共和国境内有住所。一个自然人或者一个法人以发起设立方式设立的股份有限公司为一人股份有限公司。

(2)有符合公司章程规定的全体发起人认购或募集的股本。以发起设立方式设立股份有限公司的，发起人应当认足公司章程规定的公司设立时应发行的股份。以募集设立方式设立股份有限公司的，发起人认购的股份不得少于公司章程规定的公司设立时应发行股份总数的 35%。但是，法律、行政法规另有规定的，从其规定。

(3)股份发行、筹办事项符合法律规定。发起人应当签订发起人协议，明确各自在公司设立过程中的权利和义务。

(4)发起人共同制定公司章程。

(5)有公司名称，建立符合股份有限公司要求的组织机构。股份有限公司的组织机构包括股东会、董事会和监事会。

(6)有公司住所。

2. 股份有限公司的法律特征

(1)股份有限公司与有限责任公司都是企业法人，依法独立承担民事责任，但相比之下，股份有限公司的设立条件更为严格，内部组织机构更为严密。

(2)股份有限公司是典型的资合公司，公司的信用基础在于公司的资本和资产，这与股东的有限责任是联系在一起的。

(3)股份有限公司的全部资本划分为金额相等的股份，股东以其持有的股份享受权利，承担义务。

(4)股份的发行和转让具有公开性和自由性。

(六)新企业组织形式的选择

不同的企业组织形式不但在法律规定上有着较大的差别，而且在启动成本、稳定性、权益的可转让性等方面都表现出较大差异。因此，创业者在选择新企业的组织形式前必须进行利弊分析。

1. 启动成本分析

对于白手起家的创业者而言，启动成本无疑是他们创建企业的第一道屏障。一般来说，越复杂的组织形式，创办成本越高。

(1)相对而言，创办成本最低的是个人独资企业，只需要注册企业或申请商品名称的费用。

(2)合伙企业除注册登记外还要订立合伙协议，这就涉及一些专业中介机构的咨询成本及谈判成本。

(3)有限责任公司和股份有限公司的创立成本相对来讲比较“昂贵”，因为其在成立前需要履行一系列法律所规定的程序，这就不可避免地会产生一系列费用。

2. 稳定性分析

无论是对创业者还是投资者来说，企业能否长久地存续、是否能够稳定地发展都是他们非常关心的问题。

(1)个人独资企业完全是基于创业者个人的能力、资金等因素建立起来的，如果创业者死亡或个人情况发生改变，个人独资企业的稳定性就会发生动摇。

(2)在合伙企业中，合伙人之间的信任是建立合伙企业的基础，合伙人的死亡、退出或信赖基础的丧失都可能导致合伙企业结束。《合伙企业法》对入伙和退伙都做出了具体的规定，退伙包括自愿退伙、当然退伙和除名退伙。

(3)有限责任公司与股份有限公司在各种企业形式中拥有最好的稳定性。由于董事会在公司治理中起到了十分重要的督导作用，股东的死亡或退出对企业的连续性基本上无太大的影响。

3. 权益的可转让性分析

所有者对于企业的权益是否容易转让决定着所有者财产的流动程度。当利润一定时，创业者会努力持有流动性高的资产。

(1)在个人独资企业中，创业者有权随时出售或转让企业的任何资产。

(2)在合伙企业中，除非合伙协议允许或其他合伙人同意，否则合伙人一般无权出售企业的任何权益。

(3)在有限责任公司与股份有限公司中，股东在出售企业的权益方面有很大的自由。特别是股份有限公司，一般股东可以在任何时间不经其他股东同意就转让自己的股份。当然，由于股权分置等历史原因，《公司法》对股份有限公司的股份转让规定了某些限制，如发起人持有的本公司股份，自公司成立之日起 3 年内不得转让；公司董事、监事、经理应当向公司申报所持有的本公司的股份及其变动情况，所持本公司股份自公司股票上市交易之日起 1 年内不得转让。

4. 增资渠道分析

一般而言，新企业获得增资的方式和能力会因企业法律形式的不同而有很大差别。

(1)对个人独资企业而言，新资金只能来自贷款和创业者个人追加的投资。

(2)合伙企业可以从银行借贷，也可以要求每个合伙人追加投资或者吸收新的合伙人。

(3)有限责任公司与股份有限公司有很多途径可以增加资金，比其他企业组织形式有更多的选择渠道。股份有限公司可以发行股票、债券，也可以直接向银行贷款。

5. 筹资吸引力分析

由于个人独资企业和合伙企业对企业的债务承担无限责任，因此任何债务性融资对他们来讲都需要慎重考虑和决策；相对而言，股份有限公司和有限责任公司的股东仅对企业的债务承担有限责任，因此，无论是债务性融资还是权益性融资，这两类公司的吸引力都要强许多。当然，公司实力越强，筹资就越容易。

6. 管理控制权分析

每种企业组织形式都会给管理控制和决策责任带来不同的机会和问题。在许多新企业中，创业者通常希望尽可能多地保留对公司的控制权。

(1)在个人独资企业中，创业者拥有最大的控制权，可以灵活地进行企业决策。

(2)在合伙企业中，一般由合伙人根据合伙协议协商解决日常及关键性问题。

(3)有限责任公司与股份有限公司日常业务的控制权掌握在职业经理手中，但大股东有权投票决定公司较重要的长期决策。按照公司治理的要求，法人公司中的管理权和控制权进行了适当的分离。

7. 利润与损失的分配分析

毋庸置疑，利润最大化和损失最小化是新企业的经营目标，因此利润与损失的分配问题也是创业者选择企业法律形式时需要着重考虑的。

(1)个人独资企业的负责人取得企业经营中的所有利润，同时也要为经营中的所有损失承担无限责任。

(2)在合伙企业中，利润与损失的分配取决于合伙人出资的份额或合伙协议。

(3)有限责任公司与股份有限公司一般严格按照股东的出资比例分配利润或分担损失。

第二节 企业设立应考虑的相关问题

新企业的创建不仅需要考虑自身的发展问题，还需要考虑其行为对社会及所在社区的影响。现有的法律制度和伦理要求对新企业成长来说是最基本的底线，只有那些能有效遵守法律制度和相关伦理要求的新企业才能获得持久发展的保证。

一、新企业创建的相关法律问题

(一)创建新企业需要了解的法律法规

1.《个人独资企业法》

2000 年 1 月 1 日，《个人独资企业法》开始实施。《个人独资企业法》规定了创建个人独资企业的权利和所需要承担的责任，同时规定任何单位和个人不得违反法律、行政法规的规定，以任何方式强制个人独资企业提供财力、物力、人力；对于违法强制提供财力、物力、人力的行为，个人独资企业有权拒绝。《个人独资企业法》强有力地保证了个人自主创业有一个更为宽松的法律和政策环境。

2.《合伙企业法》

2007 年 6 月 1 日，新修订的《合伙企业法》开始实施。为促进中国创业投资的发展，新修订的《合伙企业法》增加了有限合伙，为风险投资扫清了法律障碍，促进了科技创新投入。新一轮的投资高峰随之到来，这对广大大学生创业者无疑是一个有利的消息。

有限合伙主要适用于风险投资，由具有良好投资意识的专业管理机构或个人作为普通合伙人，承担无限连带责任，负责企业的经营管理；作为资金投入者的有限合伙人享受合伙收益，对企业债务只承担有限责任。有限合伙因具有避免双重纳税、出资人只承担有限责任等诸多优点，受到投资者和创业者的青睐。

3.《公司法》

2014 年 3 月 1 日，新修订的《公司法》开始实施。对想创业的大学生来说，这是一个令人振奋的消息，因为修订后的《公司法》将注册资本实缴登记制改为认缴登记制，放宽了注册资本登记条件，简化了登记事项和登记手续。

4.《中华人民共和国劳动合同法》(以下简称《劳动合同法》)

企业的发展和壮大离不开对人才的需求，企业聘用员工涉及《中华人民共和国劳动法》和社会保险问题，管理者需要了解劳动合同、试用期、服务期、商业秘密、竞业禁止、工伤保险、养老金、住房公积金、医疗保险、失业保险等诸多规定。2008 年 1 月 1 日正式实施的《劳动合同法》加重了用人单位的法律责任，提高了违法成本，对此大学生创业者应予以高度重视。2013 年 7 月 1 日，新修订的《劳动合同法》开始实施。本次主要对劳务派遣方面进行了相关修订。

5.《中华人民共和国担保法》(以下简称《担保法》)

保证是指保证人和债权人约定，当债务人不履行债务时，保证人按照约定履行债务或者承担责任的行为。大学生创业者在创业过程中难免会遇到资金融通、商品流通等现实问题，遇到这些问题时，创业者就可能会因借贷或其他原因而向他人提供担保或由他人为自己提供担保。《担保法》规定了多种担保方式，包括保证、抵押、质押、留置和定金，明确它们之间的区别和利弊是企业正确进行担保的前提。

6.《中华人民共和国票据法》(以下简称《票据法》)

企业运营中必然会涉及汇票、本票和支票等票据的使用。票据是怎样分类的?《票据法》规定的票据有哪几种?作为企业的创建者，创业者应清晰地了解票据相关知识。票据的签发、转让、承兑、保证与企业的交易活动密切相关，显示了以经济利益为内容的企业财产关系是否清晰分明。因此，了解票据的种类、明确票据当事人之间的权利和义务是大学生创业者在创办企业前的必修课。

(二)创建新企业时面临的法律问题

一般来说，新企业在创建过程中面临的法律问题主要包括知识产权、合同、税收、商业秘密等方面的问题。

1. 知识产权问题

知识产权是指人们对其从事智力创造性劳动取得的成果所享有的民事权利。知识产权一般只在有限的时间内有效。各种智力创造，如发明、文学和艺术作品，以及在商业中使用的标识、名称、图像及外观设计等，都可被认为是某一个人或组织所拥有的知识产权。知识产权虽然并非有形实物，但它也是创业者的重要资产。现实中，很多创业者由于不了解知识产权的相关知识，而忽视了对知识产权进行有效的保护或导致出现侵犯别人知识产权的后果，这些情况都会对新企业造成严重影响。

(1)知识产权的特点。知识产权与其他权利相比具有如下特点。

①知识产权是一种无形的财产，所以企业对其享有无形财产权。

②企业知识产权的确认必须经由国家专门的知识产权管理机构办理。

③知识产权具有双重性。也就是说，知识产权既有某种人身权的性质，又有财产权的性质(商标权除外)。

④专有性。知识产权的专有性是指知识产权为权利主体所专有，具有排他性。

⑤地域性。知识产权的保护范围通常以国家为界，除非通过国际条约或在他国另行申请，否则在其他国家不能自动获得法律保护。

⑥时间性。知识产权的保护是有时间限制的，只有在规定的时间内才能受到法律的保护。

(2)知识产权的种类。知识产权主要包括专利权和商标权等。

①专利权。《中华人民共和国专利法》(以下简称《专利法》)将专利定义为受法律规范保护的发明创造，专利权是指一项发明创造向国家审批机关提出专利申请后，经依法审查合格后向专利申请人授予的在规定时间内对发明创造享有的专有权。

《专利法》所称的发明创造是指发明、实用新型和外观设计。发明是指对产品、方法或者其改进所提出的新的技术方案；实用新型是指对产品的形状、构造或者其结合所提出的适于实用的新的技术方案；外观设计是指对产品的形状、图案或者其结合以及色彩与形状、图案的结合所作出的富有美感并适于工业应用的新设计。

专利属于知识产权的一部分，是一种无形财产，与有形财产相比具有特别之处，这些特别之处主要表现在排他性、区域性与时间性方面。排他性是指只要在专利权有效期和法律管辖区内，任何单位或个人未经专利权人许可都不得实施其专利，否则属于侵权行为；区域性是指专利权是一种有区域范围限制的权利，它只有在法律管辖区域内有效，同一发明可以同时在两个或两个以上的国家申请专利，获得批准后其发明便可以在所有申请国获得法律保护；时间性是指专利只有在法律规定的期限内才有效，在我国，发明专利权的期限为 20 年，实用新型专利权和外观设计专利权的期限均为 10 年。

对以下几种情况，国家将不授予专利权：科学发现，智力活动的规则和方法，疾病的诊断和治疗方法，动物和植物品种，用原子核变换方法获得的物质，对平面印刷品的图案、色彩或二者的结合作出的主要起标识作用的设计。

案例 12-2

天空之翼：飞跃创业史

D 企业的成立是创新与创业精神的结晶。这家公司由汪某在 2010 年创立于中国深圳，是从一个简单的想法，即改进和革新无人机(UAV)技术，发展成全球领先的民用无人机制造商的故事。

汪某是香港科技大学在读博士，他对无线电控制技术和飞行器设计充满热情，也对现有的飞行控制系统的局限性感到不满。他认为这些系统要么功能有限，要么价格昂贵，难以为航模爱好者和小型商业应用所接受。因此，汪某决定设计一种高性能且价格合理的飞行控制系统。这个决定最终催生了 D 企业的第一款产品——N 飞行控制系统。

在最初的几年里，D 企业的业务主要是为模型飞机爱好者和小规模的工业应用提供飞行控制系统。汪某和他的团队在深圳市某小区的三居室公寓中开始了创业历程。他们的办公室紧凑而简陋，但充满了创造力和激情。

D 企业的突破来自其对技术专利的重视和持续创新。汪某意识到，要让 D 企业的产品在市场上脱颖而出，必须拥有核心技术的知识产权。于是，D 企业开始在飞行控制算法、云台稳定技术、机器视觉系统、动力管理和无人机通信等关键技术上申请专利。这些专利构成了 D 企业产品的技术基石，并为其提供了市场竞争力。

2013 年，D 企业推出了其第一款集自主飞行功能和高清摄像机于一体的消费级无人机。这款无人机的推出，不仅革新了市场，也确立了 D 企业在无人机行业的领先地位。该系列的成功源于其易于使用的特性，即使是无经验的用户也能够快速上手。此外，D 企业的无人机装备了先进的避障系统和智能飞行模式，这些都是基于其自主研发的专利技术。

随着时间的推移，D企业逐渐扩大了其产品线，推出了系列产品，这些产品沿用和改进了早期产品的核心技术，并将其应用到新的设计和功能中。D企业的无人机不仅在消费者市场中受欢迎，也开始被广泛应用于农业、测绘、电影制作、搜救和安全监控等领域。

D企业的成功不仅在于其产品的先进技术，还在于对市场需求的敏锐洞察和对用户体验的不懈追求。D企业始终致力于通过不断的技术创新和专利保护来维持其产品的领先地位，并通过全球化的市场战略来扩大其品牌影响力。

从一个小型创业团队到一个全球性的高科技公司，D企业的故事是中国制造业转型和升级的缩影。通过不断的技术创新、专利积累和国际市场扩张，D企业不仅改变了无人机行业，也成了全球技术创新的标杆。

②商标权。世界知识产权组织（World Intellectual Property Organization，WIPO）在其商标官方网站上给出了商标的定义：商标是将某商品或服务标明是由某具体个人或企业所生产或提供的商品或服务的显著标志。根据《中华人民共和国商标法》（以下简称《商标法》）的规定，经商标局核准注册的商标为注册商标，包括商品商标、服务商标、集体商标和证明商标。商标注册人享有商标专用权，受法律保护。

集体商标是指以团体、协会或者其他组织名义注册，供该组织成员在商事活动中使用，以表明使用者在该组织中的成员资格的标志。证明商标是指由对某种商品或者服务具有监督能力的组织所控制，而由该组织以外的单位或者个人使用于其商品或者服务，用以证明该商品或者服务的原产地、原料、制造方法、质量或者其他特定品质的标志。

为了避免商标侵权行为，新企业在成立之初选择商标时，应当遵循以下五个基本准则。

第一，新企业要花费一定的时间与精力调查自己所选商标的使用情况。

第二，针对商标问题应咨询律师的意见，如果律师不同意使用该商标，那么在大部分情况下这个商标是有问题的。

第三，寻找一个有创新性的商标。

第四，在营销策划的过程中选择一个独特的暗示符号作为商标，以给消费者留下深刻的印象。

第五，避免恶意模仿。如不用相同音不同字的商标，否则可能给新企业带来麻烦。

《商标法》第十条规定，下列标志不得作为商标使用。

第一，同中华人民共和国的国家名称、国旗、国徽、国歌、军旗、军徽、军歌、勋章等相同或者近似的，以及同中央国家机关的名称、标志、所在地特定地点的名称或者标志性建筑物的名称、图形相同的。

第二，同外国的国家名称、国旗、国徽、军旗等相同或者近似的，但经该国政府同意的除外。

第三，同政府间国际组织的名称、旗帜、徽记等相同或者近似的，但经该组织同意或者不易误导公众的除外。

第四，与表明实施控制、予以保证的官方标志、检验印记相同或者近似的，但经授权的除外。

第五，同“红十字”“红新月”的名称、标志相同或者近似的。

第六，带有民族歧视性的。

第七，带有欺骗性，容易使公众对商品的质量等特点或者产地产生误认的。

第八，有害于社会主义道德风尚或者有其他不良影响的。

县级以上行政区划的地名或者公众知晓的外国地名，不得作为商标。但是，地名具有其他含义或者作为集体商标、证明商标组成部分的除外；已经注册的使用地名的商标继续有效。

《商标法》第十一条规定，下列标志不得作为商标注册。

第一，仅有本商品的通用名称、图形、型号的。

第二，仅直接表示商品的质量、主要原料、功能、用途、重量、数量及其他特点的。

第三，其他缺乏显著特征的。

案例 12-3

“协和”商标之争

2002 年，郑某取得了“协和”文字注册商标专用权，之后授权其名下苏州市协和药业有限公司使用此商标生产化妆品。但在 2006 年，郑某以商标侵权为由，将北京协和生物医药化妆品技术开发有限公司(以下简称“技术开发公司”)告上了法庭，主张其将“协和”商标直接作为其生产的化妆品商标的一部分，在市场销售宣传，属于侵权行为。

在庭审中，技术开发公司称自己的产品及其生产技术均为自研，虽然使用了“协和”的字样，但字体、图案和排列方式均与郑某拥有的商标不近似，不会产生混淆。而且自己是由协和生物医药技术有限公司投资成立，该公司又是由协和医科大学投资成立的，自己使用“协和”是有渊源的，将其作为商标是合法使用商号的行为，不存在侵权行为。

2006 年 6 月 20 日，法院最终判决技术开发公司立即停止涉案侵权行为，相关生产商立即停止生产涉案侵权产品，技术开发公司赔偿郑某经济损失 10 万元。从此，市面上再也没有真正由北京协和医院研制的“协和”商标化妆品。

2. 合同问题

合同是当事人或当事双方之间设立、变更、终止民事关系的协议。合同依法签订后，受法律保护。新企业必须在开始生产经营的时候与供应商、客户等签订合同，以保障公司的合法权益，这就要求创业者必须了解与合同相关的法律法规。

3. 税收问题

税率直接关系到新企业能否设立和存续。如果税率很高，创业者可留存的税后利润降低，即实际收益率降低，以致不足以抵消创建新企业所带来的风险。

在个人独资企业、合伙企业和有限责任公司这三种企业形式中，有限责任公司只承担有限责任，风险相对较小；个人独资企业和合伙企业由于要承担无限责任，风险较大。尤其是个人独资企业，还存在增值税一般纳税人认定等相关法规不易操作的问题，更增加了企业风险。

对于初创企业而言，比较重要的税种包括流转税(增值税、消费税、关税)和所得税(个人所得税、企业所得税)。此外，还涉及一些新企业所在地的地方税种。需要注意的是，只有有限责任公司适用企业所得税，个人独资企业、合伙企业则不适用企业所得税，而适用个人所得税。创业者在选择创业所在地和企业形式时必须考虑相关税收政策，充分运用合理的税收策略，以实现税后利润最大化。

4. 商业秘密问题

《中华人民共和国反不正当竞争法》第十条规定，商业秘密是指不为公众所知悉、能为权利人带来经济利益、具有实用性并经权利人采取保密措施的技术信息和经营信息。

商业秘密可以分为两大类，即技术信息和经营信息。技术信息为技术所承载的信息，主要指有形的技术信息(技术设计、技术样品、工艺流程、工业配方、计算机程序等)。经营信息是指技术信息以外的能够给权利人带来竞争优势的用于经营的信息，包括与市场有关的商业情报和信息(客户名单、货源、标书标底、谈判方案等)以及与经营管理有关的资料和信息(发展规划、竞争方案、管理诀窍、员工的技能及经验等)两种类型。

商业秘密有可能会泄露，从而给权利人造成较大损失，因此企业有必要采取相应的措施来保护自己的商业秘密。

二、新企业创建的相关伦理问题

创业伦理是人们在创业过程中调整人与人、人与企业、人与社会之间关系的所有行为规范的总和。创业伦理的主要功能是约束和引导人们的创业行为，使其在社会通行准则可接受的范畴之内，从而维护正常的创业秩序，并为创业成功提供道德保障。

创业伦理包含责任、诚信、服务等内容。责任指创业者不但将创业视为满足个人职业要求的有效途径，而且将其看作为社会做贡献、为民族进步、为国家分忧的个人责任，通过创业承担个人、社会、民族、国家的责任；诚信指创业者在其创业活动中遵纪守法，诚恳待人，信守承诺，不因外部因素影响放弃内心操守，坦率面对自己；服务指创业者以服务为核心，通过服务客户，服务社会，服务民族获得个人、企业在现实社会中的生存空间和发展空间，在达成个人创业理想的同时造福他人与社会。

具体来说，创业者在创业过程中应体现以下伦理道德素质。

(1)捍卫本企业所制定的道德准则、价值规范。
(2)强化本企业在业界和社会的形象和声誉。
(3)保持本企业的道德责任感，以诚信为原则。
(4)永远以客户的需求为第一考虑，时刻为客户着想。
(5)确实掌握生产和服务成本，获取合理利润。
(6)确保安全性和效率。
(7)避免违法和不道德的行为。

第三节 新企业的管理

一、新企业的财务管理

财务管理是企业管理的一部分，是有关资金的获得和有效使用的管理工作。对新企业而言，牢牢把握住企业的财务状况至关重要，若企业在财务上运转不灵，则很难持续经营。

(一)财务管理的职能

财务管理的职能分为财务决策、财务计划和财务控制，如图 12-1 所示。这里的计划专指期间计划。期间计划是针对一定时期的(如 1 年)，其编制目的是落实既定决策，明确本期间应完成的全部事项。财务控制是执行财务决策和财务计划的过程，包括对比计划与执行的信息、评价下级的业绩等，通过监督和调整财务活动确保目标实现。期间计划和财务控制都是财务决策的执行过程。

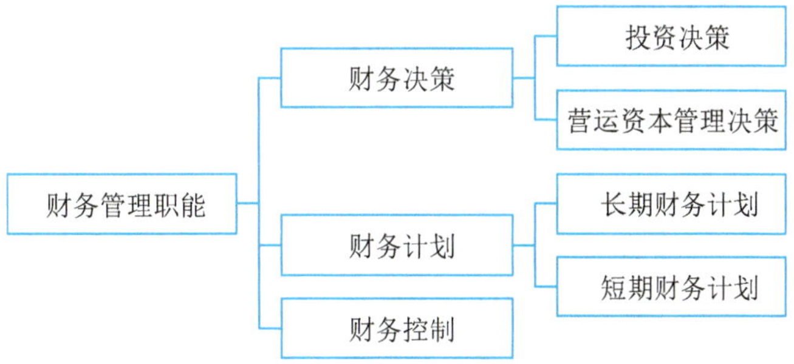

图 12-1 财务管理职能

(二)财务管理的目标和原则

1. 财务管理的目标

在财务管理目标方面，大多数创业企业都要面对四个主要的财务目标，即营利性、流动性、效率和稳定性。理解这些目标有利于企业财务步入良性轨道，并帮助企业对上述问题做出满意回答。

(1)营利性。营利性是指企业赚取利润的能力。许多新企业在成立的最初三年需要培训员工并树立品牌，因此开始并未实现盈利。但企业必须实现盈利才能保持运转并向所有者提供回报。

(2)流动性。流动性是指企业偿还短期债务的能力。即使企业能够盈利，它也必须保证在银行里有足够的资金能及时满足日常经营活动需要。为此，企业必须时刻关注应收账款和存货。应收账款是客户欠企业的货款，而存货则是企业的货物、原材料和待售产品。如果企业的这两项资产都过高，就很难保证企业有足够的现金来满足短期债务的需要。

(3)效率。效率是相对于收益和利润而言的，是企业利用其资产的生产效率水平。以美国西南航空公司为例，该企业利用资产的生产效率水平非常高，其飞机在港停泊时间或飞机在地面卸货和装填货物的停留时间在航空企业中是最短的。西南航空公司对此的解释是："停在地面上的飞机不能带来任何价值，我们需要飞机尽快返回空中。"

(4)稳定性。稳定性是指企业整体财务状况的强健程度和抗风险能力。企业要稳定发展，不仅要保持良好的盈利能力和健康的现金流，而且要维持合理的负债水平。如果企业不断向贷款者借款，可能导致资产负债率过高，从而使企业面临较大偿债压力，加大财务风险。

2. 财务管理的原则

财务管理的原则是企业财务管理工作必须遵循的基本准则，是从企业财务管理实践中抽象出来的并在实践中得以证明是正确的行为规范。它反映了企业财务管理活动的内在本质要求。企业财务管理主要遵循以下原则。

(1)价值最大化原则。企业价值最大化既是财务管理的目标，又是财务管理的一项基本原则。企业财务管理的一切活动都要按照价值最大化原则来进行。在整个经营过程中，财务管理人员要严格监控企业的各项投入与产出、耗费与收入、盈利与亏损，努力使企业的资金在系统价值观念的指导下高效运行。

财务管理还应将价值最大化的基本理念贯穿于企业财务的预测与决策、编制财务计划、进行财务控制、开展财务考核与分析等各项财务管理活动之中，自觉运用价值管理的有效手段，促使企业在经营与投资等资金运作过程中保持稳定和高效，确保企业价值最大化目标的实现。

(2)风险与收益均衡原则。财务管理的目标是企业价值最大化，这种价值最大化是与收益均衡前提下的风险价值紧密相连的。高风险高收益是市场经济的基本规律，如何在收益与风险之间取得均衡，做到既不盲目冒险又不过于保守，这就取决于企业经营管理者的风险意识和财务管理的正确决策。

在企业的各项财务管理活动中，要十分慎重地对各种风险因素做深入的研究和仔细的分析，"好大喜功"的决策思想会给企业带来不可预料的严重后果。

(3)成本效益原则。财务管理要追求企业价值最大化，就必须处处讲求效益和节约成本，即把以最小的成本获取最大的收益作为实现财务管理目标的基本手段。在企业的整个财务管理活动中，始终要坚持成本效益原则，任何不顾成本、盲目追求产值或利润最大化的做法都是错误的，其结果只能给企业造成更大的损失。

(4)资源合理配置原则。企业作为现代市场经济的微观组织，在财务管理方面应十分重视将其资源进行合理配置和优化组合，最大限度地发挥其整体效用，既要防止资源供应不足而影响企业的整体规模效益，又要避免各个环节的资源过剩和浪费。财务管理应通过帮助企业合理配置财力资源来促进企业生产规模的合理发展、产品结构的有效调整、产品质量的不断提高、资金管理和利用效益的增长，以及企业员工福利待遇的改善等。

(5)利益关系协调原则。企业财务管理的重要性直接表现为它涉及企业各方面的利益关系，这种关系称为财务关系。财务管理要厘清企业的财产资源，也必须理顺企业不同利益者之间的利益关系。它直接关系到企业的投资人、债权人、经营者和内部员工及外部合作者的积极性和对期望收益的满足程度，也直接关系到企业价值最大化目标的实现。在处理企业与经营者的财务关系时，企业要建立相应的机制，确保经营者的利益与企业的利益相一致；在处理企业利益与国家利益关系时，企业首先应做到依法纳税，同时在不违反税法的前提下尽可能地维护企业利益；在处理企业与员工的利益关系时，企业应充分关心职工的利益，确保员工的工薪收入和各项福利。财务管理只有正确地处理好各个方面的财务关系，确保企业具有长久的综合发展能力，才能使企业财务管理的目标得以实现。

(三)新企业财务管理策略

对初创阶段的企业来说，企业的各项财务管理活动都应遵循稳健性原则和谨慎性原则。

1. 筹资管理

初创阶段的企业要想求生存、谋发展，必须获得充足的资金支持。筹资管理要解决以何种形式、何种渠道、什么时机筹集企业经营所需资金的问题，重点把握各种资金的结构、筹资成本等问题。

创业投资是初创期企业主要的资金来源，吸引风险投资是初创企业主要的筹资渠道，创业者应注意寻找适合自己的风险投资者。一般来说，大企业及其所属的风险投资机构等战略投资者，通常能为初创企业提供一些技术支持，甚至共享其宝贵的客户资源。风险投资公司有良好的培育创业企业的经验和声誉，有广泛的关系网络，能够及时发现创业企业成长中的问题，并帮助解决这些问题。投资银行则能够帮助企业改善管理，为企业发行股票并上市、为实现更大范围的融资提供市场运作的专业服务。

2. 投资管理

投资管理要解决做什么(投资方向)、做多少(投资金额)、何时做(投资时机)、怎么做(资金来源与运用)等问题。由于企业在初创阶段需要大量的资金，而且市场具有很大的不确定性，因此，这个阶段的投资要处理好风险和收益问题。创业者要在充分收集信息的基础上，进行深入细致的市场调查和充分的可行性研究，通过审慎的研究评估，科学预测企业的投资价值和可能出现的风险，做到事先防范，将投资风险降到最低。创业期企业一般采用集中化投资战略，即利用有限的资金投资于某个特定市场，最大限度地发挥资金使用效率。

3. 营运资金管理

营运资金管理是财务管理活动的重要环节，企业按月编制营运资金分析表可以有效地控制营运资金。发现营运资金不足时，企业应立即采取相应的措施来弥补。

4. 利润分配

企业进行股利分配时，要从企业战略的角度出发，根据企业自身的情况选择适宜的股利分配政策，使股利分配既能满足企业发展的需要，又能满足投资者的需要。股利分配关系到企业战略资金能否得到有效保障，因为股利发放的多少决定着企业内部资金来源的多寡，关系到企业财务战略的成败。如果企业的留存收益水平较高，那么意味着企业发放的股利较少。企业的留存收益可以为企业的发展提供资金保障。

创业期企业收益水平低且现金流量不稳定，因此低股利政策或零股利政策往往是较明智的选择。

5. 财务控制

完善内部控制是创业期企业财务管理的基础工作，只有完善内部控制才能发挥财务管理的应有职能，实现财务管理的目标。

创业期企业在加强财务控制的过程中，应该重视以下几个方面的工作。

(1)聘请专业的财务人员，充实财务部门的力量。

(2)保持会计记录的准确性、完整性。建立必要的会计制度，加强对员工的专业培训和后续教育，防止出现会计记录混乱、错误或不完整的情况，这是发挥财务管理其他职能的最基本前提。

(3)建立健全职务分离制度。企业对记账、出纳、保管等不相容职务实行分离，应尽量由不同人员担任，避免一个人从头到尾处理一项业务，减少错误和舞弊出现的可能性。根据分工原则，企业要尽量将不同性质的工作安排给不同的人来完成。

(4)避免任人唯亲。特定的亲属关系会弱化企业内部的互相制约关系，使内部控制制度的作用得不到充分发挥，也容易产生不公平现象，影响企业的整体激励制度，有时还存在难以管理的问题。

(5)建立完善的资产管理制度，合理保证资产的安全性和完整性。首先，企业要建立健全物资购销的内控制度，在物资采购、领用、销售及样品管理上建立合适的操作程序，从制度上保证操作规范，堵住漏洞，维护安全；其次，企业要将资产管理和凭证记录岗位分离，形成有力的内部牵制；最后，企业要建立实物资产定期盘存制度。

(四)新企业应对财务风险的措施

在企业面对复杂的经营环境的时候，财务风险总是在不同程度上存在的，尤其是初创企业。企业应对财务风险管理给予足够的重视，对财务风险的成因及其防范进行研究，积极开展对财务风险的控制与管理、监测与预警，以有效降低财务风险，提高企业的效益。一般来说，有效降低企业创立初期财务风险的方法有以下几种。

(1)建立有效的风险防范与处置机制，正确理解经营风险与财务风险的关系。风险防范是企业在识别风险、估量风险和研究风险的基础上，用最有效的方法把风险导致的不利后果降低到最低限度的行为。企业各部门、各人员，特别是企业的决策管理部门必须增强风险防范意识，不论是对外投资还是对内融资，也不论是研制产品还是销售产品，都应预测可能产生的风险及企业的承受能力，加强企业管理的基础建设，加强对企业管理人员的业务培训，增强他们认识风险、分析风险和防范风险的能力，提高管理决策水平，以降低经营的盲目性和决策的随意性。

(2)不断提高财务管理人员的风险意识，理顺企业内部的财务关系，做到责、权、利相统一。企业要使财务管理人员明白，财务风险存在于财务管理工作的各个环节，任何环节的工作失误都可能给企业带来财务风险，财务管理人员必须将风险防范意识贯穿财务管理工作的始终。企业应设置高效的财务管理机构，配备高素质的财务管理人员，规范各项规章制度，强化各项基础工作，使财务管理人员的风险意识不断提高。与此同时，企业必须理顺内部的各种财务关系，明确各部门在企业财务管理中的地位、作用及应承担的职责，并赋予其相应的权限，真正做到权责分明、各负其责。在利益分配方面，企业应兼顾各方利益，以调动各部门参与企业财务管理的积极性，从而真正做到责、权、利相统一，使企业内部各种财务关系清晰明了。

(3)引进科学的风险管理程序，加强制度建设，建立健全财务风险管理机制。财务风险管理是一个识别和评估风险、分析风险成因、预防和控制风险、处理风险损失的有机过程。在风险识别、评估和分析的基础上，企业应确定应对风险的方案和措施，制订企业财务战略和计划，优化财务决策和控制方法，健全财务信息的控制系统，当风险出现时及时处理以减少损失。企业加强制度建设要做到：首先，建立客户管理制度，加强对客户信用的管理，形成一套适合本企业的风险预防制度，把财务风险降至最低；其次，建立统计分析制度，通过完善的统计分析及时发现问题，并采取相应措施加以控制；最后，建立科学的内部决策制度，对风险较大的经营决策和财务活动，要在企业内部的各职能部门中进行严格的审查、评估、论证，尽量避免因个人决策失误而造成的风险。

二、新企业的人力资源管理

在现代社会的发展中，人力资源越来越重要，各种类型的组织对人力资源管理的重视程度也越来越高。优秀的人才是企业成功发展的关键因素之一，而人力资源管理是创业者必须做好的工作之一。

(一)新企业常见的人力资源管理问题

新企业的管理体系大多处在不断调整的状态中，加之其竞争地位相对较弱，因此在招聘、用人等方面存在诸多问题。

1. 难以找到合适的人才

由于新企业提供的薪酬、福利待遇相对较低，而风险又较高；有的企业地处中小城市，甚至偏僻地区，因此很难吸引到合适的人才。

2. 稳定性差

一方面，新企业通常成立时间较短，内部成员间未经充分磨合，而又面临较大的生存与竞争压力，容易产生矛盾与冲突，导致人员流动频繁；另一方面，也有新加入者，如大学应届毕业生等，把创业企业当成获得经验的跳板，一旦积累了一定经验便跳槽，使企业的人员流动性加大。

3. 缺乏完整的人力资源管理体系

新企业的发展更多地依赖于每个员工的能动性，但新企业往往难以形成系统、完善的人才管理制度及体系，在招人、用人方面可能有较大的随机性。

4. 良好的企业文化尚未形成

大多数新企业的企业文化尚在形成过程中，还没有成熟和定型，员工之间往往缺乏共同的价值观念，对企业的认同感不强，容易造成个人价值观与企业理念冲突，从而导致不必要的内讧及人才流失。

(二)新企业人力资源管理的重点

创业者应把人力资源管理工作的重点放在以下几个方面。

1. 员工招聘

员工招聘是人力资源管理的第一项工作，也是最关键的一项工作。创业者可通过多种渠道向社会发布招聘信息，在招聘信息中应尽可能多地介绍公司的发展优势，以吸引优秀人才前来应聘。就招聘渠道来说，企业可以通过人才交流中心、招聘洽谈会、媒体广告、网上招聘、熟人推荐等渠道进行。

企业招聘新员工应遵循以下几个原则：

(1)公开、公平、公正原则。公开是指企业要把招聘信息、招聘方法及招聘结果公示出来，使整个招聘过程置于公开监督下，防止出现以权谋私和假公济私的现象，确保招聘到真正优秀的人才；公平、公正是指企业应确保给每个参加应聘的人平等的机会。

(2)实际需要原则。招聘新员工应以工作的实际需要和岗位的空缺情况为出发点，根据工作需要和岗位要求选聘工作人员；同时还应避免盲目攀比，过度消费人才资源，造成企业成本增加和人才浪费。

(3)择优录取原则。择优录取是指在招聘过程中引入竞争机制，在对应聘者的思想政治素质、道德品质、业务能力等各方面进行全面考核的基础上，按照考查的成绩择优录用。

(4)效率优先原则。新企业应用尽可能低的招聘成本录用最合适的人选。

2. 员工定岗

员工定岗是指在企业组织结构确定的条件下，采用科学的方法确定企业岗位设置和各岗位人员数量的过程。定岗的基础是科学、合理地设岗。创业者可以将企业的所有工作内容按专业划分成若干个组成部分，其中职能和业务流程中相同或类似的部分可以组合起来设为一类岗位。企业给新进员工定岗应遵循以下原则。

(1)因事设岗原则。岗位和人应是设置和被设置的关系，岗位设置必须按照企业各部门职责范围设定，不能颠倒。很多企业存在因人设岗的现象，如果不是针对少部分高端人才，因人设岗会导致人力资源浪费和劳动力成本增加。

(2)协作原则。岗位设置强调专业化分工，但各岗位之间的有效协调也非常重要，因此应在分工的基础上有效地综合，使各岗位职责既明确又能相互协调，这样才能发挥人力资源的最大效能。

(3)最少岗位原则。对创业者来说，节省每笔开支都非常重要，在人力成本中，如果按照最少岗位原则，做到非必要不设岗，既可以最大限度地节约人力成本，又可以尽可能地缩短岗位之间信息传递的时间，减少信息传递中的衰减效应，从而达到提高工作效率的目的。

(4)客户导向原则。为客户创造价值是企业存在的基础，因此岗位设置必须从客户的角度考虑问题，以尽可能满足客户的不同需求为标准。

(5)监管原则。在企业中，有些工作岗位之间存在监督与被监督的关系，如会计和出纳，这两种不同性质的工作必须分别设岗。

3. 员工培训

培训作为现代企业管理的重要内容和手段，已越来越被企业所重视。一方面，培训可以改变员工的工作态度，增长知识，提高技能，激发他们的创造力和潜能，提高企业运作效率和销售业绩，使企业直接受益；另一方面，培训也提升了员工自身素质和能力，让员工体会到企业对他们的重视，认识到培训是公司为他们提供的最好福利。

4. 员工激励

员工被分配到一定岗位之后，企业就要充分调动员工的工作积极性，使其立足本职岗位，充分发挥聪明才智，为企业带来更大的效益。要达到这一目的，企业除科学管理、合理使用之外，还要建立一套良好的员工激励机制。例如，运用薪资、福利的灵活性吸引人才；通过股权赠与，以愿景吸引并留住人才。

三、新企业的市场营销管理

市场营销是从卖方的立场出发，以买方为对象，在不断变化的市场环境中，以消费者需求为中心，通过交易程序，提供和引导商品或服务到达消费者手中，满足消费者需求与利益，从而获得利润的企业综合活动。

(一)市场营销活动

市场营销活动的过程包括以下四个步骤。

(1)分析、发现和评估市场机会。企业必须随时关注宏观环境和微观环境的变化。宏观环境主要包括政治法律环境、经济环境、社会文化环境、科学技术环境、人文环境、自然环境等；微观环境主要包括供应商、竞争对手、消费者、替代产品生产者、潜在进入者等。企业必须通过对宏观、微观环境信息的收集和分析，发现市场机会，评估市场机会，利用市场机会。

(2)细分市场，选择目标市场。企业可以根据消费者不同的消费特征将市场细分，然后根据自己的资源优势选择目标市场，并采取不同的目标市场战略。

(3)制订营销计划，规划营销策略。在选定的目标市场上，创业者要实现自己的营销目标，就需要制订一系列营销计划，并规划详细的营销策略。

(4)营销计划的落实。所有的营销计划、营销策略都必须很好地得到落实，并且在实施过程中根据实际情况加以改进，才能使其转化为实际的竞争优势，实现企业的营销目标。

(二)市场营销策略

1. 目标市场策略

目标市场策略是指企业通过市场细分选择目标市场，通过研究目标市场需求特点并针对其特点提供适当的产品或服务，制定一系列的营销措施和策略，实施有效的市场营销组合。一般来说，目标市场策略包括无差异性市场策略、差异性市场策略和密集性市场策略。

(1)无差异性市场策略。无差异性市场策略是指企业不考虑各个细分市场之间的差异，只推出一种产品、设计一套市场营销组合方案去满足整个市场的需求。

优点：生产经营品种少、批量大，可以节约成本，提高利润率。

缺点：忽视了需求的差异性，市场中部分需求得不到满足。

(2)差异性市场策略。差异性市场策略是指企业准备为各个细分市场或许多细分市场服务，并按照各个细分市场的需求差异，分别提供不同的产品、设计不同的市场营销组合方案去满足目标市场的需求。

优点：适应了各种不同的需求，能扩大销售，提高市场占有率。

缺点：增加设计、制造、管理、仓储和促销等方面的成本，造成市场营销成本的上升。

(3)密集性市场策略。密集性市场策略又称集中性市场策略，即企业以一个或少数几个细分市场作为目标市场，并集中力量为目标市场服务。

优点：由于目标集中，能更深入地了解市场需要，使产品更加适销对路，有利于树立和强化企业形象及产品形象，在目标市场上建立巩固的地位；同时，由于实行专业化经营，可节省生产成本和营销费用，提高利润率。

缺点：目标过于集中，把企业的命运押在一个小范围的市场上，有较大风险。

这三种目标市场策略各有其长处和不足，企业应根据具体情况加以选择。其中，无差异性市场策略和差异性市场策略一般适用于生产规模大、实力雄厚的大企业，而新企业通常更适合选择密集性市场策略。

2. 产品定位策略

产品定位是针对消费者或用户对某种产品的某一属性的重视程度，塑造产品或企业的鲜明个性或特色，树立产品在市场上的形象，从而使目标市场上的消费者了解和认识本企业。这里的产品定位与前面提到的目标市场定位有一定区别。目标市场定位是指企业对目标消费者或目标消费市场的选择，而产品定位是指企业选择什么样的产品来满足目标消费者或目标消费市场的需求。一般来说，新企业应先进行市场定位，然后进行产品定位。具体而言，产品定位策略主要有以下几种。

(1)产品专门化策略。产品专门化策略即产品组合单一，在产品组合坐标系中，该产品处于原点位置。例如，可口可乐公司在相当长的时间里实行的是产品专门化策略，以统一的产品、包装、价格和宣传推广向全世界的消费者提供可口可乐。产品专门化策略在一定程度上将消费者的需求视为无差异。

(2)产品差异化策略。产品差异化策略即企业通过自己的营销努力使产品组合向深度、广度发展。例如，可口可乐公司在满足消费者多样化需求的前提下，生产了雪碧、健怡可乐、芬达、酷儿等产品，从更多角度满足了消费者的需求。

(3)产品边缘化策略。产品边缘化策略即产品组合由深度向广度发展。以金利来为例，其产品组合最初只是各种档次、规格、系列的男性领带，而现在其产品涉及男女用钱包、箱包、服装等多个领域，从多方面满足了男性消费者和女性消费者的需求。

(4)产品多角化策略。产品多角化策略即产品组合由关联度向广度发展或由深度向广度发展。例如，海尔集团最初是靠生产冰箱起家的，但是如今已拥有包括电视机、洗衣机、空调、计算机在内的大小家电 800 多个项目产品。

3. 市场营销组合策略

市场营销的主要目的是满足消费者的需求。消费者的需求多种多样，满足消费者需求所应采取的措施也有很多。因此，企业在开展市场营销活动时，必须把握住那些基本性措施，合理组合，以充分发挥整体优势和效果。市场营销组合策略主要体现在四个因素上，分别是产品(Product)策略、价格(Price)策略、营销渠道(Place)策略和促销(Promotion)策略，这就是市场营销的"4P"组合。

(1)产品策略。产品策略包括产品发展、产品计划、产品设计、产品交货期等决策的内容，其影响因素包括产品的特性、质量、外观、附件、品牌、商标、包装、担保和服务等。

(2)价格策略。价格策略包括确定定价目标、制定产品价格的原则与技巧等内容，其影响因素包括分销渠道、区域分布、中间商类型、运输方式和存储条件等。

(3)营销渠道策略。营销渠道策略主要是指研究使商品顺利到达消费者手中的途径和方式等方面的策略，其影响因素包括付款方式、信用条件、基本价格、折扣、批发价、零售价等。

(4)促销策略。促销策略主要是指研究如何促进消费者购买商品以实现扩大销售的策略，其影响因素包括广告、人员推销、宣传、营销推广、公共关系等。

【拓展阅读】

扫码阅读

"智"造价值

【思考与训练】

1. 假设你是一家即将创立的新企业的负责人，计划在高科技园区设立一家软件开发公司。

(1)筛选 10 家高新技术企业，分析这 10 家企业的选址有哪些共性。

(2)在这 10 家高新技术企业中，有几家是在技术研发中心附近或新技术信息传递比较迅速的地区？

(3)学生自由分组，以小组为单位对技术类企业选址的相关理论进行归纳总结。

2. 假设你是一家连锁饮品店的老板，计划在北京开设一家新店。

(1)收集5个你感兴趣的热门连锁饮品品牌。

(2)分析你所选择的5个饮品品牌，包括各个品牌在全国的地域布局、品牌定位(属于中端品牌还是高端品牌)、目标消费层级、主打产品、代言人的影响力、各价位饮品的毛利率等。

(3)从中选择一个你打算加盟的品牌，阐明原因。

(4)与品牌加盟负责人联系，沟通加盟费、店铺装修费、原料费用、设备回收费用、补贴条款等相关信息。

(5)接下来，从北京全市筛选拟开设门店的地址。你需要考虑的因素包括：门店附近的客流量、门店租金、门店周围是否有其他品牌的饮品店、门店周围同品牌饮品店与拟选门店距离是否符合加盟条款中的排他要求(其他你想到的因素)。

(6)收集并分析北京饮品店员工的工资情况，根据你想要开设的饮品店的规模确定需要聘用的人员数量。

(7)计算开设这家饮品店的前期总投入、运营后每月的固定成本，计算平均每日至少要达到多少销售流水才可以实现一年内收回本金、第二年开始盈利。

3. 假如你是一家玩偶公司的营销专员，你接到任务，需要对公司近期设计生产的一系列玩偶进行销售。

(1)与小组成员共同收集目前人们对可选择消费品的消费能力、消费意愿。

(2)锁定玩偶主要消费群体，选择几种目前较受欢迎的玩偶品种，并根据不同消费者的消费能力，确定产品定价区间并阐明原因。

(3)锁定当地几家“Z世代”消费者常去的商场。

(4)调研商场内各百货门店中玩偶类商品的价格区间。

(5)调研玩偶生产成本、利润率，确定这批玩偶的基本价格、折扣、批发价、零售价。

(6)以小组为单位，针对近期的购物节设计产品广告和线上线下的宣传方式。

附　录

附录 1　国家对大学生创业的优惠政策

一、企业注册登记方面

1. 程序更简化

凡高校毕业生(毕业后两年内，下同)申请从事个体经营或申办私营企业的，可通过各级工商部门注册大厅“绿色通道”优先登记注册。其经营范围除国家明令禁止的行业和商品外，一律放开核准经营。对限制性、专项性经营项目，允许其边申请边补办专项审批手续。对在科技园区、高新技术园区、经济技术开发区等经济特区申请设立个私企业的，特事特办，除了涉及必须前置审批的项目外，试行“承诺登记制”。申请人提交登记申请书、验资报告等主要登记材料，可先予颁发营业执照，让其在 3 个月内按规定补齐相关材料。凡申请设立有限责任公司，以高校毕业生的人力资本、智力成果、工业产权、非专利技术等无形资产作为投资的，允许抵充 40%的注册资本。

2. 减免各类费用

除国家限制的行业外，工商部门自批准其经营之日起 1 年内免收该个体工商户登记费(包括注册登记、变更登记、补照费)、个体工商户管理费和各种证书费。对参加个私协会的，免收其 1 年会员费。对高校毕业生申办高新技术企业(含有限责任公司)的，其注册资本最低限额为 10 万元，如资金确有困难，允许其分期到位；申请的名称可以“高新技术”“新技术”“高科技”作为行业予以核准。高校毕业生从事社区服务等活动的，经居委会报所在地工商行政管理部门备案后，1 年内免予办理工商注册登记，免收各项工商管理费用。

大学毕业生在办理自主创业的有关手续时，除带齐规定的材料，提出有关申请外，还要带上大学毕业生就业推荐表、毕业证书等有关资料。

二、金融贷款方面

1. 优先贷款支持、适当发放信用贷款

加大高校毕业生自主创业贷款的支持力度，对于能提供有效资产抵(质)押或优质客户担保的，金融机构优先给予信贷支持。

对高校毕业生创业贷款，可由高校毕业生为借款主体，担保方可以其家庭或直系亲属的稳定收入或有效资产提供相应的联合担保。对于资信良好、还款有保障的，在风险可控的基础上适当发放信用贷款。

2. 简化贷款手续

通过简化贷款手续，合理确定授信贷款额度，在一定期限内周转使用。

3. 利率优惠

对创业贷款给予一定的优惠利率扶持，视贷款风险度不同，在法定贷款利率基础上可适当下浮或少上浮。

需要注意的是，大学毕业生自主创业的贷款相对其他贷款来说，风险较高。大学生刚毕业，缺少社会工作经验，又没有合适的抵押物或担保，因此银行一般不会轻易贷款。

三、税收缴纳方面

凡高校毕业生从事个体经营的，自工商部门批准其经营之日起 1 年内免交税务登记证工本费。新办的城镇劳动就业服务企业(国家限制的行业除外)，当年安置待业人员(含已办理失业登记的高校毕业生，下同)超过企业从业人员总数 60%的，经主管税务机关批准，可免纳所得税 3 年。劳动就业服务企业免税期满后，当年新安置待业人员占企业原从业人员总数 30%以上的，经主管税务机关批准，可减半缴纳所得税 2 年。

除此之外，针对不同的行业还有不同的税收优惠政策。

(1)大学毕业生创业新办咨询业、信息业、技术服务业的企业或经营单位，提交申请经税务部门批准后，可免征企业所得税 2 年。

(2)大学毕业生创业新办从事交通运输、邮电通信的企业或经营单位，提交申请经税务部门批准后，第一年免征企业所得税，第二年减半征收企业所得税。

(3)大学毕业生创业新办从事公用事业、商业、物资业、对外贸易业、旅游业、物流业、仓储业、居民服务业、饮食业、教育文化事业、卫生事业的企业或经营单位，提交申请经税务部门批准后，可免征企业所得税 1 年。

四、企业运营方面

1. 员工聘请和培训享受费用减免优惠

对大学毕业生自主创办的企业，自工商部门批准其经营之日起 1 年内，可在政府人事、劳动保障行政部门所属的人才中介服务机构和公共职业介绍机构的网站免费查询人才和劳动力的供求信息，免费发布招聘广告等；参加政府人事和劳动保障行政部门所属的人才中介服务机构和公共职业介绍机构举办的人才集市或人才、劳务交流活动给予适当减免交费；政府人事部门所属的人才中介服务机构免费为创办企业的毕业生、优惠为创办企业的员工提供一次培训和测评服务。

2. 社会保险参保有单独渠道

高校毕业生从事自主创业的，可在各级社会保险经办机构设立的个人缴费窗口办理社会保险参保手续。

以上大学生创业优惠政策是国家针对全国所有自主创业的大学生制定的。另外，各地政府为了扶持当地大学生创业，也出台了相关的政策法规，而且因为更有针对性，所以更加细化，更贴近实际。大学生如果准备创业，那么在了解了国家针对大学生自主创业的优惠政策后，也一定要了解当地的创业优惠政策。除此之外，大学生自主创业在档案保存和社会保障办理方面也有对应的优惠，是国家为了鼓励大学生自主创业，解决创业的后顾之忧提供的有效保障和服务。

附录 2　高校毕业生就业创业政策解答

1. 高校毕业生自主创业，可以享受哪些优惠政策?

按照《国务院关于进一步做好新形势下就业创业工作的意见》(国发〔2015〕23号)、《国务院办公厅关于深化高等学校创新创业教育改革的实施意见》(国办发〔2015〕36号)、《国务院办公厅关于进一步支持大学生创新创业的指导意见》(国办发〔2021〕35号)等文件规定，高校毕业生自主创业优惠政策主要包括：

(1)税收优惠。简化大学生创业流程，取消《大学生自主创业证》。持人社部门核发《就业创业证》(注明“毕业年度内自主创业税收政策”)的高校毕业生在毕业年度内(指毕业所在自然年，即1月1日至12月31日)创办个体工商户、个人独资企业的，3年内按每户每年8 000元为限额依次扣减其当年实际应缴纳的增值税、城市维护建设税、教育费附加和个人所得税。对高校毕业生创办的小型微利企业，按国家规定享受相关的税收支持政策。

(2)创业担保贷款和贴息支持。对符合条件的高校毕业生自主创业的，可在创业地按规定申请创业担保贷款，贷款额度为10万元。鼓励金融机构参照贷款基础利率，结合风险分担情况，合理确定贷款利率水平，对个人发放的创业担保贷款，在贷款基础利率上上浮3个百分点以内的，由财政给予贴息。

(3)免收有关行政事业性收费。毕业2年以内的普通高校毕业生从事个体经营(除国家限制的行业外)的，自其在工商部门首次注册登记之日起3年内，免收管理类、登记类和证照类等有关行政事业性收费。

(4)享受培训补贴。对高校毕业生在毕业学年(从毕业前一年7月1日起的12个月)内参加创业培训的，根据其获得创业培训合格证书或就业、创业情况，按规定给予培训补贴。

(5)免费创业服务。有创业意愿的高校毕业生，可免费获得公共就业和人才服务机构提供的创业指导服务，包括政策咨询、信息服务、项目开发、风险评估、开业指导、融资服务、跟踪扶持等“一条龙”创业服务。各地在充分发挥各类创业孵化基地作用的基础上，因地制宜建设一批大学生创业孵化基地，并给予相关政策扶持。对基地内大学生创业企业要提供培训和指导服务，落实扶持政策，努力提高创业成功率，延长企业存活期。

(6)取消高校毕业生落户限制。允许高校毕业生在创业地办理落户手续(直辖市按有关规定执行)。

2. 大学生创业工商登记有什么优惠?

深化商事制度改革，放宽新注册企业场所登记条件限制，推动“一址多照”、集群注册等，降低大学生创业门槛。

3. 对大学生自主创业学籍管理有什么要求?

对有自主创业意愿的大学生，实施弹性学制，放宽学生修业年限，允许调整学业进程、保留学籍休学创新创业。

4. 高校对自主创业大学生可提供什么条件?

建设一批大学生创业示范基地，继续推动大学科技园、创业园、创业孵化基地和实习实践基地建设，高校应开辟专门场地用于学生创新创业实践活动，教育部工程研究中心、各类实验室、教学仪器设备等原则上都要向学生开放。各高校要优化经费支出结构，多渠道统筹安排资金，支持创新创业教育教学，资助学生创新创业项目。

5. 怎样提升高校毕业生的自主创业能力?

学校层面，各高校要根据人才培养定位和创新创业教育目标要求，促进专业教育与创新创业教育有机融合，调整专业课程设置，挖掘和充实各类专业课程的创新创业教育资源，在传授专业知识过程中加强创新创业教育。面向全体学生开设创新创业必修课和选修课，纳入学分管理。

个人层面，各地人力资源和社会保障部门已形成一些成熟的创业培训模式，如“GYB”(产生你的企业想法)、“SYB”(创办你的企业)、“IYB”(改善你的企业)，高校毕业生可选择参加创业培训和实训，并可按规定享受培训补贴，以提高创业能力。

6. 高校如何开展创新创业教育?

(1)健全创新创业教育课程体系。高校要加快创新创业教育优质课程信息化建设，推出一批资源共享的慕课、视频公开课等在线开放课程。建立在线开放课程学习认证和学分认定制度。组织学科带头人、行业企业优秀人才，联合编写具有科学性、先进性、适用性的创新创业教育重点教材。

(2)改革教学方法和考核方法。高校要广泛开展启发式、讨论式、参与式教学，扩大小班化教学覆盖面，推动教师把国际前沿学术发展、最新研究成果和实践经验融入课堂教学，注重培养学生的批判性和创造性思维，激发创新创业灵感。运用“大数据”技术，掌握不同学生学习需求和规律，为学生自主学习提供更加丰富多样的教育资源。改革考试考核内容和方式，注重考查学生运用知识分析、解决问题的能力，探索非标准答案考试，破除“高分低能”积弊。

(3)强化创新创业实践。高校要加强专业实验室、虚拟仿真实验室、创业实验室和训练中心建设，促进实验教学平台共享。各地区、各高校科技创新资源原则上向全体在校学生开放，开放情况被纳入各类研究基地、重点实验室、科技园评估标准。鼓励各地区、各高校充分利用各种资源建设大学科技园、大学生创业园、创业孵化基地和小微企业创业基地，作为创业教育实践平台，建好一批大学生校外实践教育基地、创业示范基地、科技创业实习基地和职业院校实训基地。完善国家、地方、高校三级创新创业实训教学体系，深入实施大学生创新创业训练计划，扩大覆盖面，促进项目落地转化。举办全国大学生创新创业大赛，办好全国职业院校技能大赛，支持举办各类科技比赛。

7. 如何向高校毕业生创设的小微企业优先转移科技成果?

国家鼓励利用财政性资金设立的科研机构、普通高校、职业院校，通过合作实施、转让、许可和投资等方式，向高校毕业生创设的小微企业优先转移科技成果。

8. 怎样申请创业担保贷款? 在哪些银行可以申请创业担保贷款?

创业担保贷款按照自愿申请、社区推荐、人力资源和社会保障部门审查、贷款担保机构审核并承诺担保、商业银行核贷的程序，办理贷款手续。

各国有商业银行、股份制商业银行、城市商业银行和城乡信用社都可以创办担保贷款业务，各地根据实际情况确定具体经办银行。申请人在指定的具体经办银行可以办理创业担保贷款。

党的二十大报告强调，全党要把青年工作作为战略性工作来抓，用党的科学理论武装青年，用党的初心使命感召青年，做青年朋友的知心人、青年工作的热心人、青年群众的引路人。

当前，我们比历史上任何时期都更接近实现中华民族伟大复兴的目标，比历史上任何时期都更有信心、更有能力实现这个目标。习近平总书记在考察红旗渠青年洞时对在场的干部群众表示：“实现第二个百年奋斗目标也就是一两代人的事，我们正逢其时、不可辜负，要作出我们这一代的贡献。”立足新时代新征程，我们中国青年要坚定不移听党话、跟党走，立志做有理想、敢担当、能吃苦、肯奋斗的新时代好青年，不负韶华，不负时代，不负人民，树立为祖国为人民永久奋斗、赤诚奉献的坚定理想，用青春的智慧和汗水打拼出一个更加美好的中国。

习语研读

就业是最大的民生。要坚持就业优先战略和积极就业政策，实现更高质量和更充分就业。大规模开展职业技能培训，注重解决结构性就业矛盾，鼓励创业带动就业。提供全方位公共就业服务，促进高校毕业生等青年群体、农民工多渠道就业创业。

——2017 年 10 月 18 日，习近平在中国共产党第十九次全国代表大会上的报告

参考文献

[1]《习近平新时代中国特色社会主义思想学习纲要》(2023版)[M]. 北京：学习出版社，人民出版社，2023.

[2]乔纳·莱勒. 想象：创造力的艺术与科学[M]. 简学，邓雷群，译. 杭州：浙江人民出版社，2014.

[3]朱学荣，郭宇. 大学生创新基础教程[M]. 北京：北京师范大学出版社，2021.

[4]王竹立. 创新思维训练教程[M]. 西安：西安电子科技大学出版社，2020.

[5]王艳茹，王兵. 创业基础课堂操作示范[M]. 北京：北京师范大学出版社，2014.

[6]黄妮妮，张翔，赵秋. 大学生创新与创业基础[M]. 北京：北京师范大学出版社,2020.

[7]张赵根，韩竹，曲海洲，阮雪刚. 创新创业基础[M]. 北京：北京师范大学出版社，2019.

[8]梁莹. 美好前程——大学生创新创业教育[M]. 上海：同济大学出版社，2021.

[9]马振峰. 创造未来——大学生创新创业教程[M]. 上海：同济大学出版社，2017.

[10]陈建，严行. 大学生创新创业基础与实务[M]. 北京：国家行政学院出版社，2019.

[11]张汝山. 创新与创业思维[M]. 北京：国家行政学院出版社，2017.

[12]沈全洪，王旭光. 大学生创业方略[M]. 北京：清华大学出版社，2016.

[13]汪卫星，李海波. 开创精彩人生——大学生创新创业教育[M]. 北京：北京邮电大学出版社，2017.

[14]冯忠良，等. 教育心理学[M]. 北京：人民教育出版社，2000.

[15]汪凤炎，郑红. 中国文化心理学[M]. 广州：暨南大学出版社，2008.

[16]王建民. 论创新思维的障碍及克服对策[J]. 北京市经济管理干部学院学报，2004，(02).

[17]彭莹莹，范京岩，段华. 创业团队构建风险分析与控制[J]. 科技经济市场，2007(11).